Poéticas Comparadas de Mujeres

Foro Hispánico

Editorial board

Brigitte Adriaensen (*Radboud University Nijmegen*, NL)
Sebastiaan Faber (*Oberlin College*, USA)
Konstantin Mierau (*University of Groningen*, NL)
Dianna Niebylski (*University of Illinois at Chicago*, USA)
Alison Ribeiro de Menezes (*University of Warwick*, UK)
Valeria de los Rios (*Pontificia Universidad Católica de Chile*, CL)

VOLUME 64

The titles published in this series are listed at *brill.com/foro*

Poéticas Comparadas de Mujeres

Las poetas y la transformación del discurso poético en los siglos 20 y 21

Editado por

Esther Sánchez-Pardo

BRILL

LEIDEN | BOSTON

Cover illustration: © M. Imperial, rights to publish granted.

The Library of Congress Cataloging-in-Publication Data is available online at https://catalog.loc.gov
LC record available at https://lccn.loc.gov/2022008104

Typeface for the Latin, Greek, and Cyrillic scripts: "Brill". See and download: brill.com/brill-typeface.

ISSN 0925-8620
ISBN 978-90-04-50456-1 (hardback)
ISBN 978-90-04-50459-2 (e-book)

Copyright 2022 by Koninklijke Brill NV, Leiden, The Netherlands.
Koninklijke Brill NV incorporates the imprints Brill, Brill Nijhoff, Brill Hotei, Brill Schöningh, Brill Fink, Brill mentis, Vandenhoeck & Ruprecht, Böhlau and V&R unipress.
All rights reserved. No part of this publication may be reproduced, translated, stored in a retrieval system, or transmitted in any form or by any means, electronic, mechanical, photocopying, recording or otherwise, without prior written permission from the publisher. Requests for re-use and/or translations must be addressed to Koninklijke Brill NV via brill.com or copyright.com.

This book is printed on acid-free paper and produced in a sustainable manner.

Índice general

Notas biobibliográficas de los autores   VII

Introducción   1

1   Una Poética de los lares: El lugar del lugar en cuatro poetas hispanoamericanas   53
  Niall Binns

2   Marosa Di Giorgio, visión en verde. Un análisis comparativo con las poéticas de Olga Orozco y Emily Dickinson   77
  Emilia Conejo

3   El hijo con su cuerpo en el mundo: una aproximación a Blanca Varela y Sharon Olds   105
  Olga Muñoz Carrasco

4   Gabriela Mistral y Concha Méndez: Experiencias de la maternidad   126
  Ramón Muñiz Sarmiento y Renée M. Silverman

5   Filosofía lírica: la indetenible quietud del ser en la poesía de Clara Janés y Jan Zwicky   152
  Leonor María Martínez Serrano

6   Mitos y ritos de mujer en Juana Castro y Margaret Atwood   178
  Javier Martín Párraga

7   La fluidez del Mundo: Lorine Niedecker, Ida Vitale y la ecología sensible   206
  Esther Sánchez-Pardo

8   La interlocutora en las poéticas sáficas de Cristina Peri Rossi y Laia López Manrique   233
  Sara Torres

VI ÍNDICE GENERAL

9   Apuntalar la historia mediante la memoria: Las poéticas de la reconstrucción de Marlene Nourbese Philip y Jean Arasanayagam   259
    Isabel Alonso Breto

10   Loretta Collins Klobah y Jennifer Rahim: versos para la construcción colectiva de un nuevo mundo   283
    Maria Grau Perejoan

11   La poesía de la poeta jamaicana Tanya Shirley y la poeta jamaicana canadiense Pamela Mordecai: Una llamada a la acción   304
    Stephanie McKenzie

    Índice   327

Notas biobibliográficas de los autores

Isabel Alonso Breto

Isabel Alonso Breto es profesora de Estudios Postcoloniales en la Universidad de Barcelona. Es subdirectora del Centro de Estudios Australianos y Transnacionales de esta Universidad, y miembro de *Ratnakara*, un grupo de investigación dedicado al estudio de las culturas del Océano Índico. Ha llevado a cabo investigación en distintos ámbitos postcoloniales anglófonos, abordando obras de autoras de origen caribeño, canadiense, indio, africano, australiano, tamil y esrilanqués. Con frecuencia sus artículos se han ocupado de los modos en que la literatura relata la migración y las diásporas. Tiene asimismo interés en la poesía (es autora de la colección *Elogio de la tabla de surf y otros poemas desde el cáncer de mama*, 2021) y en la traducción (*Siembra solo palabras*, antología poética de Cheran, 2021).

Niall Binns

Educado en Oxford, Santiago de Chile y Madrid, Niall Binns es catedrático de literatura hispanoamericana en la Universidad Complutense de Madrid. Entre sus numerosos libros, destacan *Un vals en un montón de escombros* (1999), *La poesía de Jorge Teillier: la tragedia de los lares* (2001), *La llamada de España. Escritores extranjeros en la guerra civil* (2004), *¿Callejón sin salida? La crisis ecológica en la poesía hispanoamericana* (2004), *Nicanor Parra o el arte de la demolición* (2014) y *"Si España cae—digo, es un decir—." Intelectuales de Hispanoamérica ante la República Española en guerra* (2020).

Emilia Conejo

Emilia Conejo es licenciada en filología inglesa por la Universidad Complutense de Madrid y máster en literatura española e hispanoamericana por la Universidad de Barcelona. Sus poemas han aparecido en las antologías *En legítima defensa. Poetas en tiempos de crisis* (Bartleby Editores, 2014), *Voces del extremo* (Amargord, 2014) e *Hijos del viento* (Somos galgos, 2021). Colabora con varias revistas de crítica literaria y cultural y ha publicado los poemarios *Minuscularidades* (Godall, 2015) y *De acá* (Godall, 2019). También es autora del ensayo inédito *Dios palpitando entre las tomateras. La poética salvaje de Marosa di Giorgio.*

María Grau Perejoan

Maria Grau Perejoan es profesora de la Universitat de les Illes Balears y traductora literaria. Su investigación se centra en la literatura del Caribe anglófono y la traducción literaria. En 2020 publicó la antología bilingüe de poetas caribeñas contemporáneas *The Sea Needs No Ornament / El mar no necesita ornamento*. (Peepal Tree Press, 2020), que ha co-editado y co-traducido con la poeta y profesora de la Universidad de Puerto Rico, Loretta Collins Klobah, y que ha recibido el premio PEN Translates del PEN inglés. Desde entonces no ha dejado de traducir poesía caribeña a cuatro manos.

Stephanie McKenzie

La investigación y la escritura actuales de Stephanie McKenzie están impulsadas por el viaje y el interés por la literatura mundial. En 1998, fue becaria Louise Bennett de intercambio y trabajó durante un período en la Universidad de West Indies, Mona Campus, Jamaica. McKenzie ha viajado por todo el Caribe y ha vivido en Georgetown, Guyana, durante cinco meses. Es coeditora, con Carol Bailey, profesora titular en el Departamento de Inglés, Westfield State University, Massachusetts, de *A Fierce Green Place: New and Selected Poems de Pamela Mordecai*, que se publicará en New Directions Publishing en la primavera de 2022. McKenzie es catedrática en el programa de inglés en Memorial University, Grenfell Campus.

Javier Martín Párraga

Javier Martín Párraga es profesor Titular de Filología Inglesa de la Universidad de Córdoba. Ha sido Teaching Assistant e investigador visitante en EE.UU., Canadá y Polonia. Sus líneas de investigación son la literatura norteamericana y los estudios culturales y de género. Cuenta con una amplia producción científica internacional entre la que destacan monografías como *Roughing it in the Bush, de Susanna Moodie* (2017), la participación y edición de obras colectivas como *Mujer, Memoria e Identidad en la Literatura en Lengua Inglesa* (2020) y artículos en revistas científicas, como "Dystopia, Feminism and Phallogocentrism in Margaret Atwood's *Oryx and Crake*" (2019).

Leonor M. Martínez Serrano

Leonor María Martínez Serrano es Profesora del Departamento de Filologías Inglesa y Alemana de la Universidad de Córdoba (España). Ha realizado estancias de investigación en las Universidades de Toronto y la Columbia Británica (Canadá), la Universidad del Oeste de Escocia (Reino Unido), Bialystok (Polonia) y Oldemburgo (Alemania). Ha participado como ponente en diversos congresos internacionales y ha publicado artículos en revistas académicas sobre poesía, literatura canadiense, Modernismo anglosajón, ecocrítica y literatura comparada. Ha co-editado *Modern Ecopoetry: Reading the Palimpsest of the More-Than-Human World* (Brill, 2021) y escrito el monográfico *Breathing Earth: The Polyphonic Lyric of Robert Bringhurst* (Peter Lang, 2021).

NOTAS BIOBIBLIOGRÁFICAS DE LOS AUTORES

Ramón Muñiz Sarmiento

Ramón Muniz Sarmiento es investigador, escritor y profesor. Doctor en español por la Universidad Internacional de Florida (FIU), donde ha trabajado como profesor de lengua española desde 2016. Entre los años 2011 y 2013 fue profesor de literatura española en la Universidad de Oriente, en Santiago de Cuba, donde también obtuvo su licenciatura en Letras. Ha publicado artículos de investigación en revistas académicas, así como poesía y narrativa. Sus áreas de investigación abarcan la poesía española y latinoamericana del siglo xx, el primitivismo en la literatura y las artes plásticas, y literatura de mujeres.

Olga Muñoz Carrasco

Olga Muñoz Carrasco es profesora en Saint Louis University en Madrid y en el Diplomado de Apreciación y Estudios Poéticos de La Poeteca (Caracas, Venezuela). Entre sus trabajos destacan los libros *Sigiloso desvelo. La poesía de Blanca Varela* (2007), *Perú y la guerra civil española. La voz de los intelectuales* (2012) y la antología de Blanca Varela *Y todo debe ser mentira* (2020), así como los poemarios *La caja de música* (2011), *El plazo* (2012), *Cráter, danza* (2016) y *15 filos* (2021). Su labor editorial se centra en la colección *Genialogías* de Tigres de Papel.

Esther Sánchez-Pardo

Esther Sánchez-Pardo es Catedrática de Literaturas en Inglés (U. Complutense). Autora de *Cultures of the Death Drive. Melanie Klein and Modernist Melancholia* (2003) y *Mina Loy. Antología poética* (2009), de cuatro ediciones críticas (Jarena Lee, Alice James, H.D., Cherrie Moraga) y editora de tres volúmenes sobre escritura y poesía de mujeres (*El Legado de Ofelia, De Mujeres, Identidades y Poesía, Sentir los Mundos*). Entre sus trabajos recientes, destacan las co-ediciones de *L'Écriture Désirante: Marguerite Duras* (2016), y *Women Poets and Myth in the 20th and 21st centuries* (2018). Es traductora del epistolario completo Sigmund Freud-Ernest Jones y de poesía de mujeres y ficción en revistas poéticas y volúmenes colectivos.

Renée M. Silverman

Renée M. Silverman es Profesora Titular de Estudios Hispánicos en la Universidad Internacional de Florida. Es autora del libro, *Mapping the Landscape, Remapping the Text: Spanish Poetry from Antonio Machado's* Campos de Castilla *to the First Avant-Garde* (1909–1925) (U. Carolina del Norte, Chapel Hill, 2014), y editora del volumen colectivo, *The Popular Avant-Garde* (Rodopi, 2010). También ha sido co-editora del volumen *Mediterranean Modernism: Intercultural Exchange and Aesthetic Development* (Palgrave Macmillan; 2016), y del número del *International Yearbook of Futurism Studies* dedicado al Futurismo en Latinoamérica (2017). Ha publicado artículos sobre el modernismo y la vanguardia en revistas como *Hispanófila, Hispanic Review, Bulletin of Spanish Studies* y *Romanic Review*. Igualmente ha sido becaria Fulbright (España) y becaria de la National Endowment for the Humanities (EE.UU.).

Sara Torres

Sara Torres es profesora de estudios culturales con perspectiva de género y literatura comparada en la Universitat Autònoma de Barcelona. Doctora por la Universidad Queen Mary de Londres. Su tesis lleva por título: *The Lesbian Text: Fetish, Fantasy and Queer Becomings* (El texto lesbiano: Fantasía, fetiche y devenires queer). Tiene un máster en Metodologías Críticas (King's College London). Con su primer libro, *La otra genealogía* (Madrid: Torremozas), ganó el Premio Nacional de Poesía Gloria Fuertes. Después apareció *Conjuros y Cantos* en 2016 editado por Kriller 71. Con La Bella Varsovia ha publicado también *Phantasmagoria*.

Introducción

Esther Sánchez-Pardo

1   El ámbito de las poéticas comparadas

En este volumen, proponemos y abogamos activamente por el estudio de la poesía comparada y de las poéticas comparadas escritas por mujeres. Nuestro objetivo consiste en dar carta de naturaleza a una parcela de la literatura comparada que, aunque en la práctica ha dado muestras de su importancia en el trabajo de las propias poetas y en la crítica de poesía, ha permanecido sin nombre e invisibilizada en la evolución y profesionalización de los Estudios Literarios hasta la actualidad. Con este volumen pretendemos corregir el curso sesgado que aqueja a la Historia y la Critica Literaria, aún despúes de la gran expansión que la teoría y crítica feminista ha conocido desde los años 60 a nuestros días. El ámbito de las poéticas comparadas comprende, pues, el dominio disciplinar del género poético, así como la trascendencia indiscutible de la práctica de la escritura de poesía, pensamiento y ensayo sobre poesía que las poetas y estudiosas han practicado durante más de dos siglos. En la segunda década del siglo XXI nos encontramos en un momento de auténtica eclosión de la poesía escrita por mujeres a escala global. Por ello, y dada la importancia de reconocer, refrendar y celebrar la existencia de un canon poético femenino decididamente transnacional, así como de un corpus heurístico en construcción con metodologías, herramientas de análisis, propuestas de renovación, así como de relectura y revisión de lo heredado, que nos invita a reflexionar, nos sumamos al esfuerzo por contribuir a este proyecto tan necesario como urgente. Se trata de un proyecto de investigación propiamente que confronta las posibilidades, agotadas en muchos sentidos, que pretenden dar cuenta de la poesía escrita por mujeres en la contemporaneidad tardía y el momento presente. El nuestro es un proyecto de identificación, expansión e inclusión de voces de poetas, textos poéticos, crítica de poesía, y llamamiento a las lectoras y lectores de poesía allende las fronteras. Sin el público lector, sería impensable poder siquiera hablar de la revolución del lenguaje y de las formas poéticas que ha supuesto el quehacer de las poetas en los últimos dos siglos. Afortunadamente, hay signos evidentes de que la poesía y el pensamiento poético que desarrollan las autoras goza de muy buena salud, y que no solo el número de lectoras y lectores aumenta, sino que la apuesta decidida de muchas editoriales y formas novedosas de editar su poesía en la red, convierten a la poesía de mujeres en un valioso ámbito propio disciplinar en el seno de los Estudios Literarios y la crítica de la cultura.

2 ¿Qué es la poesía comparada? ¿Qué son las poéticas comparadas escritas por mujeres?

Hasta la fecha podemos decir, sin temor a equivocarnos, que la poesía y las poéticas comparadas escritas por mujeres no existen ni siquiera como subdivisiones dentro del trabajo de la literatura comparada. Esto no quiere decir que la crítica y que las propias poetas no hayan practicado con frecuencia la comparación para situarse, en función de afinidades literarias, y de toda índole—nacionales, lingüísticas, de lecturas compartidas, de estilo, cronológicas y hasta ideológicas—en el panorama global de la poesía escrita por mujeres. Las poetas son quienes realmente mejor han encauzado el ejercicio de la comparación, han encontrado antecesoras cuya obra les ha servido de inspiración, cuyos logros han sido valorados, y celebrados, cuya trayectoria han querido continuar, lejos del conocido paradigma de la "angustia de la influencia" de Harold Bloom.[1] Contrariamente a la presión asfixiante que el padre o antecesor poético genera en su seguidor, y que lleva al poeta novel a desear su caída en desgracia o su muerte, las poetas, alejadas de la violencia simbólica que conlleva la representación patriarcal, exploran y tejen sus afinidades de sensibilidad, expresivas, cognitivas y culturales, en un continuum que exhibe la riqueza de planteamientos y formas de entender la comunicación poética procedentes de la palabra de otras autoras en multitud de lugares y geografías. Estas redes de relación poética, así podemos llamar al tejido de relaciones que se establece por afinidad sincrónica y diacrónicamente entre poetas, nos han sorprendido con hallazgos formales y expresivos inesperados y, por ende, enormemente valiosos. Así, leer a Safo, Louise Labé y Renée Vivien, a Emily Dickinson, Olga Orozco y Marosa Di Giorgio, a Gertrude Stein, Inger Christensen y Lyn Hejinian, o a Marina Tsvetaeva y Alejandra Pizarnik, hasta llegar a Audre Lorde, Dionne Brand y Mayra Santos-Febres, implica un enriquecedor ejercicio de apreciación y comparación.

---

1 Como es de sobra conocido, en *The Anxiety of Influence* (1973) y *A Map of Misreading* (1975) Bloom describe ampliamente cómo los poetas que suceden a otros poetas reconocidos y prestigiosos, reniegan de cualquier lectura e interpretación de su obra como un proceso derivativo que tiene su origen en la obra de sus predecesores. Bloom habla de un proceso revisionista que comprende diferentes estrategias expresivas y retóricas y que se materializa en el trabajo de poetas masculinos canónicos como Milton, Spenser o Whitman.

INTRODUCCIÓN   3

Desde finales de los años 60, se produce la eclosión de los *Women's Studies* en lugares como Australia y los EE.UU. El "género"[2] se entiende como una categoría fundamental en la organización de la experiencia y en buena medida, es desde la sociología, la historia y la crítica literaria como se difunde a otros ámbitos la idea feminista que pone de relieve que las instituciones y las estructuras nunca son neutras. Los años setenta y ochenta son la época de oro de los Women's Studies y después de una etapa esencialmente de militancia, las críticas a la cuestión de la identidad—que abarca categorías que van más allá de cualquier análisis deconstruccionista del binarismo masculino/femenino—y al esencialismo—la mujer posee una esencia femenina inalterable—renuevan el proyecto feminista con disciplinas como los estudios postcoloniales (Spivak, Mohanty, Minh-ha) y con tendencias subsiguientes como el análisis interseccional, queer, ciber-feminismo, teorías del afecto, de-colonialidad, neomaterialismo, y movimientos globales en favor de la justicia social. Los *Women's Studies*, cuya traslación a los Estudios de Género apuntan a la liberación de las mujeres de la trama cultural ligada a la identidad sexual cuestionan todo el andamiaje de pensamiento que divide socialmente los roles y llega hasta la subversión de la oposición binaria entre mujeres y hombres.

En este volumen nos interesa especialmente estudiar cómo las escritoras leen a sus antecesoras y sus coetáneas, como las poetas leen a otras poetas y se inspiran en su quehacer. Así se establecen auténticas genealogías, líneas por las que transitan estilos, temas, ideologías e influencias. ¿Cómo se genera una tradición literaria de mujeres que, si bien no es una "provincia" aparte, sí tiene una entidad y especificidad como para construir su propia historia e inscribirse en la Historia Literaria? Apoyándose, además, en la crítica y la teoría feminista, puede bien definirse, manifestar su idiosincrasia, sus rasgos distintivos y, en definitiva, de no ser ampliamente aceptada y situarse en su justa medida (con la opinión de lectoras, lectores y críticos), plantear una alternativa al canon patriarcal tradicional.

Por otro lado es evidente que hoy vivimos en un mundo globalizado—donde hablamos de Literatura Global (Casanova 1999; Damrosch 2003; D'Haen 2011) y de modelos y patrones de comparación culturales—en el que, no obstante, existen fronteras, líneas demarcatorias, límites que separan unas poblaciones de otras, incluso diríamos que vivimos en esta temporalidad fragmentaria y

---

2 Puede consultarse la importante discusión en torno al género que ofrece Judith Butler (1992) desde su "instauración" en el sujeto a partir del lugar que le otorga el sistema del parentesco y partiendo del "sistema sexo/género" de la antropóloga Gayle Rubin (1974).

asincrónica de la "aldea global"[3] y eso se traduce por un lado en homogeneización y uniformidad, y por otro en desigualdad y explotación. El plural de nuestro título parece evidente y asumido por, al menos, un par de generaciones de mujeres que vivieron la herencia de los debates en el seno del feminismo blanco en occidente y de los feminismos de los países en desarrollo y del tercer mundo en los años 80. Hemos recibido la lección de que no se puede hablar de mujeres simplemente en abstracto, o que al menos, debemos conocer e historizar la circunstancia de comunidades de mujeres, y hasta de mujeres individuales en otras zonas del mundo. La diversidad[4] es enriquecedora y está presente en la evolución humana: hablamos de biodiversidad como un auténtico tesoro del planeta que hay que proteger. Sin embargo, a la hora de contemplar la diversidad humana, por infinidad de motivos raciales, étnicos, religiosos, e histórico-culturales, sentimos la diversidad como una amenaza que podría desestabilizar nuestra propia identidad.

Una de las maneras de aproximarse al problema de la tradición, o mejor dicho de las tradiciones, es confrontarlas como un dilema personal por el que han de pasar todas las autoras. El énfasis en la lucha personal de la poeta está presente en el ensayo de Adrienne Rich, "When We Dead Awaken: Writing as Re-vision," donde escribe lo siguiente acerca de la joven poeta:

> La chica o la mujer [...]intenta escribir porque es especialmente susceptible al lenguaje. Va a la poesía o la ficción en busca de *su* modo de ser en el mundo, puesto que ella ha puesto también palabras e imágenes juntas; ella busca ávidamente guías, mapas, posibilidades; y una y otra vez en la "fuerza persuasiva de la palabra masculina" en la literatura, se enfrenta a algo que niega todo lo que ella significa: cumple la imagen de la Mujer en los textos escritos por hombres. Encuentra un terror y un sueño, una bella cara pálida, encuentra La Belle Dame Sans Merci, encuentra a Juliet,

---

3 El teórico de la comunicación canadiense Marshall McLuhan, acuñó y describió la "aldea global," "la nueva interdependencia electrónica recrea la imagen de una aldea global" ["the new electronic interdependence recreates image of a global village"] (1962, 31).

4 La poeta afroamericana Audre Lorde (1934–1992) en su importante ensayo "Poetry is not a Luxury" (1977) señala que la poesía es una necesidad vital de la existencia que parte de una "síntesis de la experiencia" y "[la poesía] es la manera en la que intentamos dar nombre a aquello que no lo tiene para que pueda ser pensado" (1984, 37). Lorde acuñó la idea de "the house of difference" en su libro autobiográfico *Zami. A new Spelling of my Name* (1982) para hablar de la pluralidad de las identidades y el rechazo de la falsa igualdad como mecanismo de la cultura dominante para controlar a las personas. En sus propias palabras, "la poeta nos susurra en sueños: siento, luego puedo ser libre. La poesía fragua el lenguaje para expresar y trazar esta demanda revolucionaria, la puesta en práctica de esa libertad" (1984, 38).

INTRODUCCIÓN 5

Tess o Salomé, pero precisamente aquello que no encuentra es esa criatura absorta, atrapada, sorprendida y a veces inspirada, ella misma, que se sienta frente a una mesa para intentar escribir.[5]

1972, 21

La imagen de la mujer que tienen los poetas masculinos niega todo aquello que significa la mujer escritora, fundamentalmente a causa de sus frecuentes connotaciones de pasividad en cuanto a la creación. Adrienne Rich, en su dilatada carrera literaria, ha elaborado una demoledora crítica frente al patriarcado, al tiempo que se ha propuesto articular un lenguaje que sea capaz de transmitir las experiencias individuales y singulares de las mujeres. Rich señala que la poesía es un medio potencialmente revolucionario para las mujeres a causa de su intensidad lingüística y su relación privilegiada con la conciencia. El lenguaje poético, el poder y la conciencia se encuentran en estrecha relación. Así, escribe,

La poesía es sobre todo una concentración del *poder* del lenguaje, que es el poder de nuestra íntima relación con todo en el universo [...] Piensa en la privación de las mujeres que vivieron durante siglos sin una poesía que les hablara de mujeres que se relacionan, de mujeres solas, de mujeres entendidas como las fantasías de los hombres.

[1977] 1979, 248

En su ensayo de 1981 "Toward a more Feminist Criticism," Rich distingue entre el feminismo institucionalizado de los Women's Studies y el que surge de la comunidad, diversa y plural de la calle con diferencias marcadas que también se expresan en lengua, tono y estilo. Rich reflexiona sobre un "acto políticamente motivado que mira a la literatura" ([1981] 1986, 86) y que puede ser compartido por todas y todos en ese espacio de "política sexual" que Kate Millett ya definió en 1970, "He seguido la premisa de que cabe una crítica que tome en consideración el contexto cultural más amplio en el que la literatura se concibe y se produce" (cit. en Rich [1981] 1986, 87). Se trata de un tipo de crítica que es consciente de la necesidad de la emancipación femenina. Pues bien, en este contexto de la efervescencia de los años 80 en los que la raza, clase, orientación sexual y apertura hacia lo social que constituían los verdaderos pilares de la nueva epistemología, y de la lucha por la presencia de las mujeres

---

5 En esta introducción, todas las traducciones son de la autora, a menos que se indique lo contrario.

en todos los ámbitos de la sociedad, Rich subraya la necesidad de la comunicación transversal para la supervivencia del movimiento de mujeres, así como de "compartir el poder del trabajo de cada una de nosotras" ([1981] 1986, 99). Ese nosotras es tan amplio como deseemos, Rich se refiere en concreto a "escritoras, reseñadoras, editoras, investigadoras, organizadoras de eventos, libreras, impresoras, estudiantes y profesoras" ([1981] 1986, 99). Esta idea de comunicación transversal y global es la que sustenta ya, abiertamente, el despegue definitivo del trabajo comparado.

En resumen, a pesar del trabajo realizado por poetas, críticas y lectoras, la poesía y poéticas de mujeres comparadas no han llegado a ser nombradas, a tener un objeto de estudio ni a constituir un corpus sustancial de trabajo crítico valioso, y en definitiva, no han llegado a existir en la Historia Literaria. En este volumen, nombramos, pues, esta área de estudio y su objeto, a saber, la poesía y poéticas escritas por mujeres en la Historia, estudiadas sincrónica y diacrónicamente—desde Safo[6] a Louise Labé o Carol Ann Duffy, desde Dickinson a Sylvia Plath y Liliane Giraudon, o entre las Language Poets de los EE.UU. como Leslie Scalapino, Lyn Hejinian, Harryette Mullen y poetas como la británica Denise Riley o la franco-canadiense Nicole Brossard—y desde una perspectiva comparada, contextual y culturalmente rica. Lejos de perspectivas etno-culturalistas, de tradiciones nacionales y lingüísticas cerradas, y basada en los principios de la educación y la ciudadanía global democrática, así como en los ideales de libertad, igualdad y justicia social, la poesía y poéticas de mujeres comparadas emergen de la invisibilidad con vigor, y con un corpus literario y crítico en proceso que muy pronto acabará consolidándose. El momento cronológico de la eclosión y desarrollo de nuestra disciplina corre parejo a los orígenes y afianzamiento de los Estudios de la Mujer y la teoría y crítica feminista. En la sección 5 se elabora y describe una metodología útil que muestra cómo se puede proceder en este tipo de estudios.

---

6 Como es ampliamente conocido, Platón llamó admirativamente a Safo, "la décima Musa." Si tomamos la ruta de las Poéticas de mujeres comparadas, podemos estudiar la obra de Safo sincrónicamente en sus relaciones con autoras que practicaron el epigrama en Grecia en el periodo helenístico como Moero, Erinna, Anyte y Nossis (Bowman 2019). Si, por el contrario, optamos por el estudio diacrónico, podríamos trazar la influencia estilística, retórica, tropológica y temática de Safo en autoras posteriores como las mencionadas más arriba, así como la presencia de Safo en Renée Vivien, Alfonsina Storni o Clara Janés.

INTRODUCCIÓN

3 Poesía y poética: un acercamiento desde el pensamiento de filósofas del siglo XX

La crisis de las historias literarias de carácter nacional, y la superación de las mismas llevada a cabo por modelos de carácter formalista, no hizo sino abundar en la necesidad de crear materiales, cursos, programas, y hasta modificar las áreas disciplinarias. Se incorporaron en los estudios literarios, perspectivas transculturales e interculturales que conectan autoras individuales, grupos, tendencias, e incluso momentos históricos con otros que exhiben circunstancias equiparables en los cuales se hallan elementos que enriquecen la lectura y el análisis literario.

Necesitamos unas premisas teóricas, metodológicas y una práctica que podamos identificar como propia de este nuevo terreno de estudio. Plantearemos, en primer lugar, el pensamiento que filósofas muy destacadas del siglo XX le han dedicado al trabajo poético.

Desafortunadamente, y como es de sobra conocido, no han sido las mujeres las que han contribuido a levantar el edificio literario desde sus cimientos como creadoras. En estas páginas, y para aproximarnos al fenómeno poético, situaremos a las autoras, teóricas, críticas, filósofas y estudiosas de la poesía como fuentes principales de autoridad. Por ello, parece del todo pertinente, en un estudio abarcador de los siglos XX y XXI, comenzar con las ideas sobre la "Poiesis" y lo poético, en el seno de la amplia consideración sobre el símbolo en arte y literatura que se halla en las teorías de la filósofa Susanne Langer (1895–1985), autora de *Philosophy in a new Key* ([1942] 1953). En esta obra distingue entre dos grandes tipos de símbolos, discursivos (presentes en la ciencia y la lógica) y expresivos o presentativos (en las artes, la literatura, el mito y la imagen arquetípica). Para Langer, cada pieza de arte, está pues, compuesta de "símbolos expresivos." La poesía nos acerca a estos símbolos mediante la palabra. Toda poeta debe alcanzar una forma simbólica que capture la esencia o la forma del sentimiento humano, no la percepción diaria y cotidiana per se, ya que su labor no es periodística, sino poética. Para Langer, lo "actual/cotidiano" es antitético a la imaginación y sólo nos acerca al mundo de los hechos, al mundo que llamamos real.

En la idea de Langer, lo que la poeta pretende decir, y "cómo lo dice" (208) plantea de entrada el carácter enigmático de por qué se expresa como leemos en la página y no nos hace llegar su mensaje con claridad desde un principio. ¿Acaso es la poeta incapaz de "gobernar" sus propias palabras? Lo cierto es que "Somos nosotros los que no estamos familiarizados con su lenguaje, así pues, no nos cabe determinar qué es lo que intenta decir, sino lo que efectivamente dice; y en relación con cómo lo dice, no nos cabe juzgarlo, pues somos principiantes" (209).[7]

Aún los iniciados en el arte de la poesía tienen problemas de comprensión de los poemas y casi la única alternativa que les queda es un cierto "Placer (en la apreciación sensorial) de las palabras" (209). La captación del mensaje poético es un "ejercicio mental y neurológico enormemente refinado" (209). A juicio de Langer, "el poema es esencialmente algo que existe para ser percibido" (211) y "existe objetivamente" siempre que se le presenta a la lectora, es decir, no aparece de súbito en el momento en que la lectora "responde al poema con una lectura integradora" (211). La poesía nos brinda la captación de la experiencia de la manera más intensa y unificada. Esta idea de lo puramente experiencial parece que se sitúa más allá de lo actual propiamente. En buena medida, la piedra angular de la poética de Langer es que el arte es pura ilusión o semblanza. La poeta crea una "apariencia de experiencias, semblanza de acontecimientos vividos y sentidos" y esa "ilusión de vida es la ilusión prioritaria de todo arte poético" (212–13). Además, la poeta debe desplazar la atención del interés por lo común y lo conversacional al terreno de lo literario.

Luce Irigaray (1930–) es quizá la filósofa feminista que ha prestado mayor atención a la poesía, al trabajo de las poetas, y a lo que ha llamado "pensamiento poético." Para Irigaray el pensamiento poético es otra de las vías de acceso a la pregunta clave por la diferencia sexual.[8] La poesía en Irigaray debe entenderse, al menos, de manera doble: como un modo de pensamiento que abre camino en la filosofía y como una práctica del lenguaje propiamente. Irigaray inició su reflexión sobre el alcance del pensamiento poético a partir de su diálogo con Heidegger, en especial con la reflexión que el filósofo alemán hace sobre poetas de la tradición en lengua alemana (Heidegger 1971), centrando sus ensayos en Hölderlin, Rilke, Celan, George y Trakl.

A juicio de Irigaray, necesitamos otros modos de pensar la diferencia sexual. Para ello, el pensamiento poético sirve como modo alternativo fuera del camino marcado por la tradición filosófica, sociológica, antropológica, psicoanalítica y política. A partir de *Passions élémentaires* (1982), Irigaray se propone practicar un pensamiento no descriptivo ni explicativo sobre cómo lo humano— femenino y masculino—y lo natural acontecen en el mundo, sino que piensa componer una meditación sobre su discurrir en la que el lenguaje y la escritura

---

7   "If it is we who are unfamiliar with his language, then we have not to determine what he is trying to say, but what he does say; and how well he says it is no tours to judge, since we are tyros" (209).

8   Irigaray comenzó a plantear la pregunta por la diferencia sexual desde la ontología a partir de su libro *Éthique de la différence sexuelle* ([1984] 1993).

INTRODUCCIÓN

performativa inauguran otro modo de estar en el mundo y de pensar que, para nuestra autora, lleva en sí la "delicia del aire" respirable (2004, 138).

La poesía recupera siempre los elementos del entorno natural, dice Irigaray, mientras que "Nuestras llamadas ciencias humanas y nuestro discurso cotidiano se mantienen alejados de los elementos, avanzando, y con un lenguaje que olvida el asunto que nombra y por medio del cual habla" ([1987] 1993, 58). Para Irigaray, el lenguaje poético es menos fijo-estático y, por lo tanto, simbólico del pensamiento transgresor.

Por lo que respecta a lo que nos ocupa prioritariamente y que gira en torno a la poesía como práctica de lenguaje, Irigaray se dedicó escribir poesía en 1997 y 1998, y como resultado, publicó los poemas y su reflexión en el volumen *Prières quotidiennes*. En él se propuso escribir poesía para encontrar "palabras que me permitan llegar a un nuevo estadío en el pensamiento." Tanto la poesía como su "acercamiento a la naturaleza" (2004, 29) posibilitan lo que llama escritura poética que "nos sitúa de manera diferente con respecto al mundo, al ser, al otro" (2004, 33). Para Irigaray, "el lenguaje poético es más apropiado en este trabajo que el lenguaje especulativo, pues, en cierta medida, me permite hablar el lenguaje del otro" (2004, 47). Su quehacer se traduce en meditaciones y poemas que muestran cómo vivir y ser-en-relación. Así pues, la práctica relacional es una condición indispensable para que se origine la poesía y el pensamiento promovido por el acto poético.

A juicio de la filósofa María Zambrano (1904–1991), quien tantas páginas ha dedicado a pensar en la poesía como discurso alternativo a la filosofía, el hombre "siente la doble necesidad irrenunciable de poesía y pensamiento" (1996, 14). Poesía y pensamiento nacen de la admiración, pero sus caminos se separan pronto, el pensamiento hacia la abstracción, mientras que la poesía queda en pura contemplación estética (2007, 17). Hay, no obstante, verdades que van más allá de la filosofía y que sólo pueden ser reveladas por la belleza poética.[9]

El filósofo y el poeta realizan un camino paralelo, el primero presidido por la búsqueda de la unidad y el segundo de la dispersión. Mientras el filósofo perseguía el pensar puro, "la poesía perseguía entre tanto la multiplicidad desdeñada, la menospreciada heterogeneidad. El poeta enamorado de las cosas se apega a ellas, a cada una de ellas y las sigue a través del laberinto del tiempo,

---

9   Zambrano relata cómo cuando Sócrates se encuentra al borde de la muerte recibe una inspiración que le dice que haga música, o lo que es lo mismo, que haga poesía, y Sócrates, "abandona la filosofía al llegar a los umbrales de la muerte, y pisándolos ya casi, hace poesía y burla. ¿Es que la verdad era otra? ¿Tocaba ya alguna verdad más allá de la filosofía, una verdad que solamente podía ser revelada por la belleza poética; una verdad que no puede ser demostrada, sino sólo sugerida por ese más que expande el misterio de la belleza sobre las razones?" (1996, 19).

del cambio, sin poder renunciar a nada." (1996, 19). En Zambrano, la razón poética, un extraordinario hallazgo con una lectura totalmente filosófica, es el método que le llevará a su pensamiento filosófico de madurez, y que alude a la racionalidad, a la epistemología, pero también a la poesía (2007, 29). Para Juan F. Ortega, en Zambrano y a partir de su lectura profunda de Platón, "El poeta es un hombre inspirado y en este sentido un vate, un adivino, un hagiógrafo que escribe al dictado de una *revelación*, término que tiene en Zambrano el sentido de *intuición intelectual*" (Zambrano 2007, 29).

Además de escribir poesía y de hacer crítica de poesía, Zambrano se detuvo en las poéticas de coetáneas como Lydia Cabrera, Reyna Rivas o María Victoria Atencia.[10] En sus importantes análisis centró su interés especialmente en la categoría del tiempo, en la cualidad rítmica y musical, la interrelación entre sistema filosófico y formas poéticas, así como en la autonomía de ambas como entramados de la expresión de la búsqueda humana (del ser, amor, trascendencia) en las distintas épocas.

4 Los dilemas y la violencia de la comparación

Frente a la pregunta de por qué debemos o no comparar, y cuáles son las ventajas e inconvenientes que pueden derivarse para el estudio de la poesía de mujeres, hay toda una serie de cuestiones epistemológicas y metodológicas que entran en juego. ¿Qué entendemos por comparación?, ¿qué efecto tienen nuestras comparaciones y cómo comparamos realmente?, son cuestiones que suelen quedar sin respuesta por parte de los comparatistas, incluidos aquellos que trabajan en Literatura Comparada—disciplina que descansa sobre el principio de la comparación y que toma de manera inquisitiva y autorreflexiva su quehacer.[11] La naturaleza y los métodos de la comparación suelen asumirse como algo incuestionable, y la comparación se efectúa de manera interdisciplinar. Por lo general, los debates en torno a la comparación discuten el posicionamiento ideológico y político que está en su base. Lo que está claro a estas alturas del milenio es que la comparación se ha convertido en una necesidad

---

10 Como es de sobra conocido, Zambrano tuvo siempre amistades poéticas a lo largo de su exilio, así como en España. Escribió páginas memorables sobre Antonio Machado, Miguel Hernández, Emilio Prados, Luis Cernuda, Jaime Gil de Biedma, José Ángel Valente, o Carlos Barral (Zambrano 2007).

11 Para examinar el alcance que la Literatura Comparada ha cobrado a lo largo de los años, principalmente desde los años 50 hasta el momento, véanse Wellek & Warren (1949); Auerbach (1953), Guillén (1985), Casanova (1999), Spivak (2003), Damrosch (2003).

INTRODUCCIÓN

en los Estudios Literarios con la presencia de la globalización y la comprensión de la cultura en un nivel transnacional a escala mundial.

4.1   ¿Por qué comparar?

La comparación es esencial para la formación de la conciencia crítica, así como para la mejora de la generación del conocimiento al darle a un área mayor extensión y profundidad. En un interesante ensayo sobre la comparación en los estudios de cultura y literatura hoy, Pheng Cheah, señala que, "La conexión entre comparación y formación de la conciencia de madurez de un ser social se halla en el hecho de que la comparación es una actividad que la conciencia asume cuando se encuentra con algo ajeno a sí misma" (2009, 524). A su juicio, aquí las ideas de Rousseau en su *Ensayo sobre los Orígenes del Lenguaje*, son imprescindibles, ya que el pensador ilustrado señala que la comparación es un mecanismo psicológico fundamental que acompaña a la especie humana en su tránsito del estado natural a la existencia social y distingue entre un tipo de comparación deseable que es la precondición del conocimiento de nosotros mismos como miembros de la humanidad, y otro tipo perjudicial que está en la base de las lacras sociales y la desigualdad.[12] Está claro que la comparación está en la base del encuentro con la alteridad, y bien las diferencias se hacen "compatibles" y se establece un mínimo común compartido, o bien se entienden como una amenaza que ha de ser contrarrestada por medio de la competición.

Si reflexionamos sobre la base de la comparación, enseguida nos daremos cuenta de que cualquier comparación establece un patrón normativo frente al cual, lo que se compara, se mide o se evalúa. Al describir y analizar un elemento en función de otro, la comparación parte del conocimiento de un primer término que da la medida de un segundo término desconocido y que se sustenta de manera desigual frente al primero. Como señala con autoridad Gayatri Ch. Spivak, "La comparación asume un terreno de juego equilibrado pero el terreno nunca es equilibrado ... Es decir, nunca se trata de una cuestión de comparar y contrastar, sino más bien de emitir un juicio y seleccionar" (2009, 609).

En esta línea, según Cheah, los términos de las comparaciones más frecuentes han sido "innegablemente Eurocéntricos" y "teleológicos" (2009, 2). En términos geopolíticos, la comparación a escala global siempre corre el riesgo del etnocentrismo, ya que partimos de la premisa de que hay una cultura que funciona como marco de referencia universal y conocido, al tiempo que la otra se

---

12   Jean-Jacques Rousseau, "Essay on the Origin of Languages." En: Victor Gourevitch (ed), *Discourses and Essay on the Origin of Languages* (1990, 261).

considera diferente y desconocida, y por tanto, inferior.[13] Spivak se suma a esta apreciación señalando que al eurocentrismo de la comparación se le combate con los Estudios Étnicos y con la oposición que resulta de enclaves geográficos que tradicionalmente no se situaban en el mapa (Sureste asiático, EE de Asia Central, EE. Balcánicos, Otomanos y Bálticos).

4.2 *La violencia de la comparación*

En el discurso actual sobre la ética y la política de la comparación, el reconocimiento del Otro (mujer, migrante, sujeto racializado) y la comparación que con él se establece no sólo puede ser un beneficio para el desarrollo de la conciencia, sino propiamente constitutivo de la conciencia. La identificación a través de la diferencia conduce a la consecución de un mundo común y compartido. La relación comparativa y hospitalaria con la alteridad se opone a la competitiva, y así caminamos hacia el logro de un universalismo pluralista, incluyendo perspectivas diversas que resuelven antagonismos históricos. En todo este proceso, la imaginación cobra un papel fundamental en la relación con la alteridad bajo la óptica de que todas las personas y sus creaciones y productos culturales encuentran su lugar en el diseño de la Historia. El imperativo ético que nos lleva a relacionarnos con el otro del sistema de género y el otro cultural y que nos acompaña en la reflexión sobre el alcance de la comparación es parte de la formación epistémica de la modernidad.

Gayatri Ch. Spivak, perteneciente a la primera generación de comparatistas, formada como doctoranda en los años 60, advierte de la oposición frontal que muchos jóvenes estudiantes frente a la "comparación" propiamente, y al mismo tiempo a su búsqueda de algo afirmativo en la disciplina. Entre autores y literaturas nacionales han existido con frecuencia afinidades y cercanía que no necesariamente habían de traducirse en organización jerárquica en un ránking (2009, 611).

En términos analíticos, la comparación identifica semejanzas y diferencias, conmensurabilidad e inconmensurabilidad, áreas de solapamiento y de discontinuidad. En el ejercicio de la comparación, también se descontextualiza, y se saca de las condiciones espacio-temporales habituales a los términos confrontados. De modo que uno de los motivos potenciales para no comparar es, sin duda, la violencia que produce la eliminación de todas esas referencias, y el perjuicio que causa a la comprensión. El análisis comparado de semejanzas y diferencias adolece de la "descripción densa (thick)" que requiere lo que el

---

13   Susan Bassnett (1993) ha señalado repetidamente que la Literatura Comparada se desarrolló, desde un principio, desde una perspectiva Eurocéntrica e imperial, dominada por el estudio de las "influencias" (1993, 13).

INTRODUCCIÓN

antropólogo Clifford Geertz llama "conocimiento local" (1985) en su obra del mismo título. Por otra parte, la comparación es una operación prácticamente inevitable. Comparamos porque hacerlo es una de las formas más habituales del pensamiento y el conocimiento, y porque de no seguir las pautas de la comparación, hay consecuencias que pueden ser más graves aún que las políticas en términos de sometimiento y dominación.

4.3   Reivindicar a Sycorax

Dentro de los términos de desigualdad en los que se establece la comparación, y en especial en geografías alejadas de la "razón," el refinamiento y la cultura de occidente, cuando revisamos de qué manera la colonización ha sido determinante en el desequilibrio de poderes en el mundo, no podemos dejar de lado la figura de Sycorax. La hechicera, madre de Caliban, en *La Tempestad* (1616) de Shakespeare, figura olvidada y denostada donde las haya por su perversidad y sus poderes maléficos sobrenaturales, responsable de la brutalidad del hijo y de todas las situaciones de riesgo, caos y peligro en la isla, ha de ser revisada como figura central del oprobio de lo femenino incomparable. No nos remontaremos necesariamente al contexto del Renacimiento, y simplemente trataremos de ver la estela que Sycorax, desde su invisibilidad, ha dejado como término que se cae de la comparación.

Nos servirá como punto de partida para revisar la ausencia de papel de Sycorax en el propio drama de su desaparición (*The Tempest*) la "Letter Sycorax" que con especial relevancia sitúa el poeta de Barbados Kamau Brathwaite (1930–2020) en dos de sus obras poéticas, *Middle Passages* (1992) y *Ancestors* (2001). En Sycorax sitúa lo que llama el origen de su "video style" y explica que en su poema el ordenador, que es la máquina de Próspero, se encuentra habitado por Sycorax, el espíritu de la supervivencia africana. Ambos, ordenador y Sycorax, inician una conversación. Entretanto, Caliban intenta alcanzar una forma de expresión propia, vinculando su herencia africana (Sycorax) con el ordenador, símbolo del lenguaje de Próspero. Como resultado, al final del poema, Calibán será capaz de expresarse en el "Lenguaje nación," ("Nation language") una lengua híbrida pero propiamente caribeña. Esta relación de la mujer-madre con el colonizador, mediada por el hijo, ha sido interpretada de diversas maneras: "A través de Caliban, Sycorax empieza a entablar conversación con Próspero, y todo ello apunta hacia el inicio del 'cosmos criollo'. Es decir, Sycorax entra en Próspero. Le posee en la acepción vudú del término. Su conversación se torna en comunión, y la disolución de los imperios encuentra su dimensión utópica en la disolución del yo y del otro" (Otto 2009, 13).

La relación de la mujer-madre que necesita la mediación del hijo para entrar en el orden simbólico de la cultura está presente, con ironía, en una importante reflexión crítica que remite a un cambio radical en los ritos y modos de vida de un paisaje social colonizado.

En el *Sycorax video-style* de Brathwaite (1992), se recupera la memoria del origen perdido, y se hace alusión al pensamiento en lenguas al que se refiere Walter Mignolo (2013), que nos ayuda a mejorar nuestra comprensión de la diversidad entendida como "diversalidad," una forma de desafiar los paradigmas occidentales y hasta la propia idea del libro.

5 Metodología para las poesías y poéticas de mujeres comparadas

El importante número de poetas que nos han precedido ha evidenciado las carencias en el conocimiento y el estudio de la obra de muchas de ellas que, de no ser por el trabajo incansable y riguroso de la crítica feminista, hubiesen continuado en el olvido y el anonimato. Aunque se sitúen en el comienzo de una tradición de poesía femenina que ellas mismas inauguran, poetas aisladas como es el caso de Phyllis Wheatley o de Anne Bradstreet,[14] cuyos versos están en los orígenes de la poesía de color en EE.UU., y de la norteamericana blanca respectivamente, han continuado siendo auténticas desconocidas hasta bien entrado el siglo XX. La imposibilidad de relacionarse con otras escritoras, de llegar a leer textos escritos por otras mujeres, de conectar con sus preocupaciones, y estudiar sus poemas y estilos, no se tradujo en asegurar un lugar en la historia literaria que sirviese como ejemplo, y que atrajese como un imán a otras autoras. El aislamiento, las carencias en la educación, la falta de movilidad, la dedicación al ámbito doméstico y a los cuidados, la falta de acceso a la propiedad y al trabajo remunerado, han hecho que las poetas no hayan alcanzado el territorio de la literatura más valorada, prestigiosa y canónica.

A partir del clima social que se genera a comienzos del siglo XX con nuevos modelos de mujer[15] que acceden progresivamente al trabajo fuera del hogar y

---

14   Anne Bradstreet (1612–1672) nació y se educó en Inglaterra hasta emigrar a los EE.UU. y en el ambiente puritano de las primeras colonias, llegó a ser conocida por sus poemas y a editar en 1647 el primer poemario escrito por una mujer, *The Tenth Muse Lately Sprung Up in America* (1647). Phyllis Wheatley (*c.*1753–1784), trabajó inicialmente como esclava doméstica en la vivienda de la familia Wheatley. Su gran inteligencia y facilidad para la escritura le llevó a ganar su libertad y a publicar poemas ocasionales en la prensa y finalmente, su volumen, *Poems on Various Subjects, Religious and Moral* (1774).

15   En el siglo XX, en el periodo de entreguerras, las mujeres empiezan a cobrar conciencia de su condición de inferioridad y discriminación social y, al contar con una mayor autonomía y educación a su alcance, reivindican el acceso al trabajo remunerado, y el derecho a la participación en todas las esferas de la vida pública. En el terreno de las letras en inglés, la etiqueta "New Woman" designa a todas las mujeres que, con sus empleos y profesiones,

INTRODUCCIÓN

luchan por el derecho al voto y la propiedad, las poetas ganan visibilidad y lejos de mantenerse recluidas y apartadas, participan en la vida pública y se relacionan con otras poetas y escritoras. El acceso a la educación, al conocimiento de otras lenguas, a un salario, y finalmente, al voto, facilitan ese nuevo panorama de relaciones por el que las poetas transitan con el testimonio de sus antecesoras, el eco de sus iguales, la exploración de sus coetáneas de otras geografías, y el ejemplo creativo que les brinda la comparación, el análisis y un ambiente proclive al intercambio.

Hoy por hoy, la intensificación de la globalización ha fomentado enormemente el auge de la literatura y cultura comparadas a escala transnacional. Según Shira Wolosky, la irrupción del género como categoría de análisis y como una dimensión importante de lo que llama "encuentro textual" tiene, como no podía ser de otro modo, consecuencias estéticas. A su juicio, la poética feminista ha significado en primer lugar, "localizar al género en el mapa de las preocupaciones literarias tradicionales. ¿Cómo se representa? ¿Cuáles son los lugares y las posibilidades que están a disposición de las autoras y lectoras?" (2010, 571). Lo anterior conlleva la percepción del trabajo poético de autoras muy diversas, de distintas generaciones y procedencias, que nos ofrecen visiones del mundo particulares. El valor intrínseco de la escritura poética se ve, pues, potenciado en un paradigma relacional que apunta de manera matizada a semejanzas y diferencias, afinidades y hasta discordancias, y en medio de todo ello, hallazgos únicos.

En el terreno de la crítica y desde la óptica del comparatismo, proliferarán los análisis temáticos, lingüísticos y retóricos, los centrados en una problemática específica (racial, ideológica), los de corte más histórico, fenomenológico o político, si bien en todos primarán los poemas y las poéticas escritas por mujeres como fuentes de conocimiento. En los apartados que siguen, proponemos una metodología para el trabajo de la poesía y la poética comparadas que se condensan en las operaciones siguientes: 1) cartografía poética, 2) atención focalizada, 3) conectividad, 4) re-generación, y 5) po(Éticas). De cara a su utilización en la constitución del campo de las poesías y poéticas comparadas de mujeres, de la crítica e interpretación, de cara a su uso en el aula, y a la exploración de materiales poéticos transnacionales, facilitamos preguntas de investigación y análisis al final de cada sección.

---

tratan de ser independientes económicamente. Paralelamente, el movimiento sufragista, con una auténtica oleada de manifestaciones y protestas en todo el mundo, consiguió ganar visibilidad y romper con la lacra de la exclusión de la mujer con la conquista del voto femenino. Véanse, Sandra Holton (1996), Charlotte Rich (2009), Cristanne Miller (2017).

5.1   *Cartografía poética*

A pesar de que cartografiar ha sido una de las tareas que tradicionalmente se les han atribuido a los hombres, por su protagonismo creciente en ámbitos como el de la conquista, la ocupación del territorio, la estrategia en la confrontación bélica o el alcance del conocimiento científico representado gráficamente, la participación de las mujeres en esta área ha sido definitiva.[16] Al hilo de iniciativas como la de la geógrafa Joni Saeger con *The Women's Atlas* (2018) visibilizando las vidas y aporte de las mujeres a escala global, la tarea de la crítica y la estudiosa de las poéticas comparadas, consiste, metodológicamente, en cartografiar un terreno de creación y expresión verbal que comprende, potencialmente, cualquier punto del planeta. Al igual que la cartógrafa, la crítica deberá conseguir, en primer lugar, los datos de la ubicación geográfica, histórica y contextual de las poetas que entran en diálogo o en relación. Mediante la lectura atenta, el recurso a la traducción, y la documentación sostenida en el trabajo de la crítica feminista, las lectoras podrán conocer, apreciar y valorar el trabajo de las poetas en un espacio relacional. Es a la lectora a quien se le cede el protagonismo de indagar y establecer los vínculos que han llevado a que las poetas dialoguen entre sí.

Esta relación cartográfica se cimenta sobre circunstancias muy variadas que van desde la relación de dos o más poetas que comparten la comprensión similar del fenómeno poético, a la lectura de una predecesora, influencia, o diálogo con sus coetáneas. En palabras de Jan Montefiore, "Parte del trabajo de una crítica feminista es construir un 'mapa' de su tema, aún a sabiendas de lo imprecisos e incompletos que dichos mapas pueden resultar." (2002, x). También Linda Kinnahan elige como motivo el mapa en su volumen editado sobre la historia de la poesía de los EE.UU. escrita por mujeres. El mapa es un paradigma de interconexión que, "da visibilidad a ubicaciones remotas, propicia vínculos sorprendentes, y ofrece una guía para el movimiento, al tiempo que redibuja mapas previos, selecciona y por tanto, omite necesariamente elementos para su inclusión, y ofrece una visión que no se puede desligar de contextos de interpretación deficientes o de preferencia, de condiciones socio-históricas, y de otros factores mediadores o limitadores. Ningún mapa es totalmente riguroso u objetivo, pero no obstante puede ser solvente, auto-consciente y abierto" (2016, 12).

---

16   La serie de artículos de Laura Bliss sobre el desarrollo de la cartografía realizada por mujeres en los EE.UU. aborda la evolución de la cartografía en sus múltiples aspectos y técnicas desde el siglo XVIII (2016a, 2016b, 2016c).

INTRODUCCIÓN

La cartografía poética que proponemos explora las condiciones materiales de cómo se establecen los vínculos—viaje, lectura en una lengua extranjera, exploración, descubrimiento casual o hallazgo en la trayectoria formativa—, así como las repercusiones que el intercambio entre poetas tiene en sus entornos de origen. Las preguntas a las que, metodológicamente, se pretende responder, son, ¿cómo trazar una cartografía que sitúe a los poemarios en cuestión en una zona geográfica que apoye y complemente la lectura atenta? ¿En qué coyuntura geográfica estática o de confluencia o trasvase cultural se encuentran? En un intento por situar la problemática geo-histórica a la que obedecen los poemas y poetas estudiadas, pretendemos sumar una descripción rica del sustrato que alimenta este entramado de conexiones.

5.2   *Atención focalizada*
La atención que reclama la poesía y las poéticas comparadas es un elemento esencial a la hora de desarrollar una intuición que ponga en marcha la estética relacional de la que hablaremos en la sección 7. La poesía, en su esfuerzo por nombrar la realidad, nos exige un estado de apertura, de permanente alerta y de atención, por momentos focalizada en el detalle, en todo aquello que capta el interés de la poeta. La atención es un proceso cognitivo de respuesta frente a los estímulos que nos llegan del exterior. Procesar esos estímulos mediante los dispositivos y capacidades de la mente nos llevan a poder aprehender y comprender lo que nos rodea, a través de nuestros sentidos. Las pautas y señales que nos ofrece el mundo circundante son captadas mediante un complejo sistema neuronal que reside en nuestro cerebro. Las relaciones entre la atención y la conciencia son un terreno fascinante de exploración para la poesía y para la ciencia. En nuestra aproximación, proponemos partir de dos fuentes esenciales y prioritarias para el estudio de la atención, la filosófico-poética de Simone Weil, y la psicológica de Anne Treisman.

Para Simone Weil, la atención es un estado de respuesta que se define por la apertura del sujeto al otro/a. Se trata de una "atención consentida" que la filósofa francesa aborda en sus escritos sobre la virtud humana en las condiciones históricas extremas[17] de comienzos del siglo XX. Acotando el pensamiento de Weil a la esfera que nos ocupa—y dejando de lado, necesariamente,

---

17   Como es de sobra conocido, la filósofa, profesora y activista Simone Weil (1909–1943) participó en la resistencia francesa frente a la ocupación nazi, y en la columna Durruti durante la guerra civil española entre otros eventos. Su importante obra filosófica fue publicada póstumamente por sus amigos y colaboradores. Véase S. Pétrement (1977) para conocer más en profundidad los avatares de la trayectoria de Weil.

la dimensión religiosa, siempre presente en su caso—, nuestra autora traza el surgimiento de una poética de la atención consentida que se manifiesta en la llegada al conocimiento por vía del amor, y a la dimensión oral por vía de la plegaria. Sugerimos interpretar el amor y la plegaria como conceptos esencialmente poéticos. La conexión con el mundo que posibilita la expresión por medio del lenguaje y por ende, la poesía, vienen de la mano de ambas nociones. Para Weil, las dimensiones de la atención son estrategias para confrontar otras cuestiones acuciantes que distorsionan nuestra capacidad de respuesta en los dos últimos siglos, como las del sujeto escindido, la capacidad de acción (*agency*) y la respuesta ética. La atención desarrolla facultades humanas tan importantes como el amor, la expresión creativa, y la comprensión por medio del intelecto. Para Weil, la atención nos capacita para responder contra el autoritarismo, la colectividad que subsume al individuo, el egotismo, la falsedad y la banalidad. La atención consentida es el modo prioritario que toma la práctica ética, intelectual y poética, "El poeta genera lo bello al fijar su atención en algo real. Lo mismo ocurre con el acto del amor. Saber que este hombre que está hambriento y sediento existe en realidad en la misma medida que yo—es suficiente, el resto se deriva de ahí. Los valores auténticos y puros—verdad, belleza, y bondad—en las actividades de los humanos son el resultado de un acto y solo uno, una derivada de la atención plena al objeto" (1986, 214). De esta atención plena y de la "claridad" que genera escribe la poeta Rae Armantrout en sus ensayos cuando advierte que en el acto poético existe una atención, "en la que el sensorium del mundo accede tal y como se manifiesta." (2007, 42).

Por su parte, la psicóloga británica Anne Treisman (1935–2018), en sus estudios sobre percepción, atención y memoria, ha demostrado ampliamente que los procesos de atención humanos son selectivos y que, de entre todo lo que captamos sensorialmente, una parte se procesa con celeridad y otra queda más desatendida o atenuada, no obstante, no se filtra ni se pierde por completo. Treisman (1977) es la responsable de la teoría de la atenuación, según la cual priorizamos y procesamos todo lo percibido, si bien hay elementos que, aunque quedan relegados a un segundo plano, también aportan información relevante para aquello que se procesó en primer lugar.

Como hemos señalado, la atención en poesía parte de un estado de alerta excepcional en el cual la poeta selecciona y focaliza su atención en aquello que desea mostrar y expresar. Los elementos sensoriales analizados en nuestra mente siguen una secuencia que va desde las características físicas generales como el tono y el volumen, hasta identificaciones de palabras y sus contenidos semánticos (p. ej. sílabas, palabras, sintaxis y semántica).

Paralelamente a la atención focalizada de la poeta, la atención plena de la lectora es indispensable para que, en el ejercicio de las poéticas comparadas,

INTRODUCCIÓN   19

pueda producirse ese diálogo de asociaciones y comunicación transcultural que definen a este campo. Las preguntas clave que se plantean, en esta línea son, ¿dónde, cómo y de qué manera se focaliza la atención en los aspectos centrales del poema? ¿De qué modos retórico, cognitivo, discursivo, y de qué repertorios fónicos, semánticos, etc. se sirven las poetas para concentrar la atención? y finalmente ¿cuáles son las estrategias lingüísticas y paralinguísticas que producen esa focalización sostenida de la atención propia de la poesía?

5.3 *Conectividad*

¿De qué manera las poetas conocían la realidad de sus colegas y tenían acceso a sus intereses, a su quehacer literario, a su experiencia en sus lugares de origen? ¿Hasta qué punto es frecuente la toma de contacto, el seguimiento de las publicaciones, entre otras actividades artísticas y culturales, la formación de comunidades, el intercambio y la promoción de la obra escrita por poetas de un ámbito de interés compartido? Desde principios del siglo XX es, sin duda, el desplazamiento y el viaje el instrumento que facilitó los contactos entre zonas geográficas alejadas, entre países y personas. En primer lugar, y como ya se ha mencionado, fueron las sufragistas, las que supieron establecer una comunidad de intereses transnacional para la consecución del acceso al voto y, por tanto, a la ciudadanía de pleno derecho.

El rápido avance de las comunicaciones a escala global a lo largo del siglo XX, la sociedad digital en la que nos encontramos, facilita el contacto a través de la tecnología. Internet, las redes sociales y la expansión del conocimiento son derivas que ha tomado nuestra vida desde finales del siglo XX. Queremos sugerir, apoyándonos en la idea de la poeta, profesora y crítica Juliana Spahr, que es la conectividad el rasgo distintivo que contribuye y que ha facilitado la interrelación entre poetas a lo largo de los dos últimos siglos. La interesante propuesta de Spahr que, dentro de las prácticas de escritura y lectura se dirige a la producción de significado, es la de la "lectura en conexión." A juicio de Spahr, la literatura "fomenta, influye, y genera modalidades de ser en el mundo ..." (2001, 4). Su teoría de la lectura "en conexión" es un intento por responder a la dialéctica entre lo particular y lo universal, entre persona y comunidad. Las obras que fomentan la "conectividad" son fundamentales, ya que "apuntan a una amplitud de miras que se comparte con las lectoras" (2001, 4). La lectura es una actividad dinámica y recíproca, constitutiva de lo humano, y lo humano es siempre un producto colectivo. La lectura es siempre un acto que aprendemos con los otros, no es "natural" y está inscrita en un proceso de intercambio, a partir de la lectura se construye comunidad. Esta claro que la poeta intenta explorar la relación que existe entre escritura/lectura e identidad y extraer conclusiones "sobre la naturaleza de la colectividad" (2001, 5).

Así pues, adoptamos de Juliana Spahr la idea de que las poetas siempre valoran y subrayan la diferencia, la singularidad y las particularidades, y permanecen alerta a "de qué modo las identidades individuales se negocian dentro de la colectividad" (2001, 6).

De aquí se desprende que tanto la lectura como la escritura poética son actividades "conectivas." Se pueden compartir, son biunívocas, y en los momentos de intercambio, dan lugar a "un valor específico propio." En opinión de Spahr, paralelamente a este énfasis en la comunidad y la colectividad, la literatura que emerge en estos intercambios es esencialmente sensible al género (además de a factores raciales) pues estos son conceptos prioritariamente femeninos. En esta línea, planteamos como cuestiones fundamentales: ¿de qué manera se entiende la dialéctica entre persona y comunidad en su expresión poética en los poemas leídos y revisados? ¿Qué importancia tiene y qué papel juega lo colectivo en la construcción del poema? ¿Y en su recepción? ¿Cómo dialoga el poema con sus lectoras y lectores en un marco amplio de interrelación social?

Finalmente, reflexionar sobre si los poemas que abordamos, escritos por mujeres, crean comunidad, y sirven para fomentar el valor de la apreciación de la existencia, la comprensión de los modos de ser y de relación complejos, y fomentan el respeto a la diversidad, son también objetos de estudio y debate en este apartado.

5.4   *Re-generación*

La idea de generación, cuyo uso controvertido en historia literaria, se remonta al siglo XIX y que ha tenido una aceptación muy desigual en las distintas literaturas europeas, no ha sido nunca utilizada para hablar de grupos de autoras, próximas en edad y planteamientos literarios, debido a su invisibilidad y falta de reconocimiento.

Así pues, proponemos que la idea de generación se transforme para pasar a convertirse en una propuesta de Re-generación, a la manera en la que Di Brandt y Barbara Godard (2005) sugirieron en su proyecto y volumen editado, *Re: Generations. Canadian Women Poets in Conversation.* Esta idea de trabajo en colaboración que poetas y académicas de Canadá desarrollaron a lo largo de un par de cursos y que parte de la Universidad de York, cristalizó en un congreso y en una exposición de artes plásticas. El resultado podemos leerlo en el volumen *Re: Generations* que inspira esta herramienta metodológica.

La Re-generación consiste en revisar la historia literaria, volver a releer y revaluar los aportes del siglo pasado, lo que las poetas, en una lucha solitaria por la propia definición, rodeadas de una sociedad y un canon masculinista, vislumbraron primero como soledad, después como una lucha, codo con codo, con las antepasadas que les allanaron el camino, Brandt y Godard afirman, "No

INTRODUCCIÓN 21

estábamos sin compañía ni sin guías ni símbolos. No nos inventamos a partir de la nada: teníamos madres, que nos habían soñado, abrazando nuestra bienvenida, sabían de nuestra llegada" (2005, 9).

La Re-generación es un gesto de desafío y celebración, así como de configuración del canon (2005, 9). Las poetas del siglo pasado, según Brandt y Godard lucharon para conseguir un contexto, recepción y aprobación, lucharon para impedir su invisibilización, la representación y comprensión errónea de su mensaje. Agrupadas y hermanadas, gozaron de una nueva libertad y dieron sus primeros pasos hacia la poética feminista, futurista y utópica del presente.

Re-generación también implica oponerse categóricamente al mantenimiento de las oposiciones binarias sostenidas por el patriarcado: local/global, urbano/rural, primitivo/tecnológico, progresista/conservador, político/estético, público/privado, utópico/distópico, heterosexual/homoerótico, extravagante/discreto. Los binarismos que dividen al mundo en naturaleza y cultura, ser y alteridad, progreso y tradición, propagados hasta el infinito por la reproducción de la especie y las costumbres, fueron debatidos y contestados. De esa herencia recibida de las poetas del modernismo, se nutrieron las generaciones posteriores, iniciadas ya en estrategias de supervivencia y superación. La Re-generación lleva consigo unos "intercambios dinámicos que crean una tradición vibrante de poesía de mujeres [en Canadá]" (2005, 11) Gran parte de su quehacer es eminentemente experimental. En definitiva, la Re-generación conlleva "una transmisión intergeneracional e inter-medial, así como una influencia cruzada en contextos regionales, nacionales e internacionales" (2005, 11).

En el contexto global en el que planteamos nuestro estudio, Re-generación atiende, pues, a cómo en ausencia de un sustrato cultural que aliente la escritura y creación de las mujeres, las poetas han luchado por encontrar textos de otras mujeres que les sirvan de inspiración, modelos, referentes, en un proceso intercultural de inscripción progresiva en la historia literaria. La Re-generación se plantea, de nuevo, como un proceso interrelacional que traspasa fronteras y construye puentes que vinculan lenguajes, identidades, estéticas y prácticas socio-históricas.

Fuera del ámbito literario, re-generación alude a re-construcción tras un período de devastación, contienda, desastre natural, alude a pérdida, momento traumático, desolación. La poeta polaco-canadiense Rachel Korn (1898–1982) lo expresa así, "Mis días y noches se enturbian / con la premonición / de que mi hogar cuelga / suspendido de la telaraña / de la memoria" ("Hogar" 2013, 51). Nuestra propuesta consiste en restituir lo perdido, instaurar un nuevo orden, construir en el lugar donde aparentemente no había nada. En circunstancias adversas de silencio, invisibilidad y exclusión es donde muchas poetas han tenido que hacer germinar su trabajo. Los referentes y modos poéticos transnacionales (e incluso transhistóricos) en los que otras poetas han podido crear y dar difusión a sus obras, han sido esenciales para la supervivencia de esa comunidad poética femenina a escala global.

Así pues, las cuestiones que planteamos resolver en esta sección de nuestra metodología son: ¿de qué manera la poética estudiada se inscribe en la historia literaria del país en cuestión? ¿Existe una historia literaria con antepasadas poetas que albergue a la poesía escrita por mujeres en el presente? ¿De qué manera las poetas (siglos XIX y XX) han establecido voz, y autoridad en el panorama literario nacional? ¿Cómo han creado las poetas su propia tradición? La reflexión en esta línea nos conduce, sin duda, a considerar a poetas, sensibilidades y movimientos poéticos, que no tienen cabida en la nación y transitan en medio de enclaves desterritorializados (García Canclini 1999) sin reconocimiento, sentido de pertenencia o derechos.

5.5   *Po(Éticas)*

Tomando en consideración las aproximaciones y definiciones de la poesía y las poéticas, vinculadas a la estética, desde el punto de inflexión que supone la revolución de la teoría feminista en el siglo XX, debemos todavía incluir entre nuestros parámetros de análisis un aspecto más que resulta abarcador. Se trata precisamente de la Po(Ética), escrito y enunciado de este modo, a partir de la idea innovadora de la poeta y crítica Joan Retallack (2003). En su importante volumen *The Po(ethical) Wager*, se refiere a la Po(Ética) como una teoría y práctica de la turbulencia, de las formas "nómadas" o de formas que se acomodan a un espacio único, la po(Ética) tiene un impulso rupturista sobre modelos anteriores. Según Retallack la idea más apropiada sería la del viraje, "el zigzag repentino de los átomos al azar" al que Epicuro denominó "clinamen" (2003, 2). De entre la selección de poetas que dialogan en este volumen, la uruguaya Ida Vitale también elabora con lucidez su teoría del "clinamen" en sus versos: "Y volveremos siempre al sesgo / del clinamen, / al riesgo de apartarse del punto del pasado / donde aún el dardo tiembla, / para recomenzar" (1999, 59). Para Vitale, *clinamen* será, sin duda, una lectura desviada del canon y de sus predecesores, una lectura transformadora que establece la distancia, pero también las afinidades de estilo con la poesía anterior. Así pues, tanto en la poesía contemporánea como en las poéticas, para guiarnos, hemos de tomar en cuenta la estructura fragmentaria del tiempo y las nuevas concepciones espaciales, en lugar de la estructura lineal o arbórea (familia, genus, especie ...) de la historia literaria al uso.

Es indudable que en la raíz de esta formulación de las Po(Éticas) se encuentra también la Ética como área filosófica fundamental. Los aportes de Luce

INTRODUCCIÓN 23

Irigaray han sido innegables en su elaboración sobre la "ética de la diferencia sexual" ([1984] 1993). Partiendo del borramiento de lo femenino en el canon de la filosofía occidental, y a través de la lectura crítica de textos fundacionales desde Platón a Levinas, Irigaray subraya la necesidad de que las mujeres cuenten con el espacio propio y necesario para desarrollar libremente su corporeidad y su ser en el mundo. Sólo entonces se podrá pensar en una ética revolucionaria que emane del amor. Su lectura del discurso de Diótima en el *Banquete* de Platón demuestra como Eros es una figura "daimónica" o mediadora que vincula el tránsito de la ignorancia al conocimiento, una tarea filosófica por antonomasia, afirmando que el amor y su conexión con la belleza, vinculada a su vez con el cuerpo y el alma, crean y pro-crean, generan lo nuevo y producen la obra (o metafóricamente, la descendencia) en estado de perpetuo devenir. Según Judith Butler, fina lectora de la filósofa belga, la crítica incisiva que se plantea con la sabiduría de Diótima se juega en el terreno de la oposición desigual entre identidad y alteridad que tiene como punto de partida una asimetría en el lenguaje y el conocimiento en detrimento del otro-femenino. Para Butler, la relación ética sólo puede darse entre los sexos "en el momento en el que se reconoce una cierta inconmensurabilidad entre ambas posiciones (femenino / masculino)" (2015, 154). La alteridad en el terreno de la ética para ambas filósofas se identifica con la cuestión de la diferencia sexual (Irigaray [1984] 1993, 5–6; Butler 2015, 159).

Por otro lado, el desarrollo del marco de análisis de la interseccionalidad (Kimberle W. Crenshaw) a partir de la década de los 90 y su consideración de las identidades sociales sujetas a modos de discriminación y privilegio a partir del género, raza, clase, orientación sexual, religión o discapacidad, también aporta ideas centrales al terreno de la ética. Patricia Hill Collins ha señalado que el principio ético unificador que puede ser utilizado como parte esencial de la crítica interseccional es, sin duda, el de la justicia social. A su juicio, "el compromiso con la justicia social puede conllevar una profundidad y sofisticación que empuje a la gente a la acción" (2019, 284) También es clave que la interseccionalidad no olvide examinar críticamente su propio posicionamiento ético en el marco de las relaciones sociales de poder, fiel a su potencial como "critical social theory" (2019, 285).

En este terreno de las Po (Éticas) se pueden suscitar cuestiones muy variadas teniendo en cuenta todo lo expuesto en este apartado, como: ¿cuáles son las principales transformaciones, continuidades o rupturas, que exhiben la poesía y poéticas estudiadas? ¿Cómo renuevan la tradición de las poéticas escritas por mujeres? De modo análogo, en la vertiente de la ética, ¿en qué medida la poesía y poéticas responden a la desigualdad desde cualquier paradigma ético? ¿Cómo se sitúan identidad y alteridad en el discurso? ¿De qué modo se integra la ética en consideraciones de lo humano y lo no humano? ¿Qué papel juega la ética en un espacio transnacional? ¿Cómo, en el ejercicio de la comparación, las tradiciones éticas, nos proporcionan elementos de análisis de los poemas y poéticas estudiados?

6 ¿En qué contribuyen al estudio de la poesía de mujeres en un contexto transnacional o global?

Como disciplina descentralizada—sin vinculación a un país o modelo de sociedad—y des-jerarquizada—sin que acepte ser regida mediante poder hegemónico alguno—la poesía y poéticas de mujeres comparadas se construyen sobre la base de una cartografía que se diseña en cada acto de lectura y en un entorno relacional. Provistas de una estrategia de descripción densa (Geertz 1973), con suficientes datos del contexto socio-cultural de la poeta, de su obra, con conocimientos de las incidencias procedentes de la obra de otras poetas en el texto en cuestión—ya sea un poemario, serie poética, selección o incluso, trayectoria vital—, la presencia del sustrato etno-antropológico, así como las influencias literarias, ideológicas, filosóficas y sociológicas presentes en la poesía objeto de estudio, las poéticas comparadas contribuyen decisivamente al conocimiento de la realidad literaria y cultural de poetas que conforman coyunturas singulares en el ámbito de la creación, la expresión y su entorno socio-histórico. El estudio de los vínculos inter-poéticos que se establecen en los grupos de vanguardia, grupos generacionales, contactos interculturales, o pertenencia a una comunidad lingüística extendida en varias zonas geográficas, entre otras muchas cuestiones, constituyen la materia de estudio para la poesía y poéticas de mujeres comparadas.

En uno de sus ensayos más sólidos, leídos y admirados, "Blood, bread and poetry. The location of the poet" (1984), Adrienne Rich señala la importancia del lugar, de la localización de la poeta incardinada en una historia que da sentido a su quehacer y sin la cual no existiría el propio acto poético. Rich relata que fue a partir de 1956 cuando adquirió la costumbre de fechar sus poemas para dar cuenta de cómo su vida y su escritura estaban cambiando, una "afirmación política indirecta" que demostraba que "el poema nunca podía leerse como algo separado de la vida de la poeta en el mundo. Se trataba de una afirmación que situaba a la poesía en un continuum con la historia, no más allá ni fuera de la historia" ([1984] 1986, 180). Claramente una poeta tan esencial en la historia de la poesía de los EE.UU. en el siglo XX, con un bagaje de escritura poética, crítica, con gran prestigio como profesora, oradora y gran reconocimiento de premios desde el comienzo de su producción, demuestra,

INTRODUCCIÓN   25

en un recorrido rico y abarcador, cómo las poetas de todas las geografías han contribuido a hacer de las visiones del mundo y la experiencia de las mujeres materia poética, mencionando un largo etcétera desde Elizabeth Barrett Browning, H.D., Muriel Rukeyser, Nancy Morejón, Anita Valerio, Dionne Brand, Ama Ata Aidoo, Audre Lorde o Judy Grahn. Este énfasis de Rich en la cuestión del lugar, y en cómo la ubicación geográfica y la historia vivida constituyen el sustrato a partir del cual la poeta crea, le llevan a proclamar la importancia del trabajo de las poetas en la afirmación de sus diferencias. Estas diferencias que se pueden compartir, comparándolas en su diversidad de respuestas a los retos que sus sociedades les plantean, y que sortean el abismo de la separación entre lo público y lo privado, reivindican el cuerpo femenino como geografía originaria, afirman identidades culturales y "escriben directa y abiertamente como mujeres, partiendo del cuerpo y experiencia femeninas" ([1984] 1986, 182) son también, a mi juicio, las coordenadas sobre las que se asienta el trabajo de la comparación.

Por otra parte, coincido con Catharine Stimpson al señalar, refiriéndose a *Stealing the Language* de la académica y poeta estadounidense Alicia Ostriker, que, "Esta viva y evidente maravilla de libro es la historia más completa y perceptiva escrita hasta la fecha de esa valiente conjunción: América, las mujeres y la poesía" (Ostriker 1986, contraportada). Ostriker señala con magisterio que la poesía contemporánea escrita por mujeres "constituye un movimiento literario comparable al romanticismo o al modernismo en nuestro pasado literario" (1986, 7). Con una metodología que denomina "inductiva" y "ecléctica," se ocupa de analizar la gran variedad de la poesía de mujeres, "Admiro las formas cerradas y abiertas, la fortaleza de la lengua coloquial y las alusiones y juegos retóricos; la metáfora evocativa y la mera abstracción: las voces dispares de la lírica, el giro satírico, la inflexión conversacional, el conjuro profético. La casa de la poesía tiene muchas mansiones, y entre los atractivos de la poesía de mujeres está su impulso hacia la diversidad" (1986, 18).

Si atendemos al importante volumen de Ostriker, pionero y abarcador de tendencias que han contestado a la hegemonía de una tradición masculinista, veremos cómo su trabajo es ya de por sí un trabajo comparado entre esas otras tradiciones que desde la afronorteamericana (June Jordan, Audre Lorde, Lucille Clifton), judía (Muriel Rukeyser, Adrienne Rich, Denise Levertov, Maxine Kumin), chicana (Gloria Anzaldúa, Cherríe Moraga) o transversalmente en cronologías o adscripciones muy diversas (Edna St Vincent Millay, Genevieve Taggard, Amy Lowell; poetas confesionales: Sylvia Plath, Anne Sexton; voces reivindicativas: Marge Piercy, Judy Grahn, Alta) han construido sus mundos poéticos en diálogo, con fascinantes sinergias, en medio de la efervescencia que a partir de los años 70 ha servido como sustrato que fusionaba varios universos en un mismo suelo. Con frecuencia, la poesía de mujeres en los EE.UU., haciéndose eco de esos otros orígenes y cuidando las alianzas estéticas e ideológicas con otros grupos sociales, ha elevado voces y estilos críticos frente a una sociedad desigual y agresiva que desoye la aportación de estas autoras.

Ostriker toma esencialmente como punto de partida los años 60 y demuestra como las poéticas de mujeres hasta los años 80 salen del confinamiento "mental y moral" (1986, 10) al que se vieron sometidas por los parámetros evaluativos de los críticos varones para celebrar su libertad. Ostriker escribe sobre poéticas "en proceso" (1986) y al tiempo que suma voces fundamentales, compara sus logros y abre espacios de lectura y debate desde el análisis de la rabia contenida, la deconstrucción de los binarismos, la valoración de lo erótico, o la respuesta política.

7   Una tradición literaria propia

Jan Montefiore ha afirmado que, en el momento de gestación de su libro, *Feminism and Poetry* ([1987] 2003) la poesía tenía un peso específico importante para las mujeres y los grupos feministas, "La poesía era importante porque en grupos de 'concienciación feminista' se utilizaban los poemas—con frecuencia poemas feministas—para definir los sentimientos, o simplemente la poesía aparecía en las discusiones" (Castelao-Gómez 2016, 96). En este volumen clásico nuestra autora ya señalaba que es muy difícil hacer que el concepto de tradición literaria femenina sea operativo como constructo crítico sin simplificarlo excesivamente o perder de vista lo que podría definirse como específico de las mujeres escritoras. No obstante, la idea de una tradición literaria alternativa de mujeres es enormemente atractiva pues ofrece una salida excepcional al dilema poético y crítico al que se enfrentan las autoras con respecto a las convenciones heredadas y a las definiciones que les niegan autoridad. Esta idea de una tradición femenina no sólo posibilitaría la reescritura de una historia independiente de la poesía de mujeres, sino también la elaboración de un contexto poético en el cual los poemas escritos por mujeres no estuvieran absolutamente determinados para ser leídos o interpretados siguiendo los parámetros críticos y académicos del patriarcado. Esta tradición también contribuiría a facilitar la posibilidad teórica de la existencia de un discurso femenino. En cualquier caso, Montefiore reconoce que es muy difícil que funcione este proyecto de tradición poética femenina como constructo crítico, pues requiere que se considere a la poesía femenina exclusivamente en sus propios términos. Esto plantea grandes dificultades por el esencialismo

INTRODUCCIÓN

que implica y porque si nos dedicamos a analizar poemas escritos por mujeres, veremos con frecuencia cómo las poetas se enfrentan en mayor o menor medida a la tradición patriarcal aunque no sea más que para oponerse a ella. Esta idea de la tradición femenina es, sin duda, un esfuerzo que la teoría y la crítica feminista no puede abandonar.

La poeta, crítica y antóloga Annie Finch, en su extenso corpus de reflexión, se ha planteado en rigor la cuestión de la tradición literaria femenina en el terreno de la poesía. Para la propia poeta, es sorprendente que aún en 2005, en su volumen *The Body of Poetry*, tenga que seguir constatando la desigualdad y de la mermada educación poética recibida por el alumnado desde las escuelas, así como en universidades e instituciones de enseñanza superior en las que, en las últimas dos décadas, apenas si ha habido cambios para introducir más poetas mujeres en los programas de estudio. Finch señala que esta situación se debe en buena medida a que las propias poetas, a que las escritoras, editoras, y todas las profesionales de la escritura, no cooperen entre sí, y no formen equipos de colaboración similares a los que operan en el caso de los autores. Poetas como T.S. Eliot, a quien Finch toma como ejemplo, señalaron repetidamente que sin un contexto poético propiciado por precursores y coetáneos, hubiese sido virtualmente imposible fortalecer su propio trabajo individual y construir la tradición de los grandes poetas canónicos. Según Finch, los poetas se organizan en una red clientelar según la cual se encumbran unos a otros en círculos que se rigen por editoriales, antologías, y amistades que aseguran su visibilidad y por tanto, garantizan una línea de transmisión desde los mayores a los más jóvenes. Los poetas construyen sus propios "contextos críticos" (2005, 54) y en su mayoría son refrendados por otros varones blancos con presencia e influencia en medios de difusión y editoriales. Lo anterior se ejemplifica con la línea que Harold Bloom traza de Wallace Stevens a John Ashbery, dejando fuera a las poetas. Lo mismo sucede cuando entre los herederos del modernismo se menciona a Robert Creeley o Charles Olson, y nunca a poetas mujeres que hayan podido promover un grupo o instaurar una tradición. Finch subraya que "[E]l contexto crítico genera la percepción de la tradición literaria" (2005, 54). A su juicio, el número creciente de mujeres poetas desde los años 60 hasta el presente no se corresponde en absoluto con el trabajo crítico o editorial realizado por las propias interesadas. En torno a los años 80 se llegó al cénit en cuanto a creatividad poética femenina se refiere, si bien este momento fue coincidente con la creciente profesionalización de la crítica—las más de las veces en manos de los hombres—y el abandono de la exigua producción crítica de las mujeres poetas y escritoras.

Para Finch, el patriarcalismo en las instituciones es el responsable de que las mujeres se inhiban de la función crítica y evaluativa, que no deseen "mancharse las manos excavando en las raíces de la tradición poética como para re-plantar el linaje poético al que responde su trabajo" (2005, 56). En su trabajo como antóloga, Finch relata cómo le fue enormemente difícil conseguir que las poetas incluidas en sus antologías quisieran manifestar opiniones basadas en la experiencia sobre su propio trabajo. Fue imposible, del mismo modo, que vertiesen opiniones sobre otras compañeras generacionales. Finalmente, coincido con Finch en señalar que la poesía y poéticas de mujeres nunca prosperan en un vacío crítico, y que la "crítica es crucial para la vida y continuidad de las tradiciones poéticas" (2005, 57).

Así pues, sin que las poetas se comprometan con el trabajo crítico de manera individual y también colectiva, no podemos esperar que sus trayectorias respondan a lo que públicamente se demanda de alguien a quien la sociedad reconoce como poeta. Las poetas deben realizar los mismos trabajos e intervenir en la historia literaria de manera análoga a cómo lo han hecho sus colegas masculinos a lo largo de los siglos.

8   ¿Un lenguaje propio?

Otra de las cuestiones que Montefiore aborda y que ha resultado ser muy controvertida en el panorama de la escritura de mujeres es el debate sobre si existe o no un lenguaje específicamente femenino. Este hipotético lenguaje articularía toda la experiencia que rodea al cuerpo femenino en su especificidad. La relación entre identidad y lenguaje es tremendamente compleja, y en este terreno, identidad y discurso deben ser entendidos como múltiples y fluidos, lejos de la lógica falocéntrica fundamentada sobre la unidad, solidez y la visibilidad. En el pensamiento de filósofas feministas tan destacadas como Luce Irigaray o Luisa Muraro,[18] las mujeres están, a la vez, dentro y fuera del discurso.

Además de los parámetros de la tradición y el lenguaje, la experiencia ha sido uno de los factores más debatidos en el ámbito de la poesía de mujeres. Progresivamente, y a medida que el feminismo se ha pluralizado, el terreno de la experiencia ligada a lo femenino también se multiplica y es difícil de fijar y definir. Cuando en los años 90, las poetas situaron sus identidades en una

---

18   Muraro (1940–) ha sido una de las principales filósofas feministas italianas que han construido el pensamiento de la diferencia. Fundadora con Lia Cigarini de la Librería de Mujeres de Milán en 1975 ha publicado textos influyentes como *El orden simbólico de la madre* ([1991] 1994), así como "Feminismo y política de las mujeres" (2005).

INTRODUCCIÓN

perspectiva social y cultural más amplia, muchos de sus textos se desligaron, por voluntad propia, del vínculo con el feminismo y pasaron a formar parte de esa gran tradición heredada por todos los lectores de una lengua, nacionalidad y educación determinada.

Así, por ejemplo, desde la eclosión de la Poesía del Lenguaje (Language Poetry) en los EE.UU. en los años 80, muchas poetas se propusieron abrir los sistemas de significación, utilizar el azar y el método aleatorio, introducir formas de versificación no lineales o multilineales, subvertir tácticas léxicas e interesarse por las tecnologías cibertextuales. Todos estos aspectos radicales en cuanto a la forma propiamente del poema en sí, también, claro está, tuvieron su repercusión en las ideas de fondo. Jan Montefiore sitúa precisamente en los años 90 la línea demarcatoria a partir de la cual un buen número de poetas se desvinculan de la retórica "experiencial" de la poesía de mujeres previa (con un yo lírico unificado y "auténtico") para explorar otros asuntos, entre los que destacan la fantasía y la sexualidad, la auto-definición personal, el extrañamiento de lo social coercitivo, el declive del planeta o el juego intertextual e inter-genérico con lecturas formativas que se transforman en reescrituras del presente.

Desde una postura más ecléctica, Marjorie Perloff, comentando la enorme fluctuación de nombres femeninos y también masculinos en un recorrido rápido por la poesía de los EE.UU. en el siglo XX ha señalado que el canon y la historia literaria más establecida siempre han sido enemigos de la vanguardia, y por ello ha penalizado de manera similar a mujeres y hombres, "Lo genuinamente nuevo, lo revolucionario, según nos enseña la historia, rara vez es apto para ser entronizado rápidamente por la Academia." (1990, 34). A su juicio la tendencia hacia la apertura del canon genera también un mito de inclusión que delata que todas y todos aquellos que no tengan unas sólidas credenciales no podrán ser admitidos. En este sentido, estoy de acuerdo con Jan Montefiore (Castelao-Gómez 2016) cuando matiza que hay grados de complejidad en toda vanguardia, del mismo modo que en lo que pensamos que es poesía formal y estéticamente más tradicional.[19] El acceso al canon ha seguido siendo mucho más complicado en el caso de las mujeres y su ausencia no ha venido dada, ni siquiera en las últimas décadas del siglo XX, por haber escrito de manera más arriesgada o experimental.

---

19   Castelao-Gómez 2016: 101–2.

9   ¿Por qué es útil para el estudiante o el crítico, para el profesional de los EE. Literarios conocer el terreno de la Poesía y Poéticas comparadas?

En este momento histórico en el que el siglo XXI emerge presidido por una retórica de crisis a todos los niveles, financiera, crisis de las migraciones, crisis de inseguridad frente al terror organizado, crisis política frente al ascenso de los populismos, y en el ámbito del saber, crisis de las Humanidades, se necesita más que nunca el conocimiento, la educación, y modelos de diálogo e intercambio basados en la tolerancia, la empatía, la paz, la salvaguarda de los derechos humanos y la protección del planeta. La literatura, la historia y la filosofía, y en nuestra área de interés, la poesía, y las poéticas de mujeres comparadas, cobran mayor sentido e importancia que nunca para estudiantes y profesores, y para todo tipo de audiencias. El lugar privilegiado para el encuentro cultural sigue siendo, sin duda, el texto literario. La literatura nos facilita un lenguaje "común" con el que hablar e interaccionar con otras comunidades o grupos sociales. En un mundo globalizado y consciente de las grandes diferencias que nos separan y que, a la vez, nos otorgan identidad precisa y arraigada en lugares de origen o adopción, el encuentro con las y los otros, así como las habilidades que nos permiten entendernos y comunicarnos, son capacidades que se fomentan con la lectura, la traducción cultural y los nuevos estudios comparados construidos sobre la base del respeto a la igualdad y la diversidad. Pese a la dificultad que entraña definir lo humano hoy, al margen de dogmatismos o de convicciones que mantengan la distinción entre un adentro y un afuera, las poetas marcan un camino de entendimiento a seguir en el que, en palabras de Nicole Brossard,[20]

> Subyacente a la idea de la literatura como ética, estaba la certidumbre de que, aunque era un espacio que conducía a la imaginación salvaje, la literatura ofrecía lucidez, hacía que los humanos fuésemos aún más humanos—es decir, nos conminaba a soñar una vida y una pasión que pudiesen liberarnos y nos alejasen de la estupidez y la violencia.
>
> BROSSARD 2003, 10

La literatura tiene la capacidad de transformar la esfera pública y promueve el ideal del intercambio y de la conversación entre iguales. La poesía y las

---

20   Nicole Brossard escribe estas líneas en *The Blue Books* (2013) refiriéndose al momento histórico de efervescencia política en Quebec durante los años 60, fechas de la llamada *Révolution Tranquille*.

INTRODUCCIÓN   31

poéticas de mujeres comparadas han sentado las bases para la celebración de las diferencias y la convivencia en libertad. En el siglo XX, la poesía de mujeres comparada ha servido para establecer diálogos tan importantes como el que mantuvieron Adrienne Rich (Baltimore 1929–2012) y Audre Lorde (Harlem 1934–1992), que sirvieron para tender puentes de entendimiento entre el feminismo blanco y el de las mujeres migrantes de color. Hemos asistido a intercambios como el de las poetas montrealenses de la *Révolution Tranquille* (Quebec años 60) y sus compañeras anglo-canadienses como la colaboración creativa entre Nicole Brossard (1943–) y Daphne Marlatt (Sidney 1942–). Seguimos con interés y admiración el intercambio rico y la colaboración entre poetas como Chus Pato (Orense 1955–) y Erin Mouré (Calgary 1955–), y no deja de sorprendernos la importancia que grupos como el Combahee River Collective[21] tuvieron en la historia del feminismo de las mujeres de color en los EE.UU. y de su producción poética (y política) tan relevante, por otra parte, en la obra de autoras como Cheryl Clarke (Washington DC, 1947–), Akasha Gloria Hull (Shreveport, 1944–) y Audre Lorde.

La poesía y poéticas de mujeres comparadas nos preparan para apreciar la diversidad epistémica que convive en el mundo y para generar alternativas de futuro que, en palabras de Cristina Rivera Garza, "forman parte de lo visible, lo decible y de un paisaje nuevo de lo posible" (2011).

Como ha señalado Elena Gajeri, "Si la literatura comparada estudia el encuentro con el otro a través del nexo semejanza/diferencia, era inevitable que estableciera un compromiso con los estudios sobre las mujeres y el género, un compromiso reforzado por la común vocación transnacional y transdisciplinaria de estos campos" (2002, 441). Toda una serie de estudiosos de la literatura comparada han señalado repetidamente que los Estudios de Género no pueden no ser comparatistas. Del mismo modo que los estudios que toman como eje el postcolonialismo, la ecología, las humanidades ambientales, y el impacto de las nuevas formas de dominación capitalista en los textos de nuestro tiempo, los estudios de Género, y por ende, los de poéticas y poesía de mujeres, han de ser esencialmente estudios comparados que exploren el alcance de la situación de lo femenino en distintos lugares del planeta.

---

21   El Combahee River Collective fue un grupo de escritoras, profesoras intelectuales y activistas negras, basado en Boston desde mediados de los años 70 hasta comienzos de los 80. El grupo es responsable de la autoría del conocido "C.R.C. Manifesto" en el que se define la "identidad" de las mujeres negras y lesbianas, excluidas de la representación por parte del feminismo blanco. El análisis multidimensional de la opresión de raza, género y clase social del Colectivo está en la base de desarrollos posteriores como la interseccionalidad (Taylor 2017).

Si hacemos un poco de historia y nos situamos a principios del siglo XX, la contribución formalista de Roman Jakobson (1958) elaboró un marco para el acto lingüístico desplegado en el poema y en el que distingue entre referencia (contexto), emisor, receptor, contacto y código. En el modelo de Jakobson el mensaje se refiere a la estructura lingüística. La estética se define como subordinada a los intereses de las otras funciones y se focaliza exclusivamente dentro de la propia construcción del texto, remitiendo finalmente a sí mismo. Esta auto-referencialidad de la estética ha sido criticada por tendencias contemporáneas como los Estudios Culturales. Por su parte, los EE. Culturales tienden a privilegiar las formaciones ideológicas e históricas en sus análisis, entendiendo la composición textual como una de las manifestaciones de lo político.

Cualquier análisis que incorpore la óptica de género requiere una estética relacional.[22] El género introduce una dimensión que implica al emisor, público, condiciones de representabilidad, así como representaciones del cuerpo, de la sexualidad, de experiencias específicas y propias del género, y de enclaves y geografías en su definición histórica. Más allá de lo que llamamos "experiencia,"[23] el género es una categoría social, cultural e histórica con una importante dimensión antropológica, psicológica y política. Así pues, todo texto que incorpore el género necesariamente ha de incluir condiciones materiales, históricas y sociales, paradigmas culturales, así como normas y configuraciones políticas. De modo que todos los textos con el factor género como constitutivo de su estructura ya, de entrada, ponen en relación un amplio espectro de dominios.

Es difícil, pues, que integrando al género como categoría de análisis estético podamos mantener que la estética sea un dominio separado que se define al margen y se rige por otros parámetros de juicio. El género, por así decir, "obliga" a que el terreno artístico o literario en el que se despliega imbrique ya de por sí infinidad de disciplinas y dominios en interacción. Para nuestro propósito diremos que el género ya es, desde su representación, un enclave en el que la intersección de discursos y áreas del conocimiento y la experiencia dialogan y

---

22   Las ideas principales de la "estética relacional" proceden de la crítica de arte, y han sido elaboradas por Nicolas Bourriaud (2002), donde define un paradigma que prolifera en el mundo del arte desde los años 90. La actividad artística requiere de la participación del receptor, y el encuentro entre espectador y obra lleva a la elaboración colectiva de sentido.

23   La historiadora norteamericana Joan W. Scott explicó en su ensayo clásico "The Evidence of Experience" (1991) la idea de la experiencia como fundamental en la epistemología de la Historia. A juicio de Scott la experiencia tiene un carácter discursivo y no es en absoluto una categoría transparente. La historiadora debe "historizar" la experiencia antes de basar en ella cualquier categoría de análisis. El análisis lingüístico de todo ello es esencial, y su elaboración se sitúa en la línea de la "genealogía" foucauldiana.

INTRODUCCIÓN   33

elevan preguntas que se discuten conjuntamente. En el caso de la literatura, y
por ende de las poéticas, que pueden entenderse como "discurso de discursos,"
el espacio lingüístico que se constituye es un espacio en el que ideas, visiones
y posiciones, se articulan y se encuentran bajo diversas formas. Dichas formas
pueden materializarse desde el diálogo, el conflicto, y la confrontación, hasta
la confirmación, el consenso, y en definitiva, la apertura a los dominios cognitivo e imaginativo, potencialmente ilimitados.

La forma propiamente,[24] categoría estética de análisis tradicional, no pone
en tela de juicio o invalida otros elementos estéticos, sino que más bien se convierte en el escenario del contacto o confrontación entre los mismos. En el
terreno de la poética, el modo de la figuración rige propiamente la relacionalidad entre dominios diversos. El lenguaje poético es esencialmente "figurativo"
o "tropológico." Así pues, en la poética, los elementos textuales se abren a multitud de semejanzas y diferencias, repeticiones y contrastes, representaciones,
comparaciones, negaciones y eliminaciones. De este modo, la poesía convoca
niveles de la experiencia que se interrelacionan al conectar cada uno de los elementos que utiliza (tomados de diversos contextos y ubicaciones) de manera
"figurativa" con otros, de modo que cada uno de ellos se convierte en una "figuración" para los otros en dimensiones múltiples y cambiantes.

Esta visión de la textualidad poética como relacional y multidimensional, como
renegociación en un contexto "tropológico" se realiza performativamente[25] en la
poética feminista. El género conlleva siempre un sustrato histórico, antropológico, psicológico, político, religioso e ideológico que emerge indefectiblemente
como categoría de análisis. Así, el terreno de la producción y la experiencia, las
historias y culturas de las que emerge su autora, las condiciones de circulación
de sus poemarios y sus lectoras, se presentan también como rasgos distintivos
para el análisis. Según Shira Wolosky, "La poética feminista abre un camino
entre el formalismo y el historicismo, lindes que marcan el transcurso de la
teoría estética" (2010, 573). A su juicio, el género como categoría altera profundamente el territorio de la estética y reconfigura los debates que comprenden
al propio género en su más amplia dimensión. Como resultado de la tradición,

---

24   Para una visión de cómo las formas literarias interaccionan siempre con lo social y polí-
     tico, y como tienen un impacto sustancial en la vida y el paisaje sociohistórico por el que
     transitan, véase Levine (2015).

25   Jonathan Culler (1997) señaló con autoridad, siguiendo al filósofo John Austin y tras revi-
     sar con rigor el trabajo textual de la deconstrucción con Derrida, que todo performativo
     es una operación retórica y que tiene la capacidad de crear ideas, situaciones y persona-
     jes. Para Austin los actos de habla están reguladas por hábitos y convenciones sociales. En
     su taxonomía entiende que los performativos que, al ser expresados, realizan una opera-
     ción en lo real, son a la vez acción y enunciado (1962, 273).

a las mujeres se les han asignado límites excesivamente rígidos en términos sociales y literarios, si bien, cuando nos aproximamos a los textos escritos por autoras, es fácil reconocer cómo constituyen un campo relacional que alberga múltiples dominios. Así, por ejemplo, la oposición binaria tradicional entre lo público y lo privado no opera continuada y uniformemente—la crítica feminista ha trabajado sin descanso sobre la idea de la relegación de lo femenino al dominio privado y doméstico en todos los ámbitos. Claramente la literatura, y especialmente, la poesía han sido modos mediante los cuales las mujeres han podido participar en los discursos públicos y reflexionar sobre el alcance de sus aportaciones. Como resultado de lo anterior, las líneas que dividen lo privado y lo público deben ser revisadas con más investigación contextual e histórica para extraer conclusiones de todo ello que nos permitan precisar cómo en cada situación y cronología, las poetas han respondido a todas las constricciones sociales impuestas.

En cualquier caso, no podemos afirmar que no existan tensiones entre las tendencias formalistas y el resto de tendencias a la hora de abordar la estética. Las primeras siguen manteniendo la idea de la autonomía de dicha área, mientras que las aproximaciones culturalistas subordinan la estética a la política. Es importante, sin embargo, recordar la advertencia de Rita Felski que puede hacerse extensiva a la estética en general,

> simplemente leer textos literarios en función de su fidelidad a una noción pre-existente de experiencia femenina o ideología feminista es, de hecho, negar cualquier especificidad al lenguaje literario y al significado, haciendo a la literatura redundante al reducirla a una mera función documental como reproducción más o menos precisa de una realidad política pre-existente ...
>
> 1989, 8

De modo que la crítica feminista ha resistido bien el alejamiento o la suspensión casi completa del paradigma esteticista, dado que las cuestiones de género implican de lleno a la experiencia social, histórica y política, así como sus representaciones en el arte y la literatura. Por tanto, una poética feminista abordaría las fuerzas históricas que enmarcan lo literario-artístico, y las estrategias formales y compositivas que le dan carta de naturaleza. Pensamos que una estética relacional que sitúa a la literatura y al arte como el espacio donde los diversos dominios de la experiencia cobran forma ofrece una poética de estas características. Finalmente, tanto para el estudio y la lectura informada como para la crítica, las poéticas comparadas de predecesoras y coetáneas ofrecen un amplio terreno de aproximación al texto poético como dominio estético,

INTRODUCCIÓN   35

social y discursivo insustituible para el conocimiento de la realidad, el trabajo
innovador de la imaginación para crear, y el cuidado y la preservación de lo
humano con conciencia planetaria.

10   ¿Por qué faltan estudios de esta naturaleza?

Resulta sorprendente que la poeta, profesora y crítica Rachel Blau du Plessis
abra su importante volumen *The Pink Guitar. Writing as Feminist Practice*
(1990) con una declaración chocante: tradicionalmente y hasta bien avanzado
el siglo xx, a las estudiantes, investigadoras y críticas se les ha disuadido de
emprender trabajos sobre la literatura y el arte creados por otras mujeres. El
prestigio de la institución se les ha visto negado siempre, aún cuando la egre-
gia antesala de nombres tan influyentes como Mary Wollstonecraft, Virginia
Woolf o Simone de Beauvoir, han situado a lo femenino en el centro del debate
social y político.

Coincidimos con Rachel Blau du Plessis cuando señala que la literatura
escrita por mujeres parte de una postura ética y moral que presenta analogías
con momentos de la historia en los cuales las mujeres han visto su importancia
relegada al espacio no hegemónico desde el cual, no obstante, han ejercido su
crítica de la cultura patriarcal. Del mismo modo que ocurrió con figuras des-
tacadísimas del modernismo literario como Virginia Woolf, H.D. o Gertrude
Stein, en la escritura de mujeres, "Hay un elemento didáctico, relacionado
con un proyecto de transformación cultural para establecer valores. En la
escritura de mujeres—como en el modernismo—, hay un impulso enciclopédico, en el que la escritora inventa una cultura nueva y total, simbolizada
y anunciada en una obra larga, como ocurre en el poema largo modernista"
(1990, 19). Desafortunadamente el excepcional trabajo de la crítica feminista
hasta el presente no ha dejado de registrar la desigual, sesgada e injusta diferenciación entre "la poesía del sentimiento de las mujeres y la poesía del intelecto de los hombres" (Kinnahan 2016, 4).

Con la irrupción firme de la crítica feminista en el panorama literario a
escala global, las tensas relaciones disciplinarias entre los géneros literarios,
la capacidad y el derecho de las mujeres de actuar en libertad, y la representación de la realidad, hacen que las fricciones que existen a la hora de expresar
el universo desde la óptica de las mujeres, plante verdaderas batallas por la
hegemonía del significado literario y social. Como señala Marina Lops (2000),
"[S]i cada periodo histórico ha elaborado un 'sistema de géneros (literarios)'
propio, ya que las normas y las expectativas de cada uno de ellos se entrelazan
con las de la sociedad en su conjunto, es evidente cuán importante es indagar

y analizar de qué modo las mujeres como autoras y como lectoras, han entrado en relación con tales sistemas" (Gnisci 2002, 210).

En la siguiente sección, se demuestra, por medio de tres volúmenes seleccionados, cómo las poetas han irrumpido con fuerza en un panorama literalmente tomado por el canon patriarcal que descansa en un sistema educativo en el que la transmisión de la poesía de mujeres queda soslayada. Las antologías, la crítica, la invisibilidad en las editoriales de mayor presencia, el lugar insustancial que ocupan las reseñas de sus obras en la prensa, y la poca difusión de su trabajo en los medios, son indicativos de por qué es imprescindible estimular el trabajo creativo de las más jóvenes. Del mismo modo, resulta imprescindible, fomentar el trabajo editorial y crítico para que la poesía y poéticas, conjuntamente con otros géneros cultivados por las autoras, adquieran el lugar literario y social que merecen.

11   ¿Cómo se lleva a cabo el trabajo de la comparación hoy?

Aunque quizá no hayamos encontrado todavía el camino más adecuado para la práctica de las poéticas comparadas en el presente y no hayamos desarrollado y contrastado un procedimiento de análisis consensuado que satisfaga a poetas y críticas hasta el momento, las páginas anteriores condensan una propuesta metodológica para este trabajo urgente. Es urgente que contemos con instrumentos, metodologías críticas, tendencias que adquieran arraigo y puedan convivir en este contexto tan rico y dinámico, en el terreno perfectamente abonado y fructífero que no deja de sorprendernos de la poesía y las poéticas comparadas de mujeres. Para ello, y contando con algunas autoras y algunos volúmenes valiosos que se han atrevido a trabajar en poéticas comparadas de lo femenino *avant la lettre*, antes de que esta disciplina haya ni siquiera adquirido una denominación estable en nuestras lenguas, quiero ilustrar en esta penúltima sección cómo es posible explorar y comparar poesías y poéticas en varios enclaves bastante diferentes. Aún sin dedicarse propiamente a la comparación en su totalidad, los tres libros que comentaré—Romiti (2013), Benegas (2017), House (2015)—nos conducen con autoridad a un inteligente acercamiento reciente entre poetas.

Comenzaré con un interesante volumen en el que su autora, Elena Romiti, se propone investigar qué construcciones conceptuales se derivan de la lectura de las primeras poetas del canon de América del Sur. Asistimos aquí a un ejercicio de comparación que aproxima a las poetas uruguayas Juana de Ibarborou (1892–1979) y Delmira Agustini (1886–1914), con la argentina Alfonsina Storni (1892–1938) y la brasileña Henriqueta Lisboa (1901–1985).

INTRODUCCIÓN

Romiti, desde un marco teórico que le permite reconocer filiaciones, redes y tradiciones pretende "reconocer diálogos e intertextualidades habitualmente silenciadas" (2013, 12). A través del estudio de una selección de textos que brindaron acceso al sistema literario a Agustini, Ibarborou, Storni y Lisboa, así como del examen de estrategias que les dieron visibilidad, se focaliza en la figura social de la poetisa una exploración del progresivo establecimiento de la poesía femenina en la región del cono Sur. La vía regia para el estudio de las confluencias y las sinergias que se establecen entre estas autoras viene dada a partir de un foco claro en las estrategias de autorrepresentación de todas ellas.

La figura de la poetisa, por lo general, fomentaba la identificación entre el yo lírico y la autora, sobre todo en su materialidad corporal. Así, la fotografía, las alusiones a la vida de la autora, y el vínculo con su experiencia, eran indiscutiblemente parámetros fundamentales a la hora de leer su obra. Paradójicamente, la etiqueta socio-literaria de la poetisa actuaba como compartimento estanco en el que se reificaba el papel y las aportaciones de estas autoras, si bien la aceptación del estereotipo les sirvió, como demuestra Romiti, como estrategia de ingreso al sistema literario.

A través de una importante investigación en archivos, en la que Romiti recupera textos centrales e inéditos como una conferencia de Alfonsina Storni sobre Delmira Agustini que se publicó en Montevideo en 1920 en el diario anarquista *La Noche* (dirigido por Juana de Ibarborou), así como un poema de Ibarborou titulado "Visión de Delmira," nuestra autora demuestra como a través de lecturas, complicidad y estrategias discursivas, estas poetas compartieron infinidad de elementos que hacen pensar en una poética relacional analógica cuya veta de transgresión y renovación quedó oculta bajo una apariencia de tácita aceptación.

Nuestras poetas escribieron en distintos medios, desde el periodismo al ensayo, si bien, "sin poder acceder aún dentro de la esfera pública a identidades diferenciadas y elegidas por ellas" (Romiti 2013, 31). Romiti incorpora a sus tesis planteamientos del feminismo muy útiles adaptados al contexto latinoamericano, como las ideas de Castro-Klarén (1985) sobre la 'doble negatividad'—opresión sexual y colonial—que opera en las autoras, las del archivo como memoria que está presente en la "desterritorialización de los actuales procesos de globalización" (Sarlo 1988; Achugar 1994), y la idea del sujeto "nómade" de Rosi Braidotti (2011, 201). A su juicio, "para las escritoras de las primeras décadas del sigo XX, la desarticulación de una identidad fija fue utilizada proactivamente para explorar la posibilidad de proyectarse en red, esto es a través de convergencias y superposiciones de trazos discursivos, hacia el espacio público" (Romiti 2013, 128). En el capítulo final de este volumen, se comentan motivos e imágenes que tienen que ver con el movimiento constante, el tránsito, el viaje, la fragmentación, y la presencia de todo ello en poemas concretos de las cuatro autoras estudiadas. En sus diferencias personales y estéticas, se cifra precisamente cómo cada una de ellas, entre la rebeldía y la aceptación, negocia su lugar de ingreso al sistema literario. Hay que resaltar la importancia del trabajo de Romiti que compara crosculturalmente y se atreve con tradiciones y lenguas como el español y el portugués en Uruguay, Argentina y Brasil.

La poeta y crítica hispano-argentina Noni Benegas se propuso con un ensayo ya clásico e introductorio a la antología *Ellas tienen la Palabra* (co-editada con J. Munárriz en 1998)[26] indagar precisamente en por qué las poetas, incluso algunas bastante consolidadas, carecían de visibilidad, cómo sus obras no estaban recogidas en antologías exegéticas—de las que ayudan a conformar al canon y son esenciales para construir el relato de la historia literaria de cualquier periodo—y ni siquiera existía un cierto consenso entre los antólogos sobre quiénes eran las mejores y se habían ganado un lugar destacado en antologías e historias literarias.

En su ensayo, Benegas ofrece una historia de la recepción de la poesía escrita por mujeres en España. Como tarea urgente se propuso investigar las razones de su exclusión y su imposibilidad de ingresar en el sistema literario. A su juicio, se debe a varias causas: por un lado, la falta de instrumentos críticos para valorar en su justa medida las aportaciones de las poetas. Benegas, de manera novedosa, ha sido la primera crítica que ha aplicado las ideas del sociólogo francés Pierre Bourdieu sobre la creación del campo literario al contexto español.

Bourdieu postula la aparición de relaciones de poder en un feudo nuevo y atractivo, que denomina el "campo literario" (1991). Nace a partir de la Revolución Industrial y se encuentra estrechamente relacionado con el poder político y económico. En este ámbito, los políticos intentan imponer sus puntos de vista a los intelectuales y apropiarse de su prestigio para legitimar sus decisiones a través de la prensa de opinión. Los escritores y artistas, a su vez, obran como auténticos grupos de presión, y luchan por hacerse con las prebendas que reparte el Estado.

En el ámbito de las poetas, este es el panorama imperante cuando las románticas se lanzan a escribir. Muchas son reconocidas muy tardíamente o de manera póstuma. De entre las poetas más cercanas a nosotros, por ejemplo, Rosa Chacel, ha pasado a formar parte del campo literario, mientras que Concha Méndez (1898) o Ernestina de Champourcin, todavía no lo han hecho.

---

26   Benegas publicó en 2017 una nueva versión actualizada de su célebre introducción de la antología, con el mismo título.

INTRODUCCIÓN

Benegas se pregunta, "¿Cómo no ver que su exclusión no se debe a razones de calidad, sino a intereses muy precisos del campo literario?" (2017, 114) Su respuesta tiene dos vertientes: 1) hay demasiados autores y los beneficios a repartir no son suficientes para todos; 2) la novedad de temas y estilos que aportan las autoras "modifica las reglas de valor para todo el campo, que se verá obligado a revisarlas." Benegas habla del "feudo de la lírica" (2017, 114) que marca unas normas férreas y que se traducen en la exclusión de las poetas.

En cualquier caso, ¿qué es lo que hace que los poetas varones puedan figurar, tarde o temprano en la tradición? Según Benegas, "ellos tienen detrás una tradición que los legitima. Heredan ese 'capital simbólico' acumulado por siglos de autores consagrados de su sexo que les facilita la entrada en el campo literario" (2017, 115). Si hablásemos de "capital social"[27] (en lugar de simbólico), este que se construye a partir de las relaciones influyentes que poseen, por haber dominado siempre la esfera pública, y encontrarse en ella como pez en el agua (2017, 115).

Después de que en el ámbito anglo-norteamericano Harold Bloom teorizase sobre la "angustia de la influencia," que ya comentamos más arriba, la mujer que se sienta a escribir sufre de una sensación que le paraliza, algo propio de los desposeídos, la "angustia de la autoría." La autora potencial carece de autoridades de su género que validen su palabra. Por ello, muchas veces se oculta bajo seudónimo masculino o ni siquiera firma sus obras.

En cualquier caso, no basta con que ingresen en el campo una o dos poetas o escritoras por generación, se necesita un número mayor, a fin de que se modifiquen las reglas del juego y que no se considere a estas autoras como excepciones. El hecho de que haya un grupo que se suma al campo, facilitaría una cierta descentralización o desestabilización y por tanto, cambios. Es evidente que mucho de lo que sucede hoy en los márgenes, los temas y nuevos enfoques que surgen de lo que hoy escriben y publican las poetas, modifican en cierta medida lo que sucede en el campo literario.

El otro gran problema derivado de la no-lucha o de la inhibición de las poetas a tener reconocimiento de sus obras es que sus descendientes deben recomenzar todo desde cero. En palabras de Benegas "[E]s como si cada nueva generación de mujeres tuviera que tomar la decisión ... de no lega[r] ningún 'capital simbólico' a las poetas venideras" (2017, 136).

---

27 El capital social se entiende como "Redes y normas compartidas, valores y entendimientos que facilitan la cooperación en el interior de un grupo y entre grupos" (OCDE 2007: 103).

La poeta y crítica Alicia Ostriker de cuyas aportaciones ya hemos hablado con anterioridad, y que fue pionera en lo que ella misma denominó revisión feminista de los mitos—"revisionist myth making" (1986, 211–240)—, abrió un escenario de excepción para la relectura de los mitos clásicos y el trabajo comparado. La importancia de la re-escritura y revisión de la presencia del patriarcado en los mitos, así como la creación de nuevos mitos, ha tenido y sigue teniendo una presencia innegable con poetas, pensadoras y críticas como Adrienne Rich, Nicole Loraux, Michèle Le Doeuff, Ana Iriarte, Page DuBois o Anne Carson. El papel fundamental que juegan las poetas en la recepción, transformación y rearticulación de los mitos clásicos y contemporáneos ha sido estudiado recientemente en varios libros (Harris & Frankel 2016; Sánchez-Pardo, Burillo & Porras 2018) que han evidenciado ese impulso urgente que las poetas han ido manifestando de manera creciente a partir de los años 50, en momentos clave para el desarrollo del feminismo en el siglo XX.

El volumen de Veronica House, *Medea's Chorus* (2015), pone énfasis en el poder de transformación cultural que obra en manos de las poetas y que, sin duda, nos conduce hacia nuevos "paisajes psicológicos" (2015, xvi). Se trata de H.D., Sylvia Plath, Adrienne Rich, Margaret Atwood y Eavan Boland, quienes desde distintas geografías nacionales y distintas cronologías, responden al poder fundante de los mitos clásicos con importantes variaciones. Es en el estudio de la elaboración del texto poético, confrontando la tradición patriarcal heredada del mundo griego, donde podemos decir que descansa el trabajo comparado de este volumen. La autora del estudio señala que su interés se centra en destacar "de qué manera las poetas modificaron el relato presente en el mito" (2015, xvi), aunque en muchas ocasiones el relato mítico de por sí nos ha llegado ya en diferentes versiones y no tiene un carácter totalmente cerrado y unificado.

El retorno al estudio y el gran interés por el mundo clásico desde comienzos del modernismo, la herencia de Nietzsche, y los ensayos de T.E. Hulme, Ezra Pound y T.S. Eliot, el entramado que sostiene *Ulysses* de James Joyce, y la antropología de Sir James Frazer o Joseph Campbell fueron, sin duda, los hitos que estimularon esa vuelta al universo del mito y la filosofía griegas.

La exclusividad y la misoginia imperantes durante el modernismo abocaron a las poetas a elaborar sus respuestas como reacción al modelo clasicista de las relaciones entre los sexos totalmente agotado. Poetas como H.D., Louise Bogan y Edna St Vincent Millay escribieron poesía de tema mitológico. Autoras de novela y poesía como Natalie Barney y Renée Vivien dedicaron versos a sus relaciones con otras mujeres, y mantuvieron su salón literario en el París modernista, al tiempo que se inspiraban en Safo para seguir su ejemplo vital y literario.

INTRODUCCIÓN

Veronica House somete a prueba, cronológicamente, a textos poéticos que responden a cuestiones que continúan siendo centrales hoy, tales como "¿Cómo podemos (si es que podemos) incluir a las mujeres 'reales' en mitología y literatura? ¿Cómo subrayar experiencias domésticas como la maternidad, el amor, el sexo, y la edad que se desvían y a veces, incluso se oponen a las normas culturales? (…) ¿Qué nos enseña la revisión de los mitos sobre nuestra cultura y sobre nosotros mismos?" (2015, xxi). El volumen se ocupa de explorar las motivaciones personales, culturales y políticas que subyacen a la revisión del mito en cada poeta. House compara su utilización y elaboración del mito, en un contexto feminista que ilustra y esclarece la historia densa y compleja de la escritura de mujeres posterior a la Segunda Guerra Mundial.

El volumen recoge cómo H.D. reescribe las figuras de Elena y Aquiles de *La Ilíada* en su *Helen in Egypt* (1961) en una exploración de la identidad femenina y sus expectativas sociales y literarias. En esta misma línea, Sylvia Plath, entre las décadas de los 50 y los 60, experimenta e investiga con intensidad cuestiones identitarias que le sitúan entre Electra y Clitemnestra. Ambas poetas actúan como fuente de inspiración para la revisión mítica de la segunda ola del feminismo con Adrienne Rich. En su obra, Rich estudió en profundidad la relación imposible, amorosa y vital, de mujeres con otras mujeres, partiendo de los Misterios de Eleusis, y de las figuras de Deméter y Perséfone. Esta preocupación también está presente en la poeta irlandesa actual Eavan Boland cuando se acerca a las mismas figuras que Rich y plantea la desaparición de la mujer de edad avanzada en nuestras representaciones culturales. Alejada ya de los estereotipos patriarcales de belleza, la mujer desaparece. Finalmente, la violencia de género, el abuso psicológico y físico de la mujer en todos los ámbitos, queda patente en la secuencia "Circe/Mud Poems"[28]—incluida en el volumen *You Are Happy* (1974)—de Margaret Atwood, donde medita sobre qué queda de humanidad en lo humano a raíz de su lectura de *La Odisea*.

Para Veronica House (2015), el estudio de la fortaleza femenina, de la rebelión de las mujeres contra la tiranía del patriarcado en figuras del mito griego, así como, en comparación, en sus transformaciones poéticas posteriores, ofrece una base de reflexión muy sólida en el presente y la estrategia de la "revisión mítica" constituye un hito en la historia literaria comparada reciente que merece estudio e investigación.

---

28 Véase la interesante lectura de la secuencia "Circe/Mud Poems" que Javier Martín ofrece en el capítulo séptimo de este libro.

12 La práctica de la poesía y poéticas comparadas en este volumen

En este volumen hemos reunido una muestra significativa de poetas cuyos diálogos, conexiones, influencias, fuentes de inspiración, afinidades y objetivos a la hora de entender la comunicación poética, presentan importantes similitudes. La tarea de la comparación nos ha permitido explicitar ese vínculo, tantas veces velado o invisible, y ponerlo de manifiesto en los once capítulos que siguen. La cartografía poética trazada recorre territorios europeos, americanos del Norte y del Sur, caribeños y del sureste asiático. Las poetas seleccionadas transitan cronológicamente desde el magisterio de Gabriela Mistral (1889–1957) hasta los planteamientos de la nueva generación con Laia López Manrique (1982–). Con lenguajes y estilos personales e idiosincráticos, tejen sobre la página en blanco una red de relaciones en la que convocan a otras poetas, predecesoras y futuras, coetáneas y alejadas en el tiempo. Responden a preocupaciones tan diversas como la identidad personal y poética (en todos los casos), el lugar de origen perdido y suplantado (Mistral, Carranza, Di Giorgio, Urriola), la maternidad (Méndez, Mistral), el espacio del hijo/a (Varela 2001; Olds 1980), la dimensión del mundo (Janés, Zwicky), el papel del mito y el ritual (Atwood, Castro), la sensibilidad ecológica (Niedecker, Vitale), el amor entre mujeres (Peri Rossi, López Manrique) y las constricciones que siempre imponen los vencedores, dueños de la Historia oficial (Arasanayagam, Nourbese Philip, Collins-Klobah, Rahim, Mordecai, Shirley). La poesía, esa "concentración de poder en el lenguaje" que, según Audre Lorde, es una necesidad vital de la existencia, ha recorrido territorios dóciles y hostiles, para llegar, de la mano de todas estas poetas en conjunción a poner el mundo en palabras e iluminar el presente.

En el primer capítulo de este volumen, Niall Binns parte de dos ensayos de los años sesenta—"Los poetas de los lares" y "Sobre el mundo donde verdaderamente habito o la experiencia poética"—en los que el escritor chileno Jorge Teillier reflexionó sobre el desarraigo y los procesos de modernización en el contexto hispanoamericano para explicar la vuelta a las raíces—la infancia pasada en pueblos de provincias, en un entorno rural—palpable en numerosos poetas chilenos de la época. Para comprender su propia obra y esta nueva corriente, Teillier se inspiró en autores como Rilke y Dylan Thomas para plantear la necesidad de una "poesía lárica" como resistencia a las fuerzas aparentemente imparables de la modernidad. En diálogo con estas ideas de Teillier, se efectúa un estudio comparativo de la importancia de los lugares en la obra de cuatro poetas hispanoamericanas: la chilena Gabriela Mistral, la colombiana María Mercedes Carranza, la uruguaya Marosa di Giorgio y la chilena Malú Urriola. En cada poeta se examina cómo los esfuerzos por recuperar los

INTRODUCCIÓN

lares o los "paraísos perdidos"—el pueblo de la infancia o bien, en el caso de Carranza, la Colombia anterior a la violencia—constituyen el eje de algunas de sus obras más importantes.

La poeta uruguaya Marosa Di Giorgio, cuya obra ya fue objeto de análisis, desde otra óptica, en el primer capítulo de este volumen, abre de nuevo la puerta de su universo poético. Para Emilia Conejo, Di Giorgio podría situarse en el elenco poético como la gran anfitriona de un banquete neobarroco al que convida, desde el jardín de su infancia. En ese jardín se celebra una fiesta y la naturaleza se torna templo para las visiones de esta suerte de beguina contemporánea consagrada al exceso. En su poesía se entrelazan la infancia, lo siniestro, el erotismo sagrado y el anhelo de infinito—perdido y vuelto a conquistar una y otra vez, en un devenir pertinaz—, así como las voces de otras poetas cuya influencia se palpa en lo personal, en lo estético y en lo espiritual. En este trabajo se analizan, de manera comparada, algunos de los *leit motivs* de la poética marosiana a la luz de un amplio espectro de voces femeninas que han influido en ella, desde Emily Dickinson hasta Olga Orozco, y desde la poesía erótica a la metafísica, atravesando la lírica puramente cercana a la experiencia. Se pretende, así, situar a Di Giorgio en una fértil genealogía de mujeres poetas que atraviesan las épocas y las estéticas desde tradiciones tan diversas.

En el siguiente capítulo, Olga Muñoz propone un cambio en el foco de atención y es ahora cuando la figura del hijo cobra un mayor protagonismo. El hijo, como punto de partida de la escritura, encuentra en la poesía en español una notable trayectoria: Rosalía de Castro, José Martí, Rubén Darío, Miguel Hernández o Alfonsina Storni, entre otros, han elaborado textualmente esta personal aproximación en poemas que enriquecieron la representación temática habitual del momento. Puede afirmarse que la peruana Blanca Varela da un verdadero golpe de timón en 1993 con la publicación en *Ejercicios materiales* de su "Casa de cuervos:" la plasmación de la maternidad encuentra aquí una formulación original, ajena a la tradición hispánica más conocida y en confrontación directa con ciertos lugares comunes heredados.

La propuesta de este trabajo no busca aproximar la producción de Varela a la de autoras de una cercanía o afinidad evidentes. Más bien pretende la exposición de su poesía a la reverberación de la palabra de una gran escritora del ámbito anglosajón, la estadounidense Sharon Olds, cuya obra *The Gold Cell* (1987) recoge en su cuarta sección impactantes poemas dedicados a sus hijos. La comparación de algunos de sus textos ("Casa de cuervos" y "The Green Shirt," "Fútbol" y "Looking at them Asleep") aspira a detectar los recursos, a menudo divergentes, con que ambas poetas terminan confluyendo en una dolorosa perplejidad ante el cuerpo del hijo, así como en una reelaboración de la imagen propia a partir de la radical vivencia de la maternidad.

La importancia de la obra de Gabriela Mistral queda, de nuevo, recogida en el cuarto capítulo de esta colección, en el cual, en una perspectiva comparada con la poeta española Concha Méndez, Ramón Muñiz y Renée Silverman analizan la reacción de ambas frente a la maternidad, asunto que abordan no solo en la poesía sino también en la prosa. Mistral y Méndez rescatan la figura de la madre como ser creador que establece una relación íntima, personal y trascendente con el hijo, sobre todo en los primeros momentos de la vida del infante donde predomina una comunión corporal extrema, un vínculo prácticamente indisoluble reconocido en las teorías ya clásicas de Hélène Cixous y Julia Kristeva. En esta fase imaginaria o semiológica donde no existen las fronteras de género ni los patrones sexuales, las poetas glosan cómo madre e hijo disfrutan de una libertad y flexibilidad primitiva que los exime del cumplimiento de reglas y normas sociales. La maternidad se observa como una experiencia libre en la que interviene el cuerpo y no como una institución que limita la identidad a parámetros fijos y preconcebidos. Frente al patriarcalismo y su concepción de la madre como receptáculo y no como fuerza creadora, estas escritoras revalorizan el papel maternal y la función de la madre como la primera maestra que enseña el mundo al niño y que, sin embargo, a decir de Luisa Muraro, ha quedado fuera del orden simbólico y civilizatorio, relegando la importancia de su labor en el tejido social como un episodio más en el paso de la naturaleza a la cultura.

El capítulo que sigue a las reflexiones sobre maternidad y escritura en Mistral y Méndez nos permite profundizar en lo que Leonor Martínez denomina filosofía lírica y que da cuenta del quehacer de la poeta española Clara Janés y la canadiense Jan Zwicky, mediante una cala en poemarios de ambas autoras desde las premisas propias del comparatismo. El año 2005 es un *annus mirabilis* en la trayectoria poética de ambas mujeres: a miles de kilómetros de distancia ven la luz, a este lado del Atlántico, el poemario *Fractales* de Janés, y, allende el océano, *Thirty-seven Small Songs & Thirteen Silences* de Zwicky. El denominador común que aúna la poesía que cultivan Janés y Zwicky se imbrica en un discurso lírico-filosófico que nos invita a interrogar al mundo y a dar respuestas a lo enigmático y desconocido. Una de las convicciones más firmes en las que se sustenta el pensamiento poético de Janés y Zwicky es que la poesía es vía de conocimiento y forma de ser (y estar) en el mundo. Janés encuentra inspiración y serenidad en la sabiduría de Oriente y los *Upanisads* en su faceta como traductora de autores de diversas tradiciones, mientras que Zwicky escudriña el pensamiento de Platón y Wittgenstein en busca de asideros epistemológicos para reinventar la filosofía y la poesía, atenta a los pequeños detalles y matices del espacio doméstico. Este capítulo facilita claves para analizar la arquitectura, y el lenguaje de los poemarios de ambas autoras, así

INTRODUCCIÓN

como los temas y motivos que configuran dos universos poéticos idiosincráticos que confluyen como vasos comunicantes.

La obra de otra de las grandes autoras canadienses, Margaret Atwood, asoma en el capítulo sexto, para dialogar con su coetánea, la poeta española Juana Castro. Atwood nace en el año 1939 en Ottawa y pasa gran parte de su juventud en el entorno de gran belleza natural de los bosques de Quebec. Juana Castro llega al mundo seis años más tarde y sus primeros años de vida transcurren en los Pedroches de Córdoba, en la no menos hermosa Sierra Morena andaluza. Aunque sus trayectorias vitales difieren tanto como sus contextos geográficos, ambas mujeres se forman para ser educadoras, se involucran en cuantas causas las requieren, se convierten en referentes incuestionables del feminismo en sus respectivos países y alcanzan notoriedad internacional. En este capítulo, Javier Martín se propone examinar cómo estas dos poetas, tan dispares a la vez que hermanadas en su lucha por la justicia, la igualdad y el poder redentor de la palabra, redescubren, examinan, descontruyen y hacen propios algunos de los mitos más poderosos de la tradición literaria occidental. Así, por ejemplo, el mito de Dafne, les acompaña en una búsqueda perpetua e incansable de una nueva feminidad. Para llevar a cabo este estudio comparativo el trabajo se sirve fundamentalmente de la teoría feminista y dedica especial atención a la revisión y reescritura de los mitos.

En el capítulo séptimo, Lorine Niedecker e Ida Vitale, se inspiran, leen y escriben en el siempre sorprendente e inagotable cuaderno de la Naturaleza. Procedentes de dos tradiciones como la uruguaya y la estadounidense, bien arraigadas en la historia, e integrantes de dos vanguardias poéticas dispares— objetivismo y generación del 45—, las insólitas confluencias de sus poéticas resultan explicables, desde una óptica comparada, en la apertura que ambas poetas manifiestan frente al entorno natural. En líneas generales, Niedecker sufre la limitación del viaje al exterior y permanece en su entorno inmediato, mientras que Vitale marcha al exilio tras el golpe militar en Uruguay, y lleva una vida nómada sin residencia fija. Estas diferencias sustanciales no impiden que ambas construyan sendas poéticas de la atención intensa y focalizada, y de la conectividad con todo lo vivo y sensible o inteligible. La pasión de ambas autoras por la historia natural, por la biología y la geología, su interés por el método etnográfico y por la antropología social, su impulso documentalista, y su cuidado extremo en la precisión lingüística, resultan en elaboraciones de gran virtuosismo formal que atienden a lo que Esther Sánchez-Pardo denomina "ecología sensible." Partiendo de conceptos recientes del giro antropológico de comienzos del siglo XXI, como el multiperspectivismo naturalista (Viveiros de Castro) y el contacto intersubjetivo trans-especies (Kohn), identificamos las semejanzas y peculiaridades entre las maneras de aprehender el medio ambiente y sus avatares en la trayectoria de ambas poetas.

El capítulo octavo explora el papel central de la interlocutora en la escritura poética de Cristina Peri Rossi (Montevideo, 1941) y Laia López Manrique (Barcelona, 1982). A través de un estudio comparativo de la obra poética de las dos autoras, Sara Torres propone el concepto de "interlocutora" como un elemento fundamental en la tradición sáfica, que se apoya en la existencia de una "otra" real-imaginada para sostener la enunciación poética. Figura a menudo trans-nacional y trans-temporal, inscrita, en palabras de Peri Rossi, en una genealogía "dulce, desafiante y soberbia," la interlocutora sáfica aparece a menudo como condición *sine qua non* del acto poético. En sus funciones afectivo-discursivas, se presenta al mismo tiempo como musa ficcionalizada y soporte para la supervivencia; síntesis perversa de la "mujer" en el lenguaje y materialidad que excede lo discursivo. El estudio de esta figura nos permite comprender con mayor sutileza el ejercicio de poetización del deseo lesbiano con las afinidades y diferencias con las que surge en la obra de López Manrique y Peri Rossi.

Los tres capítulos finales de nuestro volumen incorporan, de manera prioritaria, la perspectiva postcolonial. La poesía, la crítica poética y el ensayo no pueden dejar de hacerse eco del vigor que la teoría postcolonial, en conjunción con el feminismo, la crítica del capitalismo multinacional y el neoliberalismo, han articulado a lo largo de varias décadas. Un rápido recorrido a las geografías de las poetas seleccionadas nos lleva en un periplo que va desde Sri Lanka a Tobago, y desde Jamaica a Puerto Rico, haciendo escala en los enclaves de la emigración jamaicana en Canadá. Todo ello nos acerca a apreciar poéticas de palabras nómadas y formas híbridas, discursos racializados y heterotopías que generan espacios alternativos en manos de "mujeres que enderezan la Historia," como señala Isabel Alonso en su capítulo.

El hecho de haber nacido en sendas islas y el de estar empeñadas en revocar algunos aspectos de la historia que les han sido legados o que les ha tocado vivir, son algunos de los aspectos que comparten Jean Arasanayagam y Marlene Nourbese Philip, dos poetas por lo demás esencialmente distintas, cuyos poemas y actitudes se comparan en este noveno capítulo. Otro aspecto común destacable es el hecho de que ambas nacieron en colonias inglesas (Ceilán y Tobago), y que estas colonias alcanzaron la independencia siendo ellas dos adolescentes. El trastorno colonial que sufrieron sus islas de origen marcará en ambos casos su trayectoria humana y también sus poéticas. En cuando a lo que las separa, por un lado Arasanayagam parece volcarse en lo personal para ofrecer una visión de la historia que simultáneamente denuncia y reconstruye los detritos de la misma—en relación tanto al colonialismo como a la Guerra Civil que durante años asoló Sri Lanka—, mientras que por su parte Nourbese Philip parece mostrar una inclinación más explícita por lo colectivo,

INTRODUCCIÓN

especialmente en su última colección de poemas—que explora la brutalidad de la Trata Atlántica. En última instancia, sin embargo, ambas poetas bucean, mediante la exploración poética de la experiencia humana individual y colectiva, en la enrevesada historia de sus respectivas comunidades, y proponen modos de elaborar la memoria, la experiencia y la emoción alternativos y singulares.

En el capítulo décimo, María Grau atiende al dialogo que se establece entre la obra de dos poetas caribeñas de dos islas y dos áreas lingüísticas distintas: la poeta de Puerto Rico Loretta Collins-Klobah, y la poeta de Trinidad y Tobago, Jennifer Rahim. A las dos poetas les distingue su escritura desde la región, y haber alcanzado prestigiosos premios. Tanto Collins-Klobah como Rahim son, además de poetas, críticas literarias. Sus versos evidencian y celebran la complejidad y diversidad de la región, problematizan y amplían el concepto de identidad en el Caribe e identifican y subrayan su perspectiva de mujeres. Todo ello se ve reflejado, en primer lugar, en el empleo de tropos característicos de la cultura caribeña, con formas innovadoras, y continua renovación para que así adquieran nuevos significados acordes con una sociedad en continuo cambio. En particular, su poesía explora, de forma novedosa e imaginativa, aspectos como la flora del Caribe, las religiones sincréticas afro-caribeñas, personajes mitológicos propios y personajes clave de la cultura. Asimismo, esa complejidad y diversidad también se refleja inevitablemente en su lenguaje poético. Reflejo del contexto lingüístico del Caribe, su poesía se caracteriza por el uso de más de un código lingüístico: Rahim utiliza inglés y criollo trinitario y Collins-Klobah utiliza inglés y español.

Por último, los problemas sociales resultado de las circunstancias históricas de la región y la creación colectiva de una sociedad que dé cobijo a la complejidad y diversidad propias figuran entre los elementos vertebradores de sus obras. Se puede afirmar, por tanto, que su poesía tiene una misión transformadora, o en palabras de la propia Rahim, es partícipe de una "(re)volución humanizadora" (2013, 40). En definitiva, este capítulo aboga por la acuciante necesidad de visibilizar, teorizar y promover la obra poética de Collins-Klobah y Rahim en el momento actual. Primero, porque ambas poetas son herederas de una tradición literaria que ya desde sus orígenes ha sido transnacional e híbrida, y además, porque lo que hace a su poesía aún más relevante hoy es precisamente que dicha celebración de la hibridez se vertebra a través de la aún relegada y absolutamente necesaria perspectiva de mujer.

Finalmente, en esta misma línea de trabajo, el capítulo undécimo aborda la poética y política revolucionarias de dos poetas actuales, la jamaicana Tanya Shirley y la jamaicano-canadiense Pamela Mordecai. Aunque ambas pertenecen a generaciones diferentes (Mordecai tiene 78 años, y Shirley se encuentra en la mitad de su carrera con dos colecciones de poesía publicadas), su trabajo gira en torno a temas de resistencia femenina entendidos de manera amplia. La orientación social de ambas poetas aboga por velar para que los derechos humanos sean protegidos y reconocidos como derechos de las mujeres, al tiempo que su fidelidad a la línea de la tradición de la poesía oral revela similares estrategias en sus obras para hablar "en representación" de las mujeres, y para darles la voz que les falta en su sociedad de origen. La lectura de Stephanie McKenzie en este capítulo se detiene en los dos volúmenes de Shirley, y abarca buena parte de la dilatada obra poética de Mordecai—sobre la que, en la actualidad, trabaja en una compilación de *Selected Poems* con otra colega—a la luz de lo que comparten como vehículos de empoderamiento femenino.

Bibliografía

Achugar, Hugo. 1994. *La Biblioteca en ruinas*. Montevideo: Trilce.

Armantrout, Rae. 2007. *Collected Prose*. San Diego: Singing Horse Press.

Atwood, Margaret. 1974. *You are Happy*. Toronto: Oxford University Press.

Auerbach, Erich. 1953. *Mimesis: The Representation of Reality in Western Literature*. Traducido por: Willard R. Trask. Princeton: Princeton University Press.

Austin, John L. 1962. *How To Do Things with Words*. Oxford: The Clarendon Press.

Bassnett, Susan. 1993. *Comparative Literature: A Critical Introduction*. Oxford: Blackwell.

Benegas, Noni. 2017. *Ellas tienen la palabra. Las mujeres y la escritura*. Madrid: Fondo de Cultura Económica.

Benegas, Noni y Javier Munárriz. 1998. *Ellas tienen la palabra. Las Mujeres y la Escritura*. Madrid: Hiperión.

Blau DuPlessis, Rachel. 1990. *The Pink Guitar: Writing as Feminist Practice*. Nueva York: Routledge.

Bliss, Laura. 2016a. "The Hidden Histories of Maps Made by Women: Early North America." En línea https://www.citylab.com/design/2016/03/women-in-cartography -us-19th-century/471609/ (consultado el 15.05.2020).

Bliss, Laura. 2016b. "How Women Mapped the Upheaval of 19th Century America." En línea: https://www.citylab.com/design/2016/03/women-in-cartography-us-19th -century/473409/ (consultado el 15.05.2020).

Bliss, Laura. 2016c. "How 20th-Century Women Put the 'Art' in Cartography." En línea: https://www.citylab.com/design/2016/03/the-hidden-women-mapmakers-of-the -20th-century/474714/ (consultado el 15.05.2020).

Bloom, Harold. 1973. *The Anxiety of Influence: A Theory of Poetry*. Nueva York: Oxford University Press.

Bloom, Harold. 1975. *A Map of Misreading*. Nueva York: Oxford University Press.

Bourdieu, Pierre. 1991. "Le Champ Littéraire." *Actes de la Recherche es Sciences Sociales* 89: 3–46.

INTRODUCCIÓN

Bourriaud, Nicolas. 2002. *Relational Aesthetics*. Traducido por: Pleasance, S. y F. Woods. Dijon: Les presses du réel.

Bowman, Laurel. 2019. "Hidden Figures: The Women Who Wrote Epigrams." En: Christer Henriksen (ed.). *A Companion to Ancient Epigram*. Hoboken: Wiley. 77–92.

Braidotti, Rosi. 2011. *Nomadic Subjects. Embodiment and Sexual Difference in Contemporary Feminist Theory*. Nueva York: Columbia University Press.

Brandt, Di, y Barbara Godard, eds. 2005. *Re: Generations: Canadian Women Poets in Conversation*. Windsor: Black Moss Press.

Brathwaite, Kamau. 1992. "Letter Sycorax." En: *Middle Passages*, 93–116. Nueva York, NY: New Directions.

Brossard, Nicole. 2003. "An Introduction." In *The Blue Books: A Book, Turn of a Pang, French Kiss, or, A Pang's Progress*. Traducido por: Susanne de Lotbinière-Harwood. Toronto: Coach House.

Butler, Judith. 1992. "Gender." En: Elizabeth Wright (ed.). *Gender and Psychoanalysis: A Critical Dictionary*. Londres: Blackwell. 140–145.

Butler, Judith. 2015. "Sexual Difference as a Question of Ethics. Alterities of the Flesh in Irigaray and Merleau-Ponty." En: *Senses of the Subject*, 149–170.

Casanova, Pascale. 1999. *La République Mondiale des Lettres*. Paris: Seuil.

Castelao-Gómez, Isabel. 2016. "Looking back at *Feminism and Poetry*: An interview with Jan Montefiore." *European Journal of Women's Studies* 23: 93–105. https://doi.org/10.1177/1350506815607838.

Castro-Klaren, Sara. 1985. "La crítica feminista y la escritora en América Latina" En: González, P.E y E. Ortega (ed.). *La sartén por el mango*. San Juan: Huracán. 27–46.

Cheah, Pheng. 2009. "The Material World of Comparison." *New Literary History* 40 (3): 523–45.

Culler, Jonathan. 1997. *Literary Theory*. Oxford: Oxford University Press.

D'Haen, Theo. 2011. *Routledge Concise History of World Literature*. Londres: Routledge.

Damrosch, David. 2003. *What is World Literature?* Princeton: Princeton University Press.

Felski, Rita. 1989. *Beyond Feminist Aesthetics: Feminist Literature and Social Change*. Cambridge: Harvard University Press.

Finch, Annie. 2005. *The Body of Poetry. Essays on Women, Form and the Poetic Self*. Ann Arbor: University of Michigan Press.

Gajeri, Elena. 2002. "Los Estudios sobre Mujeres y los Estudios de Género." En: Gnisci, A. (ed.), *Introducción a la Literatura Comparada*. Barcelona: Crítica. 441–486.

García Canclini, Néstor. 1999. *La Globalización imaginada*. México: Paidós.

Geertz, Clifford. 1973. "Thick Description: An Interpretive Theory of Culture." En: *The Interpretation of Cultures: Selected Essays*. New York: Basic Books. 3–30.

Geertz, Clifford. 1985. *Local Knowledge: Further Essays in Interpretive Anthropology*. Nueva York: Basic Books.

Gnisci, Armando, ed. 2002. *Introducción a la Literatura Comparada*. Barcelona: Crítica.

Guillén, Claudio. 1985. *Entre lo uno y lo diverso: introducción a la literatura comparada*. Barcelona: Crítica.

H.D. (Hilda Doolittle). 1961. *Helen in Egypt*. Nueva York: Grove Press.

Harris, Colleen, y Valerie E. Frankel. (eds.). 2016. *Women Versed in Myth: Essays on Modern Poets*. Jefferson: McFarland.

Heidegger, Martin. 1971. *Poetry, Language, Thought*. Traducido por: Albert Hofstadter. Nueva York: Harper & Row.

Holton, Sandra Stanley. 1996. *Suffrage Days. Stories from the Women's Suffrage Movement*. Londres: Routledge.

House, Veronica. 2015. *Medea's Chorus: Myth and Women's Poetry Since 1950*. Nueva York: Peter Lang.

Irigaray, Luce. (1984) 1993. *An Ethics of Sexual Difference*. Traducido por: Carolyn Burkey Gillian C. Gill. Ithaca: Cornell University Press.

Irigaray, Luce. (1987) 1993. *Sexes and Genealogies*. Traducido por: Gillian C. Gill. Nueva York: Columbia University Press.

Irigaray, Luce. 2004. *Everyday Prayers*. Paris: Maisonneuve & Larose.

Jakobson, Roman. 1958. "Concluding Statement: Linguistics & Poetics." En: Sebeok, T.A. (ed.), *Style in Language*. Cambridge, MA: MIT Press. 350–373.

Kinnahan, Linda A. 2016. "Critical Mapping I: The category of the 'woman poet'. An Introduction by way of Mapping." En: Linda A. Kinnahan (ed.), *A History of Twentieth Century American Women's Poetry*. En: Linda A. Kinnahan (ed.). Cambridge: Cambridge University Press. 3–25. https://doi.org/10.1017/CBO9781316488560.002.

Korn, Rachel 2013. *Generaciones*. Traducido por: Elena Sánchez Hernández. Logroño: Siníndice.

Langer, Susanne. (1942) 1953. *Feeling and Form. A Theory of Art*. Nueva York: Charles Scribner & Sons.

Levine, Caroline. 2015. *Forms: Whole, Rhythm, Hierarchy, Network*. Princeton: Princeton University Press.

Lops, Marina. 2000. "Rapporti fra gender e genre. Notta introduttiva." En: Chialanty, M.T. y E. Rao (eds.), *Letteratura e femminismi. Teorie della critica in área Inglese e Americana*. Napoli: Ligouri. 77–85.

Lorde, Audre. 1982. *Zami: A New Spelling of My Name*. Watertown: Persephone Press.

Lorde, Audre. 1984. *Sister Outsider: Essays and Speeches*. Berkeley: Crossing Press.

McLuhan, Marshall. 1962. *The Gutenberg Galaxy: The Making of Typographic Man*. Toronto: Toronto University Press.

Mignolo, Walter. 2013. "Geopolítica de la sensibilidad y del conocimiento. Sobre (de) colonialidad, pensamiento fronterizo y desobediencia epistémica." *Revista de Filosofía* 74: 7–23.

INTRODUCCIÓN   51

Miller, Cristanne. 2017. "The New Women of Modernism." En: Sherry, V. (ed.), *The Cambridge History of Modernism*. Cambridge: Cambridge University Press. 457–477.

Millett, Kate. 1970. *Sexual Politics*. Garden City: Doubleday.

Montefiore, Jan. (1987) 2003. *Feminism and Poetry: Language, Experience, Identity in Women's Writing*. Londres: Pandora.

Montefiore, Jan. 2002. *Arguments of Heart and Mind*. Manchester: Manchester University Press.

Muraro, Luisa. (1991) 1994. *El orden simbólico de la madre*. Traducido por: Beatriz Albertini, Mireia Bofill y María-Milagros Rivera Garretas. Madrid: Editorial Horas y Horas.

Muraro, Luisa. 2005. "Feminismo y política de las mujeres." *Duoda: Revista d'estudis feministes* 28: 39–47.

Ostriker, Alicia Suskin. 1986. *Stealing the Language: The Emergence of Women's Poetry in America*. Boston: Beacon Press.

Otto, Melanie. 2009. *A Creole Experiment: Utopian Space in Kamau Brathwaite's "Video Style" Works*. Trenton: Africa World Press.

Perloff, Marjorie. 1990. "Canon and Loaded Gun. Feminist Poetics and the Avant-garde." En: *Poetic License: Essays on Modernist and Postmodernist Lyric*. Evanston: Northwestern University Press. 31–51.

Pétrement, Simone. 1977. *Simone Weil. A Life*. Traducido por: Raymond Rosenthal. Nueva York, NY: Pantheon.

Retallack, Joan. 2003. *The Poethical Wager*. Berkeley: University of California Press.

Rich, Adrienne. 1972. "When We Dead Awaken: Writing as Re-Vision." *College English* 34 (1): 18–30.

Rich, Adrienne. (1977) 1979. "Power and Danger: Works of a Common Woman." En: *On Lies, Secrets, and Silence: Selected Prose 1966–1978*. Nueva York: Norton. 247–258.

Rich, Adrienne. (1981) 1986. "Toward a more Feminist Criticism." En: *Blood, Bread and Poetry: Selected Prose 1979–1985*. Nueva York, NY: Norton. 85–99.

Rich, Adrienne. (1984) 1986. "Blood, Bread and Poetry: The Location of the Poet." En: *Blood, Bread and Poetry: Selected Prose 1979–1985*. Nueva York: Norton. 167–87.

Rich, Charlotte. 2009. *Transcending the New Woman: Multiethnic Narratives in the Progressive Era*. Columbia: University of Missouri Press.

Rivera Garza, Cristina. 2011. "El país visto desde el lenguaje del dolor." *El Informador*. https://www.informador.mx/Cultura/El-pais-visto-desde-el-lenguaje-del-dolor -20111208-0226.html (consultado 08.2011).

Rousseau, Jean-Jacques. 1990. "Essay on the Origin of Languages" En: Gourvevitch, V. (ed.), *Discourses and Essay on the Origin of Languages*. Cambridge: Cambridge University Press.

Rubin, Gayle S. 1974. "A Contribution to the Critique of the Political Economy of Sex & Gender." *Dissemination* 1 (1): 6–13; 1 (2): 23–32.

Saeger, Joni. 2018. *The Women's Atlas*. Londres: Penguin.

Sánchez-Pardo, Esther, Rosa Burillo y María Porras. (eds.) 2018. *Women Poets and Myth in the 20th and 21st centuries: On Sappho's Website*. Newcastle: Cambridge Scholars.

Sarlo, Beatriz. 1988. *Una modernidad periférica, Buenos Aires 1920–30*. Buenos Aires: Nueva Visión.

Scott, Joan W. 1991. "The Evidence of Experience." *Critical Inquiry* 17 (4): 773–97.

Spahr, Juliana. 2001. *Everybody's Autonomy: Connective Reading and Collective Identity*. Tuscaloosa: University of Alabama Press.

Spivak, Gayatri Chakravorty. 2003. *Death of a Discipline*. Nueva York: Columbia University Press.

Spivak, Gayatri Chakravorty. 2009. "Rethinking Comparativism." *New Literary History* 40 (3): 609–26.

Taylor, Keeanga-Yamahtta. (ed.). 2017. *How We Get Free: Black Feminism and the Combahee River Collective*. Chicago: Haymarket Books.

Treisman, Anne. 1977. "Focused Attention in the Perception and Retrieval of Multidimensional Stimuli." *Perception and Psychophysics* 22: 1–11.

Vitale, Ida. 1999. *La luz de esta memoria*. Montevideo: Vintén.

Warner, Marina. 1992. *Indigo*. Nueva York: Simon & Schuster.

Weil, Simone. 1986. "Attention and Will." En: Miles, S. (ed.). *Simone Weil: An Anthology*. Nueva York: Grove Press. 211–217.

Wellek, René, y Austin Warren. 1949. *Theory of Literature*. Nueva York: Harcourt Brace.

Wolosky, Shira. 2010. "Relational Aesthetics and Feminist Poetics." En: *New Literary History* 41 (3): 571–91.

Zambrano, María. 1996. *Filosofía y poesía*. México: Fondo de Cultura Económica.

Zambrano, María. 2007. *Algunos Lugares de la Poesía*. Madrid: Trotta.

CAPÍTULO 1

Una Poética de los lares: El lugar del lugar en cuatro poetas hispanoamericanas

Niall Binns

Resumen

El capítulo parte de dos ensayos de los años sesenta—"Los poetas de los lares" y "Sobre el mundo donde verdaderamente habito o la experiencia poética"—en los que el chileno Jorge Teillier reflexionó sobre el desarraigo y los procesos de modernización en el contexto hispanoamericano para explicar la vuelta a las raíces—la infancia pasada en pueblos de provincia, en un entorno rural—palpable en numerosos poetas chilenos de la época. Para comprender su propia obra y esta nueva corriente, Teillier se inspiró en autores como Rilke y Dylan Thomas para plantear la necesidad de una "poesía lárica" como resistencia a las fuerzas aparentemente imparables de la modernidad. En diálogo con estas ideas de Teillier, se efectúa un estudio comparativo de la importancia de los lugares en la obra de cuatro poetas hispanoamericanas: la chilena Gabriela Mistral, la colombiana María Mercedes Carranza, la uruguaya Marosa di Giorgio y la chilena Malú Urriola. En cada poeta se examinará cómo los esfuerzos por recuperar los lares o los "paraísos perdidos"—el pueblo de la infancia o bien, en el caso de Carranza, la Colombia anterior a la violencia—constituyan el eje de algunas de sus más importantes obras.

Palabras clave

poesía lárica – telurismo – espacio – paraíso perdido – ecocrítica

"There never was an is without a where," escribe Lawrence Buell al inicio de un capítulo titulado "The Place of Place," en su libro *Writing for an Endangered World* (2001, 59). La fórmula en inglés resulta extraña: *there never was an is without a where*, nunca hubo un es sin un dónde, pero a lo mejor habría que reformularla en español para acomodar la diferencia entre ser y estar. Algo así como: *nunca hubo un ser sin un estar*, o bien *ser es siempre estar*. Somos más conscientes de esto hoy, quizá, que en cualquier otro momento de la historia.

© KONINKLIJKE BRILL NV, LEIDEN, 2022 | DOI:10.1163/9789004504592_003

Ninguna idea se formula, ninguna emoción se siente, ningún libro se escribe en un vacío. Están situados siempre, pertenecen a un lugar y un momento determinados. Aun así, el análisis literario ha tendido últimamente a marginar el espacio físico concreto. Nuestro lugar de origen, nuestro lugar de residencia, nuestras raíces en un sentido preciso y localizado ya no han sido tomados como factores decisivos a la hora de abordar un libro o un poema. Dime de dónde eres y ya no sabré decirte quién eres. La época contemporánea no me lo permitirá, porque hoy casi todos los que escriben, escritores y escritoras, son criaturas de la urbe. Y la urbe homogeneiza.

En términos humanos, la experiencia central de la modernidad ha sido, sin duda, la migración masiva desde las comunidades cerradas de los pueblos y ciudades provincianas al espacio anónimo de la urbe. Eran migraciones emprendidas no solo por motivos económicos; acarreaban siempre, en parte por lo menos o al menos en teoría, una búsqueda de autonomía, un liberarse de la claustrofobia de un futuro cuyo horizonte estaba predeterminado por las raíces y la tradición, por tabúes inamovibles, y por el temible *qué dirán* de familia y amigos. Escapar de las raíces conllevó, por supuesto, no solo un sentimiento embriagador de libertad, el abrazar eufórico de una vida urbana en la que todo supuestamente se permitía, pero también el mal paradigmáticamente moderno de la angustia existencial: la soledad del individuo perdido y a la intemperie en medio de una multitud de extraños. Es una historia que ya conocemos, pero ahora, nos dicen, la ansiedad se aligera, se diluye; se desvanece en el aire. Si perdemos de vista nuestras raíces a lo mejor dejamos de necesitarlas, dejamos de necesitar lamentar su pérdida. Los lugares pierden importancia. Lo que los medios nos dan para digerir es más o menos igual en Nueva York, Tegucigalpa y Albacete. La comunicación por email, skype y móvil hace superflua muchas veces la necesidad de reunirnos físicamente. Y al reunirnos, nuestros lugares urbanos de interacción a menudo son "no lugares," la arquitectura clonada de torres de apartamentos o urbanizaciones, las repúblicas para nada independientes de nuestros hogares amueblados en IKEA y el crecimiento exponencial de centros comerciales, cadenas de restaurantes, cadenas de cafés, cadenas de cines o grandes almacenes, cadenas de librerías y zapaterías y tiendas de moda y todo lo que se antoja encadenable.

Sí, es una historia que conocemos de sobra, pero cuando se están desplomando nuestros ecosistemas, cuando está implosionando nuestro planeta en sus polos, es una historia que no podemos ignorar. Los ecologistas luchan para volver a habitar el espacio anónimo, para recuperar un sentido del lugar en la historia y la tradición particular de nuestros pueblos y de cada barrio de nuestras ciudades. A la gente le importa un pimiento el espacio anónimo, el no lugar. Pero si hacemos habitable el espacio, si encontramos que no es espacio anónimo y que tiene en realidad una historia propia, un valor propio, entonces

POÉTICA LÁRICA EN CUATRO POETAS HISPANOAMERICANAS 55

el espacio puede tornarse de nuevo lugar. A la gente le importan los lugares, la gente siente orgullo por los lugares donde nacieron, donde residen y donde aman. El sentido del lugar fomenta el sentido de comunidad, y las comunidades se unirán para conservar sus lugares, y estarán dispuestas a veces a luchar contra la degradación social y ecológica que los amenaza.[1]

En ningún lugar son los lugares tan importantes como en la poesía; en ningún lugar está el sentido del lugar retratado con tan estremecedora intensidad como en poetas modernos que formaron parte de ese éxodo masivo del campo a la urbe, y que forjaron sus obras a partir de las tensiones enquistadas entre la urbe y el campo, la urbe donde vivían, trabajaban y escribían como adultos y el campo o el pueblo o la ciudad provinciana donde—en palabras de Dylan Thomas—se encontraban *young and easy under the apple boughs / about the lilting house and happy as the grass was green*, donde érase una vez unos niños o adolescentes con los ojos abiertos de par en par, abiertos al júbilo y sufrimiento de cada uno de los ritos de paso de rigor que existían, se diría, desde los comienzos del tiempo.

No hay hábito más viejo que recordar los viejos tiempos, y desde tiempos de Virgilio los poetas se han dedicado a transformar esos días añorados de la infancia en mito: en Arcadia, en el paraíso perdido. Es una costumbre antigua y a menudo reaccionaria, pero la experiencia moderna y contemporánea es distinta, *tiene que serlo*, sustancialmente distinta, en una era de crecimiento urbano incontrolable y sin precedentes. En términos del cambio tecnológico y su impacto en nuestras vidas, nunca ha sido mayor el cambio entre el presente y veinte o veinticinco años antes.

Walter Benjamin, en sus "Tesis de filosofía de la historia," presentó su célebre interpretación, tantas veces reiterada, del cuadro de Paul Klee, *Angelus Novus*, como el Ángel de la Historia. Si no fuese tan bella, y tan conmovedora (sobre todo en la traducción de Héctor A. Murena), daría vergüenza volver a transcribirla:

> Hay un cuadro de Klee que se titula *Angelus Novus*. Se ve en él un ángel al parecer en el momento de alejarse de algo sobre lo cual clava la mirada. Tiene los ojos desencajados, la boca abierta y las alas tendidas. El ángel de la historia debe tener ese aspecto. Su cara está vuelta hacia el pasado. En lo que para nosotros aparece como una cadena de acontecimientos, él ve una catástrofe única, que acumula sin cesar ruina sobre ruina y se

---

1 "The more a site feels like a place, the more fervently it is so cherished, the greater the potential concern at its violation or even the possibility of violation. [...] An awakened sense of physical location and of belonging to some sort of place-based community have a great deal to do with activating environmental concern" (Buell 2001, 56).

las arroja a sus pies. El ángel quisiera detenerse, despertar a los muertos y recomponer lo despedazado. Pero una tormenta desciende del Paraíso y se arremolina en sus alas y es tan fuerte que el ángel no puede plegarlas. Esta tempestad lo arrastra irresistiblemente hacia el futuro, al cual vuelve las espaldas, mientras el cúmulo de ruinas sube ante él hacia el cielo. Tal tempestad es lo que llamamos progreso.

2013, 64–65

Benjamin ha llevado a generaciones de lectores a ver en la figura de Klee un ángel de la historia, pero podríamos imaginarlo también, ¿por qué no?, como el ángel de la poesía moderna. La tormenta del progreso lo aleja cada vez más del paraíso de su infancia rural, todo es ruina entre entonces y hoy, pero es incapaz de dar la espalda al pasado. Tiene los ojos desencajados y la boca abierta, pero no por el horror provocado por los escombros y los cadáveres que contempla a sus pies; lo que le importa no son los muertos ni las ruinas, sino su propia pérdida, observa fijamente todo lo que ha perdido, y sus ojos y su boca se abren de par en par ante la belleza asombrosa que su memoria atesora y adorna, y ante el dolor que produce tomar conciencia de que la tormenta jamás amainará, y por mucho que anhele el regreso, por mucho que abra y bata sus alas como si fuese para luchar contra el curso del tiempo, sabe perfectamente que la vuelta atrás, fuera de sus versos, es imposible.

¿Tiene que ser así el mito de la Arcadia, enajenante, reaccionario, una vía de escapismo egocéntrico para los que no están dispuestos a enfrentar el presente con sus horrores, desafíos e injusticias? El ecocrítico Jonathan Bate discrepa:

La idealización de las supuestas comunidades orgánicas del pasado, como el culto a los ídolos entre los pueblos aborígenes que supuestamente escaparon a las lacras de la modernidad, pueden a menudo utilizarse para enmascarar las opresiones del presente. Pero el mito de una vida mejor que ya se perdió no es menos importante por ser mito que por ser historia. Los mitos son ideas imaginarias necesarias, historias ejemplares que contribuyen a que nuestra especie pueda explicarse su lugar en el mundo. Los mitos resisten en tanto en cuanto realizan un trabajo de apoyo. El mito de la vida natural que expone las lacras de nuestra propia condición es tan antiguo como el del Edén o la Arcadia, y tan nuevo como el de Larkin, "Vamos, vamos", y la última adaptación de Austen o Hardy. Su resistencia es signo evidente de su importancia. Quizá necesitamos recordar que "Vamos, vamos" es un mecanismo de supervivencia, que nos sirve para comprobar nuestro instinto de progreso propio.

2000, 25–26

POÉTICA LÁRICA EN CUATRO POETAS HISPANOAMERICANAS

Si miramos a Hispanoamérica y sus poetas, creo que podríamos distinguir dos líneas principales de resistencia mítica a los males del crecimiento urbano, a la macrocefalia de tantas capitales del subcontinente. Hay poetas, por un lado, que han celebrado la fuerza telúrica que ejerce sobre sus habitantes la imponente geografía americana, sobre todo en la primera mitad del siglo XX. Ahí está la forma insistente en que Gabriela Mistral sacraliza la palabra Tierra, con mayúscula, representándola míticamente como una figura maternal, que se ofrece como Gea, Cibeles o la Pachamama andina: "Cordillera de los Andes, / Madre yacente y Madre que anda" (1986, 139); y ahí está el grandioso inicio del *Canto general* de Pablo Neruda, con América como un cuerpo femenino cuyas arterias son ríos, y en la que el ser humano no es más que una emanación telúrica:

> Antes de la peluca y la casaca
> fueron los ríos, ríos arteriales:
> fueron las cordilleras, en cuya onda raída
> el cóndor o la nieve parecían inmóviles:
> fue la humedad y la espesura, el trueno
> sin nombre todavía, las pampas planetarias.
> el hombre tierra fue, vasija, párpado
> del barro trémulo, forma de la arcilla.
>
> 1999, 417

Menos épica, menos grandilocuente, pero aun así mítica en su propósito, y consciente—como argumentaba Jonathan Bate—que los mitos son *imágenes necesarias* o *historias ejemplares* frente al avance de la modernidad, es una línea poética que se ha llamado "de los lares." Los Lares, por supuesto, eran los dioses romanos que desde tiempos primitivos presidían sobre cada comunidad y los campos que en ella se cultivaban, pero en la Roma imperial se veneraban en las casas sobre un altar, el Lararium, como dioses protectores: los llamados *guardianes del hogar*. La idea de una poesía del lar proviene del poeta chileno Jorge Teillier y su ensayo de 1965, "Los poetas de los lares." Teillier, que acababa de cumplir treinta años, había escrito y publicado en Santiago cuatro libros centrados en el pueblo de su infancia en el sur de Chile, el último de ellos titulado *Poemas para un país de nunca jamás*. El éxito engendra envidia, y el entusiasmo inicial de colegas y críticos se había convertido en acusaciones contra la supuesta ingenuidad de la comunidad orgánica idealizada que la poesía de Teillier retrataba, "un pequeño mundo encantatorio"—como lo designó con sorna su examigo y rival, el poeta Enrique Lihn—"falso de falsedad absoluta, con sus gallinas, sus gansos y sus hortalizas" (1966, 39).

La poesía de Teillier era y es mucho más que eso; es una poesía más de búsquedas que de hallazgos; es consciente siempre de la pérdida, consciente además de que ese mundo de la infancia no era perfecto, que transcurrió entre la pobreza y la muerte. En "Los poetas de los lares," Teillier respondió a los ataques de Lihn y otros proponiendo una fundación teórica para su poesía. Criticó la alienación y el desarraigo de gran parte de lo que se escribía en la capital, y habló de la necesidad de buscar en la poesía una profundidad existencial que según él faltaba en la vida cotidiana de la urbe pero que muchos poetas nacidos en las provincias habían sentido en su infancia rural: en la integración del ser humano en los ciclos de la naturaleza, en el sentimiento de pertenencia a tradiciones mantenidas a lo largo de las generaciones. Según Teillier, la poesía chilena volvía a la naturaleza debido a un rechazo a veces inconsciente a la alienación urbana, pero lo que le interesaba no era una poesía descriptiva o costumbrista, sino más bien lo que definía como un "realismo secreto," una exploración de la idea del lugar como "un depósito de significados y símbolos ocultos" (1965, 50). El mundo que había que recuperar en la poesía—argumentaba—era un mundo del mito, del "orden inmemorial de las aldeas y de los campos," una Edad de Oro de la cual "se tiene un recuerdo colectivo inconsciente" y que "no se debe confundir solo con la de la infancia, sino con la del paraíso perdido que alguna vez estuvo sobre la tierra" (52–53).

En este y otros ensayos, Teillier se presentaba como miembro de una familia de poetas que incluía también a Serguei Esenin, Georg Trakl, Antonio Machado, Dylan Thomas, Francis Jammes, René Guy Cadou, y a los poetas polacos Oskar y Czesław Miłosz. De todos modos, la piedra angular en su intento de otorgar un fundamento teórico a su poesía fue Rainer Maria Rilke. Tanto en "Los poetas de los lares" como en un ensayo posterior de 1968, "Sobre el mundo donde verdaderamente habito o la experiencia poética," incluyó una larga cita—pésimamente traducida—tomada de una carta escrita por Rilke a Witold Hulewicz, su traductor al polaco, en 1925:

> Para nuestros abuelos, una torre familiar, una morada, una fuente hasta su propia vestimenta, su manto, eran aún infinitamente, infinitamente más familiares; cada cosa era un arca en la cual hallaban lo humano y agregaban su ahorro de humano. He aquí que hacia nosotros se precipitan, llegadas de América, cosas vacías, indiferentes, apariencias de cosas, *trampas de vida* [...]. Una morada en la acepción americana, una manzana americana, o una viña americana nada de común tienen con la morada, el fruto, el racimo en los cuales habían penetrado la esperanza y meditación de nuestros abuelos [...]. Las cosas dotadas de vida, las cosas vividas, las cosas admitidas en nuestra confianza, están en su declinación

y ya no pueden ser reemplazadas. Somos tal vez *los últimos que conocieron tales cosas*. Sobre nosotros descansa la responsabilidad de conservar no solamente su recuerdo (lo que sería poco y de no fiar), sino su valor humano y lárico.

1965, 52–53[2]

Esta condena a la penetración cultural de Estados Unidos y la producción y exportación masiva de "cosas vacías, indiferentes, apariencias de cosas" podía, por supuesto, ser compartida fácilmente desde una perspectiva latinoamericana. Según Rilke, las costumbres y los objetos propios de un lugar determinado no debían ser recordados solo por sí mismos, sino sobre todo porque pertenecían a algo mucho más grande y más humano, una comunidad construida a lo largo del tiempo con significados y mitos que sufrían, en el presente, un desgaste y una destrucción implacables. Aquellas costumbres y objetos poseían un valor lárico porque su papel era emparentable al de los Lares, esos guardianes del hogar en las casas romanas. Una vez perdidos, los lugares se quedarían sin protección alguna. Rilke insistió, con sus cursivas, en la idea de que nosotros—y al escribir "nosotros," quiso decir nosotros los poetas— éramos "tal vez *los últimos que conocieron tales cosas*," y por ello teníamos a nuestro cargo la responsabilidad de mantenerlas vivas. La carta otorga al poeta moderno una misión: ocupar el lugar de los Lares, sustituirlos. El poeta—y esta ya es la imagen del propio Teillier—debía ser el "guardián del mito" hasta la llegada de tiempos mejores (1971, 14); su papel, en tiempos modernos, se parecía al de los proscritos de Ray Bradbury en *Fahrenheit 451*, cada uno encargado de la tarea de preservar en su memoria un libro, prohibido en la urbe, que sin ellos sería olvidado y perdido para siempre.

La memoria y la nostalgia son elementos ubicuos en la poesía de Teillier y en su poética del lar, pero, como él mismo señaló, se trataba de una nostalgia no solo de algo perdido en el pasado sino de un futuro aún por construir, libre de la alienación del presente y modelado en el paraíso perdido de la infancia mitificada.[3] Al fin y al cabo, los mitos perduran solo en cuanto desempeñan una función necesaria, o así al menos lo argumentaba Jonathan Bate. En las próximas páginas, examinaré cómo esta poética de los lares, centrada en

---

2 La cita termina así en el original: "Auf uns ruht die Verantwortung, nicht allein ihr Andenken zu erhalten (das wäre wenig und unzuverlässig), sondern ihren humanen und larischen Wert. ('Larisch', im Sinne der Haus-Gottheiten)" (1950: 483).

3 "Yo no canto a una infancia boba, en donde está ausente el mal, a una infancia idealizada; yo sé muy bien que la infancia es un estado que debemos alcanzar, una recreación de los sentidos para recibir limpiamente la 'admiración ante las maravillas del mundo'. Nostalgia sí, pero del futuro, de lo que no nos ha pasado, pero que debiera pasarnos" (1971: 15).

lugares específicos—casas, pueblos, comunidades—aparece en cuatro poetas de Hispanoamérica: Gabriela Mistral, María Mercedes Carranza, Marosa di Giorgio y Malú Urriola.

A comienzos del milenio, el crítico español Miguel García Posada—en su columna de *El País*—nombró a Gabriela Mistral junto a José Echegaray, Pearl S. Buck, Dario Fo y Winston Churchill como ganadores inmerecidos del premio Nobel.[4] Para un lector o lectora de Chile, y no solo Chile, es una herejía. Mistral es la intelectual más influyente que ha tenido Hispanoamérica desde las guerras de la Independencia. Jorge Teillier escribió casi toda su poesía en Santiago, con los ojos y boca abiertos de par en par mientras volvía obsesivamente al Lautaro de su infancia y su adolescencia; Gabriela Mistral, que murió cuando Teillier aún se iniciaba como poeta, había hecho algo similar con el pueblo de Montegrande y el Valle de Elqui, atrapados entre las cordilleras de los Andes y la Costa, a unos cuatrocientos kilómetros en línea recta al norte de Santiago. En octubre de 1910, a sus veintiún años de edad, Mistral abandonó su valle para dar clases en un liceo en el pueblo de Traiguén, a mil kilómetros hacia el sur y no muy lejos de Lautaro; apenas tres meses más tarde, fue enviada hacia el norte a Antofagasta, en el Desierto de Atacama, y luego otra vez al sur, a la ciudad de Los Andes, al norte de Santiago. En 1918 la trasladaron, ahora como directora del liceo, a Punta Arenas, en la Patagonia, dos años más tarde a Temuco, y poco después a Santiago. En 1922, fue invitada a México para participar en las revolucionarias reformas educativas dirigidas por el secretario de Educación José Vasconcelos, y nunca más volvería a residir en Chile, salvo durante una breve estancia en 1925. Su vida de diplomática la llevó a trabajar en París, Madrid, Lisboa, Niza, Petrópolis, Veracruz, Nápoles y Nueva York, pero Montegrande y el Valle de Elqui, por mucho que se esforzara por evitarlos en términos físicos, estarían presentes siempre como el centro emocional de su poesía.

---

4 Después de enumerar algunas "clamorosas ausencias" (Kafka, Proust, Borges, Paul Valéry, Graham Greene), García Posada atacó el premio como "arbitrario y aleatorio:" "El hecho es que el Nobel establece una jerarquía de valores que es manifiestamente injusta, porque les concede a los galardonados una peana que se les niega a otros con méritos al menos equivalentes. Honrar con un primer puesto universal a un escritor de determinada cultura es a todas luces desmesurado, al margen de los méritos que concurran en el interesado, cuando concurren. Lo que no fue el caso de Echegaray, ni de Pearl S. Buck, ni de Dario Fo (¿por qué región del olvido de los señores académicos caminaba el nombre de Arthur Miller?), ni, desde luego, aunque no suela decirse, el de Gabriela Mistral. (Ni el de Churchill, gran hombre por otras causas.)" (2000: s.p.).

POÉTICA LÁRICA EN CUATRO POETAS HISPANOAMERICANAS 61

En el primer libro de Mistral, *Desolación*, publicado en 1923, la desolación del título se utiliza también como título para el poema inicial de la serie "Paisajes de la Patagonia," en el que el sujeto poético se describe como una náufraga, condenada a vivir en un lugar al que "me ha arrojado al mar en su ola de salmuera," en una "llanura blanca" donde la primavera no existe, donde la nieve "silenciosa, como la gran mirada / de Dios sobre mí" no deja nunca de caer y el viento "hace a mi casa su ronda de sollozos / y de alarido, y quiebra, como un cristal, mi grito," y donde contempla cada día la muerte de "inmensos ocasos dolorosos." El sentimiento de desarraigo crece cuando se acerca a los marineros en el puerto de Punta Arenas con la esperanza de oír acentos familiares:

> Los barcos cuyos velos blanquean en el puerto
> vienen de tierras donde no están los que son míos;
> sus hombres de ojos claros no conocen mis ríos
> y traen frutos pálidos, sin la luz de mis huertos.
> Y la interrogación que sube a mi garganta
> al mirarlos pasar, me desciende, vencida:
> hablan extrañas lenguas y no la conmovida
> lengua que en tierra de oro mi vieja madre canta.
>
> 1986, 42–43

Apabulla el sentido de lo propio en estas estrofas: hay tierras que son suyas, hombres que son suyos, ríos y huertos que también lo son, pero suya sobre todo es la "conmovida lengua," desbordando emoción, de su vieja madre. La tierra de la que habla es una tierra de oro, y es fácil divisar cómo el tiempo y la distancia han creado, para Mistral, de su pueblo natal una tierra mítica de plenitud, y de su infancia una edad de oro. Otras lenguas se emplean para hablar; la suya, en cambio, es decir la de su madre—su lengua madre, en todos los sentidos de la expresión—no se hablaba: *se cantaba*.

Mistral, una poeta nómada como pocos, se aferró siempre a las raíces de su pueblo de Montegrande, su Valle de Elqui, su Cordillera, aunque no siempre brillaban tan radiantes en su recuerdo. No hay, en realidad, casi nada que brille en su desconsolada y amarga poesía. El penúltimo texto de *Desolación*, "El Ixtlazihuatl," fue escrito cuando la poeta acababa de establecerse en México, y vuelve a ofrecer un contraste entre la tierra adoptiva del sujeto nómada y su Montegrande, la tierra a la que de veras pertenecía, aunque en este caso ofrecía al volcán a cuyos pies se había instalado, una declaración de amor: "Te doy mi amor, montaña mexicana." La deleitosa y etérea belleza del Ixtlazihuatl no era, sin embargo, suya, y el poema concluye con estrofas dedicadas no al monte físicamente presente, sino al que de verdad le pertenecía, a los Andes, los ásperos e imponentes Andes maternales de su lar chileno:

Mas tú la andina, la de greña oscura,
mi Cordillera, la Judith tremenda,
hiciste mi alma cual la zarpa dura
y la empapaste en tu sangrienta venda.
Y yo te llevo cual tu criatura,
te llevo aquí en mi corazón tajeado,
que me crié en tus pechos de amargura,
¡y derramé mi vida en tus costados!

48–49

Uno de los más célebres poemas de Mistral, "Todas íbamos a ser reinas," publicado en su libro *Tala* (1938), ofrece a la vez su visión más conmovedora del Lar.[5] Los topónimos, Montegrande y Valle de Elqui, hacen que el poema sea inescapablemente específico en su ubicación, y la experiencia vivida que revela es parte, evidentemente, de algo más grande, una forma muy concreta de vida que se ha ido transmitiendo de generación en generación. El paisaje era único, situado allí "en el valle de Elqui, ceñido / de cien montañas o de más, / que como ofrendas o tributos / arden en rojo y azafrán." Esas montañas imponentes que cercaban el valle eran bellas pero a la vez claustrofóbicas, como si no hubiese manera del salir del valle, como si fuera imposible imaginar que el mar se encontraba, en realidad, a menos de cien kilómetros de distancia. Por eso, sin duda, el mar era tan importante en los sueños de las niñas de siete años de Montegrande: "Todas íbamos a ser reinas, / de cuatro reinos sobre el mar: / Rosalía con Efigenia / y Lucila con Soledad." Iban a ser reinas de reinos "indudables como el Korán, / que por grandes y por cabales / alcanzarían hasta el mar;" iban a tener maridos que eran a la vez reyes y cantantes, como "David, rey de Judá," y en sus reinos tendrían todo tipo de árboles y frutas exóticas, "mares verdes, mares de algas / y el ave loca del faisán" (1986, 153).

Mistral, en una de las varias notas que añadió al final de *Tala*, insistió en la especificidad local (y por lo tanto *suya*) del lenguaje y las imágenes del poema. La imaginería tropical estaba allí porque hubo un hacendado excéntrico, de origen vasco, que había construido en su casa de Montegrande "casi un parque

---

5   Escribí este capítulo en inglés, para ser leído inicialmente en un congreso en que la mayoría de los participantes se especializaban en literatura de lengua inglesa. Al adaptarlo al castellano, me doy cuenta de que algunas de sus páginas tenían un sentido distinto en ese contexto. La mayoría del público, seguramente, desconocía la obra de tres de las poetas que estudio, y respecto a Gabriela Mistral, es probable que hasta un poema tan conocido como "Todas íbamos a ser reinas" les resultara nuevo. En esas circunstancias, me permití abordar el poema manteniéndome al margen de la abundante crítica que ha suscitado a lo largo de las décadas.

POÉTICA LÁRICA EN CUATRO POETAS HISPANOAMERICANAS 63

medio botánico y zoológico. Allí me había yo de conocer el ciervo y la gacela, el pavo real, el faisán y muchos árboles exóticos, entre ellos el flamboyán de Puerto Rico, que él llamaba por su nombre verdadero de 'árbol de fuego' y que de veras ardía en el florecer, no menos que la hoguera." En cuanto al nombre Efigenia, apuntó: "No bautizan con Ifigenia sino con Efigenia, en mis cerros de Elqui. A esto lo llaman disimilación los filólogos, y es operación que hace el pueblo, la mejor criatura verbal que Dios crió" (177).

Todas iban a ser reinas … La estructura del poema gira en la bisagra de la estrofa central, que vuelve al inicio y luego decreta el hundimiento ineludible de esos sueños de la infancia: "Todas íbamos a ser reinas, / y de verídico reinar; / pero ninguna ha sido reina / ni en Arauco ni en Copán [...]." Rosalía se enamoró de un marinero "ya desposado con el mar," que moriría en un naufragio; Soledad envejeció cuidando a sus hermanos, nunca llegó a ver el mar, y su destino era el de "mece[r] los hijos de otros reinos / y los suyos nunca-jamás;" Efigenia siguió a un extranjero, sin saber su nombre, "porque el hombre parece el mar." Lucila, por último, que hablaba con los ríos y las montañas de su valle y en su locura descubrió un "reino de verdad," veía esposos en los ríos e hijos en las nubes. El nombre real de Mistral era, por supuesto, Lucila Godoy Alcayaga, y la Lucila del poema —aunque nunca, al parecer, se aparta del pueblo y del valle— es la única de las cuatro que en cierto modo realiza los sueños de su infancia, aunque sea solo en las "lunas de la locura" de su imaginación y su escritura. La creación, como siempre, aspira a compensar los sueños frustrados.

El poema de Mistral, localizado físicamente en un valle rodeado de montañas, en un pueblo con su insólita flora y fauna tropical y sus nombres arcaicos, enseña la vida y las tradiciones, con todo su valor humano y lárico, de un lugar que no podría ser otro que Montegrande y el Valle de Elqui. Curiosamente, en este poema de 1938, nada parecería amenazarlo. La invasión de productos estadounidenses estaba aún por llegar. Las costumbres y tradiciones locales parecían tan enraizadas e inalterables como el movimiento de las estaciones y el poema culmina, en modo circular, regresando otra vez a las estrofas del inicio:

Pero en el Valle de Elqui, donde
son cien montañas o son más,
cantan las otras que vinieron
y las que vienen cantarán:
"En la tierra seremos reinas,
y de verídico reinar,
y siendo grandes nuestros reinos,
llegaremos todas al mar."

153

La incorporación de topónimos en un poema sirve para apartarnos del anonimato de los no lugares que nos rodean. Al decir su nombre, un poema abre los ojos y oídos del lector a todo lo que es particular y específico de un lugar— su historia, sus mitos, sus tradiciones—, ya sea este el Lautaro de Teillier o el Montegrande y Valle de Elqui de Mistral. En su libro breve e intensamente emocionante *El canto de las moscas (Versión de los acontecimientos)*, publicado por primera vez a finales de 1998, la poeta colombiana María Mercedes Carranza utilizó los topónimos de otra manera, como una forma de conjurar un sentimiento de pérdida colectiva en una especie de memorial poético o inventario de lares aniquilados por décadas de violencia. De un modo parecido Miguel de Unamuno, exiliado en Hendaya durante la dictadura de Primo de Rivera, buscó alivio de su pérdida (la pérdida de su país) mediante una enumeración de topónimos: "Ávila, Málaga, Cáceres, / Játiva, Mérida, Córdoba, / Ciudad Rodrigo, Sepúlveda, / Úbeda, Arévalo, Frómista / [...] / Sois nombres de cuerpo entero, / libres, propios, los de nómina, / el tuétano intraductible / de nuestra lengua española!" (1992, 249). Por medio del simple acto de nombrar los lugares, estos se transformaban en seres corpóreos, libres e independientes, y ofrecían al poeta exiliado contacto con una parte esencial de su patria que nadie sería capaz de quitarle. Asimismo Pablo Neruda, al ver con horror el país que había aprendido a querer desgarrarse en una guerra civil, cambió bruscamente el rumbo de su poema "Cómo era España" con catorce estrofas finales, que no son más que la enumeración de más de un centenar de pueblos y aldeas españoles.[6] Cada uno de los topónimos conjura, en la mente del lector, la imagen de una comunidad mutilada por la guerra, una comunidad ahora trágicamente desprovista de sus lares. Por ello es imposible leer el poema sin que suene como una letanía, una nómina de muertos: "Huélamo, Carrascosa, / Alpedrete, Buitrago, / Palencia, Arganda, Galve, / Galapagar, Villalba. // Peñarrubia, Cedrillas, / Alcocer, Tamurejo, / Aguadulce, Pedrera, / Fuente Palmera, Colmenar, Sepúlveda. // Carcabuey, Fuencaliente, / Linares, Solana del Pino, / Carcelen, Alatox, / Mahora, Valdeganda," etc., etc. (1999, 374).

El libro de María Mercedes Carranza consta de veinticuatro textos breves, cada uno titulado con un topónimo procedente de las provincias de Colombia. Al desplegarse los poemas, en imágenes concisas y concentradas de sangre y

---

6 No soy, ni mucho menos, el primero en vincular el poema de Unamuno con el de Neruda. Lo han hecho ya Francisco Yndurain (1954, 242), Darío Puccini (1971: 130–131), Luis Sainz de Medrano en un artículo de 1990 (1996: 89), y yo mismo—en un acercamiento anterior a este libro de María Mercedes Carranza—en un artículo titulado "Criaturas del desarraigo, o en busca de los lugares perdidos" (2002: 63–64) que se reprodujo después en mi libro *¿Callejón sin salida?* (2004, 60). Lo cierto es que cotejar los poemas de Unamuno y Neruda resulta enormemente útil.

POÉTICA LÁRICA EN CUATRO POETAS HISPANOAMERICANAS   65

violencia, los títulos perduran en la mente del lector, evocando no una destrucción anónima y generalizada, sino el sufrimiento de una comunidad específica cuyas formas de vida, cuyas tradiciones y mitos locales han sido aniquiladas por el conflicto. El poema inicial se titula "Necoclí," nombre de un pueblo de la costa en la provincia de Antioquia:

> Quizás
> el próximo instante
> de noche tarde o mañana
>   en Necoclí
> se oirá nada más
> el canto de las moscas.
>   2001, 13

Ningún ruido de niños jugando en Necoclí, ninguna comunidad activa y bulliciosa en Necoclí: solo el zumbido de las moscas sobre la carroña de los habitantes muertos del pueblo.

Muchos de los topónimos empleados como títulos se recuerdan por su papel en la violencia que asola Colombia desde 1948, y sobre todo en las décadas de los ochenta y los noventa. El 22 de marzo de 1987, en Necoclí, un comando del Ejército Popular de Liberación atacó una patrulla de policías antinarcóticos, matando a once y secuestrando a tres. Una década más tarde, fue en Necoclí donde Carlos Castaño Gil, líder paramilitar de las Autodefensas Unidas de Colombia, reclutó a la mayoría de los que perpetraron, entre el 15 y el 20 de julio de 1997, lo que se conoce como la "masacre de Mapiripán," seis días de violencia durante los cuales cuarenta y nueve civiles fueron torturados, asesinados, desmembrados y lanzados al río Guaviare. El segundo poema de *El canto de las moscas* se llama "Mapiripán:"

> Quieto el viento,
>   el tiempo.
> Mapiripán es ya
> una fecha.
>   17

Mapiripán, un municipio de la provincia del Meta, ya no es un pueblo; se ha truncado su historia; se ha reducido a una fecha, la fecha de la matanza, la fecha en que como comunidad murió.

Cerca de la frontera con Panamá, el 14 de agosto de 1998, tres meses antes de la publicación del libro de María Mercedes Carranza, tuvo lugar la batalla de Tamborales entre las Fuerzas Armadas Revolucionarias de Colombia y un batallón de contraguerrillas del ejército colombiano que acabó con cuarenta y dos soldados muertos, veintiún secuestrados, y más de cincuenta guerrilleros muertos. El tercer poema se titula "Tamborales:"

> Bajo
> el siseo sedoso
> del platanal
> alguien
> sueña que vivió.
> 21

Y así sigue, hasta llegar al número 24, "Soacha." El topónimo indígena, como otros antes, nos devuelve en el tiempo a un pasado anterior a la Conquista, albergando entre sus sílabas una herencia mítica de siglos. Pero Soacha, hoy una zona urbana que se confunde con los suburbios de Bogotá, es el lugar donde Luis Carlos Galán, el político que muchos soñaban como la gran esperanza de una Colombia libre de la violencia de los carteles y el terrorismo de guerrillas y paramilitares, murió asesinado el 18 de agosto de 1989. Era el firme favorito para las próximas elecciones presidenciales:

> Un pájaro
> negro husmea
> las sobras de
> la vida.
> Puede ser Dios
> o el asesino:
> da lo mismo ya.
> 105

"Da lo mismo ya." Ya no importaba. Y no sé si importa señalar que el hermano de María Mercedes Carranza, Ramiro, fue secuestrado por las FARC en septiembre de 2001. Moriría en cautiverio hacia finales de 2002. Su hermana nunca supo de su muerte. Se suicidó, en Bogotá, en julio de 2003.

Marosa di Giorgio forma parte de la más poderosa tradición de mujeres poetas que existe en la lengua, la tradición uruguaya que incluye a Delmira Agustini, Juana de Ibarbourou, Selva Márquez, Sara de Ibáñez, Idea Vilariño, Amanda Berenguer, Ida Vitale, Circe Maia, y un largo, largo etcétera. Su poesía, extremadamente idiosincrática, se parece menos a ellas, sin embargo, que al extraño animismo de los cuentos de Felisberto Hernández, y más aún a la

POÉTICA LÁRICA EN CUATRO POETAS HISPANOAMERICANAS　　　　67

ferocidad animal y las oscuras transmutaciones de "Le Montevidéen," precursor del surrealismo, Isidore Ducasse, el conde de Lautréamont, que nació por supuesto en Uruguay. Marosa di Giorgio, a diferencia de la mayoría de sus contemporáneos, resistió la llamada de la urbe. Nació y vivió siempre en o cerca de la pequeña ciudad provinciana de Salto, y durante décadas de escritura, en una docena de libros de prosa poética, su mundo literario apenas evolucionó. "Yo soy de aquel tiempo," escribiría en 1971, "los años dulces de la Magia" (2008, 161). La protagonista de su poesía y sus relatos es una muchacha a las puertas de la pubertad, pletórica de fantasía y pujante de una curiosidad teñida de deseo, que reside con sus padres, sus hermanas y su abuela en un viejo caserón con criados y tierras, con un jardín y un huerto, rodeado de prados y bosques y colinas. Este es el lar que estará en el centro de toda la obra de di Giorgio.

Es un mundo, en efecto, gobernado por la magia. Su libro *Magnolia* (1965)[7] se sitúa desde el principio en un pasado mítico:

> Aquella muchacha escribía poemas; los colocaba cerca de las hornacinas, de las tazas. Era cuando iban las nubes por las habitaciones, y siempre venía una grulla o un águila a tomar el té con mi madre.
>
> Aquella muchacha escribía poemas enervantes y dulces, con gusto a durazno y a hueso y sangre de ave. Era en los viejos veranos de la casa, o en el otoño con las neblinas y los reyes. A veces, llegaba un druida, un monje de la mitad del bosque y tendía la mano esquelética, y mi madre le daba té y fingía rezar.
>
> 2008, 111

Las divisiones jerárquicas entre lo sagrado y lo humano, lo humano y lo animal, el animal y la planta, se disuelven en este mundo. Los santos aletean y mueren en las manos de la muchacha como si fuesen mariposas; los ángeles se reúnen en el jardín como pequeños druidas o gallinas transparentes, y cuando vuelan dentro de la casa los atrapa, los encierra en los floreros, o los lleva al colegio para mostrarlos a la maestra. La abundante flora del jardín está cargada de misterio sexual: la achira tiene "grandes flores rojas parecidas a sexos de arcángeles demasiado vaporosos y libidinosos" (111), mientras que la magnolia

---

7　La edición original de *Magnolia* comenzó con la siguiente "Ficha" de presentación de la autora: "Nací y vivo en Salto del Uruguay, / una ciudad que queda cerca del agua y de la luna. / Mi infancia está en los campos, / los árboles, los demonios, / los perros, el rocío; / queda en medio del arvejal, / y adentro de la casa; / a veces, venía a visitarnos el arco-iris, / serio como un hombre, / las larguísimas alas tocando el cielo. / Mi infancia es la luna, / patenta como una rosa, / y el grito de los muertos. / Mis libros de poemas se llaman / 'Poemas', 'Humo', / 'Druida', 'Magnolia'. / Lo demás, es todavía, hoy y mañana, / y no me importa" (1965: 5).

lleva collares y vestidos de perlas. Es un mundo en el que un hombre muerto, al fin de la vigilia nocturna de su cadáver, se estremece, alza una cresta roja, despliega sus alas negras y se pone a cantar (114). Un mundo en el que un hombre extraño con cabeza de liebre se oculta, de manera tan amenazante como incitante para la joven protagonista, entre los árboles (115).

Fantasía y realidad, sueño y realidad son inseparables en Marosa di Giorgio. La protagonista y sus amigas se juntan para un sacrificio nocturno: alguien saca un cuchillo y ruedan las cabezas de un pollo, una rata, una liebre, una gallina y por fin un niño (121). En el día de las bodas de la muchacha, después de rechazar la tarta hecha de ratas y ratones, atraviesa los cerros con su novio, que es alto, delgado, canoso y con una pequeña asta en la cabeza; cuando intenta escapar, este la apresa y viola, y pasan la noche de bodas con la madrastra dormida entre los dos sobre el suelo de una cueva, en tanto que ella sueña que en realidad jamás se casó y se encuentra todavía en su casa (119–120). Este mundo tan siniestro como fascinante, nutrido de una imaginación desatada, se ve con claridad cuando la protagonista se metamorfosea en gato, en un episodio perturbador que saca a la superficie todas las tensiones hasta entonces latentes en su relación con la figura amorosa pero autoritaria de la madre:

Ya antes de la cena aquel terror, aquella ansiedad.

Yo estaba sentada inmóvil, con los rizos bien peinados, junto a la mesa, cerca de los candelabros y de las liebrecitas de madera del reloj. Mi madre iba de un lado a otro y decía:—Oye, Marge. Mira, Marge.

Y yo le veía el talle esbelto, los altos senos, y no quería mirarla, y la miraba apenas, de soslayo; y cuando ella dijo:—Voy hasta la ribera del jardín a esperar el carromato de las cartas. Adiós, Marge—, yo me recliné, me arrodillé entre los muebles por retenerme, y cuando ella salió, yo empecé a caminar en cuatro pies, en cuatro palmas. Entonces una locura gozosa me hizo vibrar las vértebras; las vértebras me vibraron gozosamente al tiempo que el cabello me recubría toda la piel, se me encorvaban las uñas y la boca se me cambiaba. Anduve así paso a paso, de pieza a pieza, en viaje de prueba. Pasé los ventanos y los oscuros diamelos y allí me arrollé. Vi transitar las ratas nocturnas de largas colas y caritas picudas. Una enorme curiosidad me vino a las uñas; quería probar si podía dar muerte; me hinqué sobre el lomo de uno de los grandes ratones y el aroma de la sangre me produjo un mareo glorioso. Más allá de la hierba llegué a los rosales. Lejos, entre los pinos, giraba el carruaje de las cartas, negro, con una lámpara roja y una leve campana. Todas las cosas me parecían viejas a la vez que recién nacidas; les tenía odio y ansiedad. Al instante, pasó mi madre portando la caja de las cartas; le vi el talle esbelto, los hombros bien velados. Tuve que cerrar los ojos e hincar las uñas en la hierba por

POÉTICA LÁRICA EN CUATRO POETAS HISPANOAMERICANAS 69

contenerme; pero, la seguí con paso de cautela hasta que pasó el umbral y se sentó en la cama a mirar las postales recién venidas; entonces, la asalté, le rasgué los vestidos; saltaron sus senos, grandes, gruesos, suaves, con las puntas rosadas, como dos hongos preciosos, dos setas únicas. Ella gritaba "—Marge!,—Marge!,—Marge!,—Socórreme Marge!," y miraba hacia el comedor de los candelabros y de las liebres; pero, después, tal vez me reconocía, pues, me miró fijo en los ojos, pero, yo la desgarré violentamente y ella entonces, casi enseguida, murió.

Pasé los ventanos y los oscuros diamelos; abrí la arena, hice un leve hueco y me agazapé. Giraba impasible la noche del viernes.

120–121

El tiempo narrativo no avanza, vuelve en espiral a su punto de origen: la muchacha que se casa o se convierte en gata retorna a su condición humana y soltera en el poema siguiente y la madre, por supuesto, regresa tan sana como antes. Hay, en este mundo, una permanencia mítica y circular. Tras el aire legendario de los primeros poemas de *Magnolia*, que retratan a la protagonista en tercera persona (*aquella muchacha escribía poemas*), el libro está dominado por una voz narrativa intensamente lírica y en primera persona, como se puede ver, por ejemplo, en el poema recién citado. Exactamente a la mitad del libro, sin embargo, en el poema que clausuró la primera parte en la edición original,[8] algo cambia. A la narradora adulta le empieza a costar mantenerse en el mágico mundo imaginario de la infancia. Un muchacho, Miguel, muere y de nuevo, "los que aún éramos niños" veían como volvió a la vida en forma de ángel y de fogata, o bien como una planta, pero fue entonces, precisamente, que la infancia llegó a su fin: "Y después uno de nosotros se enamoró de una de nosotras; y así todo cambiaba. Y sobre la ancha casa del tiempo Miguel se desvanecía para siempre" (2008, 123). Desde ese momento del libro, comienza a quebrarse la identidad entre la narradora y su yo infantil, protagonista de los poemas.

En un poema narrado en presente histórico, llueve y la niña protagonista está encerrada en la casa: "Tendría que leer a Edgar Poe y a Dylan Thomas" (132), dice la narradora y cita a continuación un verso del poeta galés: "El día de mi cumpleaños empezó con pájaros en el agua." O bien, si vamos al original, "My birthday began with the water- / Birds and the birds of the winged trees

---

8 La primera edición de 1965 constaba de dos partes, hecha cada una de 21 textos: los poemas en prosa de la primera parte se enumeraban en números arábigos (de 1 a 21), y los 19 poemas en prosa y 2 breves poemas en verso de la segunda parte en números romanos (de I a XXI). El libro se cerraba con un poema en verso más extenso titulado "El ángel." En la versión definitiva del libro, incluida en *Los papeles salvajes*, no hay división en partes: los poemas se enumeran de 1 a 42 y terminan con dos poemas en verso: "Abuela" y "El ángel."

70   BINNS

flying my name / Above the farms and the white horses." "Poem in October" es
un poema escrito para celebrar el cumpleaños del autor ("It was my thirtieth
year to heaven"), y no hace falta ser un genio de la aritmética para calcular
que Marosa di Giorgio también cumplió treinta mientras pulía el manuscrito
de *Magnolia*, y que los cumpleaños de la narradora y la protagonista conviven en el texto.[9] El poema de Thomas lleva al poeta adulto de paseo bajo la
lluvia, subiéndolo por una cuesta y alejándolo del pueblo costero donde pasó
su infancia, y luego, de repente, cuando deja de llover y sale el sol, el recuerdo
del lugar lo devuelve con súbita, vibrante, epifánica fuerza a su pasado, a las
olvidadas mañanas del niño que salía a pasear con su madre a través de las
parábolas de la luz del sol, "a child's / Forgotten mornings when he walked with
his mother / Through the parables / Of sun light," y el poeta adulto siente arder
en su rostro las lágrimas de ese niño, y cómo el corazón del niño se agita aún
en su interior. Allí, mientras contempla el pequeño puerto a sus pies, "the true /
Joy of the long dead child sang burning / In the sun" (1996, 86–88).

El júbilo del niño tanto tiempo muerto canta ardiendo, también, en el
libro de Marosa di Giorgio, pero a diferencia del poema de Thomas la narradora treintañera sabe en el fondo que el paso de los años la ha expulsado de
ese mundo de la magia. La niña protagonista estaba tumbada en la cama,
enferma, cuando un hada resplandeciente la visitó: "Y solo ahora"—comenta
la narradora—, "a través de los años, me pregunto qué era en verdad, aquello
que se presentaba así" (2008, 125).

Magnolia se dedica "a la memoria de mi abuela, Rosa Arreseigor de Médicis,
a su alma de magnolia, de agua, de ángel" (109). La abuela vuelve al libro,
impulsada a revivir por la "frescura dorada" de una mesa cargada de frutas, y
con ella regresa la niñez de la protagonista:

> En mitad del zapallo están los damascos y los melones y los duraznos—
> oh, esa frescura dorada. La infancia retorna a toda campánula. Y ya está
> la abuela; revive entre las sábanas y las chimeneas; oh bruja-Rosa dul-
> císima, transforma la calabaza en cubitos de vidrio, de amor y de miel;
> me llama por una sola palabra que yo bien recuerdo, y yo acudo. Todo
> un aroma, un estado de gracia, un estado-canela, un milagro, sobre un
> platito de porcelana, con solo oír que dicen "zapallo," me vuelve a la sien.
>
> 133

---

9   *Magnolia* ganó un premio como libro inédito en un concurso del Ministerio de Instrucción
    Pública de Uruguay de 1960; no llegó a publicarse hasta cinco años más tarde, en Venezuela.
    Di Giorgio cumplió 30 años el 17 de junio de 1962.

POÉTICA LÁRICA EN CUATRO POETAS HISPANOAMERICANAS 71

La comunicación, sin embargo, se hace cada vez más ardua. La vuelta al pasado es fluctuante y frágil, y la narradora adulta, antes capaz de fluir de ida y vuelta entre ambas épocas, pero ahora demasiado consciente del proceso, se desespera ante la perspectiva del fracaso.

En el último poema en prosa del libro, la narradora resuelve saltar un tronco tendido en el agua en una especie de travesía mítica hacia "el otro paisaje," el "otro país," que parecería ser el mundo de los muertos. "Me voy hacia allá," insiste, "adonde hace años marcharon aquellos parientes, llevando sus niños (que ahora, digo, ¿estarán como yo tan altos y amargos?); adonde marchó hace tiempo la abuela, de donde no quiere venir" (133). Todavía ve, en ocasiones, a su abuela; la ve correr en el jardín detrás de las flores o las aves, "pero, a mí ni me mira." La voluntad de partir de la narradora—*Me voy hacia allá ...*—podría verse como el propósito de abdicar de la vida, pero con toda seguridad debe leerse como la poética del lar de Marosa di Giorgio, la negativa que sostiene a la hora de enfrentar y enfocar la vida adulta y contemporánea, y su insistencia desafiante—aunque el espíritu de la abuela ya no se digne a mirarla—en regresar, una y otra vez, al mundo de su infancia, un mundo que estaba, en términos realistas, muerto y bien muerto, por muy altas, y por muy adultas y amargas que fuesen sus viejas amigas en el presente. *Somos tal vez los últimos que conocieron tales cosas. Sobre nosotros descansa la responsabilidad de conservar no solamente su recuerdo (lo que sería poco y de no fiar), sino su valor humano y lárico.* Marosa di Giorgio, más que ningún otro poeta de la modernidad en la América hispana, ha sabido mantener viva la memoria de sus lares infantiles. Fue la guardiana de un mito único e inolvidable.

Terminaré refiriéndome, brevemente, a una de las poetas chilenas más interesantes del presente, Malú Urriola, y su libro *Bracea*. Publicado en 2007, gira en torno a una familia y su casa venida a menos, pintada de color rosa, en la que las hijas gemelas comparten la habitación de los padres. Es una casa con un chancho y un huerto abandonado lleno de zarzamoras y árboles frutales; una casa de las afueras de una ciudad atravesada por un canal donde las hijas encuentran el cuerpo desnudo de una muerta, y por los rieles del ferrocarril donde delante de sus ojos un tren corta en dos al perro de la familia.

Brilla en *Bracea* la extrañeza de las protagonistas: son gemelas siamesas, hermanas cuyas dos madres también son siamesas. El padre, escindido entre el amor y la vergüenza que le suscita su familia, se evade en el alcohol, y es solo cuando abandona la casa que las hermanas terminan por aceptar, en vista de la diferencia irreparable que los separa de los demás, su extrañeza:

Mi hermana me dijo que nuestro padre nos odia porque somos monstruosas.

Yo puse una cara de obvia incredulidad, pues aunque nuestro padre nos
  mire con desprecio,
no somos en ningún grado diferente de los demás.
Afirmé eso con fervor, hasta que mi hermana sacó un libro que tenía
  escondido debajo de la cama, lo abrió y lo puso frente a nuestros ojos.
Somos un monstruo igual a nuestra madre—dijo.
Nuestra madre es hermosa—contesté.
Mi hermana dijo: Son dos. Y dos son dos.
Por eso vivimos en las afueras de la ciudad.

> 2007, 41

Bracea nos invita, como lectores, a husmear en el álbum de la madre, mostrándonos la fotografía de esta junto a imágenes de sus hijas como bebés y
luego niñas. El lugar que habitan está en el lado equivocado de los rieles, en la
periferia de una ciudad cuyo centro jamás han visitado, pero el abandono del
padre precipita un cambio de lugar, el traslado a un pueblo rodeado de montañas, donde los únicos habitantes que se nos presentan resultan físicamente
tan anómalos como ellas: habitantes como J. P. Junior, que era, se decía en el
pueblo, el tío de las gemelas, hermano de su(s) madre(s): "Y por eso nosotras
éramos así. / Así suena como un castigo—pensé" (64); o como "Tres Piernas,"
que se enamoró de una de las gemelas y que intentó, al sentirse rechazado,
hacerse "normal" y así quizá volver a conquistarla, dejando que un tren cer-
cenase la pierna que le sobraba; o bien, por último, "El padre de Tres Piernas,"
que trabajaba de cartero y que al enterarse de la muerte de su hijo abandonó
su bicicleta y desapareció tierra adentro en la montaña. En las últimas secciones
del libro, el papel de las montañas crece en importancia y aparecen topónimos
que revelan, de golpe, que nos encontramos en el Valle de Elqui: Tres Piernas
llevó a las hermanas a Cochiguaz y a la Piedra del Guanaco; junto al río Elqui
las hermanas leen un poema de Gabriela Mistral, y la penúltima sección, titulada "La otra," comienza con un epígrafe de las líneas iniciales del poema epó-
nimo, "La otra,"[10] tomado de la serie de Mistral "Locas mujeres" (publicada en
1954 en su libro *Lagar*):

Una en mí maté:
yo no la amaba.

---

10 Sobre la importancia de este texto en la poesía chilena contemporánea, véase el artículo
de Bárbara Fernández Melleda, "In Mistral's footsteps: 'The Other' (1954) as the substrate
poem for contemporary Chilean women poets" (2020), que estudia tanto *Bracea* como
Escrito en braile de Alejandra del Río, y *Uranio* de Marina Arrate, ambos de 1999.

POÉTICA LÁRICA EN CUATRO POETAS HISPANOAMERICANAS   73

> Era la flor llameando
> del cactus de montaña;
> era aridez y fuego;
> nunca se refrescaba.

El diálogo con la poesía de Mistral, con sus locas mujeres y con la Lucila de "Todas íbamos a ser reinas," perdida en las lunas de su locura, nos lleva a un lugar ahora desprovisto de sus mitos y tradiciones. Lo único que queda de ese mundo, de esos lares, es la tumba de la premio Nobel,[11] pero cuando la hermana lee un poema de Mistral—que parecería hablar de la tierra que las rodea—, y cuenta que la autora está enterrada allí mismo, el yo lo niega. Por mucho que la poeta haya idealizado su Valle de Elqui, su Montegrande, tuvo que abandonarlos por la envidia y nunca regresó:

> Mi hermana y yo bajamos al río.
> En el río del Elqui mi hermana me lee un poema.
> El poema dice cosas que suenan a las aguas del río,
> cuando arrastra las piedras y las ramas de los sauces.
> Cosas rocosas, de tierras ocres, de piedrecillas lustrosas
> de semillas de pimientos y jacarandás.
> La mujer que lo escribió está enterrada aquí.
> Yo dije: Es mentira. Ella se fue de aquí.
> La envidia de este pueblo puede llegar a matar.
> Aquí sólo regresó un esqueleto.
>
> 95

En el contexto de *Bracea*, no hay nada dorado, nada por lo cual merecería la pena quedarse en el pueblo, nada digno de guardar en la memoria. Los habitantes que siguen habitándolo han sido rechazados, tratados en la ciudad como marginados sociales, como parias, y obligados a refugiarse en las montañas. No hay, sin embargo, refugio posible. Tres Piernas intentó ser "normal" cercenándose la pierna y murió. El deseo de ser *una* de las hermanas surge solo cuando

---

11   Urriola escribió parte de su libro anterior, *Nada* (2003), en el Valle de Elqui, y en un poema sin título de ese libro dejó constancia del impacto de su (re)lectura de Gabriela Mistral: "Escuchábamos a Charlie Parker, / recitábamos de memoria a la Mistral / y nos reíamos de nuestros necios congéneres" (2003: 45). En el artículo que le dedicó Gustavo Barrera Calderón después de que ganara el premio de poesía Pablo Neruda en 2006, se ve una imagen de Urriola sentada al pie de la tumba de Gabriela Mistral en Montegrande (2006, 57). Luego, entre las muchas dedicatorias de *Bracea*, no es casual que la primera sea "A la Mistral, a las montañas del Valle de Elqui" (2007: 5).

oyen a su padre llamarlas monstruos, pero en ellas no existe ninguna esperanza o deseo de mutilar su otredad. Al final del libro, eso sí, deciden partir, y se dirigen hacia el mar que esas niñas del Montegrande de Mistral siempre soñaban con ver. Se suben a un autobús que les saca de las montañas, pasando por Alcohuaz, Monte Grande y Paihuano, hasta llegar a una ciudad que es, evidentemente, La Serena, y donde "los ojos de los lugareños nos golpean el pecho como una certera pedrada" (115). Mientras cae la noche, se acercan a la orilla y se adentran en el agua. Sin haber aprendido jamás a nadar, son incapaces de coordinar sus piernas y brazos. Se desesperan, tragan agua y comienzan a ahogarse. No obstante, en las últimas líneas del libro, consiguen por fin coordinar sus esfuerzos, bracean—de ahí el título del libro: el bracear coordinado y salvador de las gemelas—, y son capaces, por un instante al menos, de sentir algo parecido a la libertad:

> Cuando le digo al viento que deje de soplar, el viento deja de soplar y el mar se aquieta. Entonces nos quedamos flotando a la deriva. Imaginando que somos la cabeza bicéfala del mar, cuyo cuerpo de agua infinita rebosa lejos de nuestros ojos.
> Nada—dice mi hermana.
> Y nado.
> 119

En el Valle de Elqui de Mistral, las niñas de siete años soñaban con viajar y casarse con reyes y vivir rodeadas de lujo, pero jamás lograron partir.[12] Había una inevitabilidad familiar y mítica en esa frustración cíclicamente reiterada.

---

12 El poema de Mistral comenzó a ser leído como un texto paradigmático de la lucha feminista, y de la frustración de ser mujer y mujer poeta en Chile, durante los años de la dictadura. Así lo cuenta Sandra Ivette González Ruiz: "El verso de Gabriela Mistral 'Todas íbamos a ser reinas' aparece por todos lados, como título de poemarios escritos en los ochenta, como epígrafe utilizado en revistas feministas, fanzines o boletines y en el jardín de flores dedicado a las desaparecidas en el parque de la memoria Villa Grimaldi, ex centro clandestino de detención. Este verso es una marca de las poesías escritas por mujeres durante la dictadura que no habla solo de una reapropiación de la figura de Gabriela Mistral (contra su higienización), hace referencia a la situación particular de las mujeres durante la dictadura, doblemente castigadas por ser militantes, mujeres rebeldes, que trasgredían un orden y roles asignados. Es un poema que da cuenta de las dobles derrotas de las mujeres, pero también de múltiples voces y formas de resistir; como el manifiesto presentado en el encuentro, el verso, su apropiación, el poema es una suerte de escritura del fracaso, sobre el fracaso y la promesa rota y una afirmación de la presencia de las mujeres" (2018: 102–103).

Los mitos de una vida mejor, sugirió Jonathan Bate, perduran solo en cuanto desempeñan una función necesaria, pero el mito de Montegrande, desde la perspectiva de Malú Urriola, ya no sirve para nada, está muerto. No hay lares protectores en la fracturada familia y comunidad que su libro presenta, sea en las afueras de la ciudad o en el pueblo. No hay valor humano o lárico digno de ser preservado. Los poetas, las poetas, que lucharon para mantenerlo vivo eran, de verdad, los últimos que conocieron tales cosas. Una poesía de los lares, para una escritora contemporánea como Malú Urriola, es algo del pasado. La única esperanza que nos ofrece *Bracea* es la huida.

Obras citadas

Barrera Calderón, Gustavo. 2006. "Malú Urriola, Premio Pablo Neruda 2006." *Cuadernos, Santiago de Chile* 59: 54–57. En línea: http://www.memoriachilena.gob.cl/archivos2/pdfs/MC0045653.pdf (consultado el 17.04-2021).

Bate, Jonathan. 2000. *The Song of the Earth*. Londres: Picador.

Benjamin, Walter. 2013. "Tesis de filosofía de la historia." En: *Ensayos escogidos*. Traducido por: H.A. Murena. 59–73.

Binns, Niall. 2002. "Criaturas del desarraigo, o en busca de los lugares perdidos: alienación y ecología en la poesía hispanoamericana." *América Latina Hoy* 30: 43–77.

Binns, Niall. 2004. *¿Callejón sin salida? La crisis ecológica en la poesía hispanoamericana*. Zaragoza: Prensas Universitarias.

Buell, Lawrence. 2001. *Writing for an Endangered World: Literature, Culture, and Environment in the U.S. and Beyond*. Cambridge: Harvard University Press.

Carranza, María Mercedes. 2001. *El canto de las moscas (Versión de los acontecimientos)*. Barcelona: Nuevas Ediciones de Bolsillo.

Fernández Melleda, Bárbara. 2020. "In Mistral's Footsteps: 'The Other' (1954) as the substrate poem for contemporary Chilean women poets." *Literature Compass*. DOI: 10.1111/lic3.12606.

García Posada, Miguel. 2000. "El Nobel." *El País*. https://elpais.com/diario/2000/10/05/cultura/970696806_850215.html (consultado el 24.10.2019).

Giorgio, Marosa di. 1965. *Magnolia*. Caracas: Lírica Hispana.

Giorgio, Marosa di. 2008. *Los papeles salvajes*. Buenos Aires: Adriana Hidalgo.

González Ruiz, Sandra Ivette. 2019. "Escribir en dictadura, poetas feministas chilenas. Hacia una genealogía." *EntreDiversidades. Revista de Ciencias Sociales y Humanidades* 13: 99–135.

Lihn, Enrique. 1966. "Definición de un poeta." *Anales de la Universidad de Chile* 137: 35–64.

Mistral, Gabriela. 1986. *Desolación. Ternura. Tala. Lagar*. México: Porrúa.

Neruda, Pablo. 1999. *Obras completas I. De "Crepusculario" a "Las uvas y el viento," 1923–1954*. Barcelona: Galaxia Gutenberg.

Puccini, Darío. 1971. "Dos notas sobre Pablo Neruda." *Anales de la Universidad de Chile* 157–160: 129–138.

Rilke, Rainer Maria. 1950. *Briefe. Zweiter Band (1914 bis 1926)*. (vol. II). Wiesbaden: Insel-Verlag.

Sainz de Medrano, Luis. 1996. *Pablo Neruda: cinco ensayos*. Milán: Bulzoni.

Teillier, Jorge. 1965. "Los poetas de los lares: nueva visión de la realidad en la poesía chilena." *Boletín de la Universidad de Chile* 13: 48–62.

Teillier, Jorge. 1971. "Sobre el mundo donde verdaderamente habito." En: *Muertes y maravillas*. Santiago de Chile: Editorial Universitaria. 9–19.

Thomas, Dylan. 1996. *The Collected Poems*. Londres: Orión.

Unamuno, Miguel de. 1992. *Antología poética*. Madrid: Espasa-Calpe.

Urriola, Malú. 2003. *Nada*. Santiago: LOM.

Urriola, Malú. 2007. *Bracea*. Santiago: LOM.

Yndurain, Francisco. 1954. "Una nota a *Poesía y estilo de Pablo Neruda* de Amado Alonso." *Archivum: Revista de la Facultad de Filología* 4: 238–246.

CAPÍTULO 2

Marosa Di Giorgio, visión en verde. Un análisis comparativo con las poéticas de Olga Orozco y Emily Dickinson

Emilia Conejo

Resumen

En este capítulo se analiza la poética de la autora uruguaya Marosa di Giorgio en relación con la de otras dos autoras: la argentina Olga Orozco y la estadounidense Emily Dickinson. Se investigan las afinidades que existen entre ellas con respecto a la trascendencia y su relación con lo sagrado, por un lado, y la naturaleza, por otro. En todas ellas se aprecia la herencia del Romanticismo temprano alemán o *Frühromantik* en su concepción de lo poético, dada la consideración del hecho poético como aventura ontológica y gnoseológica. En el caso de Di Giorgio y Orozco, se da una búsqueda de absoluto que pasa por lo neoplatónico—en la segunda—y lo neobarroco—en la primera—, con una estética cercana al imaginario surrealista en ambas. En el caso de Dickinson, la herencia romántica se palpa en su cercanía al sentir trascendentalista, con la naturaleza como escenario del hecho poético y trampolín para una íntima revuelta metafísica. Esta preeminencia de la naturaleza como escenario de la reflexión existencial es el núcleo de lo que Di Giorgio considera una hermandad espiritual entre ellas.

Palabras clave

poesía visionaria – naturaleza – trascendencia – lo salvaje – panteísmo – Romanticismo – surrealismo – trascendentalismo – neobarroco – poesía metafísica

1 Introducción

Cuando Yves Klein visita la basílica de San Francisco de Asís, queda impactado por los monocromos azules de la bóveda pintada por Giotto, y por lo que esta visión tiene de epifanía para su propia obra. Acaba de descubrir, en ese instante, un precursor: *"Quel Précurseur!! Ça c'est un Précurseur!,"* escribe en

© KONINKLIJKE BRILL NV, LEIDEN, 2022 | DOI:10.1163/9789004504592_004

una carta a su galerista Iris Clert.[1] En ambos—en el artista italiano y en el francés, separados por más de seis siglos—la monocromía azul se descubre como un modo de acercarse a la representación de lo infinito.[2] De manera análoga, Juliana de Norwich—mística visionaria de la Inglaterra del siglo XIV—y Vasily Kandinsky coinciden en su manera de concebir el color rojo: la primera otorga al color en sus visiones un valor muy similar al que le concede la pintura informalista del siglo XX. "Dicho de otro modo, si Juliana hubiera sido artista, habría 'inventado' el monocromo abstracto y el arte informal," afirma Victoria Cirlot en *Visión en rojo* (Cirlot 2019, 156). Esta es la línea de pensamiento del capítulo, línea que resulta apasionante no solo por la naturaleza de las asociaciones que establece, sino también porque ataca frontalmente la concepción de la historia del arte como una línea del tiempo y se abre a las posibilidades de filiación estética en un fluir del tiempo que es el de la poesía.

En una línea de pensamiento similar podemos emparentar a Marosa di Giorgio con las mujeres visionarias del medioevo, así como con las visiones de poetas como Rimbaud o el Conde de Lautréamont, a través de su careo con la trascendencia, con ese "sentido de lo infinito" del que hablaba Robert Desnos como núcleo de lo religioso: "Yo no creo en Dios," decía Desnos, "pero tengo el sentido de lo infinito. Nadie posee un espíritu más religioso que yo" (Desnos 1924, 129). Marosa di Giorgio sí creía en Dios (aunque en realidad, ella no necesitaba *creer* en él, como uno no necesita *creer* en la cama en la que duerme cada noche), pero lo que me interesa en este capítulo es ese sentido religioso amplio y libérrimo, por un lado, y de lo infinito, por otro. Desde esa trascendencia escribe Marosa di Giorgio.

Este careo con la trascendencia—punto de partida o de llegada recurrente en la creación artística—ha sido abordado tanto desde lo religioso como desde un sentir laico. Y en este amplio espectro se sitúa el nexo entre Di Giorgio y las voces de otras dos poetas fundamentales objeto de estudio en este capítulo: por un lado, la argentina Olga Orozco; por otro, la estadounidense Emily Dickinson.

---

1 "Querida Iris, ¡en la basílica de San Francisco de Asís hay unas pinturas monocromas completamente azules! Resulta del todo increíble darse cuenta de la imbecilidad de los historiadores del arte, que hasta ahora no se han dado cuenta de esto. Todas ellas llevan la firma 'Giotto.' ¡Qué precursor! ¡Este sí que es un precursor!" (Cirlot 2019 : 101). Todas las traducciones son de la autora, a menos que se indique lo contrario.

2 "Considero como real precursor de la monocromía que practico el Giotto por los monocromos azules de Asís (llamados *découpages* del cielo por los historiadores del arte, pero que son frescos monocromos unidos)" (*ibidem*).

La poesía de Marosa di Giorgio se resume con precisión en una expresión que la propia poeta emplea en una entrevista: "la época del bosque," un bosque que es un *locus amoenus* creado a partir de su infancia, de la exuberancia neobarroca y de un fértil humus religioso que atraviesa el panteísmo, el cristianismo y otras ramas de pensamiento esotérico. El pensamiento esotérico como vía de conocimiento y de búsqueda de la trascendencia es el eslabón que la une a Olga Orozco, si bien lo que en Di Giorgio está tan presente como la realidad sensorial (esa cama en la que cada uno duerme), en Orozco es impalpable, permanece velado, y se manifiesta—en el mejor de los casos—a través de símbolos y señales atisbadas o intuidas que toca descifrar trabajosamente. En cuanto a su vinculación con Emily Dickinson, Di Giorgio llegó a afirmar que la poeta de Amherst era "su alma gemela" (Olivera-Williams 2005, 407). Pero ¿dónde descansa esa hermandad espiritual? Uno de los puntos de unión es el color verde del mundo natural; en ambas, naturaleza, poesía y ese tanteo de lo sagrado en la penumbra están ligados indisolublemente, y son a menudo manifestaciones de un mismo algo intangible.

2 Poetizar la existencia: del Romanticismo al surrealismo

Las tres autoras consideran la poesía—y el arte en general—como vía de conocimiento, sea este poético e intuitivo o filosófico, y en ese sentido son herederas del Romanticismo. Por la influencia que la concepción romántica del arte tiene en la tradición poética de los siglos XIX y XX—y en la de estas autoras—, incluyo a continuación un breve marco teórico.

Para el caso que nos ocupa resulta de especial interés el trasfondo filosófico del primer Romanticismo alemán o *Frühromantik*, que inaugura la modernidad poética con una postura radicalmente novedosa: la de atribuir un valor cognoscitivo supremo al arte (D'Angelo 1999, 96), es decir, considerarlo un instrumento gnoseológico legítimo y fundamental.

Friedrich Schlegel acuña el término *Universalpoesie* para referirse a la poesía como una obra de arte total (*Gesamtkunstwerk*), que no queda restringida al lenguaje escrito, sino que integra las demás artes, la filosofía y las ciencias naturales, especialmente la física (Schmitt 1974, 21). Asimismo, considera que por medio de la filosofía estética "alcanza la poesía mayor dignidad, vuelve a ser al final lo que era al principio—maestra de la humanidad—; pues ya no hay filosofía, historia alguna, sólo la poesía sobrevivirá a todo el resto de las ciencias y las artes" (Schelling, Hölderlin y Hegel 2014, 222). Es decir, se trata de *poetizar* todas las disciplinas del conocimiento, "en el sentido de hacer valer

80 CONEJO

en todos los ámbitos las capacidades cognoscitivas de la poesía" (D'Angelo 1999, 17). La poesía es, pues, para este movimiento, una herramienta con la que transformar el mundo de manera radical y tiene, por lo tanto, una función política y al mismo tiempo religiosa (148), como sustituta de un cristianismo considerado ahuecado, vaciado de su significado y su trascendencia originarios.[3] No es casualidad que el Romanticismo considere a Dante como uno de los padres de la poesía romántica, ya que "aúna religión y poesía y confiere a su obra una estructura armónica, sistemática y grande" (61).

La huella del Romanticismo es palpable décadas más tarde en Europa en poetas como Baudelaire, Rimbaud y el Conde de Lautréamont. Todos ellos comparten ese tropiezo con lo intangible—más bien se arrojan a ello—y hacen de ese choque su poética vital. Si Baudelaire era el poeta urbano, civilizado y atormentado, visitado por instantes de magia poética, Rimbaud es un místico laico arrojado por su propia furia de las iluminaciones al infierno. Lleva las aspiraciones de la *Frühromantik* a una sensualidad vital y furiosa (una sensualidad, un contacto carnal con el mundo, que marca también la obra de Marosa di Giorgio). Premio o castigo, ese "largo, inmenso y razonado desarreglo de todos los sentidos" (Rimbaud 2014, 113) le otorgará el don de la visión, de la videncia. Ese infierno que conoce Rimbaud es patria asimismo para el Maldoror del Conde de Lautréamont, que encarna lo oscuro y lo perverso que colorea las pulsiones más viscosas e insoportables del ser humano.

Al otro lado del Atlántico, en los Estados Unidos, la impronta romántica se detecta en el nacimiento del movimiento trascendentalista. Sobre la palabra *Transcendental* afirma Emerson que ha llegado a utilizarse para referirse a aquello que está vinculado con el pensamiento intuitivo (Emerson 1849, 319–320). Michel Onfray, por su parte, en su magnífica introducción a *Walden*, de H.D. Thoreau, afirma que el trascendentalismo se sustenta en las siguientes bases: la existencia de Dios, la importancia de la intuición para llegar al conocimiento, la necesidad de vivir alejado de las multitudes, la necesidad de confiar en uno mismo sin tener en cuenta el juicio del prójimo, la contemplación de la naturaleza como fuente de placer y la importancia del trabajo en uno mismo: cambiarse a sí mismo en lugar de cambiar el orden del mundo (Onfray 2017, 15). Se trata, pues, de una versión del Idealismo (Emerson 1849, 319) que se materializa en una suerte de guía de vida.[4] Cruzando de nuevo el Atlántico para regresar a Europa, los poetas anteriores, especialmente Rimbaud y Lautréamont,

---

3 Para un desarrollo de esta idea puede consultarse el estudio de D'Angelo, *La estética del romanticismo* (entre muchos otros).

4 Dentro del trascendentalismo, la tesis sobre la naturaleza será fundamental al analizar la poética de Di Giorgio en comparación con la de Dickinson, pero recordemos en este punto también que para un teórico fundamental del Romanticismo alemán como es Hölderlin, la naturaleza eran los diferentes trajes con los que se presentaba Dios.

DI GIORGIO, OROZCO Y DICKINSON: ANÁLISIS COMPARATIVO

son influencias declaradas de los poetas surrealistas, que heredan esta necesidad de búsqueda de lo absoluto a través del arte. Ellos, sin embargo y como es sabido, emprenden su búsqueda a través de la indagación en el inconsciente. Lo metafísico queda así reducido a lo estrictamente humano. Como afirma Piña, "la subjetividad romántica y la surrealista aparecen ambas divididas y lo que en una se manifiesta como irrupción de una instancia trascendente, en la otra aparece como intrusión del inconsciente" (Piña 2010, 151).

El surrealismo, como la tradición que lo antecede, parte de esa subjetividad dividida, de la consciencia de lo escindido, de la certeza del paraíso perdido, de, en palabras de Breton, "una idea de pérdida irreparable, de penitencia o de caída cuya falta de fundamento moral, en mi opinión, es indiscutible" (Breton 2009, 96). Y, como en la pulsión romántica, la imaginación va a resultar fundamental para dar el salto de lo finito a lo infinito, de lo humano a lo divino, del fragmento al absoluto. El anhelo de absoluto es, pues, una figura constante con diferentes caras.

Las voces de las poetas escogidas beben consciente o inconscientemente de estas corrientes, como espero que quede patente en este estudio. A continuación, analizaré la poética de Di Giorgio en paralelo con la poética de cada una de las otras autoras, según el rasgo estético y filosófico que desde mi punto de vista la vincula con cada una de ellas: con Orozco, la búsqueda de lo sagrado; con Dickinson, el mundo natural como habitáculo del ser. Si la poética de Di Giorgio es visión en verde, es la visión lo que la vincula con Orozco; el verde, lo que la acerca a Dickinson.

3   A la caza de lo sagrado: Marosa di Giorgio y Olga Orozco

La poesía de Marosa di Giorgio y la de Olga Orozco se sitúan en la misma línea, en la búsqueda de la trascendencia, si bien todo es diferente: el punto de partida, el camino y el lugar al que llega cada una. Sobre la posición de Di Giorgio en la tradición literaria en busca de lo sagrado afirma la poeta argentina Jimena Néspolo que fueron primero los románticos y más tarde los surrealistas quienes intentaron "unir las aguas 'de lo sagrado' y 'lo profano', separadas desde antes de la modernidad secular," y que "ambos estaban animados por un sentimiento de profunda desesperación." (Néspolo 2013, 20). Aquí encontramos de nuevo la vinculación entre el Romanticismo y el surrealismo. La relación de la poeta con este primer movimiento es evidente, y coincido en este sentido con Benítez Pezzolano cuando afirma que Di Giorgio

> delata un sustrato romántico fundamental: por un lado, procura anular la distancia del poema con lo que dice; por el otro, se desenvuelve como

poesía sentimental que necesita rescatar una naturaleza que se ha perdido. El concepto del poema como aventura del espíritu hacia sí mismo, el cual comprende y rebasa la fantasía individual en concordancia con la convicción objetivista de que el mundo es poético y de él podemos extraer su palabra secreta, se erige en uno de los fundamentos románticos que "el salvajismo" de "los papeles" marosianos pone de manifiesto.

BENÍTEZ PEZZOLANO 2012, 285

Como apunté más arriba, herederos de buena parte de la tradición romántica son los poetas "visionarios," especialmente Rimbaud y Lautréamont, y la afinidad de Di Giorgio con ellos es indudable. Di Giorgio habla de sus papeles como revelaciones o visiones, y explica que el proceso de creación de un poema es algo que sucede de repente, como si una luz se encendiera. Ella defendió siempre el origen visionario de su poesía: "En mi caso es un don, anunciado por un ángel con una frase nítida" (Bravo 2002, 54–55).

Más tarde, afirmará que esos textos en los que se enciende la luz son como "apariciones" de su alma "puesta en lo visible" (54). El alma es, para Di Giorgio, "una lamparita diminuta que contiene todos los universos" (54). Y se refiere a la creación poética como un lugar que solo requiere de su atención para que empiecen a "aparecer cosas y cosas," como una habitación a la que tiene acceso (Di Giorgio en Garet 2006, 139). También Benítez Pezzolano expone la vinculación de Di Giorgio con la tradición de los poetas visionarios, desde Blake hasta Rimbaud: "Al borde del delirio o de la *alchimie du verbe* consagrada por Rimbaud, surge la infancia como el gran comienzo de un tiempo fundador." Un tiempo fundador y alucinado, mítico (Benítez Pezzolano 2012, 144).

> Andaba erizada, temblando, me tenían de un ala; había gran espanto y zozobra, giré en el aire, pasé de rama en rama, transcurrió una noche bravía. Un mercado, una luz azul. Un hombre cruzó sobre sus zapallos, (rosados y dorados como la luna); con su extraordinaria juventud, salió de entre las naranjas [...].
>
> DI GIORGIO 2013, 250

La tradición visionaria, evidentemente, es mucho más antigua, y tiene un hito fundamental para comprender la poesía de Di Giorgio en los siglos XII, XIII y XIV. Allí encontramos a Hildegard von Bingen, a la ya mencionada Juliana de Norwich o a otras visionarias como las beguinas, esas místicas religiosas heterodoxas con las que Di Giorgio se siente vinculada dentro de su propia solitud: "con Swedenborg, Juana de Arco y las poetas místicas del medioevo tengo un nexo. Pero ocurre que estoy sola con una rosa blanca en la mano" (153). Lo que Di Giorgio comparte especialmente con estas místicas es tal vez la visión como una experiencia corporal de Dios y una experiencia mística en lo cotidiano, que en este caso es el jardín exaltado y exuberante de la psique de la autora. "Tomamos el té, fuera; se aprestan las tacillas y las tazas. Estamos todos; cada uno en un sillón como en un capullo. Sobre el pan se para un ser del otro mundo; lo miramos. Arregla sus plumas, da un breve grito, va, de nuevo, al árbol" (255).

En cuanto a Olga Orozco, si tuviéramos que escoger una imagen o visión con la que hacer plástica su poesía, sería tal vez la pintura de Giorgio de Chirico.[5] Un De Chirico literario, como un alma hermanada con el Buzzati de *El desierto de los tártaros*, con ese eco de ruina en el desierto y la resonancia de una basílica del cristianismo temprano. Pero hermanada también con Novalis ("¿Tienes tú también / un corazón humano, / oscura noche?" (2012, 29)), Breton ("Dime si es verdad que el puente levadizo de las hiedras de la palabra se abate, aquí, merced a una simple llamada a la puerta" (2009, 64)) o, una vez más, Rimbaud ("Voy a desvelar todos los misterios [...]. Soy maestro en fantasmagorías. ¡Escuchad!" (2010, 57)). Para Orozco, el acto creador se convierte

> en arco tendido hacia el conocimiento, en ejercicio de transfiguración de lo inmediato, en intento de fusión insólita entre dos realidades contrarias [...], en exploración de lo invisible a través del desarreglo de todos los sentidos, en juego verbal librado a las variaciones del azar [...]. Los enunciados podrían continuar indefinidamente. Sobre ellos planean, entre otras y por no ir más lejos, las sombras de Rimbaud, de Verlaine, de Mallarmé, de Apollinaire, de Eliot, de Bretón, de Éluard, de Reverdy.
>
> OROZCO 2012, 467

Su poesía puede imaginarse como una cuerda elástica que, como en los trucos de magia, se mantuviera tensa verticalmente en el vacío. Del extremo superior de ese artefacto mágico tiran las palabras en búsqueda de la divinidad, llamando—a veces a gritos, a veces en susurros—a Dios, golpeando en un muro (imagen que se repite en la poética orozquiana) que separa el lado visible, sensorial, de la existencia, de ese otro lado intangible. Hacia abajo, por el extremo inferior, pujan las palabras hacia las profundidades novalianas de la propia noche, para flotar en aguas cada vez más oscuras con el único batiscafo

---

5 La de Di Giorgio se acercaría más, por el contrario, a El Bosco, Arcimboldo, Leonora Carrington o Remedios Varo.

del propio subconsciente, el sueño y arquetipos milenarios de los que—a través de diferentes ramas de pensamiento esotérico—la psique de la poeta participa.[6] "El poeta," afirma Orozco, "con toda la carga de lo conocido y lo desconocido, se siente de pronto convocado hacia un afuera cuyas puertas se abren hacia adentro" (469). El siguiente poema, "El resto era silencio," inaugura el poemario *En el revés del cielo*, que Orozco escribe a los 67 años. Reproduzco aquí solo algunos versos, pero considero que recogen buena parte de las preocupaciones y la simbología de la autora:

> Yo esperaba el dictado del silencio;
> acechaba en las sombras el vuelo sorprendente del azar, una chispa del
> sol,
> así como quien consulta las arenas en el desierto blanco.
> Él no me respondía, tercamente abismado en su opaca distancia,
> su desmesurada helada.
> Calculaba tal vez si hacer hablar al polvo que fue columna y fue fulgor
> dorado
> no era erigir dos veces el poder de la muerte,
> o si nombrar enigmas al acecho y visiones que llevan a otros cielos
> no era fundar dos veces lo improbable, como en la vida misma.
> Quizás siguiera el juego de unos dados que no terminan nunca de caer,
> que giran como mundos extraviados en el vacío inmenso.
> Yo aventuraba voces de llama.
>
> 335

El silencio, las sombras, el vuelo, la chispa, la opaca distancia, los restos de lo que fue, el acecho, las visiones que llevan a otros cielos ... Sea con un trasfondo neoplatónico (Orozco) o panteísta (Di Giorgio), la trascendencia hacia lo divino es la gran búsqueda y razón de ser de ambas poéticas. Para Orozco, la poesía es el camino mediante el cual se accede a ese conocimiento, en el espíritu del gnosticismo. Ese momento que supone la creación poética o artística nos acerca al absoluto perdido de la visión romántica; de ahí que Olga Orozco se refiera al acto poético como "un relámpago en lo absoluto, un parpadeo, una imagen insuficiente y precaria," es decir, una fuerte descarga de energía que dura apenas unos instantes, al mismo tiempo que es consciente de que "la

---

6 Es interesante esta imagen de Lergo Martín, según la cual "para Olga Orozco magia y poesía son similares, pero hay una diferencia fundamental; la magia convoca a las fuerzas hacia abajo, mientras que la poesía lo hace hacia arriba" (Lergo Martín 2010, 51).

DI GIORGIO, OROZCO Y DICKINSON: ANÁLISIS COMPARATIVO

poesía es siempre eso y algo más, mucho más" (466). En el caso de Di Giorgio, el viaje comienza en ese mismo no-lugar y no-tiempo en el que se produce la unidad.

La de Orozco es una concepción religiosa del hecho poético, de la búsqueda de la verdad y de la desconfianza en la realidad que perciben los sentidos. Con la poesía, tal vez, se pueda atacar esa subjetividad dividida del ser humano y "llegar a ese verbo sagrado, a esa palabra primordial. Y entonces sí, después de esa palabra primordial está el gran silencio, que es Dios mismo" (en Lergo Martín 2010, 85). Así pues, la poética orozquiana es absolutamente metafísica y religiosa, como ella misma le explica a Antonio Requeni:

> Yo soy absolutamente religiosa. Tengo tal vez un exceso de fe y creo más en lo que no veo que en lo que veo. [...] [T]engo mucha más fe en realidades no visibles que en las inmediatas. La poesía, como la plegaria y la magia, tiende a mostrar lo que es invisible, a no confiar en las leyes reglamentarias [...]. La poesía—al igual que la plegaria—tiende hacia lo alto, se maneja a través de un accesis, va un poco más allá. Mira siempre lo que está detrás de las cosas y no lo que las cosas presentan como primera imagen.
>
> REQUENI 1997, 120–121

"Creo más en lo que no veo" es una afirmación que la separa de Di Giorgio, puesto que Orozco intuye, escucha en susurros una realidad que le resulta intangible, y es por ese continuo resbalar por lo que se produce el sufrimiento. Por el contrario, como hemos visto, Di Giorgio es una poeta visionaria. Ella sí ve, convive con esa realidad fantasmática, y, como en la mejor literatura fantástica, esta no genera extrañamiento. Simplemente, lo sobrenatural es natural; está.

Es este "exceso de fe" de Orozco lo que permite a la poeta aceptar una y otra vez el fracaso que supone no poder acceder a lo absoluto, a esa realidad invisible más real que la que nos devuelven los sentidos. La poesía, esa poesía que "tiende hacia lo alto" (vertical en el sentido de Juarroz), es la planta de habichuelas que Orozco trepa en la esperanza de llegar a tocar la divinidad y combatir así las limitaciones a las que el ser humano está ligado: la temporalidad, la individualidad y la espacialidad (Lergo Martín 2010, 25).

La religiosidad de Orozco bebe del cristianismo, pero no se agota en él, sino que se adentra en dos corrientes fundamentales de pensamiento religioso o pararreligioso: el gnosticismo y—especialmente en *Los juegos peligrosos*—el ocultismo. De hecho, su religiosidad evoluciona desde una visión panteísta, pasando por la gnosis y el ocultismo, para quedarse por fin en una visión más cercana a un cristianismo impregnado de gnosticismo en el que la poesía cumple la función de plegaria con la que acercarse al Absoluto (Piña 2010, 152). Como afirma Lergo Martín, su fe religiosa en lo invisible hace que "violent[e] la realidad de todas las formas posibles: la magia, lo oculto, el Tarot, los sueños, sus juegos 'peligrosos'" (Lergo Martín 2010, 28), pero después del punto álgido del ocultismo en *Los juegos peligrosos*, queda en su poética "un gnosticismo más general donde la palabra poética se va convirtiendo en la vía principal de acceso al verdadero conocimiento" (2010, 30). Ese conocimiento, sin embargo, queda vedado a la percepción sensorial, y solo los iniciados pueden acceder a él. De ahí el peligro de la iniciación y la continua oscilación entre lo sagrado y lo sacrílego:

> Si por una parte se trata de un quehacer sagrado en tanto remite al absoluto, por otra, a causa de su mismo afán por descorrer el último arcano de la existencia e indagar en el misterio puro, se manifiesta como sacrilegio, pues invade el campo vedado de la mística y se erige a sí mismo en vía de conocimiento total.
>
> PIÑA 1984, 23

En cuanto al gnosticismo, la palabra *gnosis* significa "conocimiento," y el gnosticismo es una corriente soteriológica según la cual la salvación se alcanza a través del conocimiento de Dios. Como desarrolla Nicholson,[7] en el gnosticismo, el mito de los orígenes está presidido por una visión dualista: Dios está alejado del cosmos creado, del mundo material, puesto que en este reinan el mal y el error, de manera que no puede haber sido creado por el Dios absoluto. La realidad es un mundo de sombras y oscuridad que se ilumina en algunos instantes. Y en ellos se puede apreciar un Dios enajenado, caracterizado por la soledad, una soledad que al mismo tiempo se aloja en la psique humana. Y es que el ser humano está formado por un cuerpo—lo material—, un alma y un espíritu. Aunque el alma pertenece al cosmos, contiene una partícula de divinidad, que es el *pneuma* (o aliento). La simbología gnóstica recurrirá por ello al campo semántico de las luces y las sombras: el relámpago, la chispa, lo luminoso. Y Orozco se sirve de dicha imaginería en su obra poética, como en "Repetición del sueño," de su poemario *Los juegos peligrosos*:

> Como una criatura alucinada
> a quien ya sólo guiara la incesante rotación de la luna entre los médanos,

---

7 Para un resumen del gnosticismo y las ciencias ocultas en Orozco, véase Nicholson 2010.

o como un haz de mariposas amarillas sumergidas por el farol de las
tormentas
en el vértigo del miedo y de la oscuridad,
o quizás más aún como la ahogada que desciende hasta el fondo del
estanque
girando con un lento remolino del adiós,
así voy convocada, sin remedio,
hasta alcanzar mi sombra de extranjera en la niebla,
hasta pasar los muros que llevan paso a paso a la condena,
hasta entrar en la noche en que el malhechor asume las apariencias del
sueño
para mejor herir sin ningún desafío.
Ese es mi más allá tras la única puerta que se abre cada día hacia la misma
jaula
en donde la costumbre grazna sobre sus alimentos de naufragio.

> OROZCO 2012, 118

Continúa Nicholson afirmando que el "dualismo radical característico del
pensamiento gnóstico impregna también el sistema simbólico de Orozco: de
hecho, es el concepto tras el término *revés*, uno de los *leitmotivs* de su obra" y
"a lo largo de sus nueve poemarios, la poeta reitera la dicotomía este lado vs. el
otro lado." (Nicholson 2010, 194). Así, en palabras de Orozco, el ser humano está

[s]eparado de la divinidad, aislado en una fracción limitada de la unidad
primera o desgarrado en su propio encierro, el individuo siente perma-
nentemente la dolorosa contradicción de su parte de absoluto, que lo
arrebata, y de sus múltiples, efervescentes particularidades, que le permiten vivir. Quiere ser otro y todos sin dejar de ser él, no invadiendo sino
compartiendo. Ese sentimiento de separación y ese anhelo de unidad
sólo culminan y se convierten en fusión total, simultánea y corpórea, en
la experiencia religiosa, en el acto de amor y en la creación poética. El
"yo" del poeta es un sujeto plural en el momento de la creación, es un "yo"
metafísico.

> OROZCO 2012, 468

Hay que tener en cuenta que Marosa di Giorgio también participa del pensamiento ocultista. En concreto, en ella son fundamentales la alquimia y
las ideas de Hermes Trismegisto. No en vano titula uno de sus poemas *Mesa
de Esmeralda*, con el que rinde homenaje explícitamente a este autor, que
ya estaba sin embargo presente, de manera más velada o innombrada, en

obras anteriores. El principio "como arriba es abajo" queda palpable, como afirma Garet (2006, 253), en versos como los siguientes del poemario *Mesa de esmeralda*:

> Quedé embelesada, aterrada. Era mi retrato, remoto, el más antiguo de la Creación y el principio del mundo.
> Yo estaba allí.
>
> 343

En otro plano, como vimos al principio, también Orozco comparte la cosmovisión surrealista y aprovecha "todos los aportes del Surrealismo relativos a la libertad imaginaria, la valoración de lo onírico y la división subjetiva a partir del inconsciente" (Piña 2010, 152). En su búsqueda del conocimiento se sirve de los mecanismos que ya utilizaran los surrealistas: el sueño, la imaginación, el inconsciente, la magia. Todo ello la hace partícipe de la ética de este movimiento:

> vivir sin concesiones a la sanción social, ni siquiera a la fácil y engañosa felicidad, sino sometidos a una ley ardiente y exasperada que se cumple en la búsqueda—búsqueda trascendente, búsqueda con el alma—, no en el hallazgo.
>
> USANDIZAGA 2010, 165

El surrealismo conecta, pues, no solo con el Romanticismo, sino también con el platonismo[8] a través de la búsqueda sin hallazgo, la insatisfacción y la rebeldía, aunque en ella no se den la irracionalidad, la escritura automática ni el libre fluir del inconsciente (166).

> [T]al vez su buceo en el ser, en el interior del yo, la lleva a veces a imágenes asimilables al surrealismo. Pero los poderes sugerentes de esta poesía se acercan más a lo que precede al surrealismo, el romanticismo y el simbolismo, movimientos de fuerte componente simbólico y de fuerte apelación a la armonía oculta o sólo visible al descifrar el código del mundo o al intuir su secreto.
>
> 165

---

8 De hecho, imágenes de la noche, los espejos, la sombra, el reflejo, el fragmento, etc. son manifestaciones de esta actitud platónica "que trata de leer en el reflejo el modelo original, oculto y deseado." Pero no se llega al conocimiento a través de la disciplina y la filosofía, sino a través de la intuición poética (Usandizaga 2010: 169).

DI GIORGIO, OROZCO Y DICKINSON: ANÁLISIS COMPARATIVO

Ni Orozco ni Di Giorgio son poetas surrealistas. Sin embargo, si consideramos el surrealismo como una forma de concebir lo poético, y no como un simple método, debemos recordar que este acoge elementos ocultistas, precisamente por apuntar "a aquellos planos desplazados, ocultos a la percepción sensorial y a la lógica racional" (Luzzani 1982, VIII). Así pues, encontramos un hilo que pasa por el surrealismo (que intenta ampliar el ser consciente con la indagación del subconsciente, en una suerte de "metafísica hacia dentro"), el psicoanálisis (con el establecimiento de diferentes capas del yo), el Romanticismo (fragmento vs. todo, humano vs. divino), el neoplatonismo (mundo material vs. mundo de las ideas) y, por último, y fundamental en el caso de Orozco, el gnosticismo (con la concepción dual de la existencia). Orozco bebe de todas estas corrientes en su persecución de la totalidad, y su obra poética puede verse como "el intento de remontar la dinámica descendente de la caída para reintegrarse en el absoluto originario" (Piña en Cárcano 2016, 49).

4 El jardín habitado: Marosa di Giorgio y Emily Dickinson

Más de 5.000 kilómetros separan *the Homestead*, en Amherst, de *la chacra*, en Salto, células de sendos universos que contienen en su cadena helicoidal información suficiente para comenzar a observar el tejido común a Marosa di Giorgio y Emily Dickinson. Como ya apunté, la primera consideraba a la segunda su "alma gemela," y es imposible reconocer esa gemelidad sin adentrarse en aquellos edificios y sus terrenos, ubicados ambos en una misma latitud poética.

En una carta de 1855 a J.G. Holland, en la que Emily Dickinson describe el regreso a la casa que había construido su abuelo y de la que se habían mudado en 1840, escribe la poeta: "They say that 'home is where the heart is'. I think it is where the *house* is, and the adjacent buildings" (2011, 45). La casa y sus *adjacent buildings* constituyen sendos universos de las poéticas de Marosa di Giorgio y Emily Dickinson. Ambas casas fueron construidas por los abuelos: En 1659, una comuna de colonos entre los que se encontraban Nathaniel Dickinson y su familia fundaron una plantación en Hadley, Massachusetts, y el abuelo Samuel Fowler Dickinson fue quien construyó en 1813 en Amherst—entonces un pequeño pueblo dedicado a la agricultura—esa casa que sería fundamental para la poeta: *The Mansion* o *The Homestead*, como se la conocía (y que fue, al parecer, la primera casa de ladrillo edificada en el pueblo). Allí nacerían Emily Dickinson y todos sus hermanos, y allí viviría la poeta prácticamente la totalidad de su vida. Sería "el microcosmos por excelencia, el mundo en el que todo cabía" y "el escenario de la vida al tiempo que el topos imaginario en el

90   CONEJO

que transcurría la acción poemática" (Ardanaz 2010, 25–27). De hecho, para
Adrienne Rich no ha existido probablemente ningún poeta, hombre o mujer,
que haya vivido con tanta intensidad y deliberación en una casa, en un cuarto
incluso (Rich 1976).

Para Marosa di Giorgio resulta crucial la plantación fundada por su abuelo
Eugenio de Medici, un hombre de negocios florentino que emigró al Uruguay.
Tanto él como el padre de la poeta se dedicaban a administrar dos fincas familiares dedicadas a la plantación de árboles frutales. En ese entorno, "una zona
agraria, oscura, oclusa y a la vez libérrima e irisada" (Olivera-Williams 2005,
214) pasó Di Giorgio los primeros trece años de su vida, durante los cuales se
convirtió en una gran observadora, y mirar la naturaleza se convirtió en su ocupación favorita, como ella misma explica en alguna ocasión.

> [A] esta casa de los abuelos que ayuda a encontrar la propia identidad,
> que marca la identidad, que está fija en la memoria y no se puede salir
> de su órbita, es que llega la encrucijada de todos los caminos. Ella es la
> protección última, la que está a la vera del bosque de donde salen los
> animales, los bandidos y las apariciones. Una casa de campesinos que es
> el centro de gravitación de personajes y de familias semánticas.
>
> GARET 2006, 254

Por eso estas fincas refulgen una y otra vez en *Los papeles salvajes*, y nutren los
recuerdos de la poeta como una base de engrudo sobre el lienzo de su escritura. Así lo cuenta ella:

> Aunque nací en la ciudad, a los pocos días me llevaron al lugar donde
> vivían mis padres y mis abuelos, que era una granja en las proximida-
> des de la ciudad de Salto. Soy descendiente de italianos, hija y nieta de
> italianos. En realidad, lo agreste comenzó en las montañas abruzas, en
> Toscana. Cuando abrí los ojos vi una arboleda. Y crecí. Hasta los trece
> años viví ahí, ese era mi mundo. Además era un lugar muy solitario, muy
> escondido, muy sombrío, muy colmado de pájaros, de frutas, de gla-
> diolos y de jazmines. Al ir a la escuela eso me seguía. Las otras chacras
> eran más claras, esta era muy apartada. Ese era mi ambiente. Visto con
> naturalidad. Mi mundo era ese y, entonces, no me asombraba. Pero el
> asombro vino después en mi adolescencia, cuando empecé a escribir.
> Recuperé todo eso, pero como abrillantado y sombrío, también. Era eri-
> zante. Recuperé sombras, fantasmas, amenazas, miedos, que yo había
> pasado, pero que volvían de otro modo [...]. Lo que tuve de niña fue lo

DI GIORGIO, OROZCO Y DICKINSON: ANÁLISIS COMPARATIVO

más importante porque lo demás no me traspasó de ese modo ni me dio las cosas infinitas que me sigue dando aquello.

DI GIORGIO 2010, 39

Este radical sentimiento de pertenencia actúa en ambos casos como detonador de una extraordinaria libertad creadora. Una libertad a la que rodea un halo de excentricidad. "Matty, here's freedom," le diría Emily Dickinson a su sobrina tras invitarla a su habitación y cerrar la puerta con una llave imaginaria (Rich 1976). Y es que la libertad de Dickinson se colará por las fisuras de la estricta moral puritana que la habita como una planta enredadera, una especie invasora que hace nido en las grietas. La casa es el edificio y su entorno, y es la fronda y su poder simbólico lo que canaliza la escritura. Es altar para la oración (*pleading*), ágora para el pensamiento (*pondering*) y asamblea constituyente de las multitudes del yo, en la que se proclaman las nuevas leyes de una vida por refundar cada día. Una vida casi secreta. Y absolutamente sagrada y consagrada al acontecer poético.

En el caso de Marosa di Giorgio, lo humano y lo animal, lo domado y lo salvaje están injertados lo uno en lo otro. La naturaleza es un hábitat tan mítico como la figura de un centauro o un minotauro: mitad humano, mitad fiera. Este retozar animal es germen de una concepción de vida en clave panteísta y de su relación con lo intangible. En la fronda de Di Giorgio los seres vivos se vinculan entre sí sin jerarquías: las plantas y sus frutos, los animales, los seres humanos. Como en la cultura clásica grecolatina, lo divino puebla y convive con lo humano; de ahí que se haya comparado la poesía de Di Giorgio con las *Metamorfosis* de Ovidio (Echavarren 2013).[9] Es interesante que Leonardo Garet la compare asimismo con Dante: "En la dimensión marosiana se ubican juntos, en el mismo paisaje que es jardín-paraíso-chacra-quinta los seres de la teología, la leyenda, los objetos funcionales, los animales y los seres humanos. Es el recurso de Dante. Y resulta inevitable continuar la comparación concluyendo que tampoco esta dimensión es un tranquilo Limbo ni Purgatorio, sino que entrecruzan sus reflejos seres del Paraíso y el Infierno" (Garet 2006, 313). Recordemos que los románticos veían en Dante a un precursor por la construcción de un edificio literario en el que confluyen poesía y religión.

---

9 "Las composiciones de Di Giorgio trazan así un vasto matraz de alternativas, equiparable, aunque con otros recursos narrativos y en otro tono, a las *Metamorfosis* de Ovidio. Di Giorgio no depende de la tradición mitológica grecorromana, sino de una experiencia campesina en un terreno de interminables transfiguraciones, al margen casi siempre de un entorno urbano o suburbano" (Echavarren 2013).

Lo de Dickinson no es una mitología ni un edificio, sino un estado propio sobre el que funda una ciudadanía; no de lo sublime americano, sino de su revés: una tierra hospitalaria para la fisura, para el intersticio. Tierra. Verde. Grieta y vuelo de la inteligencia: "Dickinson toma algo de la nación y lo incrusta en la tierra: la ciudadanía" (Staley s/f). Ciudadanos de esta tierra son todos los que acompañan a la poeta y entretejen su afinidad: los bosques de eclosión intermitente y tupida oscuridad, la seducción y lo efímero de lo floral, la sabiduría humilde de lo arbusto, la luz diáfana de los llanos, la aspereza callada de los valles nevados, lo alado minúsculo, lo alado imponente, la presencia opaca de lo animal, la compañía y la amenaza de lo humano. Dickinson, al contrario que Di Giorgio, no es una visionaria ni una mística; pero sí, como ella, una gran observadora que pregunta a esos habitantes de su "república del deleite," donde elegir la flor correcta es más significativo que elegir un presidente, porque "la Belleza no necesita de magistrados y el Éxtasis es su única multitud—una multitud silenciosa" (Staley s/f). En esta república, Dickinson "siente patriotismo por cada tonalidad de color, elige flores en lugar de seres humanos para su reconocimiento, e invita a otros a hacer lo mismo" (s/f).

El jardín es habitáculo ontológico de ambas poetas. *The Homestead* y la chacra de Salto son dos caras de una moneda: la primera es una poda audaz que fermenta en una contestación íntima al Puritanismo; la segunda, un jardín alucinado y excesivo que se regodea en una tradición católica carnavalizada.

Esa tonalidad verde compartida, esa suerte de filiación cromática, se da incluso en el sobrenombre de cada una: María Rosa di Giorgio afirma que su nombre, Marosa, es el de una flor, la de una planta italiana, una planta fantástica, que "cada tanto da una flor sumamente abrillantada. Parece ser que esta flor fue traída de las Galias, o no, pero formó parte de los rituales druídicos. Así decían siempre en mi casa. A lo mejor lo inventaron todo. Inventaron el nombre Marosa" (en Garet 2006, 24). "Por donde había errado libre, durante siglos, desde siempre, entre las plantas, alhelíes, aralias, pusieron otra planta y la llamaban marosa" (Di Giorgio 2013, 250).

Emily Dickinson, por su parte, adoptó el nombre de otra flor, *Daisy*, para referirse a sí misma en numerosas ocasiones. Afirma Habegger que lo hizo como reconocimiento con lo común y lo bajo, aunque también se sabía volcán (Habegger 2002), como también se refirió a ella Adrienne Rich (Rich 1976). Así en esta segunda *Master letter*: "One drop more from the gash that stains your Daisy's bossom-them would you believe?" (Dickinson 2008).

Las flores son una presencia constante en ambas, a menudo personaje más que escenario, interlocutoras o disfraces del yo lírico o altavoces de la voz poética, y en Di Giorgio, a menudo compañía de rumor inquietante. En *Los papeles salvajes* aparecen las bromelias, las magnolias, las violetas, los claveles, los

DI GIORGIO, OROZCO Y DICKINSON: ANÁLISIS COMPARATIVO

alhelíes, las azucenas, los nomeolvides, etc. En Dickinson, *arbutus* (madroño), *adder's tongue* (lengua de víbora), *yellow violets* (violeta amarilla), *liver-leaf* (hepática), *bloodroot* (sanguinaria), *crocuses* (crocus), *fuchsia* (fucsia), *primroses* (onagra), *heliotrope* (heliotropo), *jasmine* (jazmín), *carnation* (clavel, clavelina), etc. En una carta a Samuel Bowles escribe Dickinson: *"Since I have no sweet flower to send you, I enclose my heart [...] Your flowers come from heaven, to which, if I should ever go, I will pluck you palms."* (Dickinson 2011, 229). Y en otra, dirigida a Louise y Frances Norcross, escribe *"The career of flowers differs from ours only in inaudibleness. I feel more reverence as I grow for these mute creatures whose suspense or transport may surpass my own ..."* (*ibidem*, 232). Las flores son transporte y suspense, vehículo de lo sobrenatural, la soledad, la memoria, el regocijo o lo incognoscible, como en esta carta:

> Dear Friend,
>   That without suspecting it you should send me the preferred flower of life, seems almost supernatural, and the sweet glee that I felt at meeting it I could confide to none. I still cherish the clutch with which I bore it from the ground when a wondering child, an unearthly booty, and maturity only enhances mystery, never decreases it.
>
>   232

Lo vegetal alberga un misterio que toca contemplar y desentrañar: *"Is not an absent friend as mysterious as a bulb in the ground?"* (232), pero es al mismo tiempo ciudadano igualitario en esa república del terruño. En otra carta a Joseph Sweester, Dickinson expresa su deseo de conocer "personalmente" a unos lirios: *"Your account of the lilies was so fresh I could almost pick them, and the hope to meet them in person, in autumn, through your loving hand, is a fragrant future"* (234).

Si bien hay una sobriedad y una contención que sitúan las miniaturas de Dickinson en las antípodas del abigarrado neobarroco de Di Giorgio, esta reverencia por lo vegetal humanizado y su misterio es común a ambas. Escribe Di Giorgio: "Yendo, de noche, me encontré algo ardiendo, una amapola; pero, el pequeño ángel saltaba entre el pasto, como si estuviera atado, o desatado. Le veía los ojos negros y brillantes, u oblicuos y azules [...]. Entretanto, había crecido más que yo, movía los brazos, largos y esqueléticos, bailaba y brillaba" (2013, 251). Lo vegetal es presencia ineludible en el devenir del discurso poético y canal de transmisión de la voz poética.

En este paisaje vital hay una nueva afinidad, en este caso referida a la ruptura de las reglas ortográficas. Dickinson tiene el guion; Di Giorgio, la coma. El guion, ya se ha dicho, puede verse como una nueva herramienta en la rebelión, en este caso contra otra autoridad arbitraria, la de la ortografía. Permite la interrupción en el interior del poema e invita al silencio, a la duda, al instante necesario para que poeta y poema cojan aire y respiren; es un campo de trabajo para la revolución y la reevaluación donde las palabras están en peligro y se disuelven, y donde solo lo mutable es verdadero (Howe 1985, 23). En cuanto a Di Giorgio, pareciera que recurre a la coma como a un hilo de metal del que tirar para tensar el ritmo de la prosa y amplificar el volumen de su música de artificio. La coma parece, como tantos elementos de su poética, animada por la escritura a cobrar vida propia y provocar su trote, o a introducir encabalgamientos en prosa, paradas allí donde la poeta desea que el lector se detenga, asombrado, a contemplar su bosque furioso.

> En la azotea,—y no sé cómo se ven—hay una paloma, que, a la vez, es inmóvil
> y crece, dos o tres huevos, ya, para siempre, juntos y justos. Y una taza.
> Quiero despedirme, irme; una vez hasta llegué al camino real, subí a un carruaje; pero, bajé, enseguida.
> Y volví desesperadamente, casi volando, me entré en las hierbas, y, ya, invisible, seguí mirando la casa.
>
> DI GIORGIO 2013, 251

No deseo detenerme en exceso en otras coincidencias biográficas, explotadas hasta el folletín y la caricatura, y alrededor de las cuales se han forjado sendas leyendas que no siempre son necesarias para adentrarse en el jardín. Me refiero al mito creado alrededor de ellas; es imposible no encontrar continuas referencias al célebre vestido blanco de Dickinson y al llamativo aspecto de Di Giorgio: solitaria excéntrica que vestía falda ajustada, tacones altos y adornos con forma animal: collares, broches, mantones o antifaces con forma de murciélago, mariposa o alas. Pero sí sabemos que la excentricidad, si bien dolorosa y generadora de soledad, es o puede ser utilizada como vía emancipadora, y ambas poetas sabían escoger la compañía y la Soledad (en mayúscula para Dickinson). "Su capacidad natural para la asimilación se vio fertilizada por la soledad," afirma Howe sobre la última. "La recolectora omnívora era asimismo capaz de rechazar. Encontrar la propia afirmación en la renuncia a ser (ella misma) sin. Fuera de la autoridad, excéntrica y única" (Howe 1985, 28). Cualquiera que mira oblicuo la inercia de las camaraderías sabe que esta capacidad para escoger y rechazar, esta afirmación en la renuncia, es una ínfima compensación en comparación con la herida que produce la rebelión íntima, siempre y por fuerza solitaria, sea esta revuelta de tipo filosófico, estético o religioso.

DI GIORGIO, OROZCO Y DICKINSON: ANÁLISIS COMPARATIVO

Volviendo a la obra de ambas, el mundo natural y el código verbal son, como se ve, vehículos de un apetito metafísico multiforme, y es en este apetito donde Di Giorgio explicita su filiación con Dickinson y otras poetas[10] que son "absolutamente femeninas, pero su acento, su 'reflexión' y su ensueño, son de orden universal, de medida universal, como si estuvieran más allá de su propio sexo, en una zona ya inclasificable. La zona de lo santo, lo divino." (Di Giorgio 2010, 55). Este calambre de medida universal atraviesa esos más de 5000 kilómetros, hasta esa habitación con vistas a la eternidad de Dickinson.[11] El careo con lo sagrado desviste y desacraliza a este, mediante la conciencia afilada de Dickinson y la imaginería orgiástica de Di Giorgio.

> Exultation is the going
> Of an inland soul to sea,
> Past the housed—past the headlands—
> Into deep Eternity—(Dickinson 2010, 76)

> La Madre de la Oveja murió.
> —¿Cuándo?, dijo saliendo de entre los profundos alhelíes.
> —Anoche. Terminó su eternidad. (Di Giorgio 2013, 231).

> Yo estuve en el alba de los dioses
> Cuando ellos inventaron los tomates. (242)

Ser hija del Puritanismo en la segunda mitad del siglo XIX, en Massachusetts, significaba heredar una religión maniquea, estricta y autoritaria. Una teología que exigía una moral firme y tirante a sus feligreses a cambio de la posibilidad de salvación personal, un constructo ideológico en el que primaban la rectitud sobre el amor y la contención sobre la libertad. El poder absoluto de Dios se concebía en términos de autoridad legal y a Dios había que obedecerlo. La obediencia a un propósito superior atizó la soledad física y metafísica de estos territorios al borde de un continente aún por cartografiar (Howe 1985, 38). Dickinson heredó este constante choque de opuestos. Su acto de desobediencia interior se plasmó en sus miles de poemas, en los que se leen no solo la duda y la desesperación, sino también esa confianza en un saber no racional que permeaba a través de la herencia romántica: "Doble sabiduría, racional y supernatural, incesante avance mítico de la composición poética" (61).

---

10   Edna Saint Vincent Millay y Sylvia Plath.

11   Esta imagen la emplea Claire Malroux, una de las traductoras de Dickinson al francés, en un título sobre la poeta para la editorial Gallimard: *Chambre avec vue sur l'éternité: Emily Dickinson* (2005).

Así pues, Dickinson participa del trascendentalismo emersoniano en su concepción del hecho natural, pero se aleja de él en su rebelión interior,[12] lo que la hace "emersoniana y contraemersoniana," según Bloom, quien afirma que la seguridad con la que la poeta se rebela es un acto de negación tan profundo como los de Nietzsche o Freud (Bloom 2002, 316).[13] Es heredera, asimismo, de los poetas metafísicos y del Romanticismo inglés (308). Naturaleza, metafísica y arte conforman la trinidad romántica por excelencia, y la encontramos en las poéticas de Dickinson y Di Giorgio: en miniaturas de verso tenso y ácrata en la primera y en el fango luminoso y abigarrado de la imagen neobarroca de la segunda.

La poesía antes de Freud canaliza o posibilita la sublimación, permeabilidad o porosidad de lo desconocido interior, algo que Howe ha denominado "la violencia de lo oculto en el pensamiento puritano" (Howe 1985, 61), y para Dickinson, el acontecer poético toma posesión de la mente por sorpresa (23). Di Giorgio cuenta con las herramientas de análisis psicológico del siglo xx y escribe en plena consciencia de las teorías psicoanalíticas y del sustrato del surrealismo, pero se refiere igualmente al acontecer poético como una zona de apariciones y visiones, como vimos anteriormente, como una habitación a la que tiene acceso; otra habitación, pues, cuya puerta se cierra con una llave imaginaria: "Matty, here is freedom."

En cuanto al trascendentalismo, es evidente que Di Giorgio es una poeta trascendental, no trascendentalista. No obstante, si leer las *Iluminaciones* de Rimbaud en paralelo con *Los papeles salvajes* hace ver unas y otros en relación de afinidad estética y espiritual,[14] leer *Nature, Walden* o a Dickinson en paralelo con la obra de Di Giorgio arroja luz sobre un magma en el que nadan inquietudes compartidas. "La Naturaleza me pasó, me traspasó a fondo, a fuego. Llegar a más es imposible," afirma Di Giorgio (2010, 61). Y Thoreau, por su parte, encuentra en la naturaleza salvaje un equilibrio para su jungla interior; un nivelador entre el tumulto de fuera y el de dentro:

> Los lugares más salvajes me resultaban inexplicablemente familiares. Encontraba en mí mismo, y aún encuentro, un instinto dirigido hacia una vida superior o, como se suele decir, espiritual, común a la mayoría de los

---

12 Lo que, para Harold Bloom, la acerca a John Milton (Bloom 2002: 316).

13 En este punto coinciden Bloom y Howe, quien apunta con sorna que Emily Brontë y Emily Dickinson, dos de las "mujercitas emancipadas" que Nietzsche menospreciaba, anteceden al filósofo alemán en su escritura (Howe 1985: 62).

14 Como el azul de Giotto y de Klein, o el rojo de Norwich y Kandinsky.

DI GIORGIO, OROZCO Y DICKINSON: ANÁLISIS COMPARATIVO

hombres, y otro hacia un estado primitivo y salvaje, y siento el mismo respeto por ambos. Amo lo salvaje tanto como el bien.

THOREAU 2017, 243

En cuanto a Emerson, sabemos que Emily Dickinson renunció a verlo cuando este visitó a Austin Dickinson en la casa contigua. Tal vez no le hiciera falta, pues ya lo visitaba en su poesía cada noche y escribía, como él, sobre la intuición de una relación oculta entre lo humano y lo vegetal.

A sepal, petal, and a thorn
Upon a common summer's morn—
A flask of Dew—A Bee or two—
A Breeze—a caper in the trees—
And I'm a Rose!

DICKINSON 2011, 62

Ambas poetas erigen, pues—como Thoreau—, sus templos al aire libre, lejos de los recintos oficiales de la comunidad religiosa a la que cada una pertenecía. Di Giorgio no siente la necesidad de cuestionar su tradición, pero en su carnavalización la enriquece y abulta: "El panteísmo de mi escritura y de mi ser se concilian perfectamente con el monoteísmo católico" (Bravo 2002, 52–53). Dickinson, sin embargo, troca la soberanía divina por la de los bosques y renuncia a asistir al servicio religioso. "I hope you love birds, too. It is economical. It saves going to Heaven," le escribe a Eugenia Hall (Dickinson 2010, 236); "expulsion from Eden grows indistinct in the presence of flowers so blissful, and with no disrespect to Genesis, Paradise remains," al matrimonio Field (235). Sus poemas podrían leerse como artículos de la Constitución de esa nueva república de la tierra en la que la fe se libera del nudo calvinista.

Some keep the Sabbath going to Church-
I keep it, staying at Home-
With a Bobolink for a Chorister-
And an Orchard, for a Dome-

Sea en forma de determinación íntima en las miniaturas, o como la deriva selvática de los poemas en prosa, lo salvaje habita en ambas. "Quiroga fue a la selva. Yo encontré todo en un jardín," afirmaba Di Giorgio (2010, 137). Y, si antes decía que Harold Bloom y Susan Howe ligaban la negación de Dickinson con la de Nietzsche, en Di Giorgio, la filiación con el filósofo alemán viene del hechizo que este describe en *El origen de la tragedia*. El jardín de Di Giorgio comulga con lo salvaje desde su aspecto dionisíaco:

> Me hechizaron las cosas que salen de la tierra, ¿cómo salen? Las brome-lias que parecían de viva porcelana rosada, que parecían la aurora, que se parecían a nada. Con un fino ramo de hilos verdes. Surgieron altares hechos sólo, de bromelias, de cocinas, camas; las novias silvestres las lle-varon en canastas. Y los caracoles tiesos como piedras, como huevos, la caparazón blanca, los ojos rosados.
>
> Y los dulces monstruos, que no tenían tino; y les ataban y mataban, les abrían el vientre, ahíto de huevos y pequeños pájaros, ¡que volvían a volar! La tremenda luna de los bosques.
>
> El diablo paseaba vestido de negro, agarraba una lechuza desde el aire, reía, descaradamente, fumaba "Gitanes."
>
> DI GIORGIO 2013, 248–249

Dickinson, por su parte, le escribe a Higginson a la muerte de la primera esposa de este: "The Wilderness is new—to you. Master, let me lead you" (Howe 1985, 132). Ser cicerone de lo salvaje es lo que ofrece Dickinson, que conocía la espe-sura de la psique. También debía de permear en ella el discurso puritano acerca de lo salvaje, que se materializaba en el miedo al contacto estrecho con los pueblos amerindios si no era este en términos de dominación. Lo salvaje, en el mito subliminal y oficial del Puritanismo, representaba un microcosmos de la caída de la humanidad (Howe 1985, 40), y la naturaleza del sublime americano no era una madre que arrulla a sus bebés, sino una potencial fuerza de des-trucción (Howe 1985, 21). Lo salvaje es amenaza y Vesuvio interior pugnando por entrar en erupción; hay una audaz combinación de lo telúrico y lo racional en la ciudadanía que Dickinson inaugura, sobre la tierra palpitante en la que se descoyunta la lengua. En lo que Bloom llama sus "transportes," instantes de paso del terror al éxtasis y vuelta atrás, o en la decisión entre el ocultamiento y la exposición (Howe 1985, 27) es donde se produce la poesía de Dickinson: en lo inestable.

Lo inestable, el devenir, es marca de agua en Marosa di Giorgio; el continuo fluir de los seres es la constante de ese jardín donde lo oscuro y lo siniestro son una presencia latente o consumada que a menudo queda normalizada en esa peculiar cotidianidad.

> La noche, eso que inexorablemente, acaece. Abre las alas del lagarto, esconde todo adentro del zapallar.

Nos sigue a la cocina, nos da vuelta el alma que ve las tazas olvidadas, divisa números que en la luz no se pueden vislumbrar. Me siento en el borde del lecho, sin atreverme al reposo. La sábana centellea. Llena de estrellas desparramadas y apiñadas. Como guijarros blancos y sedosos del fondo del cielo y del mar. Afuera están la canasta de Ilse, de Iris, de Nidia, la vieja leyenda de Carlos niño.

Mi alma sola—Rosario apenas—sigue las huellas de las fogatas, las arañas, de las muñecas, que—de noche—salen sonriendo del rosal.

DI GIORGIO 2013, 352

La naturaleza aparece apenas tocada por la mano humana, y esta, cuando interviene, es desde su lado más animal e indómito, y queda integrada su violencia, como la de un ser visceral y trágico. Sobre el negro de la noche refulge el fauvismo neobarroco.

5 Conclusiones

No he pretendido en este capítulo dibujar la genealogía de Marosa di Giorgio, sino señalar filiaciones estéticas y hacer audibles pálpitos urgentes comunes a las tres poetas.

La poesía de Di Giorgio es claramente religiosa: lo divino es una presencia más, ora compañía, ora amenaza, ora violencia materializada, palpable, encarnada; pero en Di Giorgio no hay búsqueda, sino (re)encuentro. Su jardín trascendental es la prueba de esa (re)unión conseguida a fuerza de enfrentar la violencia de la búsqueda y la memoria.

En todas ellas hay un careo con lo incognoscible y lo sagrado. Marosa di Giorgio es una continuación exultante del imaginario católico, carnavalizado y tamizado por poéticas oniristas muy cercanas a la indagación libérrima del surrealismo; un juego serio con lo sagrado. La de Dickinson es una íntima rebelión metafísica contra la herencia religiosa y el espíritu del tiempo, movida por un anhelo pertinaz y descoyuntado de emancipación intelectual. Orozco se aferra a una fe que escarba en lo primitivo cristiano, en lo oculto y esotérico, y cava con todas las herramientas que le permiten atisbar destellos de infinito y soportar el peso de lo humano para, como la plomada masónica, pender tensa de las alturas por el peso de lo material.

Di Giorgio es la transubstanciación del cuerpo poético: la palabra hecha carne; Orozco es el atisbo, el relámpago en la tormenta; Dickinson, la ruptura radical y su Soledad, la búsqueda de acomodo en la república del acá. Sus poéticas se diferencian, pues, no solo en los mecanismos de habitar el hecho poético, sino en el punto de partida y el final, y, consecuentemente, en el tono: elegíaco en Orozco, bullicioso y exuberante en Di Giorgio, condensado y tenso en Dickinson. Dickinson cambia a Dios por la poesía; Orozco lo busca a través de ella; Di Giorgio es penetrada por él. En esos movimientos y sacudidas violentas, todas ellas vencen lo efímero y tocan su propio absoluto.

La fronda visionaria de Di Giorgio, el bosque intelectual de Dickinson y la pampa metafísica de Orozco provocan en todas ellas una preocupación por lo salvaje, quizá como resignificación de la audacia que ha llevado a la mujer en la tradición judeocristiana a desobedecer el mandato divino a favor de la curiosidad. Las tres desafían el común castigo de adentrarse en la espesura del bosque. Di Giorgio escribe *Los papeles salvajes*; Orozco, los *Juegos peligrosos*, el *Museo salvaje*; Dickinson se ofrece a ser Virgilio en el camino por lo desconocido. Pero todas se adentran en la poesía como en la aventura del espíritu, con el riguroso albedrío que las une en el *tempo* poético.

Podemos ver estas filiaciones como una suerte de tríptico cuyo centro ocuparía Di Giorgio, flanqueada por Orozco y Dickinson. Si lo imaginamos en clave plástica, en la parte central veremos los paisajes alucinados de Leonora Carrington y el Bosco; en el flanco dickinsoniano, la exactitud sensual de Ernest Haeckel y el esencialismo racional de Piet Mondrian; en el de Orozco, a una extraña figura de Giorgio De Chirico caminando a ciegas en una tormenta de William Turner. Cuando el tríptico se cierra, los flancos se tocan. Y lo hacen en la conciencia de la ruptura, de la grieta, en un apetito nunca resuelto tras el exilio metafísico. En la oscuridad.

Mi intención no es desvelar el misterio que entrelaza a estas tres voces ni estructurar relaciones tipológicas entre ellas, sino rastrear esa intuición, ese estallido retrospectivo que sintió Yves Klein ante los monocromos de Giotto. Con toda la atención puesta en el asombro y en la posibilidad del encuentro genealógico, he seguido el hilo de mi propia intuición poética con la misma curiosidad con la que Di Giorgio camina entre las tomateras palpitantes de su memoria: tanteando las mullidas paredes vegetales en busca de pasadizos que aún piden ser desbrozados.

Obras citadas

Ardanaz, Margarita. 2010. "Introducción." En: *Dickinson, Emily, Poemas*. Madrid: Cátedra.
Béguin, Albert. 1978. *El alma romántica y el sueño*. Madrid: Fondo de cultura económica.

Benítez Pezzolano, Herbert. 2012. *Tensiones y disoluciones en la enunciación de la temporalidad, el orden mítico y el género literario del mundo poético de Marosa di Giorgio (Los papeles salvajes, 1953–2000)*. Valladolid: Universidad de Valladolid.

Benítez Pezzolano, Herbert. 2014. "Marosa di Giorgio ante lo sublime y lo siniestro." *Zama, Instituto de literatura hispanoamericana de la Universidad de Buenos Aires* 6: 6. internet: http://revistascientificas.filo.uba.ar/index.php/zama/article/view/1526/1450 (consultado el 02.2022).

Bloom, Harold. 2002. "Emily Dickinson: espacios en blanco, transportes, lo Oscuro." En: *El canon occidental*. Barcelona: Anagrama: Barcelona. 304–322.

Bravo, Luis. 2002. "Don y ritual." En: *Nómades y prófugos*. Medellín: Fondo Editorial Universidad EAFIT. 51–58.

Breton, André. 2009. *Manifiestos del surrealismo*. Madrid: Visor.

Cárcano, Enzo. 2016. "En busca de la unidad perdida: sobre dos autoficciones poéticas argentinas." *Perífrasis. Revista de Literatura, Teoría y Crítica* 7(13): 40–54. En línea: http://www.cervantesvirtual.com/nd/ark:/59851/bmc0932296 (Consultado el 02.2022).

Cirlot, Victoria. 2019. *Visión en rojo. Abstracción e informalismo en el Libro de las revelaciones de Juliana de Norwich*. Madrid: Siruela.

Conejo, Emilia. 2016. *Buscadores de lo intangible: la poesía como salvación en Marosa di Giorgio. Análisis de La liebre de marzo*. Barcelona: Universidad de Barcelona.

D'Amonville Alegría, Nicole. 2003. "Leí a Emily Dickinson," En: *Emily Dickinson. 71 poemas*. Barcelona: Lumen. 13–20.

D'Angelo, Paolo. 1999. *La estética del romanticismo*. Madrid: Visor.

Desnos, Robert. 1924. *Deuil pour deuil*. Paris: Gallimard.

Dickinson, Emily. 2003. *71 poemas*. Barcelona: Lumen.

Dickinson, Emily. 2008. "Dickinson's Letters to Unknown Recipients" Dickinson Archive. http://archive.emilydickinson.org/correspondence/anon/l233.html (consultado 02.2022).

Dickinson, Emily. 2010. *Poemas*. Madrid: Cátedra.

Dickinson, Emily. 2011. *Letters*. Londres: Everyman's Library.

Echavarren, Roberto. 1992. "Marosa di Giorgio. Última poeta del Uruguay." *Revista iberoamericana* LVIII: 160–161. En línea: http://revista-iberoamericana.pitt.edu/ojs/index.php/Iberoamericana/article/view/5096/5254 (consultado el 02.2022).

Echavarren, Roberto. 2005. "Prólogo" En: *Misales*. Buenos Aires: Cuenco de plata. En línea: http://www.marosadigiorgio.com.uy/index.php?option=com_k2&view=item&id=105:roberto-echavarren&Itemid=60 (consultado el 02.2022).

Echavarren, Roberto. 2014. "Devenir intenso: Marosa di Giorgio." *Agulha Revista de Cultura*. En línea: http://arcagulharevistadecultura.blogspot.com.es/2014/11/devenir-intenso-marosa-di-giorgio.html (consultado el 02.2022).

Emerson, Ralph. Waldo. 1849. "Nature." En: *Nature, Addresses and Lectures*. Boston: James Munroe and Company. 1–74. En línea: https://archive.org/details/naturead dresseso2emergoog/page/n22 (consultado el 02.2022).

Emerson, Ralph. Waldo. (1849). "The Trascendentalist." En: *Nature, Addresses and Lectures*. Boston: James Munroe and Company. 319–348. En línea: https://archive .org/details/natureaddresseso2emergoog/page/n332 (consultado el 02.202).

Garet, Leonardo. 2006. *El milagro incesante. Vida y obra de Marosa di Giorgio*. Montevideo: Ediciones Aldebarán.

Garet, Leonardo. 2007. "Visiones y poemas." *Revista Hermes Criollo*. Montevideo: Ediciones La Gotera. http://www.marosadigiorgio.com.uy/index.php?option=com _k2&view=item&id=107:leonardo-garet&Itemid=60 (consultado el 02.2022).

Giorgio, Marosa di. 2005. *Misales*. Buenos Aires: El cuenco de plata.

Giorgio, Marosa di. 2010. *No develarás el misterio*. Buenos Aires: El cuenco de plata.

Giorgio, Marosa di. 2013. *Los papeles salvajes*. Buenos Aires: Adriana Hidalgo.

Giorgio, Marosa di. 2017. *La flor de lis*. Buenos Aires: El cuenco de plata.

Giorgio, Marosa di. 2018. *Otras vidas*. Buenos Aires: Adriana Hidalgo.

Habegger, Alfred. 2002. *My Wars are Laid Away in Books. The Life of Emily Dickinson*. Nueva York: Random House.

Hart, Ellen Louise y Martha Nell Smith. 1998. "Introduction and publisher's notes." En: *Open me carefully: Emily Dickinson's Intimate Letters to Susan Huntington Dickinson*. Ashfield: Paris Press. En línea: http://archive.emilydickinson.org/classroom/ spring99/edition/hart-smith/h-s-letters.htm (consultado el 02.2022).

Howe, S. 1985. *My Emily Dickinson*. Nueva York: New Direction Publishing Corporation.

Lergo Martín, Inmaculada. (coord.). 2010. *Olga Orozco. Territorios de fuego para una poética*. Sevilla: Universidad de Sevilla.

Lergo Martín, Inmaculada. 2010. "Decir lo indecible. Olga Orozco o la revelación a través de la palabra." En: *Olga Orozco. Territorios de fuego para una poética*. Sevilla: Universidad de Sevilla. 23–108.

Llurba, Ana. 2014. "Acerca de Marosa di Giorgio." *Letras libres*. En línea: http://184 .72.35.63:8080/revista/letrillas/acerca-de-marosa-di-giorgio (consultado 02.2022).

Luzzani Bystrowicz, Telma. 1982. "Prólogo" a *Olga Orozco. Poesía. Antología*. Buenos Aires: Centro Editor de América Latina. I–IX.

Machado, Melisa. 1999. "'A escribir he venido a este mundo'—Con la poeta Marosa di Giorgio." *El País cultural*. En línea: http://lamusainquietante.blogspot.com. es/2009/12/escribir-he-venido-este-mundo-con-la.html (consultado el 02.2022).

Mayet, Graciela. 2008. "El sueño en la poesía de Olga Orozco." *Orbis Tertius* 13(14): 1–8. http://www.orbistertius.unlp.edu.ar/article/download/OTv13n14d05/pdf_12/ (consultado el 02.2022).

Muraro, Luisa. 2006. *El dios de las mujeres*. Madrid: Horas y Horas.

Negroni, Marta. 2009. "Pequeñas liturgias íntimas. Marosa di Giorgio en *La liebre de marzo*." En: *Galería fantástica*. México: Siglo XXI. 87–91.

Negroni, Marta. 2016. "Emily Dickinson. La miniatura incandescente." En: *El arte del error*. Madrid: Vaso Roto.

Néspolo, Jimena. 2013. "Marosa di Giorgio: surrealismo e imaginación erótica." *Mora*: 19: 17–28. http://revistascientificas.filo.uba.ar/index.php/mora/article/view/443. (consultado el 02.2022).

Nicholson, Melanie. 2010. "'Un talismán en las tinieblas': Olga Orozco y la tradición esotérica," En: Lergo Martín, Inmaculada (ed.) *Olga Orozco. Territorios de fuego para una poética*. Sevilla: Universidad de Sevilla: Sevilla. 191–214.

Nietzsche, Friedrich. 1973. *El nacimiento de la tragedia*. Alianza: Madrid.

Novalis (Georg Philipp Friedrich von Hardenberg). (2012). *Himnos a la noche*. Barcelona: Icaria.

Olivera-Williams, María Rosa. 2005. "La imaginación salvaje: Marosa di Giorgio." *Revista Iberoamericana* LXXI: 211. https://revista-iberoamericana.pitt.edu/ojs/index.php/Iberoamericana/article/download/5442/5594 (consultado el 02.2022).

Onfray, Michel. 2017. "Una cabaña trascendental." En: *Thoreau, H.D. Walden*. Madrid: Errata Naturae.

Orozco, Olga. 2012. *Poesía completa*. Adriana Hidalgo editora: Buenos Aires.

Piña, Cristina. 1984. "Estudio preliminar". En: Orozco, Olga. *Páginas de Olga Orozco seleccionadas por la autora*. Buenos Aires: Celtia, 1984: 13–54.

Piña, Cristina. 2010. "El descentramiento del sujeto en la poesía de Olga Orozco." En: Lergo Martín, Inmaculada (coord.) *Olga Orozco. Territorios de fuego para una poética*. Sevilla: Universidad de Sevilla. 147–164.

Raymond, Marcel. 1983. *De Baudelaire al surrealismo*. FCE: Madrid.

Requeni, Antonio. 1997. *Travesías. Conversaciones coordinadas por Antonio Requeni. Olga Orozco y Gloria Alcorta*. Buenos Aires: Sudamericana.

Ribera-Garretas, María Milagros. 2006. "La experiencia corporal de Dios como práctica política." En: *El dios de las mujeres*. Madrid: Horas y Horas: Madrid. 5–12.

Rich, Adrianne. 1976. "Vesuvius at home." *Parnasus. Poetry in Review* 5: 1. http://parnasusreview.com/archives/416 (consultado el 02.2022).

Rimbaud, Arthur. 2004. *Prosas esenciales*. Barcelona: Ediciones 29.

Rimbaud, Arthur. 2010. *Una temporada en el infierno*. Madrid: Visor.

Rimbaud, Arthur. 2014. *Iluminaciones* seguidas de *Cartas del vidente*. Madrid: Hiperión.

Schelling, Hölderlin y Hegel. 2014. "El programa de sistema más antiguo del idealismo alemán." En: Arnaldo, J. (ed.) *Fragmentos para una teoría romántica del arte*. Madrid: Tecnos.

Schmitt, H-J. (ed.). 1974. *Die deutsche Literatur in Text und Darstellung. Romantik I*. Stuttgart: Reclam.

Staley. Beth. 2021. "Dickinson's Transplantation of Citizenship in the Earth: An Un-Silencing." *Dickinson Electronic Archives*. En línea: http://www.emilydickinson.org/emily-dickinson-lyrical-ecologies-forays-into-the-field/dickinson-transplantation-of-citizenship-in-the-earth-an-unsilencing (consultado en 02.2022).

Thoreau, Henry David. 2017. *Walden*. Madrid: Errata Naturae.

Trías, Eugenio. 2001. *Ciudad sobre ciudad. Arte, religión y estética en el cambio de milenio*. Barcelona: Destino.

Trías, Eugenio. 2006. *Lo bello y lo siniestro*. Barcelona: Penguin Random House.

Usandizaga, Helena. 2010. "Materialidad corporal y vision platónica en la poesía de Olga Orozco," En: Martín Lego (coord.), *Olga Orozco. Territorios de fuego para una poética*. Sevilla: Universidad de Sevilla. 165–178.

CAPÍTULO 3

El hijo con su cuerpo en el mundo: una aproximación a Blanca Varela y Sharon Olds

Olga Muñoz Carrasco

Resumen

La propuesta de este trabajo pretende exponer la poesía de Blanca Varela a la rever-beración de la palabra de una gran escritora del ámbito anglosajón: la estadounidense Sharon Olds, cuya obra *The Gold Cell* (1987) recoge en su cuarta sección impactan-tes poemas dedicados a sus hijos. La comparación de algunos de sus textos ("Casa de cuervos" y "The Green Shirt," "Fútbol" y "Looking at them Asleep") arroja un resultado disímil donde la desinhibición, la radicalidad sin metaforización y la exhaustividad de Olds contrasta con el gesto elusivo, la concisión o el escaso rastro biográfico de la peruana. Ambas, en todo caso, partiendo de la continuidad del cuerpo propio con el del hijo, terminan confluyendo en una incómoda perplejidad ante las agresiones sufri-das por este, alguna de ellas tan definitiva e irreversible como la muerte. Tanto la voz de Olds como la de Varela distan enormemente de la complacencia en su visión de la maternidad. Rigurosas y extremas, con un aliento expansivo o retenido, estas escrito-ras someten los materiales de sus poemas a una intensa presión, y con ello extraen y muestran sin paliativos la radical vivencia que constituye no ya convertirse en madre, sino escribir sobre ello.

Palabras clave

poesía – maternidad – cuerpo – hijo – casa de cuervos – *The Gold Cell*

Habría que empezar con un "cuando," como hace tantas veces Sharon Olds en sus poemas. Entonces, cuando se lee en inglés la poesía de una norteamericana nacida en California, en español los versos de una sudamericana originaria del Perú; cuando sus fechas de nacimiento las separan lo suficiente como para que el daño o el fulgor del mundo dejen marcas tan distintas en vida y obra; en defi-nitiva, cuando esas poetas son Sharon Olds y Blanca Varela, resulta complejo acotar con precisión el territorio sobre el que disponer un material de análisis

© KONINKLIJKE BRILL NV, LEIDEN, 2022 | DOI:10.1163/9789004504592_005

válido para ambas. Considerando que cualquier escritura demanda en cierto sentido su propio instrumental crítico, y teniendo en cuenta además lo disímil de su palabra, lo que sigue será una tentativa de fidelidad al vaivén de lectura desde Olds a Varela y viceversa, con la esperanza de que la frecuentación de textos alejados entre sí permita detectar una geografía que quedaría oculta de otro modo, como cuando para mirar un bosque levantamos la vista al cielo.

En común tienen ambas autoras, entre otros aspectos menos notorios que se irán desvelando poco a poco, el hecho de haberse convertido en referentes de la poesía de sus respectivos países. Blanca Varela (1926–2009) vio reconocida su obra con los premios más prestigiosos del ámbito hispano: Premio Octavio Paz de Poesía y Ensayo (2001), Premio Internacional de Poesía Ciudad de Granada-Federico García Lorca (2007) y Premio Reina Sofía de Poesía Iberoamericana (2007). La producción de Sharon Olds (1942) exhibe igualmente un buen repertorio de galardones, entre los que destacan el Premio T.S. Eliot (2012), el Premio Pulitzer (2013) y el Premio Wallace Stevens de la Academia de Poetas Americanos (2016). Pese a la vistosidad de semejante panoplia, la verdadera incidencia de la creación de ambas la encontramos en la continuidad de su presencia, en la perseverancia de su originalidad y en la calidad sostenida hasta sus últimas o más recientes publicaciones. Todo ello no hace sino sacar a la luz eso que se intuía desde los primeros poemarios, tanto en un caso como en el otro: la condición libre, irreverente y hasta deslenguada de su palabra, leal siempre a sí misma.

1 Expansión y contracción en la escritura

A pesar de compartir esta certeza de libertad en su escritura, basta asomarse un instante a sus poemas para constatar la diferente y hasta opuesta manera en que Varela y Olds la ejercen. Si empezamos por esta última, no se hace esperar la furibunda recepción que de su obra se ha producido a lo largo de los años. Tony Hoagland ha recogido algunas de las extemporáneas opiniones de la crítica, si bien aquí vamos a quedarnos con el certero panorama reactivo que brevemente nos regala:

> ¿Qué recompensa obtienes por ser una poeta como Sharon Olds? [...] Bueno, obtienes una gran popularidad. Eres apreciada por muchos, a la vez por razones correctas e incorrectas. Eres atropellada por compañeros envidiosos y menospreciada por los académicos. Tu nombre es invocado como una etiqueta para señalar la obviedad de la poesía confesional. Eres acusada de repetición, narcisismo y exhibicionismo.
>
> HOAGLAND 2009, 7, la traducción es mía

Dichas acusaciones se fundamentan en la desinhibida aproximación de la poeta a sus obsesiones y temas recurrentes, a saber: las relaciones familiares, la infancia propia, el cuerpo como lugar generador de placer y dolor, el paso del tiempo, la muerte, el desamor … Esto desemboca, sin duda, en un chocante inventario de situaciones pocas veces plasmadas con semejante crudeza: "No hay ninguna duda de que Olds tiene una proclividad temperamental a la impresión fuerte, una especie de pulsión insaciable para buscar y encontrar el tabú, lo subido de tono, lo subliminal, los impulsos que no se pueden desvelar, los pecados y comportamientos anómalos de lo humano" (Hoagland 2009, 8). La coherencia de esta escritura, sin embargo, reside ahí, en la radicalidad de la experiencia expuesta sin metaforización deliberada, en la plasmación de recuerdos alojados en el límite de lo soportable que paradójicamente parecen liberar al sujeto de su carga cuando pasan a ser escenas de un poemario. El compromiso de la voz no es otro que la entrega renovada a la vivencia de situaciones que en el momento de la escritura pasan a ser, entonces sí, elegidas para dejar constancia de la cicatriz, de su arañazo en el cuerpo. Detectar los momentos en que se produjeron las heridas, extraerlos de la memoria y censar los daños: el ejercicio de escritura de Olds pasa inevitablemente por detallar las condiciones de la lesión, y la exhaustividad funciona como garantía del discurso. En todo caso, es la única posible salvación, aunque se haya de ver sometida a cierta negociación:

> Si lo que escribes sobre mí es solo lo que yo querría que escribieras, aquello que coincidiera con mi imagen de mí misma, yo estaría cómoda con eso, pero entonces no eres muy libre como escritor. Por supuesto, en ciertas formas de pensamiento cristiano, los pensamientos son acciones, así que incluso si piensas algo sobre una persona que ella no querría que pensaras, estás siendo desleal. Y si eres puramente leal a esa persona hasta las últimas consecuencias, te quedas en silencio. Y es casi una forma de suicidio, desde luego lo es para un escritor. Hay lealtad al otro pero no a uno mismo. Pero entonces, en el otro extremo, si cuentas secretos y nombres, entonces otra gente está en peligro del mismo modo que tú estás en peligro si te tienes que callar. Podría ser una especie de asesinato espiritual. Quiero decir, ¿en el espectro de lealtad y traición, dónde comienza el canto? ¿Y dónde termina? Creo que cada escritor tiene que decidir esto una y otra vez.
>
> HEMPEL 1996, 26, la traducción es mía

Frente a la capacidad expansiva de la norteamericana, la poesía de Varela parece operar con una dinámica elusiva. Desde sus inicios dejó claro un mecanismo disolvente de la correspondencia entre voz textual y autora, hasta el punto de escribir sus primeros versos con un sujeto masculino. Máscaras o personajes casi narrativos hacen arrancar su obra con una extrañeza que no acaba de abandonarla del todo nunca, si bien se atempera en libros posteriores. Rara vez, en todo caso, encontramos en la obra de la peruana rastro biográfico evidente: posiblemente el protagonismo de los hijos sea la excepción más clara a esta actitud. Esto no significa que no pueda rastrearse su vida en los poemarios, solo que los detalles aparecen subsumidos en textos que presentan ciudades, cuadros, menciones a otros poetas o elaboradas composiciones sin referentes claros ni alusiones específicas. Prueba de ello es el significativo título elegido para el homenaje realizado hace unos años a toda su trayectoria, que da nombre igualmente a uno de sus poemas: "Nadie sabe mis cosas." Efectivamente, nada más lejos que un perfil reconocible en la página, quizá porque su creación se afinca en una esfera muy alejada de la de Olds:

> [...] creo que hay dos tipos de escritores: los que escriben desde la conciencia y los que escriben desde el otro lado, desde una zona muy próxima a la locura. Creo que soy alguien que al trabajar con esa materia tan delgada de la literatura trata de rescatar algunas cosas, algunas evidencias, de ese otro lado irracional—pero no necesariamente inconsciente— desde el cual escribo.
>
> CÁRDENAS Y ELMORE 1982, 11

No obstante, Varela comparte con la californiana la altísima tensión a que somete los materiales incorporados al poema, un rasgo que deja traslucir un cierto sentido de riesgo o incluso de peligro que resume diciendo: "Puedo escribir muchísimas páginas, porque tengo facilidad para hacerlo, pero creo que la poesía no reside en la cantidad sino en la intensidad. Es como trabajar a temperaturas muy altas que no te permiten resistir mucho tiempo en ellas" (1978, 31). Con una referencialidad bastante opaca, la experiencia de lectura resulta asimismo intensa, como si algo que va mucho más allá de lo anecdótico se solventara en los versos. Tanto en Olds como en Varela se percibe un cierto ajuste de cuentas, la ejecución de un duro balance que de ninguna manera puede postergarse a pesar de no ser favorable para la voz del poema.

2 El cuerpo, esa llaga

Casi todo lo que sucede en la poesía de Olds pasa por el cuerpo, el propio o el de alguno de los protagonistas de sus poemas (los hijos que crecen, el padre moribundo, el marido hurtado). Algo similar podría afirmarse con respecto a

VARELA Y OLDS: EL HIJO CON SU CUERPO EN EL MUNDO

la poesía de Varela a partir de *Ejercicios materiales* (1993) y en los libros de su última etapa. Pero incluso antes de los poemarios más recientes, el acercamiento a lo físico de la peruana entrañaba una fuerte desmitificación, un cuerpo entendido como "rosa de grasa / que envejece / en su cielo de carne" (Varela 2001, 141). La presencia masiva de lo material en su obra va ciñéndose cada vez más al ámbito corporal, sin posibilidad escape con la llegada de la vejez: "Morir cada día un poco más / recortarse las uñas / el pelo / los deseos" (235). El amor sigue produciéndose hasta casi el final, también trazado en el ámbito de la carne y no en otro: "párpado sobre párpado / labio contra labio / piel demorada sobre otra / llagada y reluciente" (252). Lo físico se imponía desde el principio y manifestaba muy pronto sus impertinentes y maltrechos anhelos: "Pienso en esa flor que se enciende en mi cuerpo. La hermosa, la violenta flor del ridículo. Pétalo de carne y hueso. ¿Pétalos? ¿Flores? Preciosismo bienvestido, muertodehambre, *vade retro*" (165). Y antes de la erosión y la decrepitud, como veremos enseguida, encontramos el capítulo de plenitud terrenal y física con la llegada de los hijos, cuyos cuerpos forman una extensión del de la madre y a la vez el territorio más inexplorado.

Olds ha dejado ver en varias ocasiones cómo incluso el acto de escritura incorpora para ella un elemento físico que tiene que ver con la danza, con el baile, con el contoneo de su cuerpo con el del texto, y es hermoso cómo su figura acompaña este movimiento en alguna de sus entrevistas. Además, esta suerte de roce físico con el verbo parece garantizarle la autenticidad de la experiencia como creadora, a la vez que se ofrece como posibilidad vivencial para el lector:

> Olds a menudo ha hablado del deseo de retratar la vida tan exacta y honestamente que la experiencia sería como "simplemente ser una persona común que observa, vive y siente, y dejar la experiencia atravesarte hasta el cuaderno con el bolígrafo, a través del brazo, fuera del cuerpo, hasta la página, sin distorsión."
> HEIMOWITZ 2013, 168–169

Escritura sobre el cuerpo en un doble sentido, tanto en Olds como en Varela, pues tiene el cuerpo como tema ineludible y porque en él se inscribe la palabra. La dimensión de Olds, en todo caso, ahonda en lo político, como bien recuerda Jordi Doce: "El cuerpo es político siempre. El cuerpo, para Olds, es un cuerpo extraño que ha tardado en hacer suyo y con el que, según parece, solo puede conversar familiarmente en el espacio-tiempo del poema" (2017, 213). La carne se transforma así en punto de intersección entre memoria y presente, entre lo íntimo y lo público, el placer y el dolor, la plenitud y el deterioro.

Registrar minuciosamente, pues, ese cuerpo, es hacer justicia a todas las tensiones que padece en sus limitados contornos: la presión exterior, el goce, la celebración o la suspicacia se dan cita en un texto como "Oda al clítoris," sin ir más lejos. El espacio textual, por tanto, permite iluminar contradicciones, poner de manifiesto el alcance de un nombramiento que, en ciertos casos, se produce por primera vez de manera tan directa. Como dice la poeta argentina Alicia Genovese, surge el cuerpo "como dador de conocimiento nombrado por encima de cualquier lengua represiva, con las comparaciones más crudas, de la manera más directa o menos cómoda, como si la aspereza fuese el único modo de atravesar la lengua para decir aquello que se está queriendo decir" (Genovese 2019).

3 La mirada sobre el hijo

El lazo entre maternidad y escritura se ha atado y desatado en las últimas décadas desde diferentes perspectivas. Por un lado, creación y cuerpo ligados a la condición femenina:

> Por una parte, los teóricos franceses que promueven el concepto de *la escritura femenina* insisten en una poética del cuerpo de la mujer. Como escribe Hélène Cixous, "las mujeres deben escribir a través de sus cuerpos." Las mujeres, "jamás lejos de ser madres" escriben "con tinta blanca." Usando la propia metáfora del nacimiento, Cixous describe "el impulso de gestación" como "semejante al deseo de una barriga protuberante, de lengua, de sangre." Igualmente, la poeta americana Stephanie Mines busca "una lengua estructurada como mi cuerpo," y Sharon Olds describe tanto el nacimiento de su hijo como su poema como "este dar a luz, este verbo brillante" en una "lengua de sangre."
>
> FRIEDMAN 1987, 50

Por otro lado, la conciencia de que quizá ese lazo sea más bien nudo, predestinación fisiológica:

> Por otra parte, muchas feministas se oponen a modos de pensar que consideran biológicamente deterministas, esencialistas y regresivos. La aguda crítica de Mary Ellmann de todo el pensamiento analógico basado en el cuerpo, sea fálico u ovárico, anticipa las más recientes preocupaciones de otros. [...] Simone de Beauvoir advierte de que este concepto de

escribir desde el cuerpo establece un "contra-pene," y Elaine Showalter y Nina Auerbach temen que represente el desarrollo de un biologismo regresivo.

FRIEDMAN 1987, 50

La aparición de la figura del hijo en los poemas va a plantearse en nuestras poetas más como una extensión del análisis de lo corporal, en tanto que el nacimiento implica una nueva piel en el mundo puesta al servicio de la palabra, una pieza novedosa que propicia un mayor abundamiento en la dimensión más material de la existencia. En este sentido, Varela comentaba: "La maternidad a mí me transformó mucho, porque hasta antes de tener hijos era una persona muy poco comprometida con la vida" (Coaguila 1994, 36). Se trata de una vida precisa, entendida como ese acontecer de circunstancias muy concretas, de limitaciones específicas que marcan el desarrollo de cada individuo. En el caso de Olds, sabemos claramente a qué nos referimos, pues su infancia ha sido crudamente expuesta en las primeras secciones de *The Gold Cell* sin dejar demasiado espacio para interpretaciones (a este libro pertenecen todos los versos citados en adelante, con una excepción señalada). En un durísimo poema en que asistimos a la prehistoria de su nacimiento, y dirigiéndose a sus padres, la escuchamos: "I want to go up to them and say Stop, / don't do it—she's the wrong woman, / he's the wrong man, you are going to do things / you cannot imagine you would ever do, / you are going to do bad things to children, / you are going to suffer in ways you have not heard of, / you are going to want to die" (Olds 1980, 56). Con todo, su irremediable filiación queda ligada en origen a la escritura, más bien a la necesidad de contar que articulará su creación: "I / take them up like the male and female / paper dolls and bang them together / at the hips, like chips of flint, as if to / strike sparks from them, I say / Do what you are going to do, and I will tell about it" (58). Hay una continuidad de paternidad/maternidad y filiación en toda la trayectoria de Olds: será hija nacida de sus hirientes padres, será madre con la llegada de sus niños luminosos, y regresará brutalmente a su condición de hija, en especial, con la disección de la muerte del padre en el poemario *The Father* (1992).

En el contraste de la gravedad y la gracia, heredado de Simone Weil, encuentra Varela la reunión de extremos que constituye la identidad humana, en la que conviven forzosamente restricciones y aspiraciones, realidad y deseo en palabras de Luis Cernuda. Los hijos llegan para hacer más visible las limitaciones, así como la riqueza de simultaneidad de planos vitales: "—los niños, el océano, la vida silvestre, Bach. / —el hombre es un extraño animal" (Varela 2001, 120). La peruana, que nunca en su producción dejó de hacer contiguo lo tangible y lo intangible, materializa en una pelota ("Fútbol") o un cocodrilo de juguete ("Toy") dicha conjunción. Los objetos ordinarios de la infancia entran con pleno derecho al poema, y el afán de trascendencia habitual en su obra queda, digamos, "cotidianizado:"

> juega con la tierra
> como una pelota
>
> báilala
> estréllala
> reviéntala
>
> no es sino eso la tierra
>
> tú en el jardín
> mi guardavalla mi espantapájaros
> mi atila mi niño
>
> la tierra entre tus pies
> gira como nunca
> prodigiosamente bella.
>
> VARELA 2001, 111

En primer término, hay que mencionar la posición de observador del sujeto, a la que volveremos después en relación con nuestra otra poeta. El hijo se encuentra absorto en una actividad cuya plenitud reconoce la voz, como si toda la vida con su sentido se condensara en la entrega a una actividad física cuyo despliegue embellece el mundo: la tierra es eso, esa pelota que gira y no para, que cae y se levanta. El niño de la escena, por otra parte, pasa a convertirse en la defensa que establece la pervivencia de un lugar seguro. El hijo— "mi guardavalla, mi espantapájaros, mi atila"—mantiene a salvo el espacio del jardín doméstico, donde el abandono al juego se exhibe como la forma más pura de entrega a la vida.

La observación guía igualmente el poema de Olds titulado "Looking at Them Asleep" (Olds 1980, 226–228):

> When I come home late at night and go in to kiss them,
> I see my girl with her arm curled around her head,
> her face deep in unconsciousness—so
> her mouth a little puffed, like one sated, but

slightly pouted like one who hasn't had enough,
her eyes so closed you would think they have rolled the
iris around to face the back of her head,
the eyeball marble-naked under that
thick satisfied desiring lid,
she lies on her back in abandon and sealed completion,
and the son in his room, oh the son he is sideways in his bed,
one knee up as if he is climbing
sharp stairs, up into the night,
and under his thin quivering eyelids you
know his eyes are wide open and
staring and glazed, the blue in them so
anxious and crystally in all this darkness, and his
mouth is open, he is breathing hard from the climb
and panting a bit, his brow is crumpled
and pale, his fine fingers curved,
his hand open, and in the center of each hand
the dry dirty boyish palm
resting like a cookie. I look at him in his
quest, the thin muscles of his arms
passionate and tense, I look at her with her
face like the face of a snake who has swallowed a deer,
content, content—and I know if I wake her she'll
smile and turn her face toward me though
half asleep and open her eyes and I
know if I wake him he'll jerk and say Don't and sit
up and stare about him in blue
unrecognition, oh my Lord how I
know these two. When love comes to me and says
What do you know, I say This girl, this boy.

Aquí la descripción es meticulosa, estática, y se va ajustando lentamente a los cuerpos de los hijos. Frente a la concisión de Varela, la norteamericana parece necesitar una respiración verbal siempre más larga, e incluso ir más allá: tras haber detallado la imagen de los durmientes, el sujeto textual imagina qué sucedería en caso de despertarlos, para con ello mostrar las conclusiones de su hipotético experimento. Con total seguridad, ella sonreiría, él se sacudiría en el lecho. Se nos comunica la sencilla y magnífica respuesta a la pregunta del amor: que todo lo que sabe es precisamente eso, esta niña, este niño. Resulta fundamental la capacidad deíctica del último verso, ya que no se hace uso de digresión alguna, simplemente se señala la evidencia ante los ojos. En ambos poemas parece desprenderse un cierto conocimiento de la atención y la mirada sobre los hijos, protagonistas de instantes que la voz comparte, maravillada. La inmediatez de las escenas, el acto de abandono que presentan—al juego, al sueño—resultan clave para quienes pretenden dar cuenta de lo que sucede alrededor.

Una fisicidad irrebatible marca la poesía de Olds, donde el cuerpo es la puerta batiente que facilita vislumbrar el interior desde fuera, el exterior desde la perspectiva del sujeto (cabe recordar aquí a Adrienne Rich cuando afirma que "[n]o somos 'interiores' ni 'exteriores'. Nuestra piel está viva de señales. Nuestra vida y muerte son inseparables de la liberación o del bloqueo de nuestros cuerpos pensantes," (Rich 2019, 360)). Lo poco o mucho que se extrae del mundo en términos de aprendizaje viene dado por lo corporal, y esto funciona también para las figuras poéticas de los hijos. Con Varela la evolución será diferente: lo material primero se condensa en los objetos y solo más tarde se hará explícito el cuerpo del hijo, huidizo y esquivo hasta convertirse en doloroso hueco al final de su obra.

4 Continuidad de los cuerpos

La tradición literaria de la figura del hijo ofrece en español un ilustre catálogo. Sin intención de recoger aquí las aportaciones más recientes, que sin duda añaden perspectivas novedosas al asunto, podríamos mencionar de soslayo al menos a un par de poetas que acompañaron su maternidad o paternidad con un cuestionamiento ideológico de la realidad. Tal sería el caso de José Martí, ardoroso defensor de la independencia cubana que dedicó a su hijo ausente el poemario *Ismaelillo* (1882), en una muestra excepcional y tempranísima en la plasmación del amor paterno. La delicadeza de las imágenes del hijo se complementa con la fuerza que este inspira en la lucha por un mundo más libre y mejor, algo no demasiado alejado de lo que encontramos en las composiciones escritas por Miguel Hernández a su niño en plena guerra civil española. Alfonsina Storni, por su parte, se sirve igualmente de la figura del hijo para hacer valer su combativa independencia, aunque también encuentra en su cuerpo temprano el rastro del sufrimiento: "Es un niño que tiene una expresión de hombría / Su frente es un espejo de la melancolía / Y un gesto delatorio de ser predestinado / Lo significa hijo del amor y del pecado" (Storni 1994, 47).

En relación con las apariciones poéticas del hijo en la literatura hispana del siglo xx, Varela da un verdadero golpe de timón en 1993 con la publicación de su reconocido "Casa de cuervos" en *Ejercicios materiales*, poemario que busca trasponer al plano físico los *Ejercicios espirituales* de San Ignacio de Loyola. La intención de este libro no reside en despegarse de la dimensión más terrenal, sino que más bien practica un abismarse en lo corpóreo como una manera de asumir sin reticencias el paso del tiempo y su corrosivo dominio. "Casa de cuervos" (Varela 2001, 170–172), entonces, es un texto que no puede mirar hacia otro lado, ni disimular las rigurosas consecuencias de la maternidad. En él se parte de la arisca adolescencia del Lorenzo (su hijo menor, a la sazón con catorce años), pero el alcance del discurso de estos versos va mucho más allá, como a continuación comprobaremos:

> porque te alimenté con esta realidad mal
> cocida
> por tantas y tan pobres flores del mal
> por este absurdo vuelo a ras de pantano
> ego te absolvo de mí
> laberinto hijo mío
>
> no es tuya la culpa
> ni mía
> pobre pequeño mío
> del que hice este impecable retrato
> forzando la oscuridad del día
> párpados de miel y la mejilla constelada
> cerrada a cualquier roce
> y la hermosísima distancia
> de tu cuerpo
>
> tu náusea es mía
> la heredaste como heredan los peces la
> asfixia
> y el color de tus ojos
> es también el color de mi ceguera
> bajo el que sombras tejen sombras y
> tentaciones
> y es mía también la huella
> de tu talón estrecho
> de arcángel
> apenas posado en la entreabierta ventana
> y nuestra para siempre
> la música extranjera
> de los cielos batientes

ahora leoncillo
encarnación de mi amor
juegas con mis huesos
y te ocultas entre tu belleza
ciego sordo irredento
casi saciado y libre
con tu sangre que ya no deja lugar
para nada ni nadie

aquí me tienes como siempre
dispuesta a la sorpresa de tus pasos
a todas las primaveras que inventas
y destruyes
a tenderme—nada infinita—sobre el mundo
hierba ceniza peste fuego
a lo que quieras por una mirada tuya que
ilumine mis restos

porque así es este amor
que nada comprende y nada puede
bebes el filtro y te duermes
en ese abismo lleno de ti
música que no ves
colores dichos
largamente explicados al silencio
mezclados como se mezclan los sueños
hasta ese torpe gris que es despertar
en la gran palma de dios
calva vacía sin extremos
y allí te encuentras
sola y perdida en tu alma
sin más obstáculo que tu cuerpo
sin más puerta que tu cuerpo
así este amor
uno solo y el mismo con tantos nombres
que a ninguno responde
y tú mirándome
como si no me conocieras
marchándote
como se va la luz del mundo
sin promesas

y otra vez este prado
este prado de negro fuego abandonado
otra vez esta casa vacía
que es mi cuerpo
a donde no has de volver

VARELA 2001, 170–172

El discurso de la voz poética poco tiene que ver con una visión habitual de la maternidad. Para empezar, se inicia el poema con el reconocimiento de una limitación básica: el alimento con que se nutrió al hijo era esencialmente defectuoso (realidad mal cocida), y los logros resultan igualmente precarios (pobres flores del mal, vuelo a ras de pantano). La madre, por ello, da la absolución a su hijo, lo libera de su presencia no sin antes reconocer la condición tortuosa del camino desde el que parte (madre laberinto) o al que llega (laberinto hijo). Con respecto a la fórmula "ego te absolvo de mí," comenta Luis Hernán Castañeda:

> Más allá de la fórmula católica "ego te absolvo a peccatis tuis," la palabra "ego" alude, por similitud fonética, a "ergo," y refuerza la relación causal entre la culpa materna y la absolución del hijo; en otras palabras, la madre libera y expulsa al hijo—es decir, literalmente "lo escribe"—para rescatarlo de sí misma. Este instante de absolución señala el nacimiento de una entidad autónoma y diferenciada de la madre.
>
> HERNÁN CASTAÑEDA 2021

Efectivamente, este poema hace testigos a los lectores de la separación, sancionada por esa suerte de perdón materno que cede ante lo inevitable. Como inevitable es la herencia otorgada, de la que nadie puede ser culpado: la náusea, el color de los ojos, el talón estrecho. A partir de estas menciones concretas alusivas a lo corporal, afloran el vértigo existencial, la ceguera y el impulso al vuelo; esto es, la insatisfacción, la incomprensión del mundo y el anhelo de elevación parecen caracterizar, como una maldición, a madre e hijo. El cuerpo asoma en fragmentos (párpados, mejilla, huesos y sangre) o en despojos (mis restos), pero muy especialmente en la potentísima imagen de la casa vacía, arrasada por primera vez tras la salida del hijo después de su nacimiento y ahora de nuevo con la distancia de quien apenas tiene ya ojos para la madre ("y tú mirándome / como si no me conocieras / marchándote / como se va la luz del mundo /sin promesas"). La capacidad de Varela para materializar la distancia intrínseca a la maternidad impresiona en estos versos carentes de autocompasión. Sin sentimentalismo, la imposición de la realidad se produce a través de lo material, por lo que resulta inapelable: el hecho cierto es que la sangre del hijo no deja lugar a ninguna otra y la desconexión se manifiesta en "la hermosísima distancia" de su cuerpo. La distancia, en todo caso, parece ser el destino inapelable de la maternidad, como recogía Alice Adams en una minuciosa revisión bibliográfica en la que despunta la separación definitiva ocasionada por la muerte del hijo:

> [...] la escritura del último siglo veinte sobre el duelo maternal [...] se ajusta a la idea moderna de que el objetivo inevitable de la maternidad es la separación, no la unidad. Citan a una madre que, dirigiéndose a otra madre cuyo hijo había muerto, dice que "el amor a un hijo significa dejarlo ir ["]. [...] De manera parecida, con la muerte de un hijo, el objetivo es dejar ir más que forjar lazos emocionales con un hijo que siempre estará fuera del alcance.
>
> ADAMS 1995, 421

Frente a "este prado de negro fuego abandonado," leamos en "The Moment the Two Worlds Meet" (Olds 1980, 166–168) cómo se produce el mismo vacío en Olds, acostumbrados como estamos ya a su explicitud:

> [...]
> That's the moment, while it's sliding, the limbs
> compressed close to the body, the arms
> bent like a crab's cloud-muscle legs, the
> thighs packed plums in heavy syrup, the
>   legs folded like the wings of a chicken—
>   that is the center of life, that moment when the
>   juiced bluish sphere of the baby is
> sliding between the two worlds,
> wet, like sex, it is sex,
> it is my life opening back and back
> as you'd strip the reed from the bud, not strip it but
> watch it thrust so it peels itself and the
> flower is there, severely folded, and
> then it begins to open and dry
> but by then the moment is over,
> they wipe off the grease and wrap the child in a blanket and
> hand it to you entirely in this world.
>
> OLDS 1980, 166–168

Tampoco aquí hay idealización del parto, y cierta desmitificación despunta tal vez en la imagen del pollo o el sirope ("almíbar" en traducción de Óscar

Curieses). En realidad, la desmitificación sería un efecto que el lector reconstruye, pues la poeta norteamericana lo que parece hacer es simplemente nombrar con la puntería que la lengua le permite, sin demasiada metaforización y sí con abundante comparación, en un ejercicio constante no tanto de sustitución como de analogía; las metáforas asustan y las comparaciones alivian a Olds según Schcolnik, pues estas constituyen la relación entre las cosas y no la supresión de una cosa por otra (Friera 2016). En este poema el foco está orientado a iluminar el momento de la transición, esos segundos o minutos en que el cuerpo del casi nacido se desliza entre uno y otro mundo, no perteneciendo a ninguno del todo pero con vibrante presencia en ambos.

En las dos poetas se trasluce una cierta continuidad entre el cuerpo del hijo y el propio: en Varela, a través de elementos físicos comunes a ambos, réplicas materiales que anuncian una relativa igualación en talante vital; en Olds, mucho más directa, mediante la conexión de la piel que poco a poco se hace otra, como muestra el ejemplo de la floración (tallo-capullo-flor). Sin embargo, la prolongación madre-hijo se ve refutada por la "hermosísima distancia" ya aludida, por la entrega a la progenitora de un cuerpo que cesa de pertenecerle en cuanto pueden ofrecérselo, pues el gesto implica la separación irrevocable. Como resume Julia Kristeva:

> Está después ese otro abismo que se abre entre el cuerpo y lo que ha sido su interior: está el abismo entre la madre y el hijo. ¿Qué relación hay entre yo, o incluso más modestamente entre mi cuerpo, y ese pliegue-injerto interno que, una vez cortado el cordón umbilical, es un otro inaccesible? Mi cuerpo y ... él. Ninguna relación, nada que ver. Y esto desde los primeros gestos, gritos, pasos, mucho antes de que *su* personalidad se haya convertido en mi oponente: el hijo, *él* o *ella*, es irremediablemente otro.
>
> KRISTEVA 224–225

Y yendo un poco más lejos de la mano de la misma crítica: "Una madre es una partición permanente, una división de la propia carne. Y por tanto una división del lenguaje: desde siempre" (Kristeva 1987, 224). De alguna manera la actitud observadora de los primeros poemas comentados abunda en esta separación también lingüística, en tanto que se escribe el cuerpo del hijo como algo propio y separado, con una lengua además que hace aparecer textualmente la figura del niño pero a la vez establece distancia al situarse fuera, a modo de espectador, mirando al hijo dormir o jugar al fútbol.

Para cerrar esta zona de fronteras borrosas, habría que no olvidar otra anécdota significativa, limítrofe espacial y temporalmente, de uno de los poemas de Olds. Se trata de "That Moment," texto en que la poeta confiesa no recordar en qué instante exacto decidió dar su vida a sus hijos y con ello traerlos al mundo. Sucedió hace mucho tiempo: "It is almost too long ago to remember / when I was a woman without children, / a person, really, like a figure standing on a field, / alone, dark against the pale crop." / "The children were there, they were shadowy figures / outside the fence, indistinct as / distant blobs of faces at twilight" (Olds 1980, 222). Cuando ella era una persona de verdad, insiste la voz, una figura solitaria y oscura, delimitada en el horizonte. Con esos bordes nítidos e individualizadores, la mujer decide romper la valla y tomar a sus hijos en brazos. La maternidad se visualiza entonces como una viscosa y brillante adherencia:

> I can't
> remember the journey from the center of the field to the edge
> or the cracking of the fence like the breaking down of the
> borders of the world, or my stepping out the
> ploughed field altogether and
> taking them in my arms as you'd take the
> whites and yolks of eggs in your arms running
>   over your glutinous, streaked, slimy
>   glazing you. I cannot remember that
> instant when I gave my life to them
> the way someone will suddenly give her life over to God
> and I stood with them outside the universe
> and then like a god I turned and brought them in.

Maternidad como impregnación del cuerpo y del lenguaje, o dicho en sus propias palabras en *Satan Says*, "that language of blood like praise all over the body" (1980, 57).

5 "Habíamos jurado que nada malo le ocurriría"

Las estrategias discursivas de una y otra poeta difieren enormemente también a la hora de abordar las amenazas—o tragedias—que acontecen a los hijos, a sus cuerpos. La repercusión del dolor, del peligro, se vierte de manera abierta en los versos de Olds, que puntualiza el origen del daño y nos contagia el gran temor que su propio cuerpo experimenta: "When my son is so sick [...] I sit and / hardly breathe" (Olds 1980, 186). La herida en la cabeza del hijo ("the slit saying / taken, the thread saying given back" (Olds 1980, 174)), su enfermedad o la traumática pérdida de la hija un día, durante una hora, se despliegan ante el lector y le contagian su asfixiante entorno:

> [...] I pass the huge
> cockeyed buildings, massive as prison,
> charged, loaded, cocked with people,
> some who would love to take my girl, to un-
> do her, fine strand by fine
> strand. These are buildings full of rope,
> ironing boards, sash, wire,
> iron cords wove in black-and-blue spirals like
> umbilici, apartments supplied with
> razors blades and lye. This is my
> quest, to know where it is, the evil in the
> human heart [...]
>
> OLDS 1980, 176

Esta enumeración caótica—que por cierto guarda cierto eco del deambular nerudiano de "Walking around"—traduce la impotencia de la voz materna, a la que solo le queda comprar naranjas para su hija y recordar cómo sus padres la ataban de niña a una silla para evitar desgracias. La coincidencia de ambas infancias—la propia y la de la hija, también propia en cierto sentido—arrastra una intensidad angustiosa, y las imágenes colisionan entre sí de manera que sufrimiento y amor forman un conglomerado inextricable (Olds 1980, 176–178). La imposibilidad de proteger a las crías se verbaliza como otra de las limitaciones que podrían añadirse a las de "Casa de cuervos." Al igual que allí la madre no puede alimentar adecuadamente ni remontar el vuelo, aquí es incapaz de sustraer al hijo del daño: "[...] we watch him carefully and kindly soap the damaged arm, / he was given to us perfect, we had sworn no harm / would come to him" (Olds 1980, 204).

A pesar de la visible congoja de los textos de la norteamericana, hay en ellos un relativo desahogo proveniente de la expresividad dilatada que presentan, una sensación de oxigenación verbal siquiera por el espacio que necesitamos para completar la lectura. De este ámbito pasamos a la composición a menudo parca y concéntrica de Varela, lo que no significa exactamente que sus poemas destaquen siempre por su brevedad. Más bien concisión o extensión responden a la distinta dirección en que se moviliza la tensión del poema:

> [...] podrían entenderse los poemas cortos como un modo de nombrar el origen, es decir, de aislar el núcleo de donde surge el fogonazo poético. Por otra parte, los textos largos avanzan orientados hacia un punto que parece atraer con fuerza toda su carga y constituyen un modo de nombrar el destino, cada vez más lejano hasta volverse casi invisible. El

poema breve y largo se construyen entonces como trayectorias de búsqueda de un punto—inicio o fin—, un centro intocado.

MUÑOZ 2007, 163

La asunción de una escritura donde permanece un punto inaccesible ilustra bien la poesía de Varela, repleta de huecos y agujeros. Frente a la confianza en la capacidad comunicativa del verso de Olds, que se construye sin conflicto por adición, la poesía de la peruana se siente como un ejercicio de detracción en algún sentido, bien por la sustracción del referente, bien por la exigüidad verbal. De ahí que donde Olds abruma con un encadenamiento de imágenes amenazantes, Varela calle circunstancias y datos, y golpee secamente con el mazazo de sus versos:

> si me escucharas
> tú muerto y yo muerta de ti
> si me escucharas
>
> hálito de la rueda
> cencerro de la tempestad
> burbujeo del cieno
>
> viva insepulta de ti
> con tu oído postrero
> si me escucharas

VARELA 2001, 227

Este poema, perteneciente a *Concierto animal* (1999), es uno de los pocos de su etapa final en que puede rastrearse claramente la presencia del hijo muerto. Lorenzo de Szyszlo, ese joven cuya adolescencia había desencadenado la composición de "Casa de cuervos" años antes, fallecía en un accidente aéreo en 1996, y la poesía de Varela padeció, como no podía ser de otra manera, el impacto de tan trágico acontecimiento. Esta muerte, constatación fatal de la impotencia materna arriba mencionada, es abordada extremando los recursos habituales: rigor constructivo, contención expresiva y sugerencia visual. El breve poema queda abrochado con la repetición del mismo verso al principio y al final, como si la mera formulación de la hipótesis ("si me escucharas") necesitara de un espacio cercado para poder enunciarse. La continuidad de los cuerpos analizada antes queda aquí dolorosamente expuesta: "tú muerto y yo muerta de ti." No puede haber declaración más contundente del impacto sufrido por la desaparición del hijo. La madre pervive insepulta, y así sobrevive al violento agujero de la ausencia. Asistimos al tercer y definitivo vaciamiento del cuerpo materno: nacimiento, independencia y muerte del hijo. Cuando mi hijo está enfermo, decía Olds, apenas puedo respirar; los poemas de Varela respiran más tenuemente también en su última etapa, se adelgazan, un exceso de aire los rodea:

> La poética de *Concierto animal* se distingue por la tensión entre palabra y silencio entendida no como una lucha entre opuestos sino más bien como una alianza entre ambos. La tensión en este caso se da a partir de la unión de la palabra y el silencio que luchan contra un vacío mayor, el vacío de la muerte y de su radicalización en la imposibilidad de la palabra, en el vacío del lenguaje.
>
> VICH 252–253

El silencio juega también con las imágenes del poema, pues su dimensión auditiva queda ahogada en la peculiar conjunción de elementos que las conforman: ni el hálito de una rueda, ni el burbujeo limoso ni, incluso, un cencerro en plena tormenta puede ser escuchado, excepto, tal vez, por ese oído postrero, lejanísimo, del hijo que habita en otra dimensión mucho más angélica, como le gustaba creer a la peruana.

El conjuro del silencio no es una coordenada que atraviese el mundo poético de Olds, quien necesita imprimir a los poemas su personal sello de narratividad y de ocupación casi completa de la página. La poesía de Varela cuenta también con ciertos episodios narrativos, armados en soberbios *collages* textuales que se publican en su mayoría durante las primeras etapas de su obra; pero entonces entran en acción otros dispositivos que no permiten la transparencia que la norteamericana nos regala. Aun así, la poesía de la peruana no deja de destilar una densa significación vital. Palabra, la de ambas, que quita el aliento, que arroja al lector a una experiencia cruda y salvaje incluso a veces. Schcolnik afirma con respecto a Olds algo que valdría para las dos: que las escenas de sus poemas "son narradas como quien mete la cabeza en el pozo, aguantando la respiración y luego, lanza a borbotones lo que hubiera quedado siempre en la oscuridad" (Friera 2016).

Existe en la poesía de Olds y Varela una observación que pretende ser desapegada sobre aquello que más íntimamente afecta al sujeto. Las repeticiones, la locuacidad de Olds, al igual que la contención y justeza de Varela, nacen de una misma estrategia de salvación o comprensión de la voz tras haberse sometido a la prueba más extrema. El grado de exposición es enorme en los textos, bien desde la exhibición de la intimidad familiar, bien desde la reticencia y el desplazamiento "la araña que soy / frágil y rencorosa" (Varela 2001, 224). El cuerpo ejerce su condición de totalidad, y de ahí que aquello que se ejecuta en su materialidad no lo haga de manera metafórica: "But I have this, / so this is who I am, this body / white and yellowish dough brushed with dry flour / pressed to his body" (Olds 1980, 160). Erotismo, muerte, maternidad o desamor dejan huella lacerante en la piel, y la carne es la referencia fija. Poesía y cuerpo son uno, incluso: "el poema es mi cuerpo / esto la poesía / la carne fatigada el sueño / el sol atravesando desiertos" (Varela 2001, 257).

Cuando se lee en inglés la poesía de una norteamericana nacida en California, en español los versos de una sudamericana originaria del Perú; cuando sus propuestas poéticas se alejan en apariencia tanto como verdaderamente se acercan en osadía e ímpetu; en definitiva, cuando esas poetas son Sharon Olds y Blanca Varela, la palabra se hace en el cuerpo y el cuerpo en la palabra, y en ese vaivén la piel es celebratoria, los hijos nacen o mueren y la vida arrecia con su materialidad más extrema sin posibilidad de escapatoria, pues, según Varela, siempre "la tierra gira / la carne permanece" (Varela 2001, 183).

Obras citadas

Adams, Alice. 1995. "Maternal Bonds: Recent Literature on Mothering." *Signs* 20 (2): 414–427.

Cárdenas, Federico de y Peter Elmore. 1982. "Blanca Varela: confesiones verdaderas." *Carteles* (Suplemento de *El Observador*, 13 octubre de 1982): 10–11.

Coaguila, Jorge. 2020. "Confesiones de Blanca Varela (2): 'Prefiero la desvergüenza.'" *La República* (Suplemento Domingo): 36.

Doce, Jordi. 2017. "'*La célula de oro*' de Sharon Olds (Reseña)." *Nayagua*, III (26): 209–213.

Dreyfus, Mariela y Rocío Silva-Santisteban. 2007. *Nadie sabe mis cosas. Reflexiones en torno a la poesía de Blanca Varela*. Lima: Fondo Editorial del Congreso del Perú.

Friedman, Susan Stanford. 1987. "Creativity and the Childbirth Metaphor: Gender Difference in Literary Discourse." *Feminist Studies* 13 (1): 49–82.

Friera, Silvina. 2016. "Dardos poéticos en lenguaje directo." En línea: https://www.pagina12.com.ar/diario/suplementos/espectaculos/2-38147-2016-03-02.html (consultado 27.5.2021).

Genovese, Alicia. 2019. "La materia de este mundo. Reseña." En línea: https://www.revistaotraparte.com/otras-literaturas/la-materia-de-este-mundo/ (consultado 17.07.2019).

Heimowitz, Rachel. 2013. "*Stag's Leap* by Sharon Olds Review." *Prairie Schooner* 87(3): 168–171.

Hempel, Amy y Sharon Olds. 1996. "Sharon Olds by Amy Hempel." *BOMB* 54: 24–27.

Hernán Castañeda, Luis. 20121. En línea: https://notasdelectura.wordpress.com/2010/03/08/maternidad-y-duelo-en-%E2%80%9Ccasa-de-cuervos%E2%80%9D-de-blanca-varela/ (consultado 27.05.2021).

Hoagland, Tony. 2009. "The Unarrestable Development of Sharon Olds." *The American Poetry Review*, Vol. 38 (1, January/February): 7–9.

Kristeva, Julia. 1987. *Historias de amor*. México, Siglo XXI.

Muñoz Carrasco, Olga. 2007. *Sigiloso desvelo. La poesía de Blanca Varela*. Lima: Fondo Editorial de la Pontificia Universidad Católica del Perú.

Olds, Sharon. 1980. *Satan Says*. Chicago: University of Pittsburg Press.

Olds, Sharon. 2004. *El padre*. Traducido por: Mori Ponsowy (edición bilingüe). Madrid: Bartleby.

Olds, Sharon. 2012. *Stag's Leap*. Londres: Jonathan Cape Random House.

Olds, Sharon. 2016. *Odes*. Londres: Jonathan Cape Penguin Random House.

Olds, Sharon. 2017. *La célula de oro*. Traducido por: Óscar Curieses (edición bilingüe). Madrid, Bartleby Editores.

Rich, Adrienne. 2019. *Nacemos de mujer. La maternidad como experiencia e institución*. Traducido por: Ana Becciu. Madrid: Traficantes de sueños.

Storni, Alfonsina. 2007 (1994). *Antología mayor*. Madrid: Hiperión.

Varela, Blanca. 2001. *Donde todo termina abre las alas. Poesía reunida (1949–2000)*. Barcelona: Galaxia Gutenberg/Círculo de Lectores.

Vich, Cynthia. 2007. "Este prado de negro fuego abandonado." En: Dreyfus, Mariela y Silva-Santisteban, Rocío (eds.) *Nadie sabe mis cosas. Reflexiones en torno a la poesía de Blanca Varela*. Lima: Fondo Editorial del Congreso del Perú. 243–260.

CAPÍTULO 4

Gabriela Mistral y Concha Méndez: Experiencias de la maternidad

Ramón Muñiz y Renée M. Silverman

Resumen

El presente ensayo tiene como objetivo realizar una comparación entre las obras literarias de Gabriela Mistral y Concha Méndez tomando como punto de partida el tema de la maternidad, teniendo en cuenta que fue este un asunto fundamental abordado por las autoras no solo en la poesía sino también en la prosa. Ambas rescatan la figura de la madre como ser creador que establece una relación íntima, personal y trascendente con el hijo, sobre todo en los primeros momentos de la vida del infante donde predomina una comunión corporal extrema, un vínculo prácticamente indisoluble reconocido en la teoría literaria feminista de Hélène Cixous y Julia Kristeva como fase imaginaria o semiológica donde no existen las fronteras de género ni los patrones sexuales, donde madre e hijo disfrutan de una libertad y flexibilidad primitivas que los exime del cumplimiento de reglas y normas sociales. La maternidad es vista como experiencia libre en la que interviene el cuerpo y donde discurren fluidos nutricios como la leche, y no como una institución que limita la identidad a parámetros fijos y preconcebidos. En sociedades patriarcales que concebían a la madre como receptáculo y no como fuerza creadora, estas escritoras revalorizan el papel maternal y la función de la madre como la primera maestra que enseña el mundo al niño y que, sin embargo, al decir de Luisa Muraro, ha quedado fuera del orden simbólico y civilizatorio, efectuándose una minimización de su labor.

Palabras clave

maternidad – corporalidad – poesía femenina – psicoanálisis – feminismo francés

En la escritura de la española Concha Méndez (1898–1986) y la chilena Gabriela Mistral (1889–1975) de los años 20, 30 y 40 del siglo XX, se percibe una recurrencia del tema de la maternidad, expresado a través del cuerpo de la mujer, el cual da lugar a una escritura femenina. En este sentido, a pesar de pertenecer

© KONINKLIJKE BRILL NV, LEIDEN, 2022 | DOI:10.1163/9789004504592_006

a épocas y entornos distintos, las obras de Méndez y Mistral presentan puntos coincidentes con la teoría de la diferencia del feminismo francés de los años 60 y 70 tales como el rol del cuerpo en el desarrollo de la escritura femenina, aunque resulta necesario destacar que Méndez y Mistral no pensaban romper en sus obras con el orden socio-político del patriarcado ni revolucionar el lenguaje ni la forma poética a través de lo corporal como sí pretendía el feminismo de la diferencia.

Aunque ambas poetas alcanzan a vivir gran parte del siglo XX, pertenecen a circunstancias creativas y sociales diferentes. Mientras Méndez provenía de una familia acomodada, de la alta burguesía, donde su madre era una dama de la aristocracia, Mistral creció en un ambiente humilde, signado por el abandono del padre donde las mujeres debían traer el sustento al hogar. No obstante, ciertos hechos unen la vida de las autoras. Méndez destaca por su voluntad personal de vivir una existencia independiente, lo que la lleva a abandonar su casa para trazarse un destino intelectual y amoroso al lado del poeta Manuel Altolaguirre. Funda con él la editorial que imprime *Héroe* (título de una revista literaria y de una colección de libros en donde figuran autores de la talla de Federico García Lorca y Pablo Neruda), y editan juntos varias revistas como *1616*, *Caballo verde para la poesía*, *Nuestra España*, *Atentamente* y *La Verónica* (también el nombre de una imprenta que tienen durante su estancia en Cuba; Valender 2001, 12, 47–49, 63). Por su parte, Mistral se convierte rápidamente en una figura continental, mundialmente conocida, de incidencia en la política y famosa no solamente por colaborar con periódicos sino también por ofrecer charlas y conferencias en múltiples espacios. Del mismo modo, y por distintas razones, las dos viven también un destino de peregrinaje internacional, Méndez y Altolaguirre debido a su posición política republicana que los obliga, luego de la Guerra Civil (1936–39), a marchar a Cuba y después a México. Mistral abandona Chile en 1922 para integrarse a la Reforma educacional de José Vasconcelos también en México, impulsada por los ataques que recibía de la intelectualidad y la política masculina chilenas. Posteriormente se hizo Cónsul, viajó por diferentes países de Europa, Estados Unidos y se radicó durante mucho tiempo en Brasil. El exilio tiene gran influencia tanto en la obra de Méndez como en la de Mistral. En la española el discurso de la maternidad contribuye a la superación del vacío y la soledad que dejan en ella el hecho de estar fuera de su patria y la separación de Altolaguirre en 1944. En el caso de la chilena, el exilio voluntario le ayuda a forjarse un extenso renombre y a desarrollar su vida personal y sexual con mayor libertad.

Aunque Méndez y Mistral no pueden ser consideradas abiertamente feministas en tanto no se adhieren a ningún programa de lucha, sí resulta interesante observar el vínculo entre las concepciones de la *différence* del feminismo francés y sus obras ya que en ambas el cuerpo femenino desempeña un papel determinante. Para el grupo de teóricos del género que incluye a Hélène Cixous, Luce Irigaray y Julia Kristeva el cuerpo de la mujer es el origen de la "diferencia" entre las escrituras masculina y femenina, y es más, se considera como un instrumento con el que escribe la poeta. Cixous, Irigaray y Kristeva se enfocan en el estado más primitivo del ser humano que se ha dado en llamar imaginario o semiológico que para el psicoanálisis precede al orden simbólico, estado este último, donde el individuo adquiere la capacidad lingüística. Lo imaginario, utilizado como metáfora cuestionadora del régimen falogocéntrico imperante, es visto por ellas como un período de intercambio flexible, libre de límites y convencionalismos sociales entre la madre y el hijo, donde existe una fuerte cercanía corporal. La maternidad se convierte en un acto creativo más que en una institución que limita a la mujer a un rol pasivo y hogareño. La norteamericana Adrienne Rich en su libro *Of Woman Born* (1986) propone también una lectura similar de lo materno al plantear cómo la adquisición de la identidad y la formación del ser en las sociedades patriarcales tiene su base en el odio hacia la madre, cuya influencia debe ser supuestamente dejada atrás por completo. Para Rich lo significativo es una llamada a vivir la maternidad como experiencia y no como institución preestablecida que fija normas y patrones de conducta. Finalmente, la italiana Luisa Muraro (1994) dedica todo un volumen a rescatar la participación de la madre en el orden simbólico y a deconstruir la falacia que la relega a lo natural y primitivo como una posición bastante oscura. Muraro enfatiza el papel creador de la pareja madre-hijo(a) y la madre como la primera autoridad que enseña al infante a percibir el mundo y los distintos tipos de lenguajes.

Tanto Méndez como Mistral, en una época anterior a las mencionadas teóricas, y sin seguir una directiva feminista en sí, emplean las referencias corporales con el objetivo de marcar una diferencia de género con respecto a lo masculino. Ambas crean un espacio ginocéntrico que fomenta la creatividad poética y la escritura femenina. El cuerpo de la mujer es mostrado en el momento primigenio de la maternidad, en estrecha cercanía con el infante. Se rescata el papel creador de la madre como ser que es capaz de engendrar vida y en el caso de la mujer escritora, poesía. Si bien para las teóricas del feminismo de la diferencia como para Méndez y Mistral lo corporal representa la fuente de la escritura femenina, lo que separa a las poetas de las teóricas es que las segundas plantean un vínculo entre lo corporal y lo literario. Para estas la mujer escribe con su cuerpo. Mientras que para Kristeva la escritura femenina proviene del lenguaje de la preconsciencia, es decir, del estado fisiológico donde aún no existe lo falogocéntrico represor; para Cixous e Irigaray, la mujer construye una literatura propia y flexible que la distancia de lo escrito

MISTRAL Y MÉNDEZ: EXPERIENCIAS DE LA MATERNIDAD 129

por autores hombres, flexibilidad que radica en el cuerpo femenino que según Irigaray estaría distribuido en varios centros y no concentrado en la rigidez de la Ley patriarcal.

Refiriéndose a las últimas décadas del siglo XX, Catherine Bellver contrasta esta perspectiva "biofeminista" francesa con el punto de vista político-económico del feminismo anglo-americano. Lo que metafóricamente llama Cixous la "bisexualidad" de la escritura femenina en *La risa de la Medusa* ([1975] 1995) es la capacidad de abarcar ambos sexos y, como consecuencia, trascender la prisión de la Ley falogocéntrica: "Si existe algo 'propio' de la mujer es, paradójicamente, su capacidad para des-apropiarse sin egoísmo: cuerpo sin fin, sin 'extremidad', sin 'partes' principales, si ella es una totalidad es una totalidad compuesta de partes que son totalidades ..." (48). Según ella, la *écriture féminine* es multiforme e infinitamente cambiante, partiendo de la oralidad (frente a la escritura propiamente dicha), lo cual hace que su enunciación sea ambigua (49).

La escritura totalizadora que Cixous atribuye a las mujeres poetas se debe entender como performativa, y ciertamente, la escritura poética de Méndez y de Mistral es así, pero la fuente de poder de esta escritura no radica en la "bisexualidad" de la escritura, sino en una femineidad anclada firmemente en el cuerpo de la mujer, y sobre todo, en la experiencia de la maternidad y los lazos físicos y psíquicos que ésta conlleva. Asimismo, a diferencia de la idea que tiene Cixous de la escritura femenina, la obra poética de Méndez y de Mistral se caracteriza por su énfasis en la palabra escrita (difícilmente lograda por la escasa educación formal al alcance de las mujeres españolas de la época), aunque sea escrita performativamente con el cuerpo. En la obra poética de Méndez y de Mistral, la madre es un ser múltiple sin fronteras que incluye a su hijo, de modo parecido a "ese sexo que no es uno" de Irigaray (Cixous 1995, 324–25). Las teóricas Cixous e Irigaray, como señala Susan Rubin Suleiman, elaboran la "metáfora materna," tanto por la *écriture féminine* como por la política feminista (1990, 166); la rebeldía de la escritura poética femenina de Méndez y Mistral gira en torno a lo maternal. El feminismo de estas poetas se ubica en la maternidad y en el cuerpo maternal, o sea, se encuentra en el ginocentrismo de sus obras líricas.[1]

---

1 En "Concha Méndez y la escritura poética femenina," John C. Wilcox diferencia la visión ginocéntrica positiva de Méndez, que "consiste en la inscripción en sus textos de personajes femeninos y protofeministas, la expresión del deseo femenino, y la revisión del discurso poético femenino sobre la maternidad," de su visión ginocéntrica negativa, con su evocación del divorcio y de la mortalidad infantil (2001, 208). Nosotros no hacemos tal contraste, aunque estemos de acuerdo con Wilcox en que la visión de Méndez es esencialmente ginocéntrica.

En efecto, la maternidad es una de las preocupaciones fundamentales de Mistral. A lo largo de su trabajo literario este tópico constituye una de esas constantes discursivas que la autora se niega a abandonar. Mistral dedica no pocas cuartillas, lo mismo en verso o prosa, a ofrecer sus valoraciones en cuanto a lo maternal y a la relación madre e hijo(a). Aunque no es la única entre las poetas latinoamericanas de su tiempo que se ocupa de tratar el vínculo primigenio de todo ser humano con la persona que le otorga la vida o la posición de la mujer con respecto al alumbramiento de un nuevo ser,[2] es esencial hacer notar que a ninguna como a ella se le adjudica, sobre todo gracias a la influencia de una crítica demasiado conservadora o de regímenes políticos como el de Augusto Pinochet, el estereotipo de la maestra pobre, tierna, pura y casi santa que ejerce no solamente la función de madre de todos los niños sino también la de madre de la patria. Esta imagen de la escritora, en grado sumo reduccionista, en tanto que soslaya la riqueza de la personalidad de Mistral, comienza a ser cuestionada fundamentalmente a partir del año 2007 cuando Doris Atkinson, sobrina de la norteamericana Doris Dana (1920–2006), quien fuera la última pareja de Mistral, devela un completo archivo que incluye documentos, fotografías y videos de la relación amorosa y sentimental de ambas. Obviamente este hecho fue el detonante para llevar a cabo una desmitificación en torno a la figura de Mistral, que desde ese entonces no puede ser valorada ya como la mujer solitaria, carente de vida sexual, triste y contradictoria, o llena de complejos de inferioridad y fealdad, pero al mismo tiempo exitosa en el ámbito intelectual que es presentada por estudiosos como Volodia Teitelboim en su biografía *Gabriela Mistral pública y secreta* (1997).

El archivo presentado por Atkinson da lugar a nuevos acercamientos críticos como los de Licia Fiol-Matta (2014) o Claudia Cabello Hutt (2018) que entregan ahora una figura de Mistral "resignificada" para usar el término propuesto por Cabello Hutt. Fiol-Matta aborda la flexibilidad de la personalidad de la escritora y muestra cómo la crítica tradicional, así como la política se han ocupado durante años de reducir y opacar la personalidad de Mistral para insertarla con comodidad en los cánones patriarcales y conservadores de la nación. Por ejemplo, en lugar de reconocerse una maternidad no tradicional en Mistral se difunde la idea de una frustración de la escritora en este aspecto

---

2 Alfonsina Storni aborda la maternidad soltera en un poema como "La loba" perteneciente a su primer libro *La inquietud del rosal* (1916), donde se manifiesta en contra de los prejuicios que afrontaba la mujer que como ella misma se encontraba en esta situación. Por otra parte, Dulce María Loynaz, escribe su conocida y larga composición "Canto a la mujer estéril," recogida en su libro *Versos* (1920–1938), en la que se refiere, en tono crítico, a la frustración padecida por la madre imposible debido a la condena social que recaía sobre la mujer que era incapaz de cumplir con lo que era considerada su función natural.

MISTRAL Y MÉNDEZ: EXPERIENCIAS DE LA MATERNIDAD   131

de su vida, cuando en realidad toda su obra literaria e incluso su propia existencia indican justamente lo contrario, como afirma Fiol-Matta:

> Tuvo una experiencia de la maternidad pero le fue negada la subjetividad materna, pues no era madre biológica de su hijo y compartía las responsabilidades parentales con otra mujer, la mexicana Palma Guillén.
>
> 2014, 36

Por otro lado, Cabello Hutt en su libro *Artesana de sí misma* (2018), descubre a una Mistral de difícil categorización histórica, poseedora de un pensamiento híbrido que la lleva a situarse en distintos espacios, en ocasiones contrapuestos. De esta forma, será Mistral defensora de la cultura indígena como autoctonía identitaria y cultural del continente latinoamericano, ideología que no le impedirá, sin embargo, mostrarse a favor del ideal de blanqueamiento y civilización europea difundido durante los siglos XIX y XX en América Latina por el positivismo y por figuras políticas e intelectuales como el argentino Domingo Faustino Sarmiento (Cabello Hutt 2018, 72–73). Un proceso similar ocurre con la posición de la escritora ante el movimiento feminista, en creciente auge en la primera mitad del siglo XX, y enfocado principalmente en la obtención de derechos políticos para la mujer con especial énfasis en el sufragio. A pesar de que Mistral cree en la instrucción de la mujer y en su crecimiento como ser humano no parece estar del todo de acuerdo con una participación activa de esta en esferas públicas o sociales, aspecto que sería también contradictorio si se tiene en cuenta su personalidad. Mistral continúa difundiendo un modelo de mujer muy anclado aún en la esfera doméstica cuya principal función es la maternidad. Sin embargo, se hace necesario destacar que este patrón que dicta para el resto no es el asumido por ella. Si bien resulta verdadero que dedicó una enorme cantidad de cuartillas a tratar los asuntos correspondientes a la maternidad y los niños también es cierto que su trabajo no se limitó a lo que consideraba el reino propio de la mujer.

Como ha planteado Cabello Hutt, fue Mistral una intelectual de incidencia continental y transatlántica que participó en México en reformas educativas, viajó por Europa y Estados Unidos desempeñando diferentes oficios relacionados con las letras y el periodismo, asimismo no desdeñó oportunidades para reflexionar y opinar en torno a la política ni desaprovechó la ocasión de construir redes de amistad o profesionales que le permitieron hacer de la literatura un modo de vida. Según Hutt, Mistral llega a diseñar incluso su propia imagen para romper con los estereotipos de femineidad y género del momento y de este modo ser aceptada en los círculos intelectuales por su talento y no por una apariencia femenina típica. Llama por tanto la atención que Mistral reclame a la mujer lo que ella misma no aplica. Su criterio sobre el feminismo aparece entrelazado con la crítica a la modernidad muy de moda en aquel entonces y con el anhelo de restituir lo que para ella constituía un orden primigenio inamovible, así plantea en su escrito "Una nueva organización del trabajo:" "La llamada civilización contemporánea ... hasta esta hora no ha parado mientes en la cosa elemental, absolutamente primaria, que es organizar el trabajo según los sexos" (1927, Parte I, 1). Según se desprende de este mismo material lo que le incomoda a la chilena del movimiento feminista es que este no había sabido valorar con cuidado las esferas a las que se pretendía incorporar a la mujer. Esta última había sido sustraída de la tranquilidad hogareña y de su función como madre para sumarse a lo que Mistral nombra "la brutalidad de la fábrica" (1927, Parte I, 1) donde es cierto que las mujeres eran discriminadas y mal remuneradas. No obstante, Mistral toma el camino más conservador ya que pretende mantener a la mujer en un orden doméstico en vez de sumarse a la defensa de sus derechos en la esfera social. Sin embargo, su visión de la maternidad no puede ser vista de forma tan simple ni reduccionista. En su obra, lo maternal se problematiza y oscila desde una posición más tradicional hasta ciertas ideas que tempranamente la vinculan con lo que sería años más tarde el feminismo de la diferencia y con el pensamiento de teóricas como Cixous, Irigaray, Kristeva, Muraro o Rich quienes a su modo y desde distintas perspectivas rescatan la importancia de la madre y su relación con el infante en los primeros momentos de la vida cuando aún el recién nacido no se reconoce como ser independiente.

Teniendo presentes estas concepciones teóricas y haciendo una lectura de diferentes textos escritos por Mistral habría que preguntarse si sus ideas se encuentran realmente tan distanciadas de lo planteado por el movimiento histórico del feminismo. Aunque la posición de Mistral puede resultar a veces más radical que la encontrada en las mencionadas teóricas es indiscutible la similitud con las ideas anteriores. Quizás lo que separe a la escritora chilena del feminismo de la diferencia es su intención siempre presente de dejar muy bien establecidos los roles de género mientras que las feministas de la segunda mitad del siglo XX, al menos en propósito teórico y sin lograrlo del todo, buscaban socavar la oposición binaria entre lo masculino y lo femenino para conseguir cambios sociales. Mistral, por el contrario, se inclina hacia el sostenimiento de las divisiones entre hombres y mujeres. Construye para estas últimas un universo tan singular que no da cabida a los primeros: "El mundo rico que forman la medicina, las artes y las artesanías que sirven al niño, basta, es perfectamente extenso para que hallen en él plaza todas las mujeres, sólo que de este reino suyo no debe ser desterrada por el hombre, ni sufrir dentro de él competencia suya" (1927, Parte II, 1). Es decir, la escritora defiende un lugar propio para la mujer donde esta recobra importancia, creatividad y hasta originalidad. No obstante, continúa siendo un espacio demasiado solitario, aislado, constreñido dentro de los límites de lo maternal, estereotipo que había sido establecido ya históricamente por el patriarcado.

Desde su primer poemario, *Desolación*, publicado en 1922 en Nueva York, ya el sujeto lírico mistraliano muestra gran atracción por el tema de la maternidad. Este constituye un asunto que adquiere paulatinamente, y según va transcurriendo el tiempo, diferentes matices en su obra lírica. A una posición de anhelo o frustración, dominante en su primer volumen, le sigue la realización de la experiencia maternal en el libro *Ternura*, y finalmente, en *Tala*, se expondrá la búsqueda incesante de la madre muerta que lleva implícita un sentimiento de angustia y vacío que desemboca en un vitalismo cuestionador de la existencia y la nada.

Lo primero que llama la atención en *Desolación*, en un tríptico de sonetos, es la profunda devoción del sujeto lírico frente a la maternidad. La mujer se presenta como madre abnegada, capaz de sacrificar su propia vida por el bienestar de los hijos o como ser que anhela la suprema realización mediante la fecundación de su vientre. Existen aún en estas composiciones las referencias al progenitor masculino, el que estará totalmente ausente en un libro posterior como lo es *Ternura*. En el poema "La mujer fuerte" la figura de la madre impone respeto, admiración y al mismo tiempo conmiseración. Se trata de una mujer, de una imagen fija, que la voz lírica retrotrae desde la infancia, la de una madre campesina que labra la tierra para mantener a sus hijos mientras el marido la abandona para irse a beber:

> Alzaba en la taberna, honda, la copa impura
> el que te apegó un hijo al pecho de azucena,
> y bajo ese recuerdo, que te era quemadura,
> caía la simiente de tu mano, serena.
>
> MISTRAL 2006, 4–8/7

El trasfondo de este poema que hasta cierto punto puede conectarse con la vida personal de la autora, en tanto fue Mistral una niña criada entre mujeres y abandonada por su padre, está determinado por la ideología de género de la poeta quien se aferra al antiguo y ya estrecho ideal de la división de esferas: lo privado, pasivo y maternal para la mujer y el espacio público para el hombre. Su poema, al tiempo que resulta en una exaltación encomiástica del sacrificio maternal, constituye también una suerte de crítica social a lo que ella considera el incumplimiento del deber masculino. Para confirmarlo basta con referirnos a sus propias palabras en el artículo periodístico "Una nueva organización del trabajo" (1927), donde la escritora expone su desacuerdo no solamente con la incorporación de la mujer a ciertas labores sino también con respecto a la transformación del rol femenino en la sociedad: "... la antigua compañera, cuya mesa él costeaba, se le ha convertido voluntariamente en un jornalero que aporta la mitad del presupuesto doméstico" (1927, Parte II, 2). De todas formas, resulta importante observar aún la presencia del padre, aunque se encuentre lejano y con los sentidos embotados por el alcohol.

Por otro lado, en "La mujer estéril" y el "Niño solo," unido al deseo ferviente y frustrado de ser madre, aparece ya la presencia del intercambio corporal, que no solo marca la aproximación al tema de la maternidad en *Ternura*, sino que también acerca a la poeta chilena a las ideas defendidas por el feminismo de la diferencia con respecto a lo maternal y al orden imaginario como experiencia primigenia de importancia creadora, liberada de los dictados de la sociedad patriarcal. El primero de estos poemas se enfoca en el tratamiento de la frustración de la madre irrealizada, sentimiento que en este caso aparece profundamente marcado por la imposibilidad de vivir la primera etapa del infante con la madre:

> La mujer que no mece a un hijo en el regazo,
> cuyo calor y aroma alcance a sus entrañas,
> tiene una laxitud de mundo entre los brazos;
> todo su corazón congoja inmensa baña.
> MISTRAL 2006, 1–4/8

Los aspectos que provocan la tristeza de la madre frustrada tienen que ver con el disfrute corporal del hijo: no podrá mecerlo entre sus brazos, no habrá una relación táctil entre ellos, no podrá sentir su calor ni su aroma, más adelante además habrá de declarar la imposibilidad dolorosa de observarse a sí misma en los ojos del niño. Por lo tanto, lo único que queda entre sus brazos es el vacío y la soledad, y en el corazón, la congoja. Sin embargo, el sujeto lírico mistraliano continúa apegado a la idea de contemplar a toda mujer como madre y finaliza la composición dando fe del estupor que causa en el sujeto femenino la incapacidad de procrear: "Con doble temblor oye el viento en los cipreses. / ¡Y una mendiga grávida, cuyo seno florece / cual la parva de enero, de vergüenza la cubre!" (Mistral 2006, 12–14/8).

La mujer infértil se sitúa en un plano más cercano a la muerte, pues con doble temblor escucha el viento en los cipreses, árbol característico de los cementerios. Habría que preguntarse también a qué tipo de mujer hace

MISTRAL Y MÉNDEZ: EXPERIENCIAS DE LA MATERNIDAD

referencia este soneto, obviamente hay una alusión excluyente y peyorativa a la "mendiga grávida" que llena de vergüenza a la madre imposible, con lo cual puede concluirse que Mistral se enfoca en una maternidad al menos de clase media que no reconoce las particularidades de estrato social. Si se deconstruye este verso quedaría al desnudo una visión sumamente despreciativa hacia la mendicidad que da cuenta de cómo hasta la criatura más vil tiene la oportunidad de procrear excepto la mujer del poema.

El último soneto de esta serie, "El niño solo," cuenta la historia de una mujer que mientras va por un camino es detenida por el llanto de un niño solitario y pequeño que la hace acercarse a la puerta de un rancho. La verdadera madre, ocupada en sus faenas se demora, hecho que es aprovechado por la voz lírica femenina para sustituirla. La composición se convierte en expresión de la ternura que provoca el niño en la curiosa que por momentos se convierte en madre. Una vez más se muestra la relación corporal entre el infante y la mujer. El niño despierta, busca "el pezón de rosa" de la madre y al no encontrarlo rompe en llanto (Mistral 2006, 5–6/8). Ante esto, la mujer, aunque carente de leche, es capaz de resolver la situación usando el instinto maternal esencialista al que siempre acude Mistral: "Yo lo estreché contra el pecho, / y una canción de cuna me subió, temblorosa ..." (7–8/8). El temblor de la voz indica temor ante una experiencia prestada, irreal y desdibujada en este caso que viene de la costumbre patriarcal de considerar a toda mujer como madre cuando en realidad pueden darse excepciones. En las dos últimas estrofas ya el niño aparece dormido debido al efecto de la canción de la madre sustituta quien también disfruta de una realización ajena que hace suya en ese instante:

> Por la ventana abierta la luna nos miraba.
> El niño ya dormía, y la canción bañaba,
> como otro resplandor, mi pecho enriquecido ...
>
> Y cuando la mujer, trémula, abrió la puerta,
> me veía en el rostro tanta ventura cierta
> ¡qué me dejó el infante en los brazos dormido!
> MISTRAL 2006, 9–14/8

Desde este volumen de versos puede apreciarse entonces el interés de Mistral hacia los primeros momentos de la vida del infante y a la relación estrecha que establecen madre e hijo. A pesar del carácter reduccionista que lleva implícito el hecho de mantener a la mujer dentro del plano maternal, la escritora representa a la madre como figura creativa, dueña de un dominio propio donde es autosuficiente, no es superada por nadie, ni enfrenta competencia de otro, con lo que revaloriza y da importancia a la figura de la madre en la formación de la personalidad desde edades tempranas. Como más tarde plantearían autoras como Kristeva y Muraro, lo primero que escucha el pequeño es la voz maternal. En los poemas de Mistral solo ese fluir sónico de ritmo y palabra es capaz de consolar al infante.

En el caso de la poesía de Méndez, el acto creativo de dar vida hace que renazca la madre; es la maternidad la que alivia el sufrimiento del sujeto lírico que puede ser identificado con la misma autora. Hacia 1944, Méndez se encontraba en México, exiliada de su España natal y recién separada de Altolaguirre (1905–59), su marido desde 1932 y padre de su hija, Isabel Paloma.[3] La tristeza de Méndez a causa de la ruptura con su pareja amorosa y profesional tomó forma en los versos del poemario *Sombras y sueños* (1944)—"Tu novena primavera / entrará, niña, sin padre. / ¡Qué pronto los desengaños / empezaron a rondarte!"—que expresaban la pérdida de inocencia que experimentaba no sólo su hija, como rezan estas líneas, sino ella misma ("Tu novena primavera," 1995, 1–4/146). Despojada de su país y de lo que, para la época, se aproximaba a la independencia e igualdad de género, cae en la depresión, cuyas sombras crean el claroscuro de *Sombras y sueños*.

Contrastando con la oscuridad que predomina en los poemas y pasajes de *Sombras y sueños*, hay luces de esperanza, luces que emanan de su hija y de la maternidad. En una de estas instancias, la hija de Méndez toma el lugar de su madre en un mundo imaginario poético, el cual dibuja un futuro mejor en el cual sería posible volver a una España renacida de las heridas de la Guerra Civil, de la que Concha huyó con Altolaguirre, primero a Cuba, y luego a México:

> ¡Volveré a verte algún día,
> mi Sierra de Guadarrama!
> Conmigo irán unos ojos
> nuevos, de clara mirada
> y unos tiernos piececitos
> que mi existencia engendrara ...
> —¡Mi niña, patinadora,
> Paloma y Ángel, sin alas,
> graciosa como tus pinos,
> de cabellera dorada!—
>
> MÉNDEZ 1995, 31–40/149

---

3 Con respecto a la separación de Concha Méndez y Manuel Altolaguirre en México, véase Roberta Quance, "Hacia una mujer nueva" (2001, 110–11), y las memorias de Méndez, en Paloma Ulacia Altolaguirre, *Concha Méndez: memorias habladas, memorias armadas* (1990).

La metonimia aquí juega el papel irónico de reintegrar el cuerpo y el "yo," haciendo a madre e hija renacer, al igual que el paisaje de la Sierra de la Guadarrama, lugar de algunas de las batallas más sangrientas de la Guerra Civil. Se crea en el poema un paralelo entre el sueño de la vuelta a la patria del exiliado y el del renacimiento del padre o madre a través de sus hijos. En la poesía de Méndez, esta renovación sucede específicamente gracias a la experiencia de la maternidad, y es más, mediante el cuerpo maternal y femenino. Existe en su obra una comparación implícita entre lo que significa dar a luz y escribir, siguiendo la larga tradición en las letras femeninas de engendrar como una metáfora por de escribir y viceversa:

> Quiero ser, renacer, mientras que aliente,
> crear y recrear y recrearme,
> y dejar una estela de mi vida
> que no pueda acabarse con mi sangre.
>
> MÉNDEZ 1995, 5–8/134

Del mismo modo, "ser" y el acto de "renacer" dependen de la capacidad del cuerpo de renovarse constantemente: esto ocurre a través del aliento ("mientras que aliente") y la sangre. Como sugiere la paronomasia, "crear," "recrear" y "recrearme" van de la mano; la re-creación que es a la vez la maternidad y la escritura también conlleva el re-nacimiento del "yo."

Al igual que en *Sombras y sueños*, en *Niño y sombras*, un anterior poemario de 1936 que inmortaliza al hijo primogénito de Méndez, muerto al nacer en Londres, la sangre se convierte en una metáfora de la vida misma, la maternidad, y el vínculo corporal y espiritual entre madre e hijo:[4]

> No vieron luz tus ojos.
> Yo sí te vi en mi sueño
> a luz de cien auroras.
> Yo sí te vi sin verte.
> Tú, sangre de mi sangre,
> centro de mi universo,
> llenando con tu ausencia
> mis horas desiguales.
>
> MÉNDEZ 1995, 5–12/81

---

4 Según John C. Wilcox en su libro, *Women Poets of Spain, 1860–1990: Toward a Gynocentric Vision*, la sangre es una metáfora importante en la poesía de Méndez (1997, 102–103, 117). Asimismo, Catherine G. Bellver describe la conexión entre la sangre y la creatividad en la obra poética de Méndez (2001, 322).

Se repiten las palabras "sangre" y "luz," que representan metafóricamente la vida: "luz" nos recuerda la frase "dar a luz," el momento simultáneamente del parto físico y de creación espiritual, y "sangre de mi sangre" evoca el lazo que une a la madre con su vástago, el cual radica en, y conecta, los cuerpos de ambos. "¡Qué vacío dejaste, / al partir, en mis manos! / ¡Qué silencio en mi sangre!": el fallecimiento del niño deja un vacío inexpresable en la vida del "yo," poético y biográfico, y este inefable hueco apaga temporalmente la capacidad de expresarse que es la esencia de la vida y de la creación (Méndez 1995, 18–20/81). Paradójicamente, el silencio terrible de la muerte se vuelve voz audible:

> Ahora esta voz, que vence,
> del más allá me llama
> más imperiosamente
> porque estás tú, mi niño.
>
> MÉNDEZ 1995, 21–24/81

Escuchar la voz de su hijo difunto desde el más allá hace que renazca el niño y, por ende, su madre. El niño existe—"estás tú, mi niño"—como expresión de su voz y la voz poética de su madre, creadora en el doble sentido.

Por el contrario, en "Niño perdido," la finalidad de la muerte y la pérdida del hijo se expresan no sólo como un vacío, sino también como una incapacidad de crear, no obstante, la conexión entre madre e hijo, manifestada de nuevo mediante la metáfora de la sangre: "¡oh niño perdido, / tierna flor de la sangre! [...]" (Méndez 1995, 4–5/87). Repetidas estructuras anafóricas sugieren el vacío dejado por el fallecimiento del pequeño:

> Esta mano mía
> ....
> ... no puede
> ni sentir tu carne
> de niño nacido
> con pena y sin aire,
> con alas de ausencia
> hecho niño-ángel.
>
> MÉNDEZ 1995, 16–21/87;

> Ni vi tu cabello /
> rubio, ni vi tu semblante,
> pero me dijeron ... y he de recordarte

como aquella estampa ...
cuando me dejaste.

MÉNDEZ 1995, 22–26/87

Pero a la vez, la representación que ocurre a través de la memoria, lo que también hace posible la escritura, inmortaliza al difunto, reviviéndole y haciéndole renacer metafóricamente.

En el caso de Mistral, si aún en *Desolación* la maternidad es vista de forma más conservadora, como responsabilidad de la mujer para perpetuar la especie, como anhelo difícil de lograr o como frustración de la madre imposible, y aún está presente la figura paterna en composiciones como "Poema del hijo": "... Yo quise un hijo tuyo / y mío, allá en los días del éxtasis ardiente," (Mistral 2006, 1–2/35), en su poemario posterior, *Ternura*, y en un texto en prosa como "Recuerdo de la madre ausente," recogido en *Lecturas para mujeres*, lo maternal se radicaliza, convirtiéndose en experiencia íntima, en un lazo imposible de atravesar o quebrar que solo surge entre madre e hijo(a) y donde el padre no encuentra cabida. Tanto el poemario *Ternura* como el artículo "Recuerdo de la madre ausente" enfatizan en la labor de la madre en el orden imaginario y en la más temprana infancia, la rescatan del olvido patriarcal y civilizatorio que pretende una muerte de ese estado primigenio en aras de formar la identidad propia. En principio, la autora cuestiona el mito de la madre como receptáculo que pasivamente recibe la semilla por parte del hombre resaltándose así la capacidad creadora y activa de la mujer en la reproducción. En cierta forma, como más tarde hará el feminismo de la diferencia, Mistral apela a un estadio temporal primitivo, casi matriarcal, y lleva a cabo una deconstrucción de las narrativas modernas en torno a la mujer y a la maternidad. El poema "Apegado a mí," uno de los primeros de *Ternura*, da cuenta de la intervención de la mujer en ese proceso creador de un nuevo ser humano. Es ella quien forma al hijo en su propia entraña, es este una extensión de su carne, parte eterna de su cuerpo. Llama la atención la no existencia de la figura masculina, que es una característica estable a lo largo del poemario:

Velloncito de mi carne;
que en mi entraña yo tejí,
velloncito friolento,
¡duérmete apegado a mí!

MISTRAL 2006, 1–4/35

En "Recuerdo de la madre ausente" se expone también el hecho creativo que significa la maternidad y la conexión corporal sempiterna que comparten ambos seres, aunque ahora es la hija quien habla, la que reivindica el papel vital de la madre en cuanto a su presencia en el mundo: "En el fondo de tu vientre se hicieron en silencio mis ojos, mi boca, mis manos. Con tu sangre más rica me regabas ... Alabada seas por todo el esplendor de la tierra que entra en mí y se enreda en mi corazón" (Mistral 2006, 10). Obsérvese la mención del vínculo corporal que media en esta relación filial primigenia que la hija destaca ahora situada ya en el orden simbólico. Con el poder de la palabra expresa su gratitud y amor a la madre que formó en su vientre las partes de su cuerpo, acto que bien pudiera relacionarse con el propósito esencial del libro *El orden simbólico de la madre* de Muraro (1999), que pretende precisamente revitalizar el amor hacia la madre y destacar su influencia en la formación intelectual del infante. En efecto, Mistral, como también harán Kristeva y Muraro, le concede gran importancia a la palabra materna. No en balde una de las imágenes más significativas del libro *Ternura* es la de la madre que duerme al hijo siguiendo la antigua tradición oral, es decir, cantando o contando historias donde se conjugan la palabra y la melodía de la nana:

> Duérmete, mi niño,
> duérmete sonriendo
> que es la Tierra amante[5]
> quien te va meciendo.
>
> MISTRAL 2006, 10–12/57

No tiene sentido entonces negar la participación de la madre en la adquisición de la lengua y la cultura por parte del infante, hecho al que se vuelve a hacer referencia en "Recuerdo de la madre ausente": "No hay ritmo más suave, entre los cien ritmos derramados por el *primer músico*, que ese de tu mecedura, madre, ... Y a la par que mecías me ibas cantando, y los versos no eran sino palabras juguetonas, pretextos para tus mimos" (2017a, 11). Para Mistral, la madre es la primera maestra, antecede a las instituciones y a la escuela, muestra el mundo al niño: "Todos los que vienen después de ti, madre, enseñan sobre lo que tú enseñaste y dicen con muchas palabras cosas que tú decías con poquitas" (2020, 170). Al decir de Muraro madre e hijo(a) se convierten en una pareja creadora. De este modo, y en cercana relación con la idea anterior,

---

5 Resulta importante destacar que a lo largo de todo el poemario *Ternura* la madre es comparada en su papel creador con la Tierra. Para Mistral todo es fértil a su alrededor y la Tierra es la gran madre del mundo. De ella brotan los frutos, los metales, ella sustenta todo: los caminos; el mar; el agua. Por razones de espacio resulta imposible abordar este paralelismo.

continúa expresándose la hija imaginada del texto de Mistral: "Tú ibas acercándome, madre, las cosas inocentes que podía coger sin herirme; una hierbabuena del huerto, una piedrecita de color; y yo palpaba en ellas la amistad de las criaturas" (2017a, 11). Mistral, en efecto, privilegia en su obra la relación primaria entre la madre y el hijo, momento, que según avanza el tiempo, se convierte en nostalgia y búsqueda dolorosa de lo primitivo, en necesidad de la presencia materna:

> He caminado sola, sin el arrimo de tu cuerpo, y sé que eso que llaman libertad es una cosa sin belleza ... He hablado también sin necesitar de tu ayuda. Y yo hubiera querido que, como antes, en cada frase mía estuvieran tus palabras ayudadoras para que lo que iba diciendo fuese como una guirnalda de las dos.
>
> 2017a, 13

Hay incluso en *Ternura* el afán de perpetuar la primera infancia, ya que hasta cierto punto la madre lírica de estos poemas observa un mundo lleno de peligros y amenazas más allá del dominio de su *autoridad* para usar un término propuesto por Muraro. En este sentido, aparecen en el libro dos composiciones, cuyo tono recuerdan los poemas del libro *Ismaelillo* de José Martí, que dan cuenta de este sentimiento que parece ser cierto temor a la entrada del niño o la niña al orden cultural y civilizatorio. En la composición "¡Qué no crezca!" se centra en el varón mientras que en "Miedo" focaliza en la hembra. Es fundamental señalar esta diferencia teniendo en cuenta la ideología de género de la escritora. En el caso del niño le preocupa la influencia de las mujeres y las malas compañías:

> Si crece, lo ven todos
> y le hacen señas.
> O me lo envalentonan
> mujeres necias
> o tantos mocetones que a casa llegan;
> ¡qué mi niño no mire
> monstruos de leguas!
>
> MISTRAL 2006, 15–22/76–77

En cuanto a la niña, la voz lírica maternal teme que alcance posición tan alta que la lleve a ser inaccesible para ella. Probablemente, y sin poder afirmarlo del todo, Mistral tenía en mente, al escribir este poema, las mismas ideas que sostuvo en su artículo "Una nueva organización del trabajo:" "Yo no deseo a la mujer como presidenta de Corte de justicia, aunque me parece que está muy bien en el tribunal de niños ... Tampoco la deseo reina, a pesar de las Isabeles, porque casi siempre el gobierno de la reina es el de los Ministros geniales" (1927, Parte I, 4). Resulta difícil llegar al núcleo del pensamiento de Mistral debido a su carácter contradictorio que en parte niega "madurez absoluta de la conciencia de la mujer" (1927, Parte I, 4) para ejercer en la rama legislativa, que por otro lado parece defender su orgullo ante aquellos que no la consideran apta para practicar el oficio de la ley e intentan suplantar su agencia, es decir, esos a los que nombra "Ministros geniales." De cualquier modo, al parecer, al final prevalece en su pensamiento el patrón de humildad y de lo maternal vinculado al rol de la mujer, idea que también queda expresada en su "Silueta de Sor Juana Inés de la Cruz" (2017b).[6] En el poema "Miedo" del libro *Ternura*, lo que se destaca es una vez más el temor de la madre al crecimiento y la lejanía de la hija:

> Yo no quiero que a mi niña
> la vayan a hacer princesa.
> Y menos quiero que un día
> me la vayan a hacer reina.
> La pondrían en un trono
> a donde mis pies no llegan.
> Cuando viniese la noche
> Yo no podría mecerla ...
>
> 15–22/77–78

En resumen, Mistral defiende siempre en gran parte de su trabajo literario la importancia de la figura materna. Muestra su desacuerdo con el feminismo en el sentido de que la nueva incorporación de la mujer a la esfera social, política, y al trabajo restarían tiempo a lo que ella consideraba como un vínculo sagrado, es decir, la relación de la madre con el hijo. Sin embargo, la escritora chilena observa la maternidad como terreno único, creativo e indiscutible de la mujer, aspecto que la vincula al movimiento del feminismo de la diferencia. Mistral siente una notable atracción por la más temprana relación madre e hijo, lo que en gran medida está motivado por el hecho de ver en ella un

---

6 La parte número VI de esta silueta está dedicada a los últimos momentos de la vida de Sor Juana Inés de la Cruz, cuando la monja decide abandonar el estudio y dedicarse a las labores más humildes del convento como fregar los pisos de las celdas o asistir a los enfermos. Mistral expresa su preferencia hacia esta etapa de la religiosa: "Esta es para mí la hora más hermosa de su vida; sin ella yo no la amaría" (2017b, 85).

espacio donde la mujer puede realizarse sin límites ni convencionalismos, al decir de Domna Stanton: "... el estadío pre-edípico atrae las experiencias diferenciales de lo materno en un espacio ginocéntrico ..." (1986, 165).

En este intercambio entre infante y madre las feministas han visto un período flexible que bien podría servir de modelo para conseguir una simbiosis entre hombres y mujeres, ya que en esta relación primaria no existen patrones de género, tanto la mujer como el niño(a) se entregan al disfrute de lo corporal. Es el lugar idóneo para la experimentación de la bisexualidad metafórica de la que habla Cixous en su estudio *La risa de la medusa*. No hay límites, barreras, ni prejuicios. Para Mistral, que siempre tiene muy presentes los roles de género, "El padre anda en la locura heroica de la vida y no sabemos lo que es su día" (Mistral 2017a, 12); en cambio, la madre y el niño experimentan una extrema cercanía que el tiempo y la sociedad paulatinamente se encargan de aniquilar, en ese momento se produce el mayor acercamiento corporal con otro ser que probablemente no será retomado hasta la adultez, cuando el ser humano encuentra el amor erótico. Así dirá la hija imaginada del texto de Mistral con referencia a la indisolubilidad de ese lazo primigenio:

> Pero los juguetes muertos yo no los amaba, tú te acuerdas: el más lindo era para mí tu propio cuerpo. Yo jugaba con tus cabellos como con hilillos de agua escurridizos, con tu barbilla redonda, con tus dedos que trenzaba y destrenzaba ... Sí, todito mi mundo era tu semblante ...
> MISTRAL 2017a, 11

En consonancia con la prosa y la poesía de Mistral, en la obra de Méndez la corporalidad se vuelve fundamental en la creación del niño y en la conservación de su vida en el recuerdo de su madre, autora de su ser. Hay que observar que las dos se refieren a la sangre como fluido formador de la vida:

> Se desprendió mi sangre para formar tu cuerpo.
> Se repartió mi alma para formar tu alma.
> Y fueron nueve lunas y fue toda una angustia
> de días sin reposo y noches desveladas.
> MÉNDEZ 1995, 1–4/82

El "yo" de la madre se descompone para componer, o "formar," el de su hijo. El paralelismo gramatical en las primeras dos líneas subraya este sentido de los verbos "desprender" y "repartir." Semejantemente, se describe la angustia como algo corporal: las "nueve lunas," el número exacto de meses de un embarazo, aluden a los ciclos de la naturaleza que enlazan con los de la mujer.

Méndez nos hace sentir el peso material del embarazo y los efectos que produce en el estado de ánimo del "yo." Es también la materialidad y corporalidad, expresadas mediante la metáfora de la sangre, que se traducen en fecundidad y creatividad: gestar, en el doble sentido de sustentar a un niño y de generar las ideas propias de la autoría.

La pérdida del niño, al igual que su engendramiento, se representa en términos corporales. De la misma manera que su madre, el pequeño difunto está compuesto y descompuesto en una inversión de la tradición del blasón o soneto petrarquista:

> Y fue la hora de verte que te perdí sin verte.
> ¿De qué color tus ojos, tu cabello, tu sombra?
> Mi corazón que es cuna que en secreto te guarda,
> porque sabe que fuiste y te llevó en la vida,
> te seguirá meciendo hasta el fin de mis horas.
>
> MÉNDEZ 1995, 5–9/82

Esta subversión se refleja en el oxímoron "verte" / "sin verte," en el cual los sentidos irónicamente no sirven ni para unir las partes del cuerpo del niño, ni fijarlas como un todo en la memoria de su madre, así manteniéndole doblemente con vida. Pero por todo este énfasis en lo corporal, lo que le queda a la madre desprendida de su vástago es lo inefable, una "sombra" que solamente puede inmortalizar en la escritura y en la poesía, las cuales le sirven de cuna, "meciendo hasta el fin de [las] horas."

Ciertamente, lo corporal se asocia con la realidad y con la materialidad. La madre—el "yo" poético—intenta afianzar o consolidar el cuerpo de su hijo dentro del suyo, para darle solidez al mundo que percibe como si fuera un espejismo o como si estuviera soñando:

> La madre va siempre sola,
> quien quiera que la acompañe;
> el mundo es como un desierto
> y el hijo en él un oasis.
>
> MÉNDEZ 1995, 3–6/83

La robustez de la figura del niño aún no nacido aumenta la capacidad del cuerpo y de los sentidos de la madre, e incluso la firmeza del mundo mismo:

> Caminabas en mi seno,
> mis ojos se hacían más grandes;
> la tierra con mar y cielo

era más firme que antes.
Ibas a nacer, el mundo
se afianzaba en mi sangre ...

MÉNDEZ 1995, 7–12/83

Se relaciona el potencial sensorial con el del recuerdo, a través del cual la madre se hace autora (narradora y poeta) de la vida de su hijo, quien ya se encuentra en el más allá. La memoria del niño difunto es sentido en el cuerpo y en la psique como si fuera una herida:

[...]aquel recuerdo me deja,
cuando me viene, una herida,
y ya no me queda sitio
donde poder recibirla.

MÉNDEZ 1995, 3–6/88

Tan dolorosa es la herida, la memoria del difunto, que el cuerpo, anteriormente saludable y vital, se vuelve insuficiente para soportarla.

La herida que deja su hijo difunto en la madre, el "yo" poético, se convierte, en el soneto titulado "Noche," en una sombra que representa la ansiedad y el duelo:

Una sombra compacta
se ha internado en mi pecho
que remueve mis células
y ennegrece mis sueños.

MÉNDEZ 1995, 1–4/102

Esta misma sombra, la cual forma la mitad del título del poemario, "ennegrece" la vida de la madre-sujeto como si fuera una mancha oscura extendiéndose por todo el cuerpo y por toda la psique. Empezando por lo corporal, la fuente de la subjetividad en Méndez y de la escritura (femenina por haber nacido innegablemente en el cuerpo de una mujer), ensombrece hasta los sueños del "yo." Este oscurecimiento desemboca en el sufrimiento más negro que existe— la muerte—, pero la muerte se entiende como una gran paradoja. El fallecimiento del niño es, a la vez, vida, por la creación de una vida nueva dentro del vientre de la madre y por la autoría que le da la engendración, pero no se puede escapar de la condición final de la muerte. Sorprendentemente, el sujeto no acepta quedarse en el purgatorio de una madre cuyo hijo se ha muerto, expresado mediante el oxímoron "Es la muerte sin muerte," sino se yergue y renace (Méndez 1995, 5/102):

Es la muerte sin muerte
de otro cuerpo en mi cuerpo.
Mis defensas se yerguen
por luchar contra esto;
y yo, campo en batalla,
con los miembros deshechos,
aposté por la vida,
por las luces de nuevo.
Me sostiene la frente
un vendaje de anhelos.

MÉNDEZ 1995, 5–14/102

Extrañamente, quizás, la poeta elige usar una extendida metáfora "masculina" por excelencia—la de la guerra—, pero a la vez, localiza esta metáfora en el cuerpo, que en el contexto del poema y de la escritura poética de Méndez es, por definición, femenino. Las "defensas" de la madre-sujeto, que radican en el mismo cuerpo de mujer, hacen que sea posible su renacimiento; destrozada física y espiritualmente, como se refleja en la expresión metonímica "con los miembros deshechos," el 'yo' encuentra la manera de recomponerse mediante su fuerza vitalista. Su "vendaje de anhelos" es igual físico que espiritual y psíquico, y viene de lo corporal; de su vitalismo.

A través de este mismo vitalismo se conserva el vínculo emocional entre madre e hijo que supera la brecha entre vida y muerte:

No se puede vivir en una sombra
cuando la luz nos une al otro lado.
Mi claridad eres tú y huir quisiera
hacia otra realidad, junto a ese sueño
que persigue mi vida sin lograrlo.

MÉNDEZ 1995, 13–17/105

En este poema de *Niño y sombras*, el claroscuro representa la transición espiritual y psíquica desde la noche ensombrecida de la muerte hacia la luz de la vida renovada. La luz creada por los lazos entre la madre y su hijo es la misma que la auto-creación del "yo" y de la autoría, como dos tipos de engendración:

Tu yo frente a mi yo, me es imposible
aislarme de mí misma
y crearme de nuevo y recrearme
ante espejos de engaño.

MÉNDEZ 1995, 5–8/105

El peso de la conexión madre-hijo hace posible que el "yo" a la vez reconozca sus límites y los trascienda:

> Tu presencia me priva de evadirme
> y ser la creadora del ensueño
> que ha tocado mi frente sin sentido
> rompiendo nudos, hilos y cadenas.
>
> MÉNDEZ 1995, 9–12/105

La presencia del niño, del otro, le libera a la madre afligida de la influencia de fuerzas exteriores, que incluyen la tristeza producida por circunstancias fuera de su control, otorgándole la capacidad de soñar por sí misma. Así, ella se hace "creadora del ensueño," la narrativa de su vida y la de su hijo, además de la escritura poética.

De manera parecida, en "Voy por ti" (*Otros poemas* [*1926–1940*]), el vitalismo corporal producido por la maternidad le lleva a renacer en todos los sentidos—como madre, mujer y autora. Es la llamada a una segunda maternidad, emitida por el cuerpo, que le levanta de su aislamiento depresivo:

> Voy por ti, segundo niño,
> segunda cuna en el tiempo,
> que la primera, vacía,
> quedó hecha niebla de sueño ...
>
> MÉNDEZ 1995, 1–4/174

El deseo de lograr su "segunda cuna en el tiempo" después de la pérdida de "la primera, vacía," le saca del estado que le amenaza con quitarle su claridad creativa. Con la frase evocadora, "niebla de sueño," con sus evidentes resonancias de Rosalía de Castro, Méndez consigue distanciarse de su admirada predecesora, con su melancolía y afán de nostalgia.

El "yo" de la que quiere ser madre se siente impulsada por su cuerpo hacia el futuro para que, irónicamente, se haga dueña de su pasado:

> Voy por ti, la sangre llama,
> la sangre quiere recuerdos ...
> para cuando ya no esté
> en este mundo mi cuerpo.
>
> MÉNDEZ 1995, 5–8/174

El futuro del "yo" poético—que como en casi toda la poesía de Méndez es inextricable del "yo" biográfico de la autora—es de un ser activo que toma las riendas de su vida en oposición al tópico de la mujer pasiva frente a su destino. Como explica Iliana Olmedo, "Existe un vínculo entre su obra y los acontecimientos vividos; una influencia vital que determina la calidad de sus creaciones: el matrimonio con Altolaguirre, la muerte del hijo y la maternidad" (2010, 220). La poesía, igual que la actitud vitalista, contrasta con las de Castro: mientras Castro expresó su tristeza mediante los paisajes del alma en tales poemarios como *En las orillas del Sar* (1884). Efectivamente, el sujeto de "Voy por ti"—el título del poema casi adquiere el sentido de "voy *a* por ti," o sea, físicamente en busca de la descendencia—se compara no con un lago que meramente refleja sus circunstancias, sino un mar que abarca simultáneamente la calma de una existencia equilibrada y una tormenta de poderes creativos y desestabilizadores:

> No nací para ser lago
> remansado, humilde, quieto,
> sino mar de mil orillas
> de calma y tormenta lleno;
> no nací para quedarme
> en un rincón del invierno,
> heladas mis manos quietas ...
> MÉNDEZ 1995, 9–15/174

Castro se queja de su seno "frío y agotado" y, mediante desdoblamiento, de su vejez yerma: "... Ahí va la loca, soñando / con la eterna primavera de la vida y de los campos, / y ya bien pronto, bien pronto, tendrá los cabellos canos, / y ve temblando, aterida, que cubre la escarcha el prado ..." (Castro, VI, 2006, 138/70; Castro, "Dicen que no hablan las plantas," 2006, 4–7/137). A diferencia de Castro, Méndez rehúsa permanecer "en un rincón del invierno" (Méndez 1995, 14/174). Por el contrario, se muestra orgullosa de su cuerpo fuerte, afirmando que ha nacido "... para empuñar aceros / encendidos como antorchas / con que abrir caminos nuevos" (Méndez 1995, 16–18/174). Esta fuerza vital le abre caminos nuevos tanto en la vida, con la maternidad, como en la poesía.

Expuestas estas ideas puede afirmarse que tanto Méndez como Mistral, debido a diversas circunstancias, comparten una fuerte atracción hacia el tema de la maternidad. La primera vio frustrado su embarazo al nacer muerto su primer hijo, la segunda sintió siempre el anhelo de convertirse en madre, lo que realizó a través de la adopción y de una relación de pareja poco usual en la época. Ambas poetas fueron mujeres dedicadas a la realización de una obra intelectual cuando todavía era muy complejo para la mujer tener una proyección que superara las fronteras del hogar. Méndez se forma en el ambiente vanguardista español; Mistral en cambio procedía de una sensibilidad románica y modernista. Sin embargo, ambas reivindican ampliamente en sus obras la labor y la figura de la madre en la sociedad como ser humano creativo que es capaz de engendrar una nueva vida.

Tanto la española como la chilena llegan al tema de la maternidad por diversos caminos. Primeramente, Méndez expresa el dolor, la soledad y el vacío por la pérdida de su hijo y luego encamina su obra a la representación de una segunda maternidad que se convierte en esperanza de un futuro mejor, incluso de la posibilidad de recobrar su patria. Mistral, por su parte, siente siempre en versos el anhelo de convertirse en madre y su obra conoce también una evolución, desde una maternidad más tradicional donde existe la presencia del progenitor masculino hasta una experiencia maternal íntima, solitaria entre la madre y el niño donde no hay cabida para el padre. Resulta imprescindible también destacar el papel que desempeña el cuerpo en la escritura de ambas poetas, aspecto que hace vincular sus obras literarias a lo que posteriormente sería conocido como feminismo de la diferencia. En los primeros estadios de la vida madre e hijo constituyen prácticamente una misma unidad. El infante busca el cuerpo de la madre, no se concibe aún alejado de él, hecho que representan muy bien tanto Méndez como Mistral. La sangre constituye para los dos el fluido que da lugar a la creación del nuevo ser. Por la sangre están unidos madre e hijo(a). Para Méndez, la sangre se desprende de la madre y da lugar a la creación del vástago; para Mistral, de forma similar, la madre riega dentro del vientre al niño con su mejor sangre para formar su cuerpo. Para las dos poetas este vínculo es eterno. Lo corporal adquiere por tanto un peso fundamental, siendo además de la creación, el otro aspecto que une a la poesía de Méndez y Mistral. Para la española la madre se perpetúa en el cuerpo del hijo. Al lograr un hijo vivo, el fluido vital continúa fluyendo y se transmite de madre a hijo. Pero en el caso de Méndez, su primer hijo nace muerto imposibilitándose así ese contacto corporal, suceso que la llena de angustia hasta hacerla sentir el dolor de la muerte de otro cuerpo en su propio cuerpo. No tendrá jamás la oportunidad de conocer el color de los ojos o del cabello de la criatura. Solo le queda imaginar ese vínculo primigenio para eternizar al infante en poesía.

Del mismo modo, para la chilena el hijo es un vellón de carne que se teje en la entraña de su progenitora, que duerme apegado a ella y busca como a sus mejores juguetes el cabello, el rostro y el seno de la madre. De esta forma, ambas poetas revalorizan el tema de lo maternal y lo convierten en experiencia creadora y no en una institución social que busca solamente la reproducción y la conservación de la especie. Las dos conciben a la madre como fuerza creadora e imprescindible en la concepción del hijo y no como simple receptáculo. Sin ser feministas ni teóricas, sin pretender cambiar el estado social patriarcal,

Méndez y Mistral restituyen a la madre su papel dentro del orden imaginario y simbólico, conscientes de que la primera voz y enseñanza que recibe el infante es la materna, su palabra a través del canto y de los cuentos a la hora del arrullo entre los brazos y los senos.

Obras citadas

Bellver, Catherine. 2001. "Introducción." En: *Absence and Presence: Spanish Women Poets of the Twenties and Thirties.* Lewisburg: Bucknell University Press. 11–21.

Bellver, Catherine. 1998. "Mothers, Daughters, and the Female Tradition in the Poetry of Concha Méndez." *Revista Hispánica Moderna* 51 (2): 317–26.

Cabello Hutt, Claudia. 2018. *Artesana de sí misma. Gabriela Mistral, una intelectual en cuerpo y palabra.* Indiana: Purdue University Press.

Castro, Rosalía de. 2006. *En las orillas del Sar.* Madrid: Cátedra.

Cixous, Hélène. 1995. *La risa de la Medusa. Ensayos sobre la escritura.* Traducido por: Ana María Moix y Myriam Díaz-Diocaretz. Madrid: Anthropos/Dirección General de la Mujer.

Fiol-Matta, Licia. 2014. "A Queer Mother for the Nation Redux: Gabriela Mistral in the Twenty-First Century." *Radical History Review*: 35–51.

Méndez, Concha. 1995. *Poemas (1926–1986).* Introducción y selección por: James Valender. Madrid: Hiperión.

Mistral, Gabriela. 1927. "Una nueva organización del trabajo [manuscrito]." *Colección digital Archivo del Escritor Biblioteca Nacional de Chile.* En línea: http://www.biblio tecanacionaldigital.gob.cl/bnd/623/w3-article-142616.html.

Mistral, Gabriela. 2006. *Desolación, Ternura, Tala, Lagar.* México: Editorial Porrúa.

Mistral, Gabriela. 2017a. "Recuerdo de la madre ausente." En: *Lecturas para mujeres.* Editado y prólogo por: Palma Guillén. México: Editorial Porrúa. 10–14.

Mistral, Gabriela. 2017b. "Silueta de Sor Juana Inés de la Cruz." *Lecturas para mujeres.* México: Editorial Porrúa. 82–86.

Mistral, Gabriela. 2020. *Obra reunida. Tomo V. Prosa.* Editado por Gustavo Barrera Calderón, Carlos Decap, Magda Sepúlveda y Jaime Quezada. Santiago: Biblioteca Nacional de Chile.

Muraro, Luisa. 1994. *El orden simbólico de la madre.* Traducido por: Beatriz Albertini. Madrid: Editorial Horas y Horas.

Olmedo, Iliana. 2010. "La biografía como reinvención: Concha Méndez, poeta." *Revista de filología* 28: 215–26.

Quance, Roberta. 2001. "Hacia una mujer nueva." En: James Valender (ed.) *Una mujer moderna. Concha Méndez y su mundo (1898–1986).* Madrid: Publicaciones de la Residencia de Estudiantes. 101–13.

MISTRAL Y MÉNDEZ: EXPERIENCIAS DE LA MATERNIDAD

Rich, Adrienne. 1986. *Of Woman Born. Motherhood as Experience and Institution*. Nueva York: Norton.

Stanton, Domna. 1986. "Difference on Trial: A Critique of the Maternal Metaphor in Cixous, Irigaray, and Kristeva." En: Nancy K. Miller (ed.). *The Poetics of Gender*. Nueva York: Columbia University. 157–82.

Suleiman, Susan Rubin. 1990. *Subversive Intent: Gender, Politics, and the Avant-Garde*. Cambridge: Harvard University Press.

Teitelboim, Volodia. 1997. *Gabriela Mistral pública y secreta*. Buenos Aires: Editorial Sudamericana.

Ulacia Altolaguirre, Paloma. 1990. *Concha Méndez: Memorias habladas, memorias armadas*. Barcelona: Mondadori.

Valender, James, ed. 2001. *Manuel Altolaguirre y Concha Méndez: poetas e impresores*. Madrid: Publicaciones de la Residencia de Estudiantes.

Wilcox, John C. 2001. "Concha Méndez y la escritura poética femenina." En: Valender, James (ed.) *Una mujer moderna. Concha Méndez y su mundo (1898–1986)*. Madrid: Publicaciones de la Residencia de Estudiantes. 207–33.

Wilcox, John C. 1997. *Women Poets of Spain, 1860–1990: Toward a Gynocentric Vision*. Chicago: University of Illinois Press.

CAPÍTULO 5

Filosofía lírica: la indetenible quietud del ser en la poesía de Clara Janés y Jan Zwicky

Leonor María Martínez Serrano

Resumen

Este ensayo constituye una aproximación a la obra de dos poetas, la española Clara Janés y la canadiense Jan Zwicky, mediante una cala en sendos poemarios de ambas autoras desde las premisas propias del comparatismo. En 2005 ven la luz, a este lado del Atlántico, el poemario *Fractales* de Janés, de la mano de Pre-Textos, y, allende el océano, *Thirty-seven Small Songs & Thirteen Silences* de Zwicky, al cuidado de Gaspereau Press. El denominador común que aúna la poesía que cultivan Janés y Zwicky bien pudiera resumirse en dos palabras: *filosofía lírica*. Si existen diversos senderos que conducen al saber, la poesía, junto a la filosofía, la ciencia y el amor, es una de las formas privilegiadas de conocimiento del ser, como apunta Alain Badiou. Esta es la convicción medular en que se sustenta el pensamiento poético de ambas mujeres: la poesía es vía de conocimiento y forma de ser (y estar) en el mundo. Janés encuentra inspiración y serenidad en la sabiduría de Oriente y los *Upanisads* en su faceta como traductora de autores de diversas tradiciones, mientras que Zwicky escudriña el pensamiento de Platón y Wittgenstein en busca de asideros epistemológicos para reinventar la filosofía y la poesía.

Palabras clave

Clara Janés – Jan Zwicky – filosofía – lírica – epistemología – ontología – naturaleza – ser

1   Dos sensibilidades que riman entre sí

Este ensayo constituye una aproximación a la obra de dos poetas singulares y de reconocido prestigio, la española Clara Janés y la canadiense Jan Zwicky, mediante una cala en sendos poemarios de ambas autoras desde el prisma propio del comparatismo. 2005 es un *annus mirabilis* y punto de inflexión en la trayectoria poética de ambas mujeres: a miles de kilómetros de distancia ven

© KONINKLIJKE BRILL NV, LEIDEN, 2022 | DOI:10.1163/9789004504592_007

la luz, a este lado del Atlántico, el poemario *Fractales* de Janés, de la mano de la editorial Pre-Textos, y, allende el océano, el poemario *Thirty-seven Small Songs & Thirteen Silences* de Zwicky, en el sello Gaspereau Press, ambos en ediciones sumamente cuidadas. El denominador común que aúna la poesía que cultivan Janés y Zwicky bien pudiera resumirse en dos solas palabras: *filosofía lírica*. Si existen diversos modos de llegar al saber, la poesía, junto a la filosofía, la ciencia y el amor, como atinadamente apunta Alain Badiou en su *Manifeste pour la philosophie* (1999), es una de las formas privilegiadas de conocimiento del ser y del no ser. Se nos antoja que esta es la convicción medular en que se sustenta el pensamiento poético de Janés y Zwicky: la poesía como vía de conocimiento y como forma de ser (y estar) en el mundo. Este trabajo no es sino un estudio atento de elementos clave recurrentes en las poéticas de ambas poetas, que son, además, mujeres interesadas por la filosofía, la traducción, la música y el arte en general, ávidas por apresar vislumbres del ser por múltiples cauces epistemológicos.

Si Janés afirma que su poesía, que se erige vertical entre *eros* y *thánatos*, ha evolucionado a lo largo del tiempo desde una preocupación por el ritmo y la musicalidad hasta llegar a convertirse en una búsqueda de la luz, sin perder de vista la música del verbo, Zwicky se afana en la búsqueda de esencias en medio del heraclitiano fluir de la vida cotidiana, mientras dirige su mirada a los objetos sencillos que pueblan el mundo para construir una filosofía doméstica. En su proyecto poético hacia la desnudez estilística y vital, Janés encuentra serenidad en el misticismo, la sabiduría de Oriente y los *Upanisads* e inspiración en los hallazgos de la Física contemporánea y en las diversas tradiciones literarias centroeuropeas y orientales que ha frecuentado en su faceta como traductora de autores checos, turcos e iraníes. Por su parte, Zwicky escudriña el pensamiento de Platón y Wittgenstein en busca de asideros epistemológicos para reinventar la filosofía y la poesía filosófica en el siglo XXI, atenta a los pequeños detalles y matices del espacio doméstico, de las horas y los días, en busca de resonancias perceptibles solo a un pensamiento que no discurre exclusivamente por derroteros lingüísticos y racionales. Ambas son paisajistas de gran pericia y miran el mundo desde las premisas de la gratitud, la humildad y la serenidad de quienes saben que cuanto amamos y da sentido a nuestras vidas es sumamente vulnerable.

Con todo, la poesía de Janés y de Zwicky está marcada por la búsqueda incesante de la palabra ritmada exacta y despojada de ornato vano, por un lenguaje que aspira a la impersonalidad y objetividad más absolutas. Sus poemas son actos de habla, enunciación de verdades como puños, que apresan mediante palabras intuiciones y hallazgos fugaces que arrojan luz sobre aspectos de la realidad que a menudo yacen en la penumbra. Este es el destello gnómico y el don inesperado de la poesía. En este sentido, en este trabajo tratamos de comprender la arquitectura y el lenguaje de los poemas de ambas autoras, así como los temas y motivos que configuran dos universos poéticos idiosincrásicos que riman entre sí de forma luminosa. Leyendo su poesía y su prosa, el lector avezado se dará de bruces con un hecho incontestable: nos hallamos ante dos mujeres con almas afinadas por un humanismo bien temperado por la poesía, la filosofía, la música y la traducción, que viven con los sentidos abiertos al mundo de par en par.

2 Clara Janés, o la palabra abismática

Nacida en Barcelona en 1940, Clara Janés Nadal comienza en 1957 sus estudios de Filosofía y Letras en la Universidad de Barcelona, donde, de la mano del magisterio de José Manuel Blecua, se acerca a la poesía mística de San Juan de la Cruz (a quien debe su impulso inicial para consagrarse a componer versos), Quevedo, Góngora, el soneto barroco, la lírica tradicional y los clásicos de la literatura española. Tras la muerte de su padre en 1960, se traslada a Pamplona y finaliza su licenciatura en la Universidad de Navarra. Profundiza más tarde en los estudios literarios en la Universidad de la Sorbonne (París), donde obtiene una Maîtrise en Literatura Comparada. Su periplo vital y su atracción temprana por la poesía están marcados por cinco recuerdos que se remontan a su infancia y que tienen la textura de momentos epifánicos. En sendas entrevistas con Manrique Sabogal, explica que, cuando tenía alrededor de un año, una tía suya la sostiene entre sus brazos en una habitación hasta donde llegan unos sonidos y descubre que "la vida es como una música que cruza la oscuridad" (2016). Con dos años, su abuelo le enseña los nombres de las constelaciones y, desde entonces, las Osas, las Pléyades y la Cabellera de Berenice quedarán fijadas en su mente para siempre. Con tres años de edad, al acercarse a la cuna de Alfonsina, su hermana recién nacida, "vio un rayo de luz que la hechizó al ver miles de partículas de polvo en suspensión que giraban en cámara lenta" (2016), con una "luz que parece etérea, intocable" (2015). Con cuatro o cinco años, se encuentra en un prado de flores blancas "que parecen irreales bajo el sol, como si emanaran un aura" (2015). Y con seis o siete años, aprende sus primeros versos de Santa Teresa de Jesús ("Vivo sin vivir en mí, / y tan alta vida espero, / que muero porque no muero"), "como una premonición de la manera como habría de sentirse en el mundo" (2015). Más tarde, su delicado corazón la obliga a abandonar la danza y, de repente, se sorprende a sí misma caminando por las calles de Barcelona y midiendo el ritmo con sus pasos y el latido del corazón. "Del cuerpo y sus biorritmos emana la voz que actúa como un doble tamiz entre el mundo y el yo, y el resultado es algo vivo—esos versos que la conciencia intenta apresar—pero que la escritura fija" (230), explica Noni Benegas.

La prolífica obra de Clara Janés discurre por senderos múltiples y transgrede en ocasiones las divisorias líneas que demarcan los géneros literarios. El núcleo de su sensibilidad encuentra cauce de expresión en la poesía, la narrativa, el teatro, el ensayo, el memorialismo, la biografía, la crítica literaria, la edición y la traducción, con más de setenta títulos en su haber hasta la fecha. Los 31 títulos que jalonan su trayectoria poética se articulan en torno a varias etapas delimitadas cronológicamente por claros hitos en su propio madurar como mujer y poeta. Desde *Las estrellas vencidas* (1964), publicado por mediación de Gerardo Diego, pasando por *Límite humano* (1973), *En busca de Cordelia y poemas rumanos* (1975), hasta *Libro de alienaciones* (1980), sus poemarios primeros están teñidos por el existencialismo y la pregunta sartreana de si merece la pena vivir la vida. Encuentra una respuesta afirmativa en ese último poemario al conflicto existencial y, de improviso, la lectura del poeta checo Vladimír Holan la resucita y la saca de un largo silencio poético. Aprende checo para poder traducir su poesía y conversar con él en Praga, donde ha escogido un encierro voluntario en su casa de la isla de Kampa. El ritmo del paso y del latido del corazón que dictaba sus versos andando por Barcelona cede ahora al canto. Como observa Benegas, "[e]ntonando celebrará los objetos que la apoyan en la vida y su comunión con ellos en una singular sacralidad erótica: piedras, animales, amigos, el amor..." (231). Decía Novalis: "Buscamos siempre el absoluto y no encontramos sino cosas." Estos mundos de baja visión de la mística sufí conducen a la poeta a una visión más alta, la del mundo de la luz. Entonces, tras su encuentro con la obra de Cirlot, el surrealismo, el simbolismo iranio y el pensamiento sufí de Ibn Arabí, compone *Eros* (1981), *Vivir* (1983), *Kampa* (1986), *Fósiles* (1985) y *Lapidario* (1988), en los que Janés se regocija en el mundo de los objetos, avanza, según Panchovska, "de la alienación hacia la fusión con la naturaleza y los otros" (2002), y se adentra en los dominios de la luz "en el sentido agustiniano *de per visibilia ad invisibilia*" (Janés 2015, 352). A dichos poemarios sigue "la relectura de los poetas turcos contemporáneos y de los mitos hititas y sumerio-acadios, vinculados con los ritos de la fertilidad y unidos a la pulsión de muerte y resurrección" (Janés 2015, 352), que da como espléndidos frutos *Creciente fértil* (1988), *Rosas de fuego* (1996) y *Diván del ópalo de fuego o la Leyenda de Layla y Machnún* (1996), que, en su carácter abiertamente erótico, pasan de la abstracción del conocimiento a lo radicalmente material, a la par que acentúan el "nexo entre cuerpo, conocimiento y creación artística" (Janés 2015, 353). *Arcángel de sombra* (1999), *Los secretos del bosque* (2002), *Río hacia la nada* (2010) y *Peregrinaje* (2011) están animados por un impulso narrativo o el deseo de contar historias en sus poemas. A ellos se suma *Huellas sobre una corteza* (2005), poemario que recupera el espíritu contestatario que impregnara *En busca de Cordelia* en forma de poema largo que aspira a ser epopeya.

Paralajes (2002) y *Fractales* (2005) confirman ya "las tangencias entre ciencia y poesía" y el creciente interés por la ciencia anunciado en *La indetenible quietud* (1998), así como la tendencia de Janés a tejer constelaciones simbólicas "en busca del hilo secreto que las vincula," especialmente a partir de sus lecturas científicas, que la empujan a "concebir el mundo como una telaraña dinámica, cuyo vacío está lleno de vibración" (Benegas 2016, 231). Precisamente, la lectura de Nicolescu Basarab, Einstein, Schrödinger y Heisenberg hace que su poesía se depure progresivamente. Como apunta Benegas, "la asimilación de ciertos conceptos de la física despiertan evocadoras resonancias en su mundo poético, enraizado en la mística, y le proporcionan respuestas a las eternas preguntas" (232). Janés explica este punto de inflexión en su trayectoria poética con estas palabras: "Después de lanzarme a la búsqueda del nexo de uno mismo con el mundo—primero por la contemplación, después a partir del propio interior—, se impuso en mí la necesidad inversa: hallar la respuesta a la pregunta por la existencia a través de vías cuyo soporte se considera más sólido que el salto mortal desde el 'corazón' al horizonte infinito" (2015, 354–355). De ese diálogo con la ciencia surgen *La indetenible quietud* (1998), *El libro de los pájaros* (1999), *Los números oscuros* (2006), *Espacios translúcidos* (2007), *Variables ocultas* (2010), *Movimientos insomnes* (2011), *Orbes del sueño* (2013) y *Ψ o el jardín de las delicias* (2014), en algunos de los cuales no ha dudado en cultivar la poesía visual con gran pericia. De esta vasta obra Benegas espiga tres rasgos definitorios de la poesía de Janés: humildad, esperanza y la felicidad del conocer, "más que frustración por lo ilimitado e inabarcable del saber" (232). Lo confirma la propia Janés: "el desarrollo de mi propia actitud poética se orient[a] en este sentido: la búsqueda de la felicidad" (2015, 357). Hace suyas las palabras de Poe, "Nuestra bendición es no dejar nunca de conocer," y las palabras de Chillida que cita en *La indetenible quietud*: "porque el deseo de saber lo que uno no sabe tiene un poderío insuperable" (26). En la poética janesiana el "conocimiento como un fin supremo" (Panchovska) es más que palpable: es brújula de un periplo vital marcado por esa *cupiditas naturalis* que ya anunciara Aristóteles en el íncipit de su *Metafísica* hace más de 2.400 años.

No en balde, la de Clara Janés ha sido una vida amorosamente entregada a descifrar el enigma del ser y la unidad del universo por diversos cauces. Hay poetas de un solo poema, de un solo poemario o de una obra verdaderamente unitaria y, en el caso de Janés, es evidente que su obra "se articula como una inmensa polifonía donde los textos dialogan entre sí, establecen correspondencias y se responden desde diversas zonas de su producción" (Gorga López

2008, 86). Janés encarna, pues, el prototipo de autora de pensamiento redondo y obra poliédrica que obedece a un mismo impulso vertebrador, que, en su caso, no es otro que un viaje hacia la luz del conocimiento, una búsqueda del ser, de la unidad profunda del mundo.[1] En palabras de la propia Janés, el entregarse al sanjuaniano "no saber sabiendo" o "saber del no saber" de la poesía entraña "un abandono de la transitoriedad" y "un intento de aproximarse a lo desconocido, el enigma, para que este mismo [...] se revele. Y el ser, la existencia, la vida, en último término—que incluye la propia—, es el mayor enigma" (2015, 347–348). En este punto evoca a Heidegger, para quien la poesía es el "decir de la desocultación del ser" y el ser humano, "el pastor del ser." Consciente de las limitaciones del lenguaje con que se tejen los poemas, intermediario siempre entre el cosmos y el yo, Janés sabe que el poeta "debe estar atento a las resonancias misteriosas que le asaltan, lleguen de donde lleguen. Poesía es un saber del no saber y [...] una forma de humildad, porque exige un total despojamiento, [...] la desaparición del poeta en el poema" (2015, 358). El desciframiento del enigma del ser requiere tan alto precio. El mundo, "[e]sa telaraña de conexiones que es el todo y que el poeta detecta en cuanto percibe" (Janés 1999, 116), desemboca al final en un poema, que es el acto amoroso de atención por excelencia con que un poeta atrapa la unidad del ser: cuando habla, la poesía, que es ritmo, danza y canto al mismo tiempo, "expresa el secreto del ser" (Janés 1999, 13). "Antes de que la ciencia diera fe de la unidad esencial de lo existente, antes de que proclamara que la vida es un pulular incesante [...], la voz poética—voz profética, voz sabia de un saber intuitivo, de una experiencia inexplicable—" (Janés 1999, 13) ya cantó el enigma del ser.

Con anterioridad a la búsqueda de respuestas sobre el enigma de la vida de la mano de la ciencia, el aprendizaje de su oficio como poeta lo sitúa Janés en una tríada de autores esenciales: el descubrimiento de Santa Teresa de Jesús siendo una niña, el estudio de San Juan de la Cruz y los dislates de la no razón de *Cántico espiritual* en las lecciones magistrales de José Manuel Blecua, y el encuentro crucial con Vladimír Holan en su edad adulta, cuya lectura y traducción sacan a la autora de su silencio poético. Tras Holan, de cuya poesía admira su "tentativa de dar con la clave que todo lo explica" (Janés 1999, 96), vendrían Gunnar Ekelöf, que le enseñó las posibilidades narrativas de la poesía, y Johannes Bobrowski, que puso ante ella nuevas posibilidades estéticas ya perceptibles en *Paralajes* (2002) y *Fractales* (2005). A ellos

---

1 Antonio Ortega escribe que el objetivo último de Janés es "un intento de desvelar el enigma del universo y del ser humano, de mostrar lo que se oculta al conocimiento desde la convicción de que es posible encontrar—debajo de lo a la vez visible y múltiple de las cosas—modelos y pautas, simetrías y correspondencias que avalan y atestiguan la unidad última del mundo" (2017).

se suman Rilke, Eliot, Jorge Guillén, García Lorca y Manrique. Así pues, como reza en la entrevista con la autora "El viaje hacia el amor es conocimiento," la poesía de Janés es "un átomo con tres electrones: lo terrenal-sensorial, lo místico-pasional y lo científico-racional" (Manrique Sabogal 2015). El electrón de lo científico-racional está representado por la creciente fascinación de Janés por distintos campos del saber científico. Indaga respuestas al enigma del ser y la vida en la teoría de la relatividad de Einstein, el principio de incertidumbre de Heisenberg y la función de onda de Schrödinger, para quien todo conocimiento, incluido el científico, procede en última instancia de los sentidos y del cuerpo.[2] A ellos se suman la lectura y traducción por parte de Janés en 2013 de los *Teoremas poéticos* de Basarab Nicolescu, que formula la "Ecuación mágica: Ciencia + Amor = Poesía" (Janés 1999, 99), de Freeman Dyson, Henri Poincaré e Ilya Prigogine, para quien "[e]l saber científico se convierte en una audición poética de la naturaleza" (Janés 1998, 26), y descubre, de repente, las resonancias y similitudes que aúnan "las intuiciones de los antiguos y los más recientes descubrimientos de la ciencia" (Janés 2015, 355–356). Escribe Janés en el epílogo a *Movimientos insomnes*, titulado "Enséñame a hablar, hierba:"

> Una analogía, casi diría una equivalencia, se fue formando en mi mente entre lo que investiga la física y las cuestiones de la mística, por lo menos en tres puntos fundamentales: un plano fuera del tiempo, la unicidad y el saber del "no saber." El primero estaría representado por la teoría de la relatividad, el segundo por la función de onda y el tercero por el principio de incertidumbre.
>
> 356

Con todo, aunque Janés aprende que el ADN "es la memoria de la humanidad entera" (Manrique Sabogal 2016), que la materia no es otra cosa que unas partículas elementales que son procesos, condensaciones en proceso de llegar a ser y que "el mundo es una telaraña dinámica; el vacío está lleno de vibraciones" (Janés 1999, 102), tampoco la ciencia parece darle las respuestas que anda buscando en torno al gran enigma que es la vida. Como dice la propia Janés, no queda "apaciguada la pregunta por la realidad" (Janés 2015, 357), por las limitaciones del propio lenguaje, "que se basa en la experiencia de la multiplicidad y

---

2 En el cuerpo como raíz de todo conocimiento humano insiste Janés en varias ocasiones: "El cuerpo actúa como un doble tamiz entre el mundo y el yo, y la consecuencia es algo vivo, presto a desvanecerse" (1999: 17–18). Y en una entrevista con Iglesias Serna, afirma: "En ese deseo de entender, siempre he constatado [...] que todo el conocimiento que nos llega pasa por el cuerpo. Me da igual que sean sensaciones, percepciones, ideas, abstracciones... ahí están los sentidos y ahí está el cerebro" (57).

en un mundo cuyos elementos mínimos [...] son las partículas, que se definen como tendencias o condensaciones y nunca se pueden ubicar; en efecto, todo es dudoso" (357). En "Tumba de Hafez," poema incluido en *Fractales*, lo expresa magistralmente: "queda la muda claridad incesante / del fondo de un abismo inescrutable" (17).

Janés encuentra, pues, savia nutricia en el pensamiento y obra de distintas tradiciones literarias y filosóficas, lo cual imprime un singularísimo sello personal de sincretismo cultural a toda su poesía. La mística y la ciencia se dan la mano junto a una profunda pulsión hacia lo simbólico y lo mitológico de las culturas sumerias, acadias e hititas. En su semblanza crítica de la autora para Cervantes Virtual, Ángel L. Prieto de Paula habla de una sensibilidad marcada por "una sincronicidad sintetizadora e intuitiva afinada en la frecuentación del pensamiento oriental, extraño a la tendencia fragmentadora y analítica de la cultura occidental." En este sentido, Jaime Siles, en su lúcida introducción a la antología *Movimientos insomnes*, apunta al "cauce místico" y al "cauce sensitivo o sensorial" como "dos de los ejes más significativos de su obra" (Siles 2015, 8) y ahonda en la compleja unidad de la obra poética de Janés. Destaca Siles su concepción de la poesía como "resacralización del universo," lo cual es "fruto de la nostalgia del absoluto producida por la atomización de la realidad y las sucesivas conquistas de la ciencia" (Siles 2015, 12). Su poesía "se mueve en dos direcciones: de la transcendencia a la inmanencia y al revés" ("Vida secreta" 26), se afana en desocultar "el misterio en sentido lato y todo cuanto puede estar en relación con él" (27) y "tiende un puente hacia el absoluto que pone en comunicación el cosmos con el yo" (27). Por todo ello, su pensamiento y proyecto poético se sustentan tanto en la lectura de poetas como de místicos, filósofos y científicos. No en vano, la mejor definición de poesía para ella sigue siendo la de Novalis, "Poesía es lo real absoluto," como confiesa en una entrevista con Julia Sáez-Angulo (2014).

La poesía de Janés se caracteriza por un complejo pensamiento y está marcada por una profunda humildad y serenidad. En última instancia, su poesía rezuma "un sentido de comunión amorosa con el cosmos de la que deriva un estado de gracia órfico, pitagórico, platónico, tan imbuido de misticismo como de singular sacralidad" (Siles 2015, 22). Sorprende que esa profundidad de pensamiento contraste con el lenguaje límpido que caracteriza el lirismo místico de la poesía de Janés, que experimenta una clara evolución hacia una desnudez estilística cada vez más palpable a partir de *Paralajes* (2002), y por la elección de la palabra precisa, "cargada de efectos sonoros, evocadoras asociaciones y hondos significados simbólicos" (Pérez Priego, citado en Siles 2015, 18). En la misma línea, Prieto de Paula insiste en "los rasgos formales de su lírica, presididos por la sutileza, el parpadeo expresivo y la desnudez ornamental penetrada por la música […], el aforismo de resonancias presocráticas, la levedad […] del haiku, el vuelo visionario del misticismo, el entramado simbológico." La poesía de Janés evoluciona hacia lo que Siles denomina "una radical catarsis expresiva" (Siles 2015, 25) en que la poeta depura su lenguaje al máximo, pues aspira a la transparencia y cultiva el minimalismo, la austeridad y economía lingüística premeditadas, en busca de una poesía más pura y más en comunión con el ser, como si fuese posible abolir el lenguaje como tamiz intermediario entre el yo y lo otro—el mundo, los seres y objetos que lo pueblan, el ser. Al final, como acertadamente explica Siles, cada texto poético de Janés se nos presenta "depurado al máximo: esto es, *liberado de todo transcurrir*. Poema sin transcurso, […] ácrono: como si el tiempo no pudiera alcanzarlo" (29–30), pues la autora no desea otra cosa que "el conocimiento más directo tanto del ser como de las cosas" (30), sin intermediarios, incluido el lenguaje como el más elemental de todos.

Mas volvamos la mirada a *Fractales* (2005), el poemario que nos ocupa, que profundiza en el sendero hacia la indagación científico-metafísica iniciada en *Paralajes* (2002) y persigue la decantación más extrema de su materia poética, el afán de desnudez estilística, el desasimiento total y la pura transparencia del ser. Dedicado a Antonio Gamoneda, el vigésimo segundo libro en su corpus poético reúne 49 poemas distribuidos entre cuatro secciones ("El secreto de las sílabas," "En un punto de agua," "El número impar" y "La línea discontinua") y conduce la mirada contemplativa de Janés "a los umbrales del 'punto cero' […] una tierra de nadie, de la que se han eliminado elementos adventicios, esquinas argumentales y grumos de la retórica, desprovistas casi las palabras de su capacidad de representar" (Prieto de Paula 2019). En opinión de Luis Antonio de Villena, el libro está regido por "una voz físico-matemática que designa una figura plana o espacial compuesta de infinitos elementos, con la propiedad de que su aspecto no cambia," sea cual sea la escala a la que se contemple. En la reseña "La mística del fractal," de José Ángel Cilleruelo, leemos que la geometría fractal, o matemáticas de belleza infinita, es altamente productiva en la naturaleza y está caracteriza por su "alta probabilidad de emergencia" y por "el carácter ilimitado de sus límites" (654). No sorprende que Janés conciba el fractal como "un modo de ver el infinito" (2005, 105). Así, el propio poemario dibuja una suerte de arco de naturaleza fractal que subraya una lección elemental para la poeta: "un amor sagrado hacia la naturaleza abre en nuestro interior el camino de la transcendencia" (Cilleruelo 2005, 654). En "Canción de cuna," la voz poética invita al abandono del yo en el mundo vegetal: "Entra en la nervadura / de una hoja, / por los caminos de la savia / hacia el sosiego vegetal" (Janés 2005, 12). La experiencia mística, después de todo, no es sino "la experiencia de la no dualidad" (Gorga López 2008, 95), de la cual se detectan claros ecos en este y otros poemas de *Fractales*. En la serie de poemas en homenaje a

Ungaretti de la sección segunda del poemario se adivinan los deseos de fusión amorosa del sujeto lírico con el cosmos y se escuchan ecos de Jorge Guillén y su convicción de que "lo profundo es el aire." El ser que transita por el mundo vegetal se vacía de sí, se transmuta en otros seres y se funde con el aire mismo:

> Ser con el aire
> lo profundo,
> lo que se abre
> indefinidamente
> y va más allá,
> ensartando el tintineo del júbilo,
> los puntos de luz
> que dicen infinito.
> 25

En dos versos cruciales del poemario como estos, "yo parto hacia el bosque / del desasimiento" (17), del poema "Tumba de Hafez," se atisban las raíces de inspiración mística que, junto a la geometría fractal, sustentan estos poemas en que el sujeto lírico busca soltar lastres y adentrarse gozoso en una espesura boscosa que es trasunto del gran enigma que es la vida. Janés aguza el oído y escucha atenta las voces de la naturaleza, porque el mundo natural "tiene voz y secreto que revelar, una voz a la vez silenciosa y transparente, pues el silencio es el espacio más fértil para la epifanía" (Janés 1999, 15). Así, los fractales se vuelven sumamente prolíficos en "Sin Fin," el poema que, según Janés, desencadenó el resto del poemario en su evocación de las condensaciones y partículas de materia en su viaje hacia el ser de que está tejido el universo:

> Sobre el pétalo leve
> ondea la sombra
> de una mariposa
> y cae al agua un gemido.
> La corriente es un vórtice
> que aglutina la noche,
> y desde esa noche, la voz se multiplica,
> emerge, asciende a los árboles,
> corre por las nubes,
> danza, llueve, danza.
> 55

La relación del sujeto con el espacio, como con el tiempo, fascina a Janés, un espíritu curioso y ávido por comprender los entresijos de la percepción. "Es siempre la relación *sujeto-objeto, sujeto-mundo*, de un sujeto que aspira a lo absoluto" (Iglesias Serna 2015, 56) la que constituye el meollo de su poesía. Así se aprecia en "Mar Menor," uno de los poemas más logrados de *Fractales*, que es un canto a la luz, al azul, al mar, al horizonte, pintado con una palabra límpida y cristalina:

> La red de luz
> abraza el mecerse lento
> de la música toda
> en el azul,
> para que tu pie baile
> la pura ligereza.
> No saber;
> no saber sino la gravedad que huye.
> Y también azul el horizonte de los ojos.
> Cuando lloras eres el mar,
> cuando ríes eres el agua
> y esa luz abarcadora
> que no acaba.
>
> 60

Concluye *Fractales* con un poema narrativo de corte meditativo, "La casa de Mazandarán," basado en vivencias de la propia Janés en esa ciudad del norte de Irán, en que asistimos a "la más auténtica experiencia fractal y mística del ser humano: el amor" (Cilleruelo 2005, 655). Presencia vertebradora en la poética janesiana, "el tema que domina siempre es el amor, el amor en sus distintas y variadas fases (espiritual, platónica, erótica, mística)" (Pasero 2014, 144). Janés ha pasado la noche en vela en el jardín de la casa, componiendo este poema, que concluye con versos que parecen una epifanía teñida de un guiño autorreferencial y metaliterario:

> El amor dormía en la frescura de la hierba.
> ¡No te despiertes,
> no entres en la rueda!
> Y coronamos de jazmines la aurora.
> Cuando abrió los párpados
> floreció un poema.
>
> 72

Janés mira a su alrededor y descubre que el amor es una presencia ubicua en el universo natural, aquí simbolizado por la hierba y los jazmines. Abrir los ojos a la luz que trae la aurora es, para la voz poética, ser partícipe de la poesía que late en cada detalle minúsculo del mundo, es reconocerse como parte integrante de esa telaraña dinámica que todo lo aúna y en que todo está en vías de llegar a ser. Por eso mismo, los ojos que descubren amorosamente la unidad de la realidad con la luz de un nuevo día solo pueden responder al misterio del ser con un poema, "La casa de Mazandarán."

3   Jan Zwicky: una poética de sutiles resonancias

Nacida en Calgary y criada en un entorno rural en la provincia de Alberta, Jan Zwicky es poeta, filósofa y violinista de consumado talento, así como una de las mentes más lúcidas del panorama actual de las letras y pensamiento canadienses. Filósofa de formación académica y por vocación, Zwicky se licenció en 1976 en la Universidad de Calgary y se doctoró en 1981 en la Universidad de Toronto con una tesis sobre la inefabilidad y las razones para pensar que existen "formas de entendimiento que no son lingüísticas," como apunta Mason (2010) en la entrada que dedica a la autora en *The Canadian Encyclopedia*. Con posterioridad, enseñó filosofía, humanidades y escritura creativa en diversas universidades, incluidas las Universidades de Princeton, Waterloo, Ontario Occidental, New Brunswick, Alberta y Victoria. Poesía, filosofía y música constituyen la tríada elemental en que se sustenta un proyecto vital, creativo y poético-filosófico de rara coherencia y completitud. Junto a los poetas canadienses Dennis Lee, Don McKay, Tim Lilburn y Robert Bringhurst conforma "the Group of Five," que mantiene un diálogo sobre la poesía y la filosofía y la imbricación de estas en un pensamiento de orientación claramente ecologista.

Como confiesa en *Wisdom & Metaphor* (2003), la filosofía es para Zwicky pensamiento prendado de la claridad: "philosophy is thinking in love with clarity" (L18). En Occidente existe una larga tradición que emparenta la luz y la claridad con el conocimiento y el saber. Lo oscuro es precisamente lo contrario: la ignorancia, el no saber. La curiosidad es la madre de la ciencia y del arte, y Zwicky es una mujer con deseos insaciables de luz y claridad, que anhela saber y comprender. Su mente se regocija en la búsqueda de sutiles conexiones que le confirman la unidad del ser y del conocimiento, a pesar de los compartimentos estancos que parcelan las distintas disciplinas. En su poesía, Zwicky indaga el espacio material de lo doméstico y el mundo natural, así como la filosofía y la música como formas líricas de aprehender las resonancias que entretejen el universo. Las fuentes de inspiración de una obra tan poliédrica como la suya abarcan, pues, desde la música clásica de tradición europea, pasando por el blues y el jazz, hasta otras manifestaciones artísticas como la pintura y la poesía de diversas tradiciones. Con todo, siente especial predilección por la poesía de vocación metafísica e inclinación hacia lo transcendental, sensible al mundo natural y la percepción del sutil entramado que se esconde en el fondo de las cosas. Al igual que en el caso de Janés, su poesía oscila entre la inmanencia y la transcendencia, entre la atención a las singularidades del mundo en su exuberante multiplicidad y el desvelamiento del palimpsesto de gigantescas proporciones que conforman entre sí. Su lenguaje poético, desprovisto de ornato superfluo, aspira a la depuración extrema, a la casi transparencia, atento a la precisión en el magistral empleo del sonido y de la imagen que sustentan un profundo lirismo.

La obra filosófica de Zwicky comprende hasta la fecha seis títulos: *Lyric Philosophy* (1992), *Wisdom & Metaphor* (2003), *Plato as Artist* (2010), *Auden as Philosopher: How Poets Think* (2012), *Alkibiades' Love: Essays in Philosophy* (2015), *How Thought Feels: The Poetry of M. Travis Lane* (2016) y *The Experience of Meaning* (2019), además de numerosos artículos publicados en revistas académicas especializadas. Junto a Robert Bringhurst, ha publicado recientemente un opúsculo titulado *Learning to Die* (2018), que reúne tres meditaciones sobre la gravedad de la degradación medioambiental sin precedentes a que se enfrenta la Tierra en la era geológica que se ha dado en llamar Antropoceno. En su haber cuenta, además, con doce poemarios que jalonan una parábola en el tiempo de casi cuatro décadas de labor incansable: *Where Have We Been* (1982), *Wittgenstein Elegies* (1986), *The New Room* (1989), *Songs for Relinquishing the Earth* (autoedición de 1996 y edición comercial de 1998), *Twenty-one Small Songs* (2000), *Robinson's Crossing* (2004), *Thirty-seven Small Songs & Thirteen Silences* (2005), *Art of Fugue* (2009), *Forge* (2011), *The Book of Frog* (2012), *Vittoria Colonna: Selections from the Rime Spirituali* (2014) y *The Long Walk* (2016).

En cualquier caso, Zwicky, al igual que Janés, es autora de una obra unitaria, concebida de principio a fin como un todo que es urdimbre viva y expresión de un pensamiento poético-filosófico que celebra la testaruda ontología del mundo físico. Como explica Darren Bifford, "una premisa central del proyecto filosófico de Zwicky es que, para pensar de verdad sobre la realidad, debemos estar atentos y responder a los detalles concretos del mundo" (192). Con todo, es consciente de los límites del entendimiento humano, de la vulnerabilidad de cuanto nos rodea, y de la necesidad de aceptar todo ello ante la belleza inefable del mundo del que formamos parte. En su filosofía y poesía se aprecian claras influencias del pensamiento de los antiguos presocráticos, de un modo especial de Heráclito y su concepción de la realidad como perenne metamorfosis, aunque también de Platón, Wittgenstein, Freud, Heidegger y Simone Weil. Su proyecto filosófico, de carácter absolutamente polifónico, aspira a desafiar el escepticismo analítico y el análisis lógico-lingüístico predominantes en la filosofía angloamericana de los siglos xx y xxi. Advierte que "las principales corrientes filosóficas de nuestro tiempo, como la filosofía analítica y la Deconstrucción, son un claro reflejo del mundo tecnológico y alienado en que vivimos y propone sustituirlas por una noción más integral de *filosofía lírica*" (Mason 2010). Su empeño no es otro que escudriñar las relaciones profundas que emparentan el pensamiento filosófico y poético mediante las nociones de *resonancia* (*resonance*) y *comprensión lírica* (*lyric understanding*) en los dominios de la ontología y la epistemología. Como explica Karen Solie, "el proyecto de Zwicky es la escritura y el pensamiento de la poesía como filosofía" (2005).

En dos de sus obras filosóficas de mayor complejidad y densidad de pensamiento, *Lyric Philosophy* (1992) y *Wisdom & Metaphor* (2003), entabla un diálogo con diversas disciplinas al yuxtaponer sus propias intuiciones sobre lo que ha de ser una filosofía lírica, a modo de destellos gnómicos y punzantes aforismos (en la página izquierda), con citas extraídas de obras clave de la historia de la filosofía, fragmentos de partituras musicales, obras pictóricas, demostraciones geométricas, fotografías y poemas (en la página derecha). Esta polifonía transdisciplinar apunta claramente a la naturaleza omnímoda de la inteligencia de Zwicky. Esta sutil arquitectura de pensamiento, preñada de múltiples voces, desencadena conexiones no lineares y evoca en sí misma (o más bien encarna) la estructura lírica propia de un modo de conocimiento que no discurre por derroteros exclusivamente racionales, sino que capta el todo en las partes y las partes en el todo, y detecta patrones profundos en la textura del ser. En este sentido, Zwicky afirma lo siguiente: "Ontological understanding is rooted in the perception of patterned resonance in the world" y "Philosophy, practiced as a setting of things side by side until the similarity dawns, is a form of ontological appreciation" (2003, L7). Vale decir: "La comprensión ontológica hunde sus raíces en la percepción de los patrones de resonancia del mundo" y "La filosofía, practicada como una manera de poner una cosa junto a la otra hasta que emerge la similitud, es una forma de apreciación ontológica."

En esta concepción de la filosofía lírica, Zwicky se aproxima a Janés, que escribe en *La palabra y el secreto* acerca de "esa telaraña de conexiones que es el todo y que el poeta detecta en cuanto percibe" (116). En última instancia, el pensamiento lógico-analítico y el pensamiento lírico son complementarios y permiten una comprensión más holística del mundo, que, a los ojos de la poeta-filósofa, se nos ofrece como un don inesperado. Zwicky empeña su proyecto vital, su inteligencia y sensibilidad en comprender la filosofía, la música y la poesía como vías de acceso al conocimiento, en penetrar la metáfora como generadora de sentido y herramienta que desoculta relaciones insólitas entre elementos aparentemente dispares de la realidad, y en sacar a la luz isomorfismos que desvelan la unidad profunda de cuanto existe. En la poesía lírica detecta una capacidad esencial y casi ancestral para generar metáforas, que constituyen un modo de pensamiento que conduce a la sabiduría.[3] Dice Zwicky en *Lyric Philosophy*: "The gift of lyric is to see the whole in the particular; and in so doing, to bring the preciousness, which is the losability, of the world, into clear focus" (1992, L302). En otras palabras, el don de la lírica es ver el todo en lo particular y, al hacerlo, arrojar luz sobre cuán valioso, frágil e irremplazable es el mundo.

En las líneas que siguen nos ocupamos de *Thirty-seven Small Songs & Thirteen Silences*, poemario que ve la luz en 2005. Con todo, ya en el año 2000 la autora publicó por su cuenta una edición limitada hecha a mano de *Twenty-one Small Songs*, que contenía 20 de las 37 canciones que llegarían a conformar la obra definitiva cinco años después. Los 50 poemas que recoge la edición de 2005 se articulan en torno a tres partes claramente diferenciadas: treinta y siete canciones ("Thirty-seven Small Songs"), siete estudios ("Seven Studies") y seis variaciones sobre el silencio ("Six Variations on Silence"). Como reza en una reseña anónima publicada en *Quill & Quire* en 2005, "una callada quietud (varios de los poemas son naturalezas muertas de objetos inanimados) es el tono predominante de estos austeros poemas líricos de corte meditativo en verso libre." Estos breves poemas constituyen, en palabras de Nita Pronovost en una reseña publicada en *Vallum Contemporary Poetry*, "los poemas de un himno sagrado" (2005) que hunde sus raíces en el espacio doméstico, en la música, en los paisajes de la infancia de la poeta.

En la primera parte del poemario, las 37 canciones de notoria brevedad y musicalidad constituyen, según Solie, odas a los objetos de la vida cotidiana y del hogar, a las estaciones, a la música, al cielo y a la brisa, a matices de la luz, al silencio y a estados de ánimo fugaces, y "convocan el punto quedo de la ausencia" (2005). En la segunda parte, en cambio, el poemario da paso a siete estudios, construidos por analogía con los estudios musicales, que pretenden perfeccionar la técnica del instrumentista mediante una cuidadosa elección y disposición de las notas musicales. Zwicky se distancia ahora de su materia poética y vuelve una mirada meditativa a las geografías de su infancia en el mundo rural de Alberta. Tamizados por la fugitiva memoria, estos paisajes que pinta la poeta con palabras dotadas de gran cromatismo y musicalidad ofrecen una visión más panorámica frente a la introspección de las 37 canciones precedentes. De mayor extensión que las canciones, los estudios "poseen la cualidad asociativa de una mente que habita el espacio que ocupa un cuerpo,"

---

3 En "To Know the Pine," Farman escribe que la filosofía de Zwicky reconoce "la necesidad del amor y la sabiduría" (2005). "Ha defendido la esencia generadora de metáforas de la poesía" (2005), así como la capacidad de estas para conducir a la sabiduría como un poderosísimo modo de pensamiento.

JANÉS Y ZWICKY: FILOSOFIA LÍRICA   167

según Solie. En la tercera y última parte, "Six Variations on Silence," se cons-
tata la transición que va del allegro de las canciones de la parte primera al
adagio de los estudios y las variaciones sobre el silencio con que se clausura el
poemario. Los seis silencios son momentos captados en brevísimas composiciones de tres versos que evocan la sensibilidad y técnica del haiku japonés en
su minimalismo y concisión más absolutas. Apresan inspiraciones, intuiciones, verdades entrevistas y atrapadas a vuelapluma antes de que se desvanez-
can; persiguen las esencias de las cosas que pueblan el universo y encierran
un misterio ignoto. Al igual que Janés, la poeta canadiense anda a la zaga de
destellos y visiones fugaces de lo no visible, de lo que se esconde más allá de
lo meramente fenomenológico y perceptible a los sentidos. En este sentido,
Thirty-seven Small Songs & Thirteen Silences sugiere, en palabras de Solie,

> la capacidad de la poesía como un modo de claridad sorprendida, y el
> poema como un acto de entrega de esa sorpresa apresada a través del
> pensamiento y la expresión disciplinadas. Esta obra no es acerca de la
> experiencia, sino un intento de escribir la experiencia.
>
> 2005

Claro que el lenguaje está siempre ahí, mediando entre el sujeto que percibe
el mundo y el objeto que a veces se antoja sencillamente incognoscible. En
una entrevista con Scott Rosenberg, Zwicky explica que nuestra guía esencial
en la construcción de significado es el mundo, no la lengua, aunque, una vez
que nos hallamos inmersos en ella, "nuestro primer contacto con el significado
es la palabra oral, el tono, el gesto que hace la voz" (2011), que el poeta trata
de apresar mediante la escritura, decantándose así a las claras por la prima-
cía de la palabra oral sobre la escrita. La misma pulsión contemplativa palpable en la poesía de Janés se adivina en la poesía de Zwicky. Solie lo explica
magistralmente:

> En tanto en cuanto la obra de Zwicky trata de las ausencias presentes,
> del silencio junto al lenguaje, de la oscuridad dentro de la luz, también
> trata del tiempo. De cómo el momento de la percepción se adentra en el
> tiempo profundo del pensamiento. De la duración y la simultaneidad.
> De la manera como, en la contemplación, se puede llegar a alcanzar el
> vislumbre brevísimo del ser sin necesidad de palabras.
>
> 2005

Duración y tiempo. En *Thirty-seven Small Songs* la aspiración de Zwicky parece
ser más bien instalarse a sí misma y al lector sensible en un no-tiempo, o al
margen del fluir del tiempo. De hecho, la mayor parte de las composiciones,

al igual que ocurre en los poemas de Janés, carecen casi por completo de verbos y, cuando los hay, aparecen en un presente atemporal y enunciativo, como apunta Jonathan Culler en *Theory of the Lyric* (36), como si se anularan la historia y el tiempo de los relojes, como si el poemario no fuese otra cosa que "el presente que se declara a sí mismo" (Farman 2005). Con todo, lo verdaderamente conmovedor acerca de *Thirty-seven Small Songs* es la mirada amorosa con que la voz poética envuelve el mundo y sus enigmas. Los 50 poemas que hacen de este poemario un todo unitario registran "la sencilla e infinita sorpresa de la conciencia humana" ante lo inconmensurable y lo abundante del ser, dice Farman, quien subraya que Zwicky viaja liviana, porque cuanto la rodea es ya en sí un festín inagotable para la inteligencia y sensibilidad humanas:

> Obviamente ella ha decidido viajar con poca cosa, salvo con lo que ya se halla a su alrededor, ofrecido por el mundo en cualquier momento. Eso es todo cuanto tenemos en verdad, así que debiéramos disfrutar de ello. Esta es la revelación o intuición del místico.
>
> 2005

Como en el caso de Janés, el mundo en sus pequeños detalles, visibles e invisibles, despierta en Zwicky una curiosidad sin límites, pero también un amor de dimensiones colosales. Así se advierte en cada una de las *small songs* que componen a modo de sutil palimpsesto el mapa del mundo de Zwicky dibujado en la primera parte del poemario. En una de las canciones, titulada "Apple Song," leemos estos versos que vertemos al español a partir del texto original en inglés:

> Canción de la manzana
>
> Roja, ¡cuán extraños
> los despojos del deseo!:
> el cuchillo;
> los lazos de satén de la piel;
> la cámara estrellada del corazón, sus ocho pensamientos
> marrones cual topos.
> El pequeño hocico de tu tallo,
> rígido de soñar con ese otro mundo.
>
> 15[4]

---

4 "Apple Song": "Red one, how strange / the leavings of desire: / the knife; / the satin ribbons of the skin; / the star chamber of the heart, its eight thoughts / brown as moles. / The small snout of your stem, / stiff with dreaming of that other world" (15).

JANÉS Y ZWICKY: FILOSOFIA LÍRICA

Nunca antes nadie ha mirado con tal intensidad amorosa a una manzana. Lentamente, la voz poética registra el modo como el cuchillo desnuda la fruta adánica, despojada aquí de todas las capas que la cultura le ha ido arrojando encima. Zwicky se vale de un rosario de audaces metáforas para describir la anatomía precisa de la manzana de afuera hacia adentro. Así, descubre en el corazón de la fruta una cámara secreta que evoca por su morfología a una estrella y que alberga las semillas que son pensamientos y topos en lo oscuro de la tierra. El tallo erguido apunta a una vida anterior, "ese otro mundo" que tal vez fue el pasado de la manzana en el árbol que le dio su primer hálito.

En "Berceuse" canta Zwicky a la noche y al sueño que repara los miembros cansados. Una vez más, la voz lírica cultiva una atención ontológica instalada en la humildad y la gratitud que recuerda la "Canción de cuna" de Janés y "los caminos de la savia / hacia el sosiego vegetal" (Janés 2005, 12). Pudiera decirse que ambos poemas riman entre sí, por las coincidencias léxicas y conceptuales que conforman su arquitectura interna. El sujeto lírico se adentra en el mundo natural para hallar el sueño y encuentra metáforas en cascada que denotan, una vez más, la unidad esencial que se esconde tras la urdimbre de que está tejido el mundo:

Canción de cuna

Sueño, me harías tan feliz
si vinieras a mí.
Caen las pequeñas
oscuridades: uno a uno
se hunden en el bosque los árboles,
se sumergen en la oscura seda del lago
las ondas del agua. Me harías tan feliz
si vinieras. Aguardaré:
a la luz última, invernal, blanca en el horizonte,
a la última nube, inmóvil y alta.
    22[5]

---

5   "Berceuse": "Sleep, I'd be so happy / if you'd come to me. / The little darknesses / begin to fall: one by one / trees sink into the forest, / ripples sink into the dark silk / of the lake. I'd be so happy / if you'd come. I'll wait: / the last light, wintry, white on the horizon, / the last cloud, motionless and high" (22).

170   MARTÍNEZ SERRANO

De la misma manera, "Mar Menor," de Janés, citado más arriba al completo, rima con "Small Song to Oneself," de Zwicky:

Pequeño canto a una misma

Viene el vasto mar
en los ropajes altos de la noche,
viene por la tarde, brillante
en los harapos de la pena.
Alza manos con guantes de filigrana
entre las rocas y malas hierbas y llama
a tus pies.

No te vayas, no te vayas,
tú que has amado a los árboles
que aman el aire.
Tú que has debido aguardar
antes al amanecer,
esa luz desnuda
aún no dulce por las aves.

33^6

Mientras que en la primera estrofa de "Pequeño canto a una misma" Zwicky celebra la vastedad de un mar personificado que viste unos u otros ropajes según la hora del día y los reflejos de la luz en las ondas de su superficie, en la segunda estrofa parece interpelar a un *tú* que bien pudiera ser o bien el propio mar o bien trasunto de sí misma, seres sensitivos en ambos casos que aman a los árboles, que aman a su vez el aire, para concluir con una imagen de la luz primera del día, desnuda y sin aves que la surquen aún. La constelación léxica de *mar, rocas, árboles, aire, amanecer* y *aves* convoca un mundo de elementos y fuerzas ancestrales en que todo está íntimamente entrelazado y en que parece no haber rastro de conciencia humana aún. Por su parte, en "Mar Menor" Janés canta la fusión amorosa del sujeto lírico con el mar azul, abrazado por doquier por la "red de luz" (60) que se mece al unísono con la música de su ser. Llega

---

6   "Small Song to Oneself": "The big sea comes / in the tall clothes of night, / it comes in the afternoon, brilliant / in the rags of grief. / It raises lace-gloved hands among / the rocks and weeds, and beckons / at your feet. // Do not go, do not go, / you who have loved the trees / which love the air. / You who have had to wait / for dawn before, / that bare light / not yet sweet with birds" (33).

un punto en que el observador se confunde con lo observado, se vuelve "azul el horizonte de los ojos" (60), baila el pie "la pura ligereza" (60) de las olas y el yo poético abraza dichoso una comunión absoluta con el mar: "no saber sino la gravedad que huye" (60). Cuando ríe y cuando llora, el sujeto lírico es el vasto mar azul y "esa luz abarcadora / que no acaba" (60). En ambos poemas, Zwicky y Janés rinden homenaje al mar como poderosísima presencia del mundo natural, como espacio para el desasimiento y la desvelación de la unidad profunda del ser.

A propósito de "Six Variations on Silence," la composición en seis movimientos con que se cierra el poemario de Zwicky, leemos estas iluminadoras palabras en la reseña anónima de *Quill & Quire*: "Un par de miniaturas, sin embargo, son hitos de este poemario, pues Zwicky expresa con gran destreza las paradojas heraclitianas del movimiento y la quietud con muy pocas palabras" (2005). Recrear el silencio mediante palabras no es tarea fácil, pero Zwicky se embarca en semejante tarea poética con la conciencia clara de la resonancia que generan las palabras a modo de círculos concéntricos una vez que entran a formar parte del artefacto inagotable y constelación densa de sentido que es un poema. El significado no es sino una especie de resonancia entre cosas nítidamente distintas: "Meaning itself is a kind of resonance among distinct things," dice Zwicky en la entrevista titulada "Perfect Fluency." Explica la autora: "It is from the perception of subtle resonant relationships in the world and the wish to respond to these, to make them anew, or to gesture back, that poetry is made" (2011); a saber: el origen del poema radica en el deseo de responder a la súbita revelación de patrones y resonancias en el mundo que nos rodea. En su encuentro sensitivo-intelectual con el mundo, se da de bruces primero con el significado y luego se lanza a la búsqueda de "la encarnación lingüística de ese significado" o, dicho de otro modo, "una *realización* verbal de un pensamiento musical." El poeta transcribe su escucha atenta de la música que le dictan el mundo y las cosas, y si la transcripción está hecha con pericia, entonces vendrá el lector y devolverá a la vida lo que yace medio vivo en la página (Rosenberg). En sus planteamientos, Zwicky nos recuerda el pensamiento de María Zambrano en *Claros del bosque*, donde leemos: "Pues la verdad llega, viene a nuestro encuentro como el amor, como la muerte y no nos damos cuenta de que estaba asistiéndonos antes de ser percibida, de que fue ante todo sentida y aun presentida" (26). La verdad, como el amor, sobreviene sin ser buscada, invade a la poeta-visionaria-mística, irrumpe en el mundo arrojando luz sobre zonas de la realidad hasta entonces en penumbra, sacadas a la luz por el don mirífico y convocador de la palabra abismática de la poesía.

La poesía, como el ser, precede al poema. Zwicky, como Janés, inicia el proceso de composición de sus versos inspirada por el movimiento físico. Si Janés seguía el ritmo de sus pasos por las calles de Barcelona y escuchaba el latido de su corazón para encontrar el ritmo de sus poemas, para Zwicky "el movimiento físico es una parte fundamental del proceso de composición, la manera de saber si estoy consiguiendo el movimiento correcto para la pieza," afirma en la citada entrevista. De repente, oye, como buen músico y violinista, "la belleza de la estructura repleta de resonancias" (Rosenberg 2011) con que transcribe lo que acontece en el fluir incesante del mundo. La composición "Six Variations on Silence" es una lograda muestra del pensamiento lírico (*lyric thought*) que describe Zwicky en estas líneas en su entrevista con Rosenberg:

> En el pensamiento lírico verdaderamente logrado, nada es "accidental"— piensa en el haiku—, el significado de la composición entera es una función de las relaciones resonantes entre los más sutiles de los gestos. Esa red de relaciones resonantes entre sutiles gestos *es* justamente la composición: no hay nada más, nada arbitrario, nada extra. Y no hay significado que se pueda resumir al margen de esa red de relaciones resonantes. Exprésalo de otra manera y significa *algo completamente distinto*. Y más aún: el significado de la composición en su totalidad reverbera *en* cada uno de esos sutiles gestos, sin excepción. Como diría Wittgenstein, están "íntimamente relacionados entre sí."
>
> 2011

En *Lyric Philosophy* escribe Zwicky: "To be open to the world is to experience presence" (1992, L223). Es decir: "Estar abierta al mundo es experimentar la presencia." Y en *Wisdom & Metaphor* escribe esto otro: "Ontological attention is a form of love" (1992, L57), o "La atención ontológica es una forma de amor." El pensamiento lírico es un pensamiento absolutamente sensible a la presencia del mundo; es un pensamiento metafórico y metonímico que sabe leer el todo en las partes y las partes en el todo. Más aún: es capaz de penetrar el entramado o sutil urdimbre que conecta a todas las cosas y atrapar las sutiles resonancias entre ellas. En *Wisdom & Metaphor* añade al respecto Zwicky: "[L]a práctica de la filosofía [...] debe ser entendida como un ejercicio de atención disciplinada por el discernimiento de la relación entre las cosas y la estructura resonante del mundo" (2003, L117). En "Six Variations on Silence," Zwicky indaga precisamente esa constelación de resonancias y ecos que percibe entre las cosas del mundo que la rodea. Como ya advertía Janés, el silencio es fecundo, porque crea espacios propicios para la revelación. Las seis variaciones apresan momentos que envuelve amorosamente el silencio, la quietud en medio del fluir perpetuo del mundo doméstico más próximo al sujeto lírico. El último silencio no es otro que una otoñal versión canadiense del poema que

JANÉS Y ZWICKY: FILOSOFIA LÍRICA

Buson, uno de los grandes maestros del haiku, compuso en su lecho de muerte. Dicen así los seis silencios:

Seis variaciones sobre el silencio

La puerta entreabierta a la estación.
A su través cantan los grillos,
madura la hierba en las piedras planas del sendero.

Soñolienta tras el desayuno, el olor a café,
a tostada. El perejil crece
inmóvil en el alféizar de la ventana.

En lo profundo de la hendidura se posa el polen
en el girar del remolino. Podrías contemplarlo el día entero
y jamás llegarías a verlo moverse.

Cúmulos, henchidos,
flotan sobre la sien de las colinas.
Trueno en la luz.

El río de jade en su piel de viento
más abajo. Repentino frescor
de sombra de nube, incluso al mediodía.

Hojas amarillas en el albor primero, cayendo
una a una con un sonido como de lluvia.[7]

Al igual que Janés en "La casa de Mazandarán," Zwicky contempla el mundo natural con mirada henchida de humildad y amor. Advierte detalles minúsculos en el mundo doméstico del que forma parte irremediablemente. Se siente interpelada de algún modo por la presencia de la hierba que crece en medio de las piedras del camino, por el perejil que adorna el alféizar de la ventana

---

7 "Six Variations on Silence": "The door to the season stands ajar. / Through it, crickets sing, / grass ripens in the flat stones of the walk. (63) // Drowsy after breakfast, the smell of coffee, / toast. Basil springing / motionless on the windowsill. (65) // Deep in the ravine, pollen settles / to the eddy's swirl. You could watch all day / and never see it move. (67) // Cumulus, swollen, / float above the hills' brow. / Thunder in the light. (69) // The jade river in its skin of wind / below. Sudden coolness / of cloud shadow, even at mid-day. (71) // Yellow leaves at first light, falling singly / with a sound like rain" (73).

con una gracia no premeditada, por el polen en suspensión que es metáfora de la indetenible quietud del ser, por las nubes pasajeras del horizonte y del alto cielo que enseñan una lección de transitoriedad, y por las hojas amarillas por el otoño que confirman el ciclo de vida y muerte consustancial al mundo. Todo a su alrededor es materia vibrante que habla en lenguas que no son humanas y, sin embargo, es prolongación del propio yo poético. Prestar atención tal vez sea la mayor tarea que tenemos encomendada. Estar vivo es responder a los estímulos sensoriales, pues la percepción no deja de ser la forma más elemental de participación en el mundo. Zwicky escucha y observa el mundo que se le presenta como don, y el silencio de las seis variaciones se desvela en última instancia como un espacio profundamente fecundo en que descubre la quietud en medio del perenne fluir de la realidad, la unidad de fondo en medio de la multiplicidad de seres que pueblan el universo.

4 Janés y Zwicky, o la búsqueda lírica de vislumbres del ser

Existe una paradoja implícita en la expresión "indetenible quietud" que da título a este trabajo: la quietud es la quietud y, por definición, carece de movimiento, pero, en un mundo que es puro devenir heraclitiano, en que todo se halla en camino de ser, hasta la quietud misma es indetenible y sigue su curso hacia un destino ignoto, que puede ser llegar a ser piedra en el caso de la piedra, llegar a ser nube pasajera en el caso de la nube, llegar a ser árbol en el caso de un árbol de cualquier especie y latitud, llegar a confundirse con las aguas de un océano en el caso de un río, o llegar a ser humano en el caso de un hombre o mujer inscritos en cualquier punto de las coordenadas espacio-temporales que definen la geografía y la historia. En todo caso, esa quietud es la que hace posible que florezca la intuición iluminadora que desvela conexiones que a primera vista acaso puedan pasar desapercibidas, como las que exploran Janés y Zwicky en su poesía, como las que esbozamos en las siguientes líneas a modo de conclusión.

La yuxtaposición de la obra y vida de Clara Janés y Jan Zwicky en las secciones precedentes saca a la luz las múltiples coincidencias conceptuales, temáticas y léxicas que atraviesan de forma subterránea su pensamiento poético-filosófico de principio a fin. Las reverberaciones y ecos textuales que pueden apreciarse en los poemas analizados no apuntan a similitudes superficiales, de fondo y forma, sino a convergencias medulares que sustentan el proyecto creativo de toda una vida. La búsqueda de la esencia y el heideggeriano desocultamiento del ser; la poesía como revelación o vía de acceso de conocimiento a la realidad profunda de las cosas; el misterio y la magia que rondan la escritura; los acercamientos inter- o transdisciplinares al enigma del ser, a través de la poesía, la filosofía, la ciencia, la música y las artes plásticas; la constatación de la unidad esencial del mundo; la naturaleza como lugar de comunión con el cosmos; las ansias de conocimiento y el afán por apresar vislumbres del misterio a través de la escritura; y la desnudez estilística y el deseo de casi transparencia en el poema en que se produce el desasimiento del sujeto lírico. Todo ello comparten Janés y Zwicky, como si sus respectivas obras fueran tan solo el latido de una misma obra unitaria, dictada por una voz invisible. Tienen en común una mirada curiosa y omnímoda, mas no alentada por un afán de dominio sobre lo cognoscible, sino atravesada por la humildad y la conciencia de la unicidad, belleza y vulnerabilidad del mundo que habitamos. Su poesía es una forma de prestar máxima atención a cuanto existe y, aunque abrace la felicidad, no está exenta de un trasfondo de melancolía al constatar cuán frágil es cuanto amamos.

En "La flor de Coleridge," uno de los ensayos recogidos en *Otras inquisiciones* (1952), Jorge Luis Borges, en un punto de su argumentación sobre la imposibilidad de discriminar la realidad de la ficción, llegó a escribir palabras verdaderamente proféticas a propósito de las reverberaciones de pensamiento, actitud y forma que detectamos en la poesía de Janés y Zwicky:

> [E]n 1844, en el pueblo de Concord, otro de sus amanuenses había anotado: "Diríase que una sola persona ha redactado cuantos libros hay en el mundo; tal unidad central hay en ellos que es innegable que son obra de un solo caballero omnisciente" (Emerson *Essays*, 2, VIII). Veinte años antes, Shelley dictaminó que todos los poemas del pasado, del presente y del porvenir, son episodios o fragmentos de un solo poema infinito, erigido por todos los poetas del orbe. (*A Defence of Poetry*, 1821)
>
> BORGES 1974, 639

No un caballero omnisciente, sino dos mujeres, Janés y Zwicky, poetas y pensadoras de mente lúcida y afilada, son las que parecen embarcadas en esa titánica tarea de escribir *un solo poema infinito*. Se trata de una tarea ancestral que no conoce fin. La humanidad aún sigue inmersa en ella y ha ensayado ya un sinfín de variaciones. Aún quedan muchos fragmentos más por añadir a esa obra que está en vías de ser. Janés y Zwicky siguen buscando ese punto de la indetenible quietud del ser en que todo cobra sentido de repente y la palabra poética ilumina, una vez más, a pesar de la caleidoscópica y diversa naturaleza de los seres y cosas que lo pueblan, la unidad profunda y esencial del mundo, esa urdimbre viva de conexiones, ese enigma de dimensiones colosales, ese inesperado don.

Obras citadas

Anónimo. 2005. *Review of Thirty-seven Small Songs & Thirteen Silences. Quill & Quire.* En línea: https://quillandquire.com/review/thirty-seven-small-songs-thirteen-silences/ (consultado el 03.06.2019).

Aristóteles. 1998. *Metafísica.* En: García Yebra, Valentín (ed. trilingüe). Madrid: Gredos.

Badiou, Alain. 1999. *Manifesto for Philosophy.* Traducido por: Norman Madarasz. Nueva York: New York University Press.

Benegas, Noni. 2016. "Una duradera epifanía." *Nayagua. Revista de poesía.* 11 (23): 228–232. En línea: http://www.cpoesiajosehierro.org/web/uploads/pdf/4720cf429 881bd4ea3ed3bd782e522f9.pdf (consultado 03.06.2019).

Bifford, Darren. 2010. "Metaphor and Ecological Responsibility." En: Mark Dickinson y Clare Goulet (eds.), *Lyric Ecology: An Appreciation of the Work of Jan Zwicky.* Toronto: Cormorant Books. 192–196.

Borges, Jorge Luis. 1974. *Obras completas 1923–1972.* Buenos Aires: Emecé Editores.

Cilleruelo, José Ángel. 2015. "La mística del fractal." *El Ciervo*, n° 654–655.

Culler, Jonathan. 2015. *Theory of the Lyric.* Cambridge: Harvard University Press.

Farman, Abou. 2005. "To Know the Pine." *Books in Canada.* En línea: http://www.book sincanada.com/article_view.asp?id=4618 (consultado 03.06.2019).

Gorga López, Gemma. 2008. "Ecos sanjuanistas en la poesía última de Clara Janés." *DICENDA. Cuadernos de Filología Hispánica* 26: 83–100.

Iglesias Serna, Amalia. 2015. "Cada vez vivo más en el poema. Entrevista con Clara Janés." *Minerva. Revista del Círculo de Bellas Artes* 25: 55–60.

Janés, Clara. 1998. *La indetenible quietud.* Madrid: Siruela.

Janés, Clara. 1999. *La palabra y el secreto.* Madrid: Fierro & Huerga Editores.

Janés, Clara. 2005. *Fractales.* Valencia: Pre-Textos.

Janés, Clara. 2015. "Enséñame a hablar, hierba." *Movimientos insomnes. Antología poética (1964–2014)*, Barcelona: Galaxia Gutenberg. 347–358.

Manrique Sabogal, Winston. 2015. "El viaje hacia el amor es conocimiento." *El País.* En línea: https://elpais.com/cultura/2015/10/28/babelia/1446046103_712547.html?rel =mas (consultado 03.06.2019).

Manrique Sabogal, Winston. 2016. "La belleza es la que nos salva de este caos y movimientos apocalípticos." *El País.* En línea: https://elpais.com/cultura/2016/06/12/actua lidad/1465738378_310544.html?id_externo_rsoc=TW_CC (consultado 03.06.2019).

Mason, Travis V. 2010. "Jan Zwicky." *The Canadian Encyclopedia.* En línea: https://www .thecanadianencyclopedia.ca/en/article/jan-zwicky (consultado 03.06.2019).

Ortega, Antonio. 2017. "El arco y la flecha: ciencia y poética en la escritura de Clara Janés." *Épistémocritique* XVI. En línea: https://epistemocritique.org/larc-fleche -science-poetique-lecriture-de-clara-janes/ (consultado 03.06.2019).

Panchosvka, Rada. 2002. "La inquietante sabiduría de Clara Janés." *Democraticheski Pregled* 49: 447–454. En línea: http://www.cervantesvirtual.com/portales/clara_janes/obra-visor/la-inquietante-sabiduria-de-clara-janes--0/html/008fffb4-82b2-11df-acc7-002185ce6064_2.html#I_0 (consultado 03.06.2019).

Pasero, Anne M. 2014. "*Río hacia la nada*: Hacia la unidad en la poesía de amor de Clara Janés." En: Nadia Mékouar-Hertzberg (ed.), *Secretos y verdades en los textos de Clara Janés*. Bern: Peter Lang. 143–162.

Prieto de Paula, Ángel L. 2019. "Clara Janés. Semblanza crítica." *Cervantes Virtual*. En línea: http://www.cervantesvirtual.com/portales/clara_janes/semblanza/ (consultado 03.06.2019).

Pronovost, Nita. 2005. "*Thirty-seven Small Songs & Thirteen Silences.*" *Vallum Contemporary Poetry*, 4(1). En línea: https://vallummag.com/product/41-the-desert/ (consultado 03.06.2019).

Rosenberg, Scott. 2011. "Perfect Fluency—Interview with Jan Zwicky." *Owen Wister Review* 134–145. En línea: https://www.brickbooks.ca/interviews/perfect-fluency-interview-with-jan-zwicky-by-scott-rosenberg-in-person-university-of-wyoming-campus/ (consultado 03.06.2019).

Sáez-Angulo, Julia. 2014. "Clara Janés, la poesía de lo real y lo absoluto." En línea: https://www.euromundoglobal.com/noticia/123453/cultura/clara-janes-la-poesia-de-lo-real-y-lo-absoluto.html (consultado 03.06.2019).

Siles, Jaime. 2015. "Clara Janés: vida secreta de y en las palabras." En: *Movimientos insomnes. Antología poética (1964–2014)*. Barcelona: Galaxia Gutenberg. 7–39.

Solie, Karen. 2005. "The Silence Amid the Song." *The Globe and Mail*. En línea: https://www.theglobeandmail.com/arts/the-silence-amid-the-song/article737451/ (consultado 03.06.2019).

Villena, Luis Antonio de. 2005. "Esencias materiales." *El Periódico*. Barcelona: El Periódico.

Zambrano, María. 1977. *Claros del bosque*. Barcelona: Seix Barral.

Zwicky, Jan. 1992. *Lyric Philosophy*. Toronto: Toronto University Press.

Zwicky, Jan. 2003. *Wisdom & Metaphor*. Kentville: Gaspereau Press.

Zwicky, Jan. 2005. *Thirty-seven Small Songs and Thirteen Silences*. Kentville: Gaspereau Press.

CAPÍTULO 6

Mitos y ritos de mujer en Juana Castro y Margaret Atwood

Javier Martín Párraga

Resumen

Las trayectorias vitales y producción poética de Margaret Atwood (1939) y Juana Castro (1945) difieren tanto como lo hace el contexto sociocultural anglo-norteamericano y español. No obstante, desde sus primeros poemarios, ambas autoras comparten una sensación de orfandad poética, al no contar con una tradición literaria femenina de la que nutrirse y en la que inscribir sus propias composiciones. De manera similar, tanto Atwood como Castro exploran la mitología occidental y descubren en ella una tradición marcadamente falogocéntrica y heteropariarcal que tiende a reducir a la mujer a un papel marginal y, demasiadas veces, pasivo. En el presente trabajo examinamos cómo estas dos poetas, tan dispares a la par que, hermanadas en su lucha por la justicia, la igualdad y convicción en el poder redentor de la palabra, se esfuerzan en ofrecer re-escrituras revisionistas de diversos mitos, al mismo tiempo que engendran otros nuevos, propios y carentes de ataduras o prejuicios, en una búsqueda perpetua e incansable de una nueva feminidad.

Palabras clave

literatura comparada – feminismo – mitología – poesía canadiense – poesía española

1 Introducción

Enfrentarse al estudio de dos autoras como Margaret Atwood (1939–) y Juana Castro (1945–) no resulta sencillo, puesto que el contexto sociocultural en el que crecen y se educan como mujeres y como poetas resulta sin duda muy diferente. A lo largo de este trabajo planteamos un estudio comparativo en el que pretendemos demostrar que, a pesar de las innegables y más que obvias diferencias que separan a ambas autoras y de la falta de contacto directo entre las mismas, tanto Atwood como Castro persiguen objetivos similares a lo largo

© KONINKLIJKE BRILL NV, LEIDEN, 2022 | DOI:10.1163/9789004504592_008

de la totalidad de su corpus poético. Asimismo, reflejaremos cómo, a la hora de alcanzar dichos objetivos, nuestras autoras consideran necesario desarrollar una profunda revisión de alguno de los mitos seminales de la literatura occidental, en los que la figura femenina había sido desplazada a los márgenes, mostrada como subalterna o, simplemente, despreciada al presentarse como un elemento pasivo que se limita a posibilitar la labor del varón.

Para llevar a cabo este objetivo, comenzaremos por ofrecer un somero recorrido por la biografía de ambas autoras, en el que destacaremos tanto las diferencias temporales y espaciales como los puntos de contacto, destacando el hecho de que Juana Castro emplea la poesía de la autora canadiense como paratexto en alguno de sus poemas más destacados.

En segundo lugar, analizaremos la continúa búsqueda de referentes literarios femeninos en Atwood y Castro, ya que ambas autoras se sienten "huérfanas" y cómo las dos responden a esta orfandad de manera similar, al revisitar los grandes clásicos desde una perspectiva nueva y eminentemente femenina.

En tercer lugar, nos enfrentaremos al papel fundamental que el mito juega en la poesía de Atwood y Castro, partiendo del marco teórico del revisionismo femenino del mito. Este apartado resulta especialmente importante para nuestro estudio, puesto que en el mismo veremos cómo tanto la autora canadiense como la española aspiran a encontrar una voz propia como poetas mediante la deconstrucción, revisión y re-escritura de alguno de los mitos clásicos más importantes de la literatura occidental, al mismo tiempo que buscan nuevas figuras mitológicas que estén exentas del marcado carácter heteropatriarcal y falologocéntrico de los mitos clásicos. Estas nuevas figuras mitológicas, que en muchos casos provienen del pasado más remoto, sirven a ambas autoras para sustentar su propia voz poética, librándose de la orfandad literaria a la que referimos previamente y que Noni Benegas define como "la angustia de la autoría" (1998, 127).

2   Atwood, Castro y sus circunstancias

Atwood, figura clave dentro de la literatura postmoderna en inglés y perpetua candidata al Premio Nobel pasa sus primeros años en el entorno bucólico de los bosques de Quebec. Como recuerda en *Two Solitudes*, un intimista e imprescindible extenso diálogo en forma de libro que comparte con Victor-Lévy Beualieu, "cuando éramos pequeños, pasábamos la mayor parte del año en el norte de Quebec, muy aislados, completamente solos en nuestra casa de los bosques. No había muchos niños más" (1998, 9). Siendo una adolescente, Atwood se traslada a la ciudad de Toronto, que describe como "una ciudad muy

Protestante; es decir, con sus leyes sobre el alcohol y todo lo demás" (1998, 14). En 1957 comienza su educación universitaria en Canadá, que complementa después en Estados Unidos, en Harvard. En su país de origen había descubierto la gran tradición literaria británica y en Estados Unidos se sumergirá en la norteamericana, pero en ninguno de los dos casos estudia literatura de ningún otro país. De hecho, la poeta se lamenta de que incluso su exposición al canon literario canadiense resultaba muy deficitaria. En lo concerniente a su labor creativa e intelectual, Atwood inicia su producción poética siendo muy joven, aunque pronto comenzará a volcar la mayor parte de sus esfuerzos en la prosa, donde ha alcanzado mayor notoriedad y prestigio académico; aunque como Beyer señala, "como Erica Young y Marge Piercy, que también escribieron con autoridad en ambos géneros, Atwood sobresale tanto en la poesía como en la prosa" (277).

El prestigio internacional de Atwood hace que ya en 1997 se la declarara "la voz pública de las letras canadienses durante el último cuarto de siglo [...] Pocos [autores] canadienses han alcanzado semejante impacto" (Rawlinson 1987, 32). Veintitrés años después, esta cita sigue reflejando el estatus de icono cultural que ostenta a nivel global. La reciente adaptación televisiva de *The Handmaid's Tale* permite aseverar que nos encontramos ante la que probablemente sea la autora viva más conocida, tanto en el ámbito académico como popular.

Al contrario de lo que ocurre con otros autores que han rehuido siempre la fama (como Salinger, o Pynchon), Atwood no solo ha sido capaz de hacer frente a la presión mediática, sino, como Susanne Becker explica, se ha servido de ella para avanzar en su constante lucha por la defensa del medio ambiente, las desigualdades sociales y en pos del feminismo (29).

Para concluir esta breve presentación biográfica de Atwood citaremos a Nathalie Cooke, que nos recuerda que, "el corpus de Atwood se ubica en la intersección de tres tradiciones literarias diferentes (aunque relacionadas): el feminismo, el nacionalismo canadiense y el postmodernismo" (19).

En el caso de Juana Castro, la autora ofrece en su web oficial la siguiente nota breve, en la que esboza sus años de infancia y juventud hasta llegar a un momento en que es ya madre y disfruta de estabilidad, tanto personal como profesional:

> Juana Castro nació el 20 de febrero de 1945 en Villanueva de Córdoba, comarca de Los Pedroches. Vivió en su pueblo y en el campo, mientras leía cualquier cosa escrita que cayera en sus manos: prospectos, cartas, postales, testamentos [...] Lo mejor fue la biblioteca del colegio y las novelas por entregas. Y el cine. Estudió Magisterio y con 18 años ya

CASTRO Y ATWOOD: MITOS Y RITOS DE MUJER 181

ocupaba su puesto de maestra por oposición en un pequeño pueblo con estación de tren, Conquista. Luego se especializó en Educación Infantil. Se casó con 23 años y tuvo su primera hija con 24, María. Después vinieron José Miguel y Mari Cruz. Por entonces (1972) ya vivía con su marido, Pedro Tébar, en Córdoba, estudiando también Filosofía y Letras en la recién abierta Facultad.[1]

Las experiencias vitales de ambas poetas no pueden resultar más diferentes, con una Atwood niña aislada en los bosques de Quebec que en la adolescencia se desplaza a una gran urbe protestante que le es ajena y una Castro disfrutando plenamente del entorno familiar y reconfortante de un pequeño pueblo de los Pedroches cordobeses hasta llegar, como joven adulta a la pequeña pero vibrante ciudad de Córdoba, donde se sintió plenamente imbricada. En *The Journals of Susanna Moodie*, Atwood resume su experiencia tanto en los bosques como en Toronto:

> It would take more than that to banish
> me: this is my kingdom still.
>
> Turn, look up
> through the gritty window: an unexplored
> wilderness of wires
>
> Through they buried me in monuments
> of concrete stabs, of cables
> though they mounded a pyramid
> of cold light over my head
> though they said, We will build
> silver paradise with a bulldozer
>
> it shows how little they know
> about vanishing: I have my ways of getting through.
> 1976, 115

Mientras que los recuerdos y sentimientos que Atwood proyectaba en Moodie nos presentan a una mujer alienada y nos conducen irremediablemente al

---

1   La cita corresponde a la página web personal de la autora, que puede ser consultada en la siguiente dirección: http://www.juanacastro.es/index.php/biografia.

182 PÁRRAGA

unheimlich freudiano; los versos que Castro dedica a su juventud se caracterizan por lo contrario, al estar envueltos en una cálida domesticidad:

> Aquí no pasa nada, nunca se quedan las tormentas. Porque el custodio, san Rafael, cuida de su ciudad. La que hablaba era una monja que vigilaba nuestra siesta, siesta de junio, el mes de los exámenes en Córdoba, yo con la cabeza tapada por el miedo al fulgor de los relámpagos y al primer trueno que acababa de sonar. Miedo heredado de mi pueblo, donde las tormentas, cuando llegaban, tardaban horas en irse. Por eso mi madre, con los primeros truenos, cerraba las puertas, echaba las cortinas, separaba de la pared el cabecero de la cama matrimonial, descolgaba la perilla de la luz, nos metía a todos en la cama y nos ponía a rezar. Tenía razón la monja. Tres o cuatro truenos y se acabó.
>
> 2012, 7

En el mismo poemario, vemos cómo los vínculos afectivos que unieron a Castro con el entorno rural resultan igualmente sólidos durante su etapa adulta en la ciudad: "El campo, el río, los insectos, las flores: en el centro, la carne. Y Córdoba, radiante, alimenticia, todas las superpuestas Córdobas que han ido haciéndose, viviéndose, una sobre otra a través de los siglos" (33). Resulta interesante señalar que, posteriormente, Castro confiesa en una entrevista con Sharon Keefe Ugalde sentirse extranjera y aislada en su propia tierra y se siente abrumada por "la extrañeza de los tiempos en que estamos, el estado de exilio de todo el mundo en todas partes, mi propia extranjería" (2002, 18).

Si el contexto geográfico y sociocultural de las autoras es divergente, las lecturas que las conforman y su filiación en un contexto literario determinado no lo es menos. Ya afirmamos que Atwood estudia siempre literatura en lengua inglesa y su obra puede englobarse dentro del feminismo postmoderno. En el caso de Castro, como Carlos Rivera afirma, "la poesía de Juana Castro está inscrita dentro de unas coordenadas humanísticas muy concretas, reivindicando la emoción vital como sostén paraclítico del mensaje, es decir, por encima del asunto del poema" (7). Estas coordenadas no pueden separarse de la gran tradición poética española y de la influencia que tuvieron en ella los poetas del grupo Cántico, de su córdoba natal. Así, en palabras de Pedro Ruiz, su producción se caracteriza por "un lenguaje en cuya tensión se unen ecos del esteticismo del grupo 'Cántico' y el legado de una cierta renovación de la poesía social" (13).

Si el desarrollo personal e intelectual de ambas autoras resulta ciertamente diferente, también lo será su repercusión a nivel internacional. La narrativa y poesía de la canadiense ha sido traducida a decenas de idiomas, alcanzando grandes éxitos de ventas y algunas de sus novelas se han trasladado al cine y la televisión, permitiéndole alcanzar el estatus de icono popular y "Todas las novelas de Atwood, con excepción de *Life Before Man*, así como sus colecciones de relatos breves han sido traducidas al español" (Somacarrera 2005, 155). Castro ha alcanzado el reconocimiento entre la crítica y los lectores de poesía en español, como atestiguan los numerosos galardones concedidos. Resulta, sin embargo, difícil encontrar referencias a la poeta en la literatura crítica extranjera; destacando en este sentido el capítulo "Writing for my Daughter, My Mother, My Grandmother: The Power of Words Against Women's Violence in Juana Castro's *Del color de los ríos*" (Osán 2012). El limitado interés que Castro ha suscitado fuera de España se debe, en gran medida, a la escasez de traducciones que han visto aparecido, puesto que tan solo se han publicado dos ediciones en inglés de sus poemarios. Osán tradujo *Narcisia* en 2012, en la editorial de la Universidad de Nueva Orleans, que dirigía Bill Lavender. Tras abandonar esta editorial para fundar *Lavender Ink*, el propio Lavender publicó en 2018 una traducción de *Del color de los ríos*.

Parece, pues, poco probable que su obra haya tenido influencia alguna en la poesía de Atwood. Sin embargo, la huella de la canadiense en el corpus de Castro queda demostrado por la inclusión de un paratexto perteneciente a la traducción de Pilar Somacarrera del poema "The Door" en *La bámbola* (2010): "Sabía que era veneno, / su belleza, una ilusión: / ya conocía la palabra/inflamable." Además de este paratexto en el que se cita explícitamente a Atwood, creemos que su influencia se refleja también en "Tres Marías," donde Castro nos presenta a una bruja que ha sido colgada:

> La romana, colgada de una viga, sostenía
> en su gancho los ojos
> consumidos y ausentes que la noche
> sumaba con mi cuerpo. Niños, viejos, muchachas
> extinguidas y murrias que sacaban
> del catre entre los brazos. Sortilegio que estuvo
> perfumando mi ropa, yo el incienso
> de ese don que en mi vida
> tuvo signo y palabra: El pesar a trovisco.
>
> CASTRO 2000, 60

Vemos en esta composición una clara influencia del poema de Atwood, "Half Hanged Mary" (1995), dedicado a Mary Webster, acusada de brujería y colgada de un árbol en 1680. Al llegar los residentes la mañana siguiente la encontraron aún viva y liberaron, viviendo otros catorce años tras la ejecución fallida. Atwood ha declarado en diversas ocasiones ser descendiente de Webster, a la que dedica *The Handmaid's Tale*. Ofrecemos las últimas estrofas del poema:

Having been hanged for something
I never said,
I can now say anything I can say.

Holiness gleams on my dirty fingers,
I eat flowers and dung,
two forms of the same thing, I eat mice
and give thanks, blasphemies
gleam and burst in my wake
like lovely bubbles.
I speak in tongues,
My audience is owls.

My audience is God,
Because who the hell else could understand me?
Who else has been dead twice?

The words boil out of me,
coil after coil of sinuous possibility.
The cosmos unravels from my mouth,
All fullness, all vacancy.

1996, 58

3   Mujeres en busca de una voz poética propia

A pesar de las múltiples diferencias que acabamos de mostrar, ambas poetas comparten una visión del acto poético similar, irresolublemente vinculado a su condición femenina. De hecho, pueden englobarse en el contexto de la tradición de mujeres poetas nacidas antes de 1950 que propone *En voz alta* (Ugalde 2007). Se trata de autoras que buscan desconstruir "los efectos devastadores de la construcción patriarcal de la feminidad" (31), con el fin de empoderarse intelectual y emocionalmente mediante "una reelaboración de la subjetividad lírica femenina que se enfrenta intelectualmente a la tradición social (y también literaria), rompiendo los moldes en los que ellas mismas habían nacido y crecido" (Merino 2013, 109). Castro afirma en "Literatura de mujeres y tradición: tres lecturas" que, "cuando las mujeres llegamos a la escritura nos encontramos con toda una tradición patriarcal. Pero también hay otra tradición, la de las mujeres escritoras que nos precedieron, y que tantas veces nos ha sido escamoteada" (Castro 2003, 57). Noni Benegas confirma la opinión de la poeta, al afirmar que mientras que los poetas se suelen ver embargados por la angustia de la influencia que Bloom definiera en 1973, las poetas se ven abocadas a experimentar una situación opuesta, que define como "la angustia de la autoría" (127). De este modo, no tienen forma de seguir el consejo de Eliot de inscribir su talento individual en una tradición propia de la que puedan sentirse parte. Belinda Jack concluye en *The Woman Reader* (2012) que la lectura es, en verdad, el único mecanismo por el que las mujeres pueden alcanzar la libertad. Cabe, no obstante, preguntarse hasta qué punto una sociedad en la que la mujer se ve desprovista de lecturas femeninas permite que esta se empodere mediante el simple hecho lector. Especialmente, cuando tantos textos fundacionales de nuestra tradición falogocéntrica en lugar de liberar a la mujer sirven para oprimirla, privarla de pensamiento crítico o incluso humillarla; ya que, como Tania Modelski argumenta en *Loving with a Vengeance*, numerosas obras literarias, destinadas al público femenino no pueden entenderse sino como herramientas al servicio del patriarcado (1982).

Ante este escenario, nuestras poetas apuestan por llevar a cabo una doble estrategia. En primer lugar, siguen los postulados de Alicia Ostriker, que afirmaba que la creadora se ve obligada a "robar" un lenguaje de tradición claramente falogocéntrica (y, por lo tanto, inadecuado para plasmar la ética y estética femenina) (1982, 68).

El segundo mecanismo que siguen ambas poetas en pos de inscribir su propio talento individual en una tradición pasa por adoptar la propuesta de Adrienne Rich de re-evaluar con ojos nuevos y desprovistos de culturemas impuestos la literatura precedente. Un acto que se convierte en un hecho político en sí mismo, que debe garantizar la supervivencia intelectual pero también social de estas mujeres huérfanas de referentes. Reproducimos aquí una cita de Rich de la que se hace eco Castro: "Re-visión, el acto de mirar atrás, de mirar con ojos nuevos, de asimilar un viejo texto desde una nueva orientación crítica, esto es para las mujeres más que un capítulo de historia cultural; es un acto de supervivencia" (2010, 48). Atwood, influida sin duda por Foucault y Deleuze, abraza también la propuesta de Rich; ya que, "le preocupa encontrar estrategias de supervivencia, a nivel individual y colectivo, espiritual y físico, y su poesía pone de relieve esas cualidades" (Beyer 2000, 277) La cuestión de la supervivencia y la revisión resulta tan relevante para la autora que publica *Survival: A thematic Guide to Canadian Literature*. En 1972 el consenso entre lectores y críticos literarios era que la literatura canadiense simplemente no existía. De modo que re-visitar un corpus literario no ya marginal o silenciado sino completamente invisibilizado constituía en sí mismo un hecho radicalmente político, a la par que intelectualmente arriesgado. Podríamos decir, abrazando la terminología de Spivak, que Atwood comenzaba por dar voz a

186   PÁRRAGA

una literatura subalterna antes de poder alcanzar su voz propia como mujer poeta y, por lo tanto, subalterna. Consideramos relevante ofrecer la siguiente cita de esta obra:

> Incluso las cosas a las que miramos requieren de nuestra participación y de nuestro compromiso: si se dan esta participación y compromiso, lo que puede producirse es una "fuga," una escapatoria de nuestros viejos hábitos a la hora de observar las cosas y una "recreación," una nueva forma de ver, experimentar e imaginar; que nosotros mismos hemos contribuido a dar forma.
>
> 246

Evidentemente, para re-visitar el canon y re-descubrir a aquellas autoras que les fueron escamoteadas; ambas autoras deben encontrar un lenguaje propio que desafíe la dictadura de un pensamiento heteropatriarcal que Hélène Cixous consideraba imprescindible destruir ya en 1975 (419). Atwood está de acuerdo con Linda A. Kinnahan en que, "seguramente, la resistencia se flexione de manera lingüística" (citada en Linda A. Kinnahan xiv). Como Pyeaam Abbasi y Omid Amani explican, "usar la voz femenina que da nuevos significados para las imágenes establecidas es la forma de escribir de Atwood y su forma de desafiar las deficiencias del lenguaje a la hora de expresar la consciencia de la mujer" (92).

La búsqueda de Atwood de un referente femenino la lleva a revisar los diarios de Susanna Moodie, pionera y la primera voz literaria del país. En opinión de Lothar Hönnighausen, "el intertexto de los diarios de Moodie del siglo diecinueve le permitió a Atwood encontrar una persona poética femenina hermanada con ella en la que proyectar las ansiedades y deseos de una mujer de finales del siglo veinte" (102). En su extensa conversación con Beaulieu la autora se refiere a estos poemas como, "una suerte de reverso de mí misma, una imagen reflejada en el espejo" (1998, 51). La importancia del reflejo del otro en la construcción del yo es también un tema recurrente y fundamental en la poética de Atwood:

> Aunque existimos como objetos diferentes de los demás, necesitamos de esta unión con el otro para convertirnos en sujetos, para alcanzar nuestra identidad. Es necesario que nos veamos reflejados, tocados por la vista y las palabras de los demás. Por lo tanto, todos sufrimos las inevitables distorsiones que se producen en las brechas de la percepción entre las superficies visibles y el interior privado, entre el visto y el que ve, entre la acción de dar nombre y la pasividad de ser nombrado. En el narcisismo

inevitable de la construcción del mundo, es tanto el mundo como a sí mismo lo que el sujeto diseña con su propia imagen. Al mismo tiempo, se ve implicado en la construcción del mundo de los demás.

BLAKEY 1983, 35

4 Feminismo y re-escrituras revisionistas del mito

Como veíamos en el apartado precedente, tanto Atwood como Castro se enfrentan al problema que Benegas (1998) tan certeramente identifica: tanto las voces poéticas del pasado como, en gran medida, ellas mismas se encuentran "hors champ," fuera de campo. Por lo tanto, su principal objetivo es el de escapar de la invisibilidad a las que las mujeres poetas han sido condenadas. A la hora de acometer esta compleja y proteica tarea, ambas recurren de manera casi natural a los mitos y su contribución a la construcción de la identidad femenina. Este hecho no resulta sorprendente si tenemos en cuenta el papel seminal que el mito ha jugado desde los orígenes de la humanidad. Como Roland Barthes afirmaba, el mito no es sino "una forma de discurso" (217) que "presenta un carácter imperativo y abotonado" (221). El mito "relata una historia de forma narrativa" (Montefiore 1987, 40), que es capaz de establecer una conversación directa con el receptor, a nivel consciente y subconsciente; pero al mismo tiempo también desempeña un papel social determinante a la hora de construir, consolidar y diseminar culturemas, siendo imprescindible para "ligar a una tribu o nación en actividades psicológicas y espirituales comunes" (Guerin 1992, 149). Así pues, actúa de manera simultánea en el individuo y en el colectivo (Graves 1959, v). Al estudiar las conexiones entre la mitología y el psicoanálisis freudiano, Rachel Bowlby defiende que, "a menudo, aunque no siempre, las palabras 'ideología' o 'teoría' se pueden intercambiar por 'mitología'" (8).

Si los mitos sustentan en gran medida nuestra visión de nosotros mismos, de los demás y del mundo que nos rodea, resulta imposible no pensar que estos han contribuido de manera determinante a la visión falogocéntrica y patriarcal que Atwood y Castro sufrieron y que identifican y combaten en su poesía.

Como Cixous nos recuerda, "[los mitos] nos situaron entre dos mitos horribles: entre Medusa y el abismo" (2009, 885). Ostriker también defiende que es gracias a los mitos que la mujer debe elegir entenderse y mostrarse a los demás de acuerdo con un opuesto binario tan reduccionista como falso y lesivo para la mujer: "ángel/monstruo" (12). El feminismo se ha adherido a estos postulados, como demuestra Carolyn Heilbrun al señalar que "debemos conformar vidas nuevas a partir de historias antiguas" (1990, 109) y Andrea Dworkin corrobora en la siguiente cita la extremada importancia que ejercen estos relatos ancestrales en la formación del individuo: "Hemos llevado con nosotros los mitos de nuestra infancia a nuestra vida adulta, masticados pero aún presentes en el estómago, como una identidad real" (1974, 32).

Simone de Beuvoir afirmaba en *El Segundo Sexo* que, "No se nace mujer; se llega a serlo" (371). Para Judith Butler, el género se definía como "una repetición estilizada de actos [...] que son discontinuos de forma intencionada [...] [de forma que] la apariencia de la substancia es precisamente esa, una identidad construida, un acto performativo ejecutado de manera que la audiencia social mundana, incluyendo a los propios actores, han llegado a creer y a ejecutar a modo de creencia" (1988, 519); pero asimismo señalaba que, "el acto que uno hace, el acto que uno ejecuta es, de alguna manera, un acto que lleva desarrollándose desde antes de que uno entrara en escena. Por lo tanto, el género es un acto que ha sido ensayado, tal como un guión que sobrevive a los actores particulares que lo interpretan en cada momento, pero que requiere de actores individuales para poder actualizarse y presentarse como realidad una vez más" (526). Benegas está plenamente de acuerdo con Buttler, al afirmar que, "se fabrica el *género* haciéndolo pasar por natural, endosándole atributos, carencias y más que nada objetivos, supuestamente innatos, pero que en realidad responden a los intereses de los grupos de poder en ese momento" (28).

También desde la sociología, Pierre Bourdeau defiende en *La dominación masculina* que la diferenciación entre géneros de que parten todas las desigualdades y abusos contra la mujer a lo largo de la historia (y que la han llevado a encontrarse como Benegas afirmaba "fuera de campo" en la literatura) no responden en verdad a cuestiones de naturaleza biológica, sino más bien a *habitus* generalizados y *generizados*: (37).

> Teniendo estos postulados en cuenta, podemos afirmar que la propia naturaleza del opuesto binario hombre/mujer, junto con todas las relaciones de subordinación que de este emanan no son sino causadas por preconcepciones arbitrarias que se trasmiten y perpetúan de generación en generación a través de mitos y relatos populares. Volviendo a Barthes, el mito "está de alguna forma congelado, purificado, se ha vuelto eterno [...] se convierte en el acto en algo natural; no se entiende como un motivo, sino como una razón."
>
> 145–150

Desde una perspectiva literaria, el papel del mito resulta igualmente incuestionable, ya que "proporciona al texto poético una dimensión universal y lo incorpora a la gran historia de la tradición clásica en la literatura de todos los tiempos" (107) Esta idea entronca con la concepción que Northop Frye

CASTRO Y ATWOOD: MITOS Y RITOS DE MUJER

expresara ya en 1963 de que toda la literatura universal no debe entenderse sino como reescritura de una serie de mitos fundacionales previos; idea vinculada, a su vez, con las teorías de Jung (Walker 2002, 4).

5   Atwood, Castro y sus nuevas mitologías

En las poetas que nos ocupan, el mito juega un papel determinante, ya que ambas consideran que su búsqueda de una voz propia pasa ineludiblemente por re-visitar, re-interpretar y re-escribir muchos de aquellos relatos mitológicos que las han marginado e invisibilizado. En *Lady Oracle* (1976), Atwood sentenciaba que, "cada mito es una versión de la verdad" (88). En una entrevista reciente, Castro también expresa la importancia que el mito (y su re-escritura) tienen para ella:

> La mitología es una historia de vida. Cada mito y cada personaje explica lo que fuimos, la encrucijada que hubo que superar, la gloria o el precipicio que nos subsume. Nos reconocemos en cada mito. La mitología no muere, re-vive y se re-vitaliza en cada re-escritura. Es eterna porque habla de los afectos, los miedos, el deseo, las relaciones.[2]

Sin embargo, para estas autoras las versiones de la realidad que los mitos han venido transmitiendo deben ser necesariamente deconstuidas, lo cual no puede hacerse sino mediante la re-visión y re-escritura previa del mito a través del cual han llegado. Como Beyer afirma, "En la poesía de Atwood, el lector no se encuentra con una versión del mundo ordenada y aséptica; sino que encuentra complejas imágenes de lo real, con toda su diversidad; lo que, a su vez, le posibilita para conformar una visión propia y llegar a un sentido de lo espiritual y a unas mitologías que le son propias" (296). Merino defiende que lo mismo ocurre con Castro, ya que,

> el tratamiento del mito clásico en la poesía de Juana castro señala una evolución que constituye un modelo en la búsqueda e investigación sobre cómo los arquetipos clásicos forjados por la tradición pueden adaptarse a las necesidades expresivas actuales dotándolos de nuevos significados. No hay en esta utilización del mito para explicar el propio yo y sus circunstancias un alejamiento de la estética y de las líneas temáticas que marcan toda la obra de la autora, sino que la presencia de la mitología se

---

2   La cita corresponde a una entrevista concedida por Castro al medio español *Diario 16*, que puede ser consultada en la siguiente dirección: https://diario16.com/entrevista-juana-castro/.

integra en los libros de Juana castro de una manera natural, coadyuvando sin estridencias al gran empeño vital que late en su obra: la denuncia de la subyugación de la mujer por parte del varón, la reivindicación radical de que ha de concluir el tiempo del sometimiento a unos modelos de dominio patriarcal ya caducos, en fin, la necesidad de abrirse al otro, al extraño, y comprender su discurso.

109

La importancia de re-visitar el mito desde una perspectiva radicalmente nueva y femenina constituye una de las principales preocupaciones de Atwood desde su primer poemario: una colección de poemas cuyas 220 copias la autora escribió, imprimió, encuadernó y distribuyó por sí misma. Se trata de una aventura personal en la que la poeta se involucra por completo, titulada *Double Persephone*. Resulta interesante que una joven poeta titule su *opus primum*, en el que explora su yo más profundo en busca de una voz poética auténtica, genuina y original de este modo; que nos conduce inexorablemente al concepto de *Doppelgänger* jungiano ("El encuentro consigo mismo significa, en primer término, el encuentro con la propia sombra" [38]) y a los mismísimos avernos en busca de una figura mitológica femenina que en la versión tradicional del mito estaba subordinada al varón. En el mito original, Perséfone llega a convertirse en reina de los inframundos gracias al rapto de Hades. Se trata, pues, de un personaje de naturaleza subalterna que solo adquiere potencia propia cuando se convierte en el "monstruo" del opuesto binario "ángel/monstruo" que propone Ostriker. La visión Perséfone de Atwood diverge completamente. Como Christine Keating explica,

Aquí, Atwood da el control narrativo a Perséfone, a quien vemos como una víctima en nuestra consciencia cultural; causando una tensión en el lector que se identifica con ella. Al hablar a la mujer moderna, Perséfone ahora tiene el poder en el sentido en que se le da la posibilidad de expresar sus propias preocupaciones, no sólo a las mujeres sino también a los hombres que necesitan una cultura más maternal que permita a la humanidad escapar del abuso sexual, el egoísmo y la destrucción el medio ambiente. Desafortunadamente, ni ella ni Atwood tienen las respuestas para estos problemas.

496

El poema "Persephone departing" ilustra esta re-visión del mito:

From her all springs arise
To her all falls return

CASTRO Y ATWOOD: MITOS Y RITOS DE MUJER

The articulate flesh, the singing bone
Root flower and fern;

The dancing girl's a withered crone;
Though her deceptive smile
Lures life from earth, rain from the sky,
It hides a wicked sickle; while
Those watching sense the red blood curled
Waiting, in the center of her eye;

But the stranger from the hill
Sees only the bright gleam
Of a slim woman gathering asphodel,
And lashes his black team.

8

La estrategia mediante la cual Atwood se enfrenta al mito de Perséfone (que es común a Castro) puede definirse como "una manera revisionista de crear mitos" (Yorke 1991, 111). Si en Atwood "all springs arise" y "all falls returns" a Perséfone; en Juana Castro encontramos un poema dedicado al mito de Dafne y Apolo dentro del poemario *Paranoia en* Otoño (1985) en el que la Dafne pasiva del mito original se convierte en mujer libre y autónoma, que rechaza al dios Apolo con seguridad e incontestable contundencia, sin necesidad de que la figura de autoridad masculina del padre intervenga: "Que tu luz no me busque, Apolo, porque soy una hoja / que vive con el viento. [...] No deseo tu fuego, adoro la ceniza que es espora del trigo / y no quiero otro rayo que el resplandor redondo en las naranjas [...] Es inútil que corras, porque este paraíso que fecundan tus ojos / me pertenece ya, es la textura / del fondo de mi carne." En *Narcisia* (1986), Castro re-escribe el mito de Narciso de manera aún más radical, al transformarlo en una nueva diosa madre, creada a través del reflejo revisionista del mito canónico:

Pero Ella, que mana de Sí misma
y a Sí propia regresa,
lleva en Sí todo el vino,
toda la miel, el heno, la salvia y los enjambres
florecidos en ojos y en caricias.
Con el alma en las manos
la Magna, la Dichosa, ferviente sobre atlas
atraviesa la tierra,
porque Ella es el mundo.

14

Estamos de acuerdo con Sharon Wilson en que en la re-escritura revisionista del mito que propone Atwood es marcadamente postmoderna, de modo que la ironía juega un papel seminal. En este sentido, también la poesía de Castro emplea con frecuencia la estrategia de extrañamiento postmoderno mediante una ironía extrema. Ofrecemos a modo de ejemplo los siguientes versos de *La bámbola*: "Queda dicho. Me estorba / tu cabeza. No hagas / recordarme que existe. Si hay un grito / la cortaré de un tajo / y entonces sí serás / una Venus perfecta." En este sentido, muchas de las re-visiones, re-interpretaciones y re-escrituras del mito que ambas autoras ofrecen resultan similares a la postmoderna, hilarante, iconoclasta y marcadamente feminista versión del mito de Pocahontas que encontramos en la novela de John Barth, *The Sot-Weed Factor* (1960) y que empleaba la ironía para demoler los mismos cimientos del falogocentrismo que sustenta la práctica totalidad de relatos fundacionales norteamericanos.

Si en su primer poemario Atwood nos invitaba a viajar al Hades para replantearnos la visión que la tradición nos había mostrado de Perséfone, en su tercer poemario, *The Animals in that Country* (1968) nos ofrece un poema narrativo titulado "Speeches for Dr Frankenstein" en el que la autora se proyecta en el monstruo; lo que resulta totalmente coherente con las teorías de acuerdo con las cuales la identidad femenina no es de carácter biológico sino un constructo cultural en el que el varón proyecta sus propios prejuicios, deseos y temores:

> You have transmuted
> yourself to me: I am
> a vestige, I am numb.
>
> Now you accuse me of murder.
>
> Can't you see
> I am incapable?
>
> Blood of my brain,
> it is you who have killed that people.
> 67

En este mismo poemario encontramos "Backdrop Address Cowboy," en el que Atwood proyecta el arquetipo femenino no en el monstruo de Frankenstein sino en la naturaleza mancillada por el icono de masculinidad tóxica por antonomasia, el *cowboy*. Vemos en esta composición cómo (al igual que también ocurrirá con Castro) en la re-escritura mitológica de Atwood el re-descubrimiento, la re-definición, re-escritura y defensa de la mujer están

CASTRO Y ATWOOD: MITOS Y RITOS DE MUJER

ineludiblemente vinculados a estas mismas acciones de revisión radical relativas a la naturaleza. Al fin y al cabo, el falogocentrismo ha venido sistemáticamente destruyendo el planeta, al mismo tiempo que sojuzgaba a la mujer:

> I am the horizon
> you ride towards, the thing you can never lasso
>
> I am also what surrounds you:
> my brain
> scattered with your
> tincans, bones, empty shells,
> the litter of your invassions.
>
> I am the space you desecrate
> As you pass through.
> 70

La poesía de Castro también invita a una lectura ecocrítica a la par que feminista: "Del agua, madre nuestra, que dice / origen de toda vida la ciencia [...] Vamos a hablar de eso / tan simple y tan antiguo / que en vosotros repite / su materia y su forma, / aquello que en los ojos / traéis o que erais. De eso / que se escribe y se formula / *hache dos o* en química" (*La Bámbola*).

En *Power Politics* (1971) encontramos uno de los poemas más importantes a la hora de considerar la re-escritura revisionista del mito en Atwood, "At firs I was given," donde la autora nos presenta el origen mismo de la vida gracias a una deidad femenina que va evolucionando y que es plenamente coherente con el arquetipo de inspiración junguiana de "the Great Round, the Great Container" que, de acuerdo con Neuman, "holds fast to everything that springs from it" (1972, 25):

> At first, I was given centuries
> to wait in caves, in leather
> tents, knowing you would never come back
>
> Then it speeded up: only
> several years between
> the day you jangled off
> into the mountains, and the day (it was
> spring again) I rose from the embroidery
> frame at the messenger's entrance.
> 154

Keating explica el papel que el retorno a momentos primigenios que realiza Atwood en esta y otras composiciones (y que, como veremos, también hará Juana Castro en *Narcisia* y, sobre todo, en *Antes que el tiempo fuera*) juega en Atwood: "Para descubrir la voz femenina que subyace bajo los símbolos que pueden asociarse con lo que Marja Gimbutas definió como la 'la Gran Diosa de la Vida, Muerte y Regeneración', que era una religión en la Europa prehistórica de hace 30.000 años" (2014, 485).

Castro dedica su último poemario, *Antes que el tiempo fuera* a esta Gran Diosa anterior a la Historia. Como explicita en su prólogo poético:

> En ese ir atrás en el tiempo, antes que la humanidad, *Antes que el tiempo fuera tiempo*, encontré un fósil llamado *Amaltheus*, un cefalópodo gigante parecido al caracol. El *amaltheus* pudo vivir en nuestra sierra, cuando la cubrían los océanos. Por su resistencia y larga vida, por su pequeñez frente a sus coetáneos los dinosaurios, simboliza aquí la fragilidad tanto como la vejez.
>
> 9

En *You are happy* (1974), Atwood decide dedicar una serie de poemas a uno de los elementos más recurrentes, característicos y simbólicos de los mitos y cuentos de hadas. Estos poemas se engloban en la sección "Songs of the transformed" y nos interesa especialmente "Siren song," en el que se deconstruye el mito de la sirena como monstruo embaucador y devorador de hombres. En esta composición es el hombre el que recluye a la criatura mitológica en un "bird suit," que no la representa en absoluto:

> Shall I tell you the secret
> and if I do, will you get me
> out of this bird suit?
>
> I don't enjoy it here
> squatting on this island
> looking picturesque and mythical
>
> with these two feathery maniacs,
> I don't enjoy singing
> this trio, fatal and valuable.
>
> 195

También en este poemario encontramos "Circe/Mud" donde Circe toma la palabra para defenderse de las acusaciones vertidas en la *Odisea*: "It was not my

CASTRO Y ATWOOD: MITOS Y RITOS DE MUJER

fault, these animals/who once were lovers." Por primera vez en *You are happy*, Atwood emplea la prosa poética que, de acuerdo con Jerome Rosemberg (1984) le permite desarrollar con mayor libertad su exploración del mito, del papel de la mujer y del rol que juega el lenguaje en ambos. Reproducimos un fragmento en prosa que resulta fundamental para conocer a esta nueva Circe: "People come from all over to consult me [...] They offer me their pain, hoping in return for a word, any word from those they have assaulted daily, with shovels, axes, electric saws, the silent ones they accused of being silent because they would not speak in the received language." En su poesía, también Castro denuncia cómo la incapacidad de emplear un "lenguaje recibido" convierte el enunciado femenino en nebuloso y confuso: "son de niebla los nombres / y no tienen / forma, color, ni peso" (Castro 1982, 63).

La cuestión del lenguaje recibido resulta tan relevante para la revisión del mito como lo es para el feminismo y el post-colonialismo; tres cuestiones que son centrales en la poesía de Atwood y que están íntimamente relacionadas, como prueban las siguientes citas de otros dos poemas del ciclo de Circe: "I defend myself with the past / which is not mine" (182); "I made no choice / I decided nothing/ One day you simply appear in your stupid boat" (205). Otro de los viajeros que visitan la isla relata a Circe cómo él y un amigo crearon a "mud woman" (en referencia tanto al mito de la creación del primer hombre como al *golem* judío). Al igual que la identidad femenina no es sino una creación masculina en la que se proyectan una serie de características pre-establecidas y destinadas a satisfacer los deseos del varón, la mujer de barro del poema recibe el mismo trato: "his love for her was perfect, he could say anything to her, into her he spilled her entire life" (214). Circe llega a sentirse tentada de aceptar la figura subalterna de mujer de barro, puesto que, aún privándola por completo de identidad, volición y voz propia, "Is this what you would like me to be, this mud woman? Is this what I would like to be? It would be so simple" (ibid).

Otro aspecto relevante de los poemas de Circe es la conexión con otra figura mítica femenina, Casandra. Judith McCombs defiende que los poemarios de Atwood están caracterizados precisamente por elementos góticos y por la constante identificación del yo poético de la autora con la sibila (3–21). En los poemas de Circe encontramos los siguientes lamentos: "But it is not finished, that saga. The fresh monsters are already breading in my head. I try to warn you, though I know you will not listen. So much for art. So much for prophecy" (217). En otro poema del mismo ciclo, acepta gustosamente su destino como profeta, por mucho que su don no conlleve más que sufrimiento: "To know the future / there must be a death. / Hand me the axe" (219). Vemos aquí como Atwood emplea una revisión del mito de Casandra para plantear la necesidad que siente como mujer y como poeta de reclamar para sí misma un nuevo lenguaje y unos nuevos roles, aunque esto lleve aparejado un sufrimiento mayor del que supondría acatar humildemente un papel subalterno que, en el fondo, resultaría "so simple."

Cabe señalar que algunos expertos como Jeri Krol (2014) o Nicola Leporini (2015) defienden que los poemas que Atwood dedica a Circe no pueden ser leídos sino desde un prisma casi exclusivamente postcolonial. En su poemario *Interlunar* (1984), Atwood vuelve a ceder la palabra a Perséfone, que se expresa en los siguientes términos, que prueban que tanto la mujer como los ciudadanos postcoloniales son en efecto subalternos desprovistos de un lenguaje propio, ya que de ellos no se espera sino el producto de sus vientres, o de sus tierras: "These are the sons / you pronounced with your bodies, / the only words you could / be expected to say, / these flesh stutters" (1987, 109).

También en estos poemas dedicados a Circe se enfrenta la autora a un tabú transmitido desde tiempos inmemoriales a través de múltiples mitos y relatos folklóricos, de acuerdo con el cual la mujer no debe experimentar disfrute erótico: "Last year I abstained / this year I devour / without guilt / which is also an art" (1976, 212). Al destruir este tabú, al mismo tiempo se impone la deconstrucción de los opuestos binarios ángel/monstruo; virgen/prostituta: "I am not a saint or a cripple, / I am not a wound; now I will see / whether I am a coward." Castro acomete una tarea similar en *Narcisia*, como prueban estos versos de "Mater Fidelis" (título caracterizado por una iconoclasta ironía postmoderna cercana a la de Atwood):

> Ella, por siempre Ella,
> la Gran Narcisia blanca
> amándose en la luz, idólatra
> su mano, prensadora y ardiente.
> Imantada la abeja, circular
> en gozo y en lascivia,
> tejedora en la flor,
> eterna boca.
> [...]
> Amó tanto su cuerpo, que el espejo del mundo
> le devolvió su imagen en miríadas.
>
>   29

En *Two-Headed Poems* (1978), Atwood se enfrenta a la ardua tarea de deconstruir otro *habitus* que, de acuerdo con Bourdieu, se ha convertido en real mediante la eternización: normal/aberrante. Atwood se centra en una mujer con 2 cabeza que fue exhibida como fenómeno en Canadá en 1954. De esta siamesa unida por el tronco dice:

CASTRO Y ATWOOD: MITOS Y RITOS DE MUJER

> For so much time, our history
> was written in bones only. Our flag has been silence,
> which was mistaken for no flag,
> which was mistaken for peace.
>> 1987, 25

Cabe entender que este *freak* sirve como radical metáfora para la mujer empoderada y la poeta con voz propia, tradicionalmente considerada como aberrante y desprovista tanto de dignidad como de voz.

En "Snake Poems" (1984) Atwood ofrece una re-visión profunda del arquetipo mitológico de la serpiente. Mientras que en oriente las serpientes y sus derivados como dragones eran seres poderosos que se resisten a inscribirse en el opuesto binario dios benevolente/demonio; el mundo occidental ha proyectado en la serpiente la lascivia y la falta de verdad. Finalmente, en la Biblia, la serpiente simbolizará al demonio, en su estado más primigenio. La serpiente de Atwood será muy diferente: "Aquí [Atwood] explora la imagen de la serpiente como un símbolo complejo, evocativo y desafiante de la espiritualidad femenina [...] y explora la posibilidad de que las mujeres puedan reclamar el poder del símbolo de la serpiente" (Beyer 2000, 282). El poema "Psalm to a snake" refleja hasta qué punto esta serpiente se separa de la bíblica:

> O snake, you are an argument
> for poetry: a shift among dry leaves
> when there is no wind,
> a thin line moving through that which is not
> time, creating time,
> a voice from the dead, oblique and silent. A movement
> from left to right,
> a vanishing. Prophet under a stone. I know you're there
> even when I can't see you I see the trail you make
> in the blank sand, in the morning
> I see the point
> of intersection, the whiplash
> across the eye. I see the kill.
> O long word, cold-blooded and perfect.
>> 1984, 90

Castro también muestra un profundo interés en las serpientes, que en su re-lectura y re-escritura son, ante todo, símbolos de feminidad y maternidad. Así, en *Del Color de los ríos* la autora afirmaba que, "Sabido es que los lagartos /

son amigos de hombres / como son de mujeres las culebras." En otro poema del mismo libro, el yo poético establece una conversación con su madre: "De muerta a muerta dime: ¿Quién amamanta a quién, serpiente mía?" (42). Resulta interesante cómo aquí incluso el opuesto binario de naturaleza biológica madre/hija se deconstruye; ya que la madre dio vida a la hija, pero al darle la voz que nunca tuvo en vida, su hija está engendrando con su poesía una nueva versión de sí misma, mucho más libre y poderosa. Esto resulta coherente con el mito de la Gran Diosa prehistórica que era, al mismo tiempo, agente de vida y muerte así como con la concepción renacentista de que la poesía no solo refleja realidades y conceptos sino que también los engendra. En *Arte de cetrería*, Castro reflexiona a este respecto: "Ni ayer, ni hoy, ni mañana. Nada / sucederá esta noche, salvo el sueño / y la vida. Vivir será también / lo no vivido nunca?" (44). El interés de esta poeta por dotar de una voz que no tuvieron en vida a las mujeres de su familia resulta evidente en todo su corpus. Como ejemplo paradigmático, en el poema "Crespón," la poeta se lamenta de que, "Por barrancos sin nombre cayó vuestra memoria, abuelas mías" (Castro 2000, 73).

En el poema "Quattrocento," Atwood re-visita también el mito luciferino. Mientras que Satanás o Lucifer tradicionalmente han sido epítomes de maldad, mentira y perdición y el consumo de la fruta perdida ha llevado a la condenación eterna del hombre (que habría resultado imposible sin la mítica incapacidad femenina de contenerse y acatar mandatos); la autora canadiense prefiere re-interpretar el mito siguiendo la propia etimología de "lucifer," portador de luz. De este modo, no debemos entender a Eva como una criatura débil, lasciva, veleidosa y desobediente que nos condena al castigo eterno sino como una valerosa mujer que opta por aceptar el don de la luz, la sabiduría y la ciencia; que nos permite evolucionar y llegar al presente:

> Love is choosing, the snake said.
> The kingdom of God is within you
> because you ate it.
>> 1987, 91

Castro también se re-plantea el papel de Lucifer en *Narcisia*: "El paraíso:" "Camino de la arena, por el árbol pasaba / y era hermoso y brillante [...] Mientras, flamígero, / eternamente solo, la serpiente / llamaba." En *El color de los Ríos*, vuelve a invocar a Satán, que en su revisión del mito ya no es el adversario, *el otro*, por antonomasia: "No te escondas ahora, satanás, pues llegada / es mi hora [...] No te escondas ya más, oh mi Medusa, satanás, ángel mío." En *Narcisia* la subversión de la mitología judeocristiana por parte de la

CASTRO Y ATWOOD: MITOS Y RITOS DE MUJER

nueva deidad femenina es tan absoluta que el Apocalipsis deja de ser trágico y devastador y se convierte en motivo de júbilo, al dar inicio a una nueva etapa, mejor tanto para hombres como para mujeres. Podríamos decir, pues, que los últimos versos del poemario constituyen un canto de celebración a la muerte definitiva de la tradición falogocéntrica y heteropatriarcal:

> Ya no habrá nunca noche, porque Ella
> se ha manifestado
> con sus cuatro trompetas y su gloria.
> Y así es la gran nueva, la alegría:
> Porque Ella ha nacido
> y esta es la señal, aleluya.
> Que su gracia
> sea con todos vosotros, aleluya.
>   59

Otro mito que se re-escribe en *Interlunar* es el de Orfeo y Eurídice; ya que, en la versión de Atwood, Eurídice explica que, "You could not believe I was more than your echo." Del poemario *Morning in the Burn House* (1995) nos interesan especialmente "Half Hanged Mary," del que ya hablamos y "Helen of Troy does Countertop Dancing," en el que se muestra de una manera explícita hasta qué punto resulta necesario revertir los mitos tradicionales. Comparamos a continuación la estrofa inicial y final de la composición:

> The world is full of women
> who'd tell me I should be ashamed of myself
> if they had the chance. Quit dancing.
> Get some self-respect
> and a day job.
> Right. And minimum wage,
> and varicose veins, just standing
> in one place for eight hours
> behind a glass counter
> bundled up to the neck, instead of
> naked as a meat sandwich.
> Selling gloves, or something.
> Look—my feet don't hit the marble!
> Like breath or a balloon, I'm rising,
> I hover six inches in the air

in my blazing swan-egg of light.
You think I'm not a goddess?
Try me.
This is a torch song.
Touch me and you'll burn.

36

En la versión tradicional del mito, Helena era fundamental gracias a su pasividad, ya que son su rapto por un varón y la reacción a este hecho por parte de otro los que dan origen a todas las acciones posteriores. Sin embargo, la Helena de Atwood dista mucho de ser pasiva. En este momento, cabe recordar la re-escritura del mito que Castro realiza de otra mujer y su danza: Salomé. En la versión canónica, Salomé representa tanto el poder maléfico de la sexualidad femenina como la incapacidad del hombre de resistirse a esta, que la mujer despliega tan solo como instrumento de corrupción, nunca en pos de un placer propio que le está vetado. La Salomé de Castro, sin embargo, toma la palabra para afirmar que, "Para nadie es mi danza. / Dicen que bailé para él pero es mentira."

En su último poemario, *The Door* (2007), la constante investigación y esfuerzos de Atwood por ofrecern re-escrituras revisionistas de los mitos alcanza su plena madurez y potencialidad. Nos interesa especialmente "Another visit to the Oracle," donde, de acuerdo con Pilar Sánchez Calle, Atwood, "la poeta, la escritora y la artista emergen como vehículo para el Oráculo" (115). Cerramos este trabajo citando del poema, que concluye, finalmente, de forma afirmativa con una voz femenina que exhibe libertad y poder propios:

I'll tell your story—
Your story that was once so graceful
but now is dark.
That's what I do:
I tell dark stories
before and after they come true.

91

6 Conclusiones

Como hemos defendido a lo largo de este trabajo, comparar la trayectoria poética de dos autoras como Atwood y Castro, provenientes de ámbitos socioculturales y lingüísticos completamente diferentes resulta una tarea compleja.

Sin embargo, un estudio detenido del papel central que los mitos clásicos y su re-visión y re-escritura desde un prisma femenino, incluso feminista, demuestra que en verdad ambas no están tan alejadas como en un primer momento pudiera parecer. Tanto la poeta canadiense como su colega española se enfrentaron desde una edad muy temprana a la dificilísima tarea de encontrar una voz poética que conectara con la gran tradición lírica occidental al mismo tiempo que destacara con voz propia y autónoma. Como no podía ser de otra manera, ambas se encontraron huérfanas no solo de los referentes femeninos con los que los poetas sí contaban sino también prisioneras de una visión del mundo heredada y transmitida a través de un lenguaje que les era ajeno y situaba en un rol subalterno y supeditado siempre a un varón al que la tradición falogocéntrica ha situado como referente único, al que imitar pero resultaba por definición inalcanzable. Resulta sumamente interesante que a pesar de sus orígenes geográficos, su diferente educación y lengua materna, tanto Atwood como Castro decidieran acometer la tarea de re-inventarse a sí mismas como poetas y mujeres mediante la misma estrategia: la de la re-visión, deconstrucción y deconstrucción de los arquetipos femeninos más destacados de la mitología occidental. Y es que, si el mito sustenta nuestra visión del mundo, y lugar en el mismo, tan sólo a través de nuevos mitos podrían estas mujeres iniciar sus propias sendas poéticas, que compartirán con futuras creadoras para que estas no estén ya huérfanas de referentes ni carezcan de figuras míticas femeninas que reivindiquen su propia feminidad de manera tan performativa, libre y positiva como lo hacen la Perséfone de Atwood o la Narcisia de Castro.

Obras citadas

Abbasi, Pyeaam y Omid Amani. 2012 "Atwood's Female Writing: A Reading of 'This Is a Photograph of Me'." *CSCanada: Studies in Literature and Language* 4(2): 89–93.

Atwood, Margaret. 1962. *Double Perspehone*. Toronto: auto-publicado por la autora.

Atwood, Margaret. 1968. *The Animals in That Country*. Nueva York: Oxford University Press.

Atwood, Margaret. 1969. *The Edible Woman*. Londres: Deutsch.

Atwood, Margaret. 1970. *The Journals of Susanna Moodie*. Toronto: Oxford University Press.

Atwood, Margaret. 1971. *Power Politics*. Toronto: Anansi.

Atwood, Margaret. 1974. *You Are Happy*. Toronto: Oxford University Press.

Atwood, Margaret. 1976. *Selected Poems*. Toronto: Oxford University Press.

Atwood, Margaret. 1976. *Lady Oracle*. Toronto: McClelland and Stewart.

Atwood, Margaret. 1978. *Two-Headed Poems*. Toronto: Oxford University Press.

Atwood, Margaret. 1984. *Interlunar*. Toronto: Oxford University Press.

Atwood, Margaret. 1985. *The Handmaid's Tale*. Toronto: McClelland and Stewart.

Atwood, Margaret. 1987. *Selected Poems II: Poems Selected & New 1976–1986*. Boston: Houghton Mifflin Co.

Atwood, Margaret. 1995. *Morning in the Burned House: New Poems*. Nueva York: Houghton Mifflin.

Atwood, Margaret. 1995. *Morning in the Burned House*. Toronto: McClelland & Stewart.

Atwood, Margaret. 2000. *Juegos De Poder / Power Politics*. Traducido por: Somacarrera, P. Madrid: Hiperión.

Atwood, Margaret. 2004. *Survival: A Thematic Guide to Canadian Literature*. Toronto: McClelland and Steward.

Atwood, Margaret. 2007. *The Door*. Boston: Houghton Mifflin.

Atwood, Margaret y Victor Lévy-Beualieu. 1998. *Two Solitues*. Toronto: McClelland & Steward.

Barth, John. 1960. *The Sot-Weed Factor*. Garden City: Doubleday.

Barthes, Roland. 2012. *Mythologies*. Nueva York: Hill and Wang.

Beauvoir, Simone. 2005. *El Segundo Sexo*. Madrid: Cátedra.

Becker, Susanne. 2000. "Celebrity, or a Disneyland of the Soul: Margaret Atwood and the Media." En: Nischik, Reingard (eds.), *Margaret Atwood Works & Impact*. Nueva York: Candem House. 28–41.

Benegas, Noni. 1998. *Ellas Tienen la Palabra. Dos Décadas de Poesía Española*. Madrid: Hiperión.

Beyer, Charlotte. 2000. "Feminist Revisionist Mythology and Female Identity in Margaret Atwood's Recent Poetry." *Literature and Theology* 14(3): 276–98.

Blakey, Barbara.1983. "The Pronunciation of Flesh: A Feminist Reading of Atwood's Poetry." En: Grace, Sherrill (ed.), *Margaret Atwood: Language, Text and System*. Vancouver: University of British Columbia Press. 33–51.

Bloom, Harold. 1973. *The Anxiety of Influence: A Theory of Poetry*. Nueva York: Oxford University Press.

Bourdieu, Pierre. 2000. *La dominación masculina*. Madrid: Anagrama.

Bowlby, Rachel. 2007. *Freudian Mythologies: Greek Tragedy and Modern Identities*. Nueva York: Oxford University Press.

Butler, Judith. 1988. "Performative Acts and Gender Constitution: An Essay in Phenomenology and Feminist Theory." *Theatre Journal* 40(4): 519–531.

Castro, Juana. 2010. "Prólogo." En: Iglesias, Gracia (ed.), *Gritos Verticales Poesía Ilustrada*. Sevilla: Cangrejo Pistolero. 8–10.

Castro, Juana. 2000. *Del color de los ríos*. Ferrol: Sociedad de cultura Valle-Inclán.

Castro, Juana. 1982. *Del dolor y las alas*. Villanueva de Córdoba: Ayuntamiento de Villanueva de Córdoba.

Castro, Juana. 1985. *Paranoia en otoño*. Valdepeñas: Ayuntamiento de Valdepeñas.

Castro, Juana. 1986. *Narcisia*. Barcelona: Taifa Poesía.

Castro, Juana. 2010. *La Bámbola*. Jerez: EH Editores.

Castro, Juana. 2012. *Tocada Por El Ángel*. Córdoba: Servicio de Publicaciones de la Universidad de Córdoba.

Castro, Juana. 2012. *Narcisia*, Traducido por: Valverde Osán, A. Nueva Orleans: UNO Press.

Castro, Juana. 2016. "Biografía." En línea: Web2019. http://www.juanacastro.es/index .php/biografia.

Castro, Juana. 2018. *The Color of Rivers, Traducido por: Ana Valverde Osán*. Nueva Orleans: Lavender Ink.

Castro, Juana. 2018. *Antes que el Tiempo Fuera*. Madrid: Hiperión.

Cixous, Hélène. 2009. "The Laugh of the Medusa." En: Warhol-Down, Robyn (ed.), *Feminisms Redux: An Anthology of Literary Theory and Criticism*. Nueva York: Rutgers University Press. 416–31.

Cooke, Nathalie. 2004. *Margaret Atwood: A Critical Companion*. Westport: Greenwood Press.

Dworkin, Andrea. 1974. *Woman Hating*. Nueva York: Dutton.

Frye, Northrop. 1963. *Fables of Identity: Studies in Poetic Mythology* Nueva York: Hartcourt, Brace & World.

Graubard, Stephen Richards, and Paul LeClerc. 1998. *Books, Bricks & Bytes: Libraries in the Twenty-First Century*. New Brunswick: Transaction.

Graves, Robert. 1959."Introduction." En: Guirand, Félix (ed.), *New Larousse Encyclopedia of Mythology*. Nueva York: Putnam. v–xiii.

Guerin, Wilfred L. 1992. *A Handbook of Critical Approaches to Literature*. Nueva York: Oxford University Press.

Heilbrun, Carolyn G. 1990. *Hamlet's Mother and Other Women*. Nueva York: Columbia University Press.

Hermosilla Álvarez, María Ángeles. 2009. "La Voz Femenina En La Lírica Española Actual." En: Crespo Matellán, Salvador (ed.), *Teoría y Análisis de los Discursos Literarios*. Salamanca: Universidad de Salamanca.

Hönninghausen, Lothar. 2000. "Margaret Atwood's Poetry 1966–1995." En: Nischik Reingard (ed.), *Margaret Atwood: Works & Impact*. Nueva York: Candem House. 97–120.

Jack, Belinda Elizabeth. 2012. *The Woman Reader*. New Haven: Yale University Press.

Jorge, Guillermo de. 2018. "Entrevista a Juana Castro." *Diario16*. En línea: Web2019. https://diario16.com/entrevista-juana-castro/.

Jung, Carl Gustav. 2099. *Arquetipos e Insconsciente Colectivo*. Barcelona: Paidós.

Keating, Christine. 2014 "Unearthing the Goddess Within: Feminist Revisionist Mythology in the Poetry of Margaret Atwood." *Women's Studies* 43: 438–501.

Keefe Ugalde, Sharon. 2006. *En Voz Alta: Las Poetas de las Generaciones de los 50 y los 70*. Madrid: Hiperión.

Keefe Ugalde, Sharon (ed.). 2002. *Sujeto Femenino y Palabra Poética. Estudios Críticos de la Poesía de Juana Castro*. Córdoba: Diputación de Córdoba.

Kinnahan, Linda A. 2004. *Lyric Interventions: Feminism, Experimental Poetry, and Contemporary Discourse*. Iowa: University of Iowa Press.

Krol, Jeri. 2014. "'I Am a Desert Island': Postmodern Landscapes in Margaret Atwood's 'Circe/Mud Poems.'" *Journal of the Australasian Universities Language and Literature Association* 96: 114–34.

Leporini, Nicola. 2015. "The Transculturation of Mythic Archetypes: Margaret Atwood's Circe." *Amaltea: Revista de Mitocrítica* 7: 37–55.

McCombs, Jiudith. 2000. "Hunted Sequences: *The Circle Game, the Journals of Susanna Moodie*, and *Power Politics*." En: Bloom, Harold (ed.), *Bloom's Modern Critical Views: Margaret Atwood*. Nueva York: Chelsea House. 3–21.

Merino Madrid, Antonio. 2013. "La mitología clásica en la obra de Juana Castro a través de tres poemas." *Estudios Clásicos* 143: 107–30.

Modleski, Tania. 1982. *Loving with a Vengeance: Mass-Produced Fantasies for Women*. Hamden: Archon Books.

Montefiore, Jan. 1987. *Feminism and Poetry*. Nueva York: Pandora.

Neumann, Erich. 1972. *The Great Mother, an Analysis of the Archetype*. Princeton: Princeton University Press.

Osán, Ana María. 2012. "Writing for My Daughter, My Mother, My Grandmother: The Power of Words against Women's Violence in Juana Castro's del Color de los Ríos." En: Cibreiro, Estrella (ed.), *Global Issues in Contemporary Hispanic Women's Writing: Shaping Gender, the Environment, and Politics*. Nueva York: Routledge.

Ostriker, Alicia. 1982. "Thieves of Language: Women Poets and Revisionist Myth-Making." *Signs* 8(1): 68–90.

Rawlison, Graham H. 1987. *Canadian 100: The 100 Most Influential Canadians of the 20th Century*. Toronto: McArthur & Company Publishing.

Riche, Adrienne. 2010. *Sobre Mentiras, Secretos y Silencios*. Madrid: Horas y Horas.

Rivera, Carlos. 1982. "Prólogo." En: Juana Castro (ed.), *Del Dolor y las Alas*. Villanueva de Córdoba: Ayuntamiento de Villanueva de Córdoba. 7–9.

Rosenberg, Jerome H. 1984. *Margaret Atwood*. Boston: Twayne Publishers.

Ruiz Perez, Pedro. 1992. "Chercher La Femme." En: Juana Castro (ed.), *Cuadernos de la Posada: Innana*. Córdoba: Ayuntamiento de Córdoba. 13–14.

Sánchez Calle, Pilar. 2018. "The Persistence of Myth in Two Long Poems by Margaret Atwood." En: Sánchez-Pardo, Esther; Rosa Burilo y María Porras Sánchez (eds.), *Women Poets and Myth in the 20th and 21st Centuries: On Sapho's Website*. Newcastle upon Tyne: Cambridge Scholars Publishing. 103–17.

Somacarrera, Pilar. 2005. "'How Can You Use Two Languages and Mean What You Say in Both?': On Translating Margaret Atwood's Poetry into Spanish." *TTR: Traduction, Terminologie et Redaction* 18(1): 151–73.

Somacarrera, Pilar. 2009. *Translation (with Introduction and Notes) of the Poetry Collection the Door / La Puerta De Margaret Atwood.* Barcelona: Bruguera.

Walker, Steven. 2002. *Jung and the Jungians on Myth.* Nueva York: Routledge.

Wilson, Sharon. 2000. "Mythological Intertexts in Margaret Atwood's Works." En: Nischik Reingard (ed.), *Margaret Atwood: Works and Impact.* Nueva York: Candem House. 215–28.

Yorke, Liz. 1991. *Impertinent Voices: Subversive Strategies in Contemporary Women's Poetry.* Nueva York: Routledge.

CAPÍTULO 7

La fluidez del Mundo: Lorine Niedecker, Ida Vitale y la ecología sensible

Esther Sánchez-Pardo

Resumen

En este capítulo Niedecker y Vitale, se inspiran, leen y escriben en el siempre sorprendente e inagotable cuaderno de la Naturaleza. Procedentes de dos tradiciones como la uruguaya y la estadounidense, bien arraigadas en la historia, e integrantes de dos vanguardias poéticas—objetivismo y generación del 45—dispares, las insólitas confluencias de sus poéticas resultan explicables, desde una óptica comparada, en la apertura que ambas poetas manifiestan frente al entorno natural. En líneas generales, Niedecker sufre la limitación del viaje al exterior y permanece en su entorno más inmediato, mientras que Vitale marcha al exilio tras el golpe militar en Uruguay, y lleva una vida nómada sin residencia fija. Estas diferencias sustanciales no impiden que ambas construyan sendas poéticas de la atención intensa y focalizada, y de la conectividad con todo lo vivo y sensible o inteligible. La pasión de ambas autoras por la historia natural, por la biología y geología, su interés por el método etnográfico y por la antropología social, su impulso documentalista, y su cuidado extremo en la precisión lingüística, resultan en elaboraciones de gran virtuosismo formal que atienden a lo que denominamos "ecología sensible." Partiendo de conceptos recientes del giro antropológico de comienzos del siglo XXI, como multiperspectivismo naturalista (Viveiros de Castro 2009) y contacto intersubjetivo trans-especies (Kohn 2013), identificamos las semejanzas y peculiaridades entre las maneras de aprehender el medio ambiente y sus avatares en la trayectoria de ambas poetas.

Palabras clave

entorno natural – multiperspectivismo – contacto interespecies – objetivismo – generación del 45 – sintiente – exilio – biótico

© KONINKLIJKE BRILL NV, LEIDEN, 2022 | DOI:10.1163/9789004504592_009

Recién estrenado el siglo XX, dos décadas separan el nacimiento de nuestras dos poetas, Lorine Niedecker (1903–1970) e Ida Vitale (1923–). Si consideramos su sentido de la independencia personal y su aislamiento, ambas gozaron de una libertad casi ilimitada en su quehacer poético, que de manera amplia sólo se vio constreñida por las circunstancias materiales más perentorias como fueron la escasez de medios y el exilio respectivamente. Nuestras poetas vivieron en momentos históricos difíciles como la Depresión de los años 30 y el impacto de las guerras mundiales y la guerra fría en EE.UU., así como la dictadura militar en Uruguay (1973–85), desencadenante del exilio en México de Vitale. En absoluto ajenas a las fuerzas de la Historia y a los acontecimientos políticos que marcaron en buena medida su devenir como poetas, las dos registran en parte de su producción las heridas que la guerra y la contienda política dejaron en ellas y en sus entornos más próximos. Nuestra cartografía poética nos lleva, pues, a dos enclaves alejados geográfica y socialmente, desde el corazón rural de Wisconsin en la localidad de Fort Atkinson donde nació Niedecker, hasta el Montevideo cosmopolita en el cual Vitale pasó gran parte de su vida. Los viajes limitados de Niedecker por razones familiares y laborales que le ataban a su región, le llevaron a Nueva York donde entró en contacto con la vanguardia Objetivista, y en su madurez, a recorrer zonas limítrofes como el sur de la provincia canadiense de Manitoba o en su propio país, Minnesota, Dakota del Sur o Illinois. Ida Vitale, por su parte, mantuvo estrechos vínculos con la escritura más avanzada de países del Sur de América como Argentina, Chile, Colombia, exiliándose a México en 1974. Quince años después, en 1989, se trasladó a Austin, Texas, en los Estados Unidos, donde permaneció trabajando, dando conferencias y. traduciendo, hasta volver definitivamente en 2016 a Uruguay y a residir de nuevo, en Montevideo, donde sigue viviendo en la actualidad.

Después de que las historias literarias, el trabajo de la crítica establecida, y las antologías al uso se olvidasen de su trabajo durante décadas, la revisión reciente de la obra de Niedecker, y la revaluación y reconocimiento con premios internacionales de Vitale,[1] han propiciado que sus respectivas obras hayan ido ganando el lugar que merecen en el panorama poético y literario a escala nacional y global. El espacio abierto para la obra de Niedecker en antologías

---

1   La obra de Niedecker ha sido valorada y revaluada a título póstumo desde que su ejecutor literario, el poeta Cid Corman, o el poeta británico Basil Bunting, así como estudiosas y críticos de su obra, publicasen volúmenes que permanecían inéditos como *My Friend Tree*, *T&G: The Collected Poems, 1936–1966*, *North Central* y *My Life by Water*. En el año 2002 la profesora Jenny Penberthy editó lo que se considera la colección definitiva (con estudio crítico y notas), sus *Collected Works*, en U. California Press. Vitale, por su parte, ha sido reconocida con algunos de los premios más prestigiosos de las letras en español como el Premio Octavio Paz (2009), el Premio Federico García Lorca (2016) o el Cervantes (2019).

de prestigio como la Norton y la Heath Anthology of American Literature, o el lugar recuperado para Vitale en la historia literaria de Uruguay, han sido fundamentales en su rescate definitivo para la memoria y la Historia.

Todos estos acontecimientos contribuyen a que hoy conozcamos bien el trabajo de ambas poetas, y podamos ver con claridad y desde una óptica comparada, la multitud de aspectos que comparten en la escritura y en la construcción del tejido de relaciones que componen sus respectivas poéticas. Para ambas poetas la palabra es un elemento de indagación de la existencia, del mundo natural, de la red de intercambios, simbiosis, reciclaje y transformaciones que les unen a su entorno, al tiempo que constituye un camino y organiza una auténtica cosmología.

Los poemas de Niedecker, "con frecuencia se mueven simultáneamente en dos direcciones, en profundidad y lateralmente, cambiando de códigos entre la política, geología, botánica, estética, sociología e historia literaria, en base al juego lingüístico y la yuxtaposición [...] una manierista folk, que sitúa a lo literario en el seno de la análoga y compleja belleza de lo común" (Willis 2008, xiv).[2] Por su parte, Vitale pretende transitar entre los viajes y la memoria, "para poner entre paréntesis la realidad" (1988, 359), y con obstinación "en su jardín no han dejado de surgir poemas en ese incomparable cuaderno que es la naturaleza. Sus poemas aparecen repletos de colibríes y mariposas, de sonidos y de vientos que nos acogen como en una danza entre la persona y la palabra" (Rozas, 2019). La pasión experiencial y epistemológica que acompaña el trabajo de Vitale y el de Niedecker quedará de manifiesto en este capítulo, que propone un recorrido con detenimiento en las confluencias que cimentan su visión.

1 Ambientalismo, atención focalizada, conectividad

Sabemos, a partir del importante giro que disciplinas como la antropología han experimentado en la segunda mitad del siglo XX que este giro ontológico consiste en abandonar la centralidad de lo humano y focalizar el interés en ecosistemas, y en conjuntos de "sucesos" que van también, indiscutiblemente, a poder definir a lo humano.

En este capítulo abordaremos la poesía de Niedecker y Vitale en su extraordinario poder de percepción de la realidad con un fundamento cercano a la filosofía de la ciencia, al conocimiento profundo del medio natural, a la

---

2 Los poemas y fragmentos citados en este capítulo han sido traducidos del inglés por la autora, a menos que se indique lo contrario.

investigación etnográfica, y a la pregunta por lo humano, con una dimensión semiótica y antropológica muy cercana a desarrollos recientes en estas áreas. En especial, dado el culto que ambas autoras dedican al "templo"[3] de la naturaleza, situaremos buena parte de sus obras en diálogo con el perspectivismo y la semiosis del pensamiento presente en la antropología cultural del Sur de América (Kohn 2013),[4] así como de hitos fundamentales en la historia natural, y avances posteriores en el conocimiento y aplicaciones del pensamiento ambientalista.

Niedecker y Vitale son poetas de curiosidad insaciable y lecturas enciclopédicas. Ambas se rodearon de libros y bibliotecas que pudiesen dar respuesta a sus innumerables preguntas, alimentando su espíritu inquisitivo y abierto al cambio y la transformación. Niedecker estudió en profundidad la historia y avatares de localismos y regionalismos que constituían su entorno de Fort Atkinson, los alrededores de la vivienda familiar de Black Hawk Island, y el enclave histórico, geográfico, así como la flora y fauna locales. Además de su interés por la cultura de su zona, uno de los primeros trabajos que asumió fue la colaboración en la Wisconsin Guide del Federal Writers' Project, un encargo de la Administración de los EE.UU. que, en aquellos años, ocupó a muchos jóvenes escritores noveles.

Para Vitale, la pregunta frente a la inmensidad del cosmos y su comprensión de lo humano y del universo estructura sus series poéticas, presididas por "Imágenes de un mundo flotante" (2017, 201–2), y por el pensamiento estético-poético de comienzos del siglo XX en un enclave abierto y expuesto como Montevideo. El perspectivismo estaba ya presente en su poesía desde los inicios.

---

3 Grandes ambientalistas como H. David Thoreau o John Muir, así como los Románticos, han explorado en profundidad el "templo" de la Naturaleza. Inspiradores de movimientos ecologistas contemporáneos, sus aportaciones fundamentales constituyen un corpus insoslayable para movimientos actuales que intentan frenar el cambio climático.

4 La elaboración de Eduardo Kohn nos interesa especialmente aquí, ya que, identifica un "movimiento de fronteras ontológicas" (2007, 7) o un "desdibujamiento / blurring" en una de sus aportaciones fundamentales, el "contacto intersubjetivo trans-especies" (2007, 7) Este tipo de "comunicación" o intercambio entre entes que comparten un ecosistema trasciende la barrera entre Naturaleza y Cultura con la que hemos convivido y que ha conformado nuestro pensamiento durante siglos. Kohn ilustra con todo detalle la relación que se establece en el acá, en lo que según nuestros estándares occidentales llamaríamos lo doméstico, entre los pobladores autóctonos Runa de la Amazonia y sus perros, así como con en el allá, con el peligro y la amenaza, en el caso de los jaguares. El antropólogo teje con extrema precisión lo que denomina, "una ecología de los seres de los bosques" (2013, 226), mostrándonos cómo el lugar que los humanos ocupamos en el diseño del mundo ha perdido su centralidad, y si queremos mantener vivo y sostenible al planeta, debemos establecer nuevas relaciones con el entorno.

En el caso de las poetas que nos ocupan, podemos afirmar que del mismo modo que las filosofías ecologistas—*Deep Ecology*, eco-pedagogía, o movimientos en pro de los derechos de los animales—plantean de manera central la atención al entorno, a lo que constituye y delimita nuestro hábitat, la función del poema y de la estética juegan asimismo un papel epistemológico esencial en el acercamiento al medio ambiente. Lo que hemos llamado en la sección inicial de este volumen "atención focalizada," que se corresponde con un estado de alerta excepcional en el cual la poeta se detiene y selecciona el motivo de su escritura, combina la presencia del cuerpo, el lenguaje, y la percepción, así como la interacción de todo ello para (re)crear un momento de experiencia natural. Esta especie de epifanía del medio se expresa de manera privilegiada en el poema. Niedecker y Vitale combinan observación y atención, y generan en sus poéticas una conciencia y experiencia del entorno que coincide con fundamentos de la escritura ecológica. La pastoral romántica da paso a la post-pastoral,[5] y a lo que llamamos poética ecológica sensible. En un mundo progresivamente hipertecnologizado, la atención que la poesía otorga a la relación entre lo no humano y lo humano, en el marco en el que se desarrolla la vida, reclama un retorno a la experiencia estética de lo natural, en lugar de su simulación o mistificación. La estética, de su raíz griega "Aithestai," percepción, sensación, sensibilidad, nos conduce en su devenir histórico al siglo XVIII, momento en el que la estética se refería a la percepción a través de los sentidos. La captación y percepción del entorno a través de la "poética" crea una forma interesante de "comprensión" de la realidad que rodea a la poeta, y que modifica la forma gastada y cotidiana de entender el mundo. La conjunción de lo estético y lo ecológico da cuenta de cómo las poetas se adentran en la experiencia material del lugar psicológica, emocional e intelectualmente, al tiempo que exploran la mejor manera de expresar esos 'sentimientos localizados'.

Jacques Tassin (2020) ha señalado, refiriéndose a la ecología sensible, que el adjetivo "sensible" no alude a la emoción, ni a la sensación de temor que podría alargar distancias e inducir a huir. No se trata ni de un vitalismo victorioso de

---

5   Terry Gifford, ha distinguido con claridad los rasgos de lo que denomina "Postpastoral:" "los escritos sobre el campo[comprenden] seis rasgos: asombro que nos lleva a la humildad frente a las fuerza de creación-destrucción de la naturaleza; conciencia del lenguaje manipulado que usamos sobre el campo; asumir la responsabilidad que se deriva de nuestra relación con la naturaleza y sus dilemas; reconocer que la explotación de la naturaleza, por lo general va acompañada de la explotación de los menos favorecidos que trabajan en ella, la visitan y de manera más o menos obvia dependen de sus recursos" (2012, 48).

la materia, ni de un esoterismo que invita a abandonar la razón. En palabras de Tassin, cito *in extenso*:

> Este término, voluntariamente sustantivado nos envía, no solo a una de las condiciones de la vida, sino también a lo que lo hace posible esta continuidad que opera de una entidad viviente a otra. Sostengo la hipótesis de que es por la vía de lo sensible como la vida, enfrentada a las necesidades de una materia que ella puede moldear y organizar, se ajusta a las contingencias cambiantes del "ambiente."
>
> Si lo sensible no es la propia vida, es con seguridad su hilo conductor. Cerca de cuatro mil millones de años después de la aparición de la vida, lo sensible se ha enredado en una bola inextricable que permite a la vida tejer el tejido de lo viviente. En su constitución, lo humano no puede, ni en su cultura (su parte específica de la naturaleza), ni en su propia naturaleza (su parte común de la naturaleza), permanecer aislado de la trama sensible de lo viviente. La peor de las extinciones sería la de nuestro vínculo orgánico con lo viviente. Lo que el entomólogo estadounidense Robert Pyle llamaba, hace ya cuarenta años, en 1978, la extinción de la experiencia. Así resumía su propósito: "Creo que una de las principales causas de la crisis ecológica actual es el estado de alienación personal en relación con la naturaleza en la que viven muchos individuos […] lo que nos falta es sentido amplio de intimidad con el mundo viviente."
>
> 2018, 14–15

A su juicio, sin restablecer este vínculo íntimo y sensible, nos desasociamos del mundo. Restaurar este enlace implica permanecer unidos a la Tierra, sin siquiera tener que preguntárnoslo o, recuperando las palabras del filósofo y sociólogo de la ciencia Bruno Latour, "aterrizar (*aterrir*)" (2018, 15). Por lo general, la humanidad piensa en la vida como demasiado alejada de sí misma. La clave de nuestra supervivencia se encuentra precisamente en la proximidad.

En las páginas que siguen revisaremos cómo la poesía de Niedecker y Vitale se constituyen como poéticas de la atención focalizada en el entorno del mundo natural que les rodea. Ambas exhiben una conectividad elevada en sus relaciones con las lectoras y con todo un universo presente y sintiente que les sitúa, con respeto, y en estado de máxima alerta frente a la creación. La relación de ambas poetas con el "afuera" y el mundo adapta su particular visión. En el caso de Niedecker el objetivismo no subjetivo de una poesía que se crea en torno al lugar contribuye a teorizar el mundo y actúa como forma de conocimiento. En Vitale, la palabra que crea y describe el mundo opera como "la emoción y la inteligencia vigilante" (Fressia 1999) que discierne entre aquello que habita entre lo natural y lo humano, "el tema de la memoria, ... temas ecológicos, ... el tema ético" (Fressia 2006, 10). La inabarcable extensión de lo vivo gravita sobremanera en las poéticas de lo sensible de ambas autoras.

2   Niedecker descubre el mundo sensible

En su correspondencia con el poeta Kenneth Cox, Niedecker describe el efecto que le produjo leer a Mallarmé y conocer la obra de Zukofsky, en ambos casos, podríamos decir que parece describir su propia obra. Se trata de una poesía construida sobre el dominio de la forma y la materia poética, y también sobre el azar que le ofrece al lector varios planos, "haciendo incursiones dentro y fuera del inconsciente, y asomando algunos instantes el consciente como las sombras y las formas de las hojas y la hierba que brillan al sol" y "la fascinación de algo rico y extraño -partiendo de las sombras o de un oscuro estrechamiento, de repente este genio brillante y revelador de ingenio o clara descripción o imagen" (Penberthy 1996, 79).

La poesía de Niedecker (1903–1970) se asoció con el Objetivismo en la década de 1930. Este grupo de poetas trabajaba en la creación de una nueva poética que, mediante un repertorio de estrategias formales (serialidad, entre otras), tenía como objetivo destacar la mediación material del lenguaje y la ideología, así como registrar con precisión la realidad inmediata de gran variedad de formas. Conocida hoy como la única mujer dentro del grupo objetivista— formado por L. Zukofsky, G. Oppen, Ch. Reznikoff, C. Rakosi y B. Bunting— Niedecker se quedó de por vida en la campiña de su Wisconsin natal. Nació y creció en Blackhawk Island, cerca de Fort Atkinson, la ciudad más grande en las cercanías de la pequeña empresa de su familia, y apenas tuvo oportunidad de viajar. Como señalamos más arriba, la poeta pasó un breve periodo de tiempo en la ciudad de Nueva York, y visitó unos pocos lugares más de su entorno más inmediato.

Niedecker era una lectora entusiasta de filosofía e historia natural. Abarcaba temas tan diversos como la física, la geología, la botánica, la geografía y la tradición local. Al principio de su carrera, colaboró en el Proyecto Federal de Escritores para elaborar una Guía del estado de Wisconsin (su volumen colaborativo, *Wisconsin: A Guide to the Badger State*, se publicó en 1941), y llegó a ser una gran conocedora de la historia y curiosidades de su tierra natal.

En los últimos años la poesía de Niedecker ha sido objeto de numerosas investigaciones por su valor intrínseco y en gran parte desconocido y por ocupar un lugar en la encrucijada de varias tradiciones poéticas estadounidenses,

NIEDECKER, VITALE Y LA ECOLOGÍA SENSIBLE

desde Emily Dickinson a la Poesía del Lenguaje, y desde el Objetivismo al Verso Proyectivo e incluso en desarrollos recientes, sobre todo, los vinculados a la poesía que recrea la tierra y el entorno planetario. Sus poemas pueden asociarse fácilmente con sus circunstancias biográficas ("Paean to Place," "My Life by Water," *Lake Superior*), y con su apreciación de las peculiaridades de la geografía que hacen de la zona rural de Wisconsin un lugar único y privilegiado donde florecen la poesía y el arte, con una diversidad de culturas locales que se entrecruzan.

Como es ampliamente conocido, Niedecker abrazó los principios fundamentales del objetivismo, y su dicción extremadamente condensada y algo elíptica ha sido leída como una de sus principales "estrategias de evitación" (Penberthy 1993, 71): "[...] cualquiera puede leer sus poemas como una sucesión de estrategias de evitación. Niedecker rechazó la noción de descifrar o interpretar la experiencia. El impulso creativo del poeta, el apego al ego, no tenía atractivo para ella, prefería atender a lo que ya existía y encontrar la forma menos intrusiva de reflejarlo" (Penberthy 1993, 71). El objetivismo preservó a la realidad y los hechos naturales de la intrusión de lo subjetivo, es decir, defendió que los sucesos existen en sí mismos con independencia del sujeto.

Desde un principio, la poesía de Niedecker exhibió una fuerte identificación con un lugar específico del Midwest[6] en el que sus antepasados y la comunidad compartían vínculos que iban mucho más allá de las buenas relaciones habituales con sus vecinos. Nació a las afueras de Fort Atkinson y se sintió como en casa a lo largo de la zona del río Rock, cerca de su nacimiento en el lago Koshkonong, y en la isla Blackhawk, su lugar de residencia. A lo largo de su vida, pasó tiempo estudiando en Beloit College entre 1922 y 1924, en Nueva York en 1933, en Madison durante su trabajo para la Guía WPA de Wisconsin entre 1938–39, y finalmente, en Milwaukee entre mediados y finales de la década de 1960. Después de mudarse a Milwaukee, comenzó a viajar periódicamente por la región del Centro Norte, realizando viajes por carretera con su esposo Al Millen hasta Minnesota, Dakota del Sur y Manitoba.

Por lo general, al leer a Niedecker, el énfasis en el lugar es de suma importancia. Desde la percepción más popular de su poesía por el "Círculo de amigos de L. Niedecker de Fort Atkinson", quienes en su presentación de la poeta ante un público más amplio, usan el epíteto, "Poeta del lugar," "porque sus imágenes están tan basadas en el área donde vivía [...] Lorine se vio fuertemente afectada

---

6   Elizabeth Willis, Jenny Penberthy, Richard Caddel, Douglas Crase, Lisa Pater Faranda y una larga lista de reconocidos estudiosos de Niedecker han valorado mucho la importancia del Midwest, la casa de la familia de Blackhawk Island y la propia cabaña de Niedecker para su crecimiento como poeta.

por su vida en Blackhawk Island, rodeada de agua" (Mayer 1983), hasta numerosos ensayos críticos y libros dedicados a su trabajo, todos ellos han resaltado la centralidad del entorno local de Wisconsin para el desarrollo de su poética.

La poesía de Niedecker pasa por diferentes etapas, como corresponde a una vida dedicada a la escritura y atenta no sólo a sus clásicos venerados—Virgilio, Safo, Milton, Donne, los Románticos, Dickinson, Mariane Moore, Emerson, Whitman, Yeats, Saint-John Perse, Rilke—sino a las tendencias del presente que le llegaban a través del contacto con los Objetivistas y de las revistas poéticas, muy activas en este periodo. La técnica de Niedecker, poeta de gran virtuosismo formal, es esencialmente de depuración y condensación. En su poema conocido y valorado como testimonio de su trabajo en temas, visiones y técnicas, "La tarea del poeta," señala, "El abuelo / me dio un consejo: / Aprende un oficio // Y aprendí / a sentarme en un escritorio / y condensar // No hay despidos / en esta / planta de condensación" (2018, 131).[7]

Niedecker admiraba la poesía y la filosofía de Lucrecio, y en su biblioteca personal, los estantes que denominó "el armario de los inmortales"—"my inmortal cupboard"—reservó una parte para los seis volúmenes del poema inacabado *De Rerum Natura* (*De la Naturaleza de las Cosas*, 50 a.C.) de Lucrecio (en su edición de 1910). En sus anaqueles se encontraban los ensayos de Santayana, *Three philosophical poets: Lucretius, Dante, Goethe* (1953) de los cuales, sin duda, obtuvo enseñanzas insustituibles para su lectura. Niedecker era lectora asidua de poetas como Virgilio, Horacio, Catulo y Ovidio, y su interés por la filosofía y la ética en Grecia, así como por la mitología es bien conocido. Como clasicista aficionada y estudiosa de la historia griega y romana, leyó *Las Vidas de los Hombres Ilustres* de Plutarco, y *La Guerra de las Galias* de Julio César, y su deseo de conocer a fondo a los autores clásicos le acercó a la escritura de los Objetivistas, en concreto de Zukofsky y también de Cid Corman.

3 Poemas para una ecología de lo sintiente

Niedecker, en su cercanía al medio natural, fue una observadora privilegiada de la realidad de la zona del interior de Wisconsin, enmarcada entre bosques, lagos y marismas, que nutrían a pueblos y pequeñas localidades agrícolas, pesqueras y a una industria de productos lácteos por la que la región destacó siempre. Además de esa fina captación de los matices que componen el universo de los humedales de Wisconsin desde sus paisajes, flora y fauna, sus habitantes,

---

7   "Poet's Work:" "Grandfather / advised me:/ Learn a trade // I learned / to sit at desk / and condense // No layoff / from this / condensery" ([2002] 2014, 194).

y el devenir de la zona en perspectiva generacional, Niedecker construyó una auténtica poética experimental. La poética de Niedecker transita desde sus juegos con el Surrealismo, su interés por todas las vanguardias poéticas de su tiempo, desde el imaginismo al objetivismo, la poesía oriental (su amistad con Cid Corman en Japón lo corrobora) y los poemas de la neovanguardia en intercambio con compañeros como Jonathan Williams, Basil Bunting o Ian Hamilton Finlay, distinguen a Niedecker como una poeta en permanente renovación.

Niedecker observa minuciosamente y descubre las conexiones de la tierra con la mente, trazando una epistemología "naturalista multiperspectivista"[8] atenta al flujo, el cambio y la mudanza de estadios materiales y sus correspondencias "sensibles." En este sentido, coincide con los planteamientos de Tassin en el trazado de una ecología sensible donde lo humano, lo natural, el entorno y el diseño que da cabida a todo lo existente, se entrelazan y manifiestan su interdependencia. Así, desde los inicios de su carrera, Niedecker publica, en la revista *Parnassus*, con veinticinco años, el poema siguiente,

> La torcaz plañidera[9]
> El zureo de una torcaz plañidera
> Enlentece el alba
> Hay un silencio semiabovedado
> En el sonido.
> 2018, 35

El ritmo y la sonoridad de esta primera estrofa son una marca de la poesía de Niedecker. Las pinceladas que nos acercan a la paloma son precisas, nos llegan con una importante economía lingüística, y enlazan con el imaginismo. La poeta avanza su familiaridad con esta vanguardia poética, en una segunda estrofa muy reveladora, "O puede que me exponga a la perspectiva imprecisa / de un imagista / convertido en filósofo."

---

8   Eduardo Viveiros de Castro ha teorizado con anterioridad sobre lo que denomina el "multinaturalismo perspectivista" (1988, 2004) que parte de dos principios fundamentales, "Primero que todos los seres sintientes, sean espíritus, animales o humanos, se ven a sí mismos como individuos [...] segundo, que aunque así sea, la manera en la que son vistos por otros depende de las premisas ontológicas del observador y el observado" (2004, 7).

9   "Mourning Dove:" "The sound of a mourning dove / slows the dawn / there is a dee round silence / in the sound. // Or it may be I face the dull prospect / of an imagist / turned philosopher" ([2002] 2014, 23).

216 SÁNCHEZ-PARDO

La enorme condensación en línea con los presupuestos del imaginismo,[10] reaparece treinta años después en otro poema dedicado a la misma ave,

Oíd
donde está el sepulcro de nieve
el *Tú*
ah Tú
de las torcaces plañideras.

2018, 101[11]

Niedecker conecta con sus lectoras y les invita a escuchar a las palomas. Su lamento acompaña con gravedad la pérdida, la muerte y la desolación que rodean a la vida en condiciones extremas. Según Sandra Alcosser, "Uno entra en el poema *in medias res*, y aunque al oído del lector le pueda parecer que el poeta marca un espacio, situándonos, en su lugar nos sugiere, con un imperativo, que escuchemos" (2004, 29) En el centro de esta estrofa de cinco versos, "el *Tú* | *ah tú*" es imitativo de la onomatopeya que los ornitólogos adscriben a las palomas, "ooah-ooo-oo-oo, que la mente traduce como vocales de exasperación, o de amor y recuerdo" (Alcosser 2004, 29). Esta forma estrófica está influida por el conocimiento y estudio de la poesía japonesa, proyecto al que la poeta se lanzó en su madurez.

Fascinada por el sonido de la palabra, del viento, y de los pájaros, Niedecker dedicó versos memorables a gran variedad de aves y pájaros del entorno que le era familiar. Su biógrafa, Margot Peters, ha señalado, "Lorine se identificaba íntimamente con los pájaros [...] conocía sus trinos" (2011, 66). Quizá una de sus estrofas más conocidas es, dentro del poema "Paean to Place,"

Yo era el chorlito solitario
con un lápiz
    por ala
Frente a las notas secretas
debía inclinarme

---

10   El imaginismo actuó como fuerza inspiradora del Objetivismo. Zukofsky lo manifestó en su Introducción del año 1931 al volumen dedicado a Objetivismo de la revista Poetry. Los principios del imaginismo fueron enunciados por F.S. Flint, citando a E. Pound, "I. Direct treatment of the 'thing,' whether subjective or objective, II. To use absolutely no world that does not contribute to the presentation. III. As regarding rhythm: to compose in sequence of musical phrase, not in sequence of the metronome" (poets.org/text/brief/guide/imagism).

11   "Hear / where the snow-grave is / the *You* / *ah you* / of mourning doves" ([2002] 2014, 181).

con la presión
imprimir e insuflarnos
    El ritmo del viento marino
"Vivimos por la ola urgente
del verso."
    2018, 181[12]

En este momento de su carrera, Niedecker genera una nueva forma estrófica de cinco versos entrelazados que culminan en el poema largo "Himno al Lugar." Con esta arquitectura, el poema se expande y se abre a cuestiones que tienen que ver con la historia de su lugar de nacimiento y residencia. A la belleza natural de los parajes en torno a Blackhawk Island se une la historia reciente, y el poema es una rigurosa exploración de temas y situaciones en las que incide el mundo del trabajo, la clase, el género, y la situación de semiaislamiento, o cuando menos de relación en la distancia, de la poeta con el mundo.

"Himno al Lugar," poema de nueve páginas en los *Collected Works* (2002) nos sitúa frente a un espléndido despliegue de la flora y la fauna local, especialmente de plantas y pájaros que dotan al poema de un tapiz verde y una musicalidad exacerbada. El ritmo del poema, la sonoridad, y la secuencia melódica combinan para dar cauce a una cascada de ideas y sensaciones que se condensan en los versos finales de la estrofa que citamos, "Vivimos por la ola urgente del verso."

La poeta se identifica con un ave de los humedales, el chorlito. Un ave común que vive en las zonas de marisma, y que, en este caso, dada su abundancia y poca singularidad, la poeta lo elige precisamente para mostrar que, a partir de lo común, se alza lo extraordinario, y también la escritura. En estos versos, Niedecker retoma la realización de tareas manuales, y establece una analogía entre la posibilidad del vuelo y la escritura, incluso en su versión anatómica. Sustituye la estructura ósea de las alas del ave por un lápiz, con lo que el ave se transforma en una "máquina de escribir." En medio de este poema autobiográfico, la poeta parece sentirse más cerca del mundo natural que de su propia familia. Los tiempos verbales se suceden, del pasado "Yo era...," al presente-futuro "debo inclinarme." La alusión al "hueso" y su sustitución por el lápiz señala una interiorización, corporal y mental, de la tarea de la escritura.

Por otro lado, el chorlito es un ave cuyo canto suele describirse en los manuales de ornitología como "diminuto" y "quejumbroso," y finalmente, los

---

12   "I was the solitary plover / A pencil / For a wing-bone / From the secret notes / I must tilt // Upon the pressure / Execute and adjust / In us sea-air rhythm" / "We live by the urgent wave / Of the verse" ([2002] 2014, 265).

lectores y críticos de Niedecker han seleccionado esta ave como su "emblema." Este fragmento alude sobre todo, a la idea "conceptual" de musicalidad, muy presente en la obra de madurez de la autora. En cuanto al verbo "inclinarse (*tilt*)" se refiere, sin duda, al movimiento que el pájaro hace constantemente, por ejemplo, para comer, bajando la cabeza, así como al movimiento que la poeta hace con el lápiz sobre el papel cuando escribe. Del mismo modo que el aire marino mantiene a las aves perfectamente en su hábitat natural, la poeta vive "por la ola urgente del verso."

Uno de los pioneros del naturalismo en la ciencia, conservacionista muy activo y profesor de la Universidad de Wisconsin fue Aldo Leopold (1887–1948). Es muy posible que Niedecker hubiese leído ampliamente la obra de Leopold, pionero en el terreno de la ética medioambiental. Cuando la poeta trabajó en el Federal Writers' Project, colaboró con Leopold. Rachel Edelman afirma que aunque no hay evidencia concreta de que exista una conexión entre el ensayo de Leopold "On a Monument to a Pigeon" y el poema "Lake Superior," el fragmento de Niedecker dedicado a las palomas "transmite el peso de las palabras de Leopold" (2017):

> *Paloma silvestre*
>
> ¿Acaso el hombre
>   No ha mutilado
>   Sin arrojar la piedra
>
> Aplastando el cobalto
>   Y la cornalina
>   De esa ave?
>   2018, 159[13]

Leopold escribió y pronunció un elogio para la extinta paloma migratoria en la dedicatoria de 1947 de un monumento al ave, en el Parque Estatal Wyalusing. La pieza fue incluida en *A Sand County Almanac* (1949). En este volumen Leopold habla sobre las capacidades de duelo de los humanos y las palomas. Advierte que el "nuevo conocimiento" de la evolución "debería habernos dado, en este momento, un sentido de parentesco con otras criaturas; un deseo de vivir y dejar vivir; una sensación de asombro sobre la magnitud y la duración de la empresa biótica" (1949, 333).

---

13   "*Wild Pigeon* / Did not man / maimed by no / stone-fall // mash the cobalt / and carnelian / of that bird" ([2002] 2014, 235).

NIEDECKER, VITALE Y LA ECOLOGÍA SENSIBLE

Leopold recuerda las pasiones de las aves (1949, 332) así como su tenacidad: "A lo que sea que Wisconsin no le dio facilidades, lo buscó y encontró mañana en Michigan, Labrador o Tennessee. Sentía amor por las cosas presentes, y esas cosas se encontraban en alguna parte, para encontrarlas solo se requería el cielo libre y la voluntad de surcarlo con sus alas" (1949, 336). El final del discurso vuelve a instar a las personas a que se preocupen más por las demás especies: "Amar lo que fue es algo nuevo bajo el sol, desconocido para la mayoría de las personas y ciertamente para todas las palomas. Contemplar a los Estados Unidos como historia, concebir el destino como un devenir, oler un nogal a través del eterno lapso de los siglos: somos capaces de hacer todas estas cosas, y lograrlas requiere solo el cielo libre y la voluntad de surcarlo con nuestras alas" (1949, 337). El tono inspirador de Leopold alienta a los estadounidenses a preservar la vida salvaje, y a comprender la pérdida irreparable de la extinción de la paloma.

La conexión profunda (conectividad) que Niedecker experimenta con las aves, y con la vida salvaje de su entorno (ranas, gansos, gaviotas, grajos, ratas almizcleras, búhos, grillos) se extiende necesariamente a la vegetación, a ese manto verde que estacionalmente cambia de aspecto, de tonalidad, y que sostiene la vida, desde las variedades locales como el romero del pantano (*Andromeda polifolia*), algas, equisetos, lilas, hierba, hibiscos, a una gran variedad de árboles, sauces, acebos, arces. Niedecker mantiene una estrecha relación de comunicación con todo ello, la poeta habla con la vida que comparte su ecosistema. Así, el poema que da título a su segundo poemario, dice,

Amigo árbol
tuve que talarte
Pues me debo
a un amigo más antiguo
el sol.
2018, 117[14]

Niedecker se sirve de la prosopopeya partiendo de la necesidad de explicarle a los árboles por qué se ha producido la tala de algún ejemplar. Según su biógrafa, la poeta se vio en la necesidad de talar cinco árboles de su propiedad para liberarse de la oscuridad y aprovechar la luz del sol. Según Margot Peters (2011, 133), embargada por el sentimiento de dolor, la poeta da cuenta de la extrema necesidad que en un entorno como el de Blackhawk Island, con unas

---

14   My friend tree / I sawed you down / But I must attend / An older friend / The sun ([2002]
2014, 186).

condiciones climatológicas y ambientales difíciles para la vida humana, se ofrezcan explicaciones sobre esta difícil decisión. Con el respeto que le merece todo lo viviente, Niedecker habla con el medio y simultáneamente, trasciende hasta sus lectoras.

4　Vitale, en el vórtice de la vanguardia[15]

Ida Vitale forma parte de la "Generación del 45"[16] que, según el crítico uruguayo Ángel Rama, miembro también de este grupo de intelectuales, "comienza a manifestarse (...) alrededor de 1940"[17] (Antúñez 2005, 374). A juicio de Emir Rodríguez Monegal, 1945 es un año clave porque el contexto histórico marca acontecimientos de gran calado, "Ese año marca el final de la Segunda Guerra Mundial, el comienzo de la Guerra fría y la entrada (...) del hombre en la era atómica" (1966, 34) Monegal menciona también que muy cerca, en Argentina, Perón está en el poder y comienza una campaña "antiyanqui," y que se abre la rivalidad entre el "viejo imperialismo británico y el más reciente norteamericano" (1966, 35).

Es cierto que Ida Vitale, en su condición de poeta y mujer, queda fuera de varios de los listados de los miembros de esta Generación. En su mayoría son responsables del devenir de la literatura y el ensayo moderno en Uruguay y tuvieron el prestigio de carreras de intensa dedicación al pensamiento y la creación. Muchos son los que han señalado que Juan Carlos Onetti fue el líder de la Generación. La publicación de su novela *El Pozo*, junto con el comienzo de la revista semanal *Marcha*, "la tribuna más importante de la Generación" en el año 39 marcan el inicio de los trabajos más destacados de este grupo (Antúñez 2005, 374). Entre sus nombres se encuentran Juan Carlos Onetti, Mario Benedetti, Armonía Sommers, Amanda Berenguer, Carlos Maggi, Idea Vilariño, Humberto Megget e Ida Vitale. Hay ciertas fluctuaciones en las filas

---

15　Como es sobradamente conocido, la noción de Vórtice (vortex) es, en sí misma, desde que Ezra Pound, Gaudier Breszka o Wyndham Lewis, apoyaran el Vorticismo en las primeras décadas del siglo XX, sinónimo de vanguardia. En este caso, para mostrar que a Vitale el vórtice le resulta central, cito de su poema homónimo, "La hoja en blanco / atrae como la tragedia, / traspasa como la precisión, / traga como el pantano, / te traduce como lo hace la trivialidad, te engaña como sólo tú mismo puedes hacerlo. Atrapa con la dominación del delirio ..." (2017, 136).

16　El crítico uruguayo Emir Rodríguez Monegal es responsable de esta denominación, "En uno de los primeros estudios que hice la bauticé Generación del 45 y el nombre ha sido repetido" (1966, 34).

17　"La época cultural que se cierra hoy se inició aproximadamente en 1940, fecha que registra una inflexión renovada en la vida cultural de todo el Río de la Plata" (Rama 1972, 18).

de este movimiento de intelectuales independientes que llegaron a ser muy influyentes en la historia de Uruguay en la segunda mitad del siglo xx.

Del mismo modo, cronológicamente, hay fechas que anteceden propiamente a la formación del grupo, así 1903–1907 y 1911–15, durante la presidencia de José Batlle y Ordóñez, el país funcionaba como una auténtica democracia política y social. Incluso después del fallecimiento del presidente en 1929, los ideales de justicia social del batllismo permanecieron vivos en el imaginario de la nación. En 1933, tuvo lugar el golpe de estado de Gabriel Terra y la dictadura subsiguiente. El país, sumido en una gran crisis económica, asistió al nacimiento de una generación caracterizada por la actitud de protesta, inconformismo y crítica radical que marcará el origen del grupo humano al que nos referimos. Debido a este clima social, el crítico Ángel Rama, optó por otorgarle al grupo la denominación "Generación crítica." A su juicio, y debido a que la opción cronológica no designa directamente uno o varios acontecimientos con precisión, "Las designaciones numéricas poco dicen sobre los procesos socio-culturales, mucho menos cuando, como en este caso—generación del 45—no aluden a ninguno de esos cruciales sucesos históricos" (Rama 1972, 19).

Rama entiende que, "[P]arece más bien nacer de una desilusión—donde puede estar implicada la quiebra de un ideal—lo que confiere especial relevancia a la experiencia existencial, a la lección histórica del hoy" (Rama 1972, 33). Uruguay atravesaba una situación difícil, con una gran crisis económica y desconexión de otros países latinos, que a partir de mediados de los años 50 le condujo a una relación más estrecha con Francia y España. Entre los años 40 y 50, proliferó la publicación de revistas literarias como *Marcha*, *Escritura*, *Entregas de la Licorne*, *Apex* o *Asir*. También editoriales como Banda Oriental, Alfa y Arca, se establecieron en un panorama un tanto convulso en el que, según Rodríguez Monegal, los autores pretendían, "restaurar el vínculo natural del escritor con el público que había sido sustituido por la relación perversa entre el creador y el estado" (Rodríguez 1966, 81). Para este crítico, este grupo es una "comunidad intelectual" que procede, en su mayoría, de familias inmigrantes de clase media. Casi todos tienen en común, "el viaje a Europa que para casi todos quiere decir Paris" (1966, 74) y en cuanto a su adscripción política, casi todos los integrantes de la Generación se sitúan a la izquierda (1966, 80). Además de las posibles convicciones políticas de muchos de estos intelectuales, críticos como Rama piensan que su nexo de unión procede de "una toma de conciencia temprana y radical de la realidad del país" (1972, 80). Algo que se ha señalado con frecuencia es que el trabajo de estos autores supuso una renovación del lenguaje y de los estilos poéticos, además de una importante renovación de la prosa. Además del magisterio de Borges en la ficción, Neruda, Vallejo y Huidobro fueron influencias fundamentales en la poesía.

5   El transcurrir de las po(éticas)

Vitale, junto con Ángel Rama y Manuel Claps, fundó en 1947 la revista *Clinamen*, una publicación de literatura y filosofía, donde se encuentra ya en origen su interés por la poesía como modo de conocimiento del mundo y como repositorio de la experiencia. En su poema sobre este concepto, tomado de Lucrecio, escribe: "Y volveremos siempre al sesgo / del clinamen, / al riesgo de apartarse del punto del pasado / donde aún el dardo tiembla, / para recomenzar" ("Clinamen" 2017, 217).

El poeta romano es el responsable de la noción de *clinamen* al designar la desviación fortuita y espontánea de la trayectoria de los átomos, dejando sin efecto la cadena de determinación causal en su movimiento. El clinamen sería la explicación, desde la física, del principio de libertad humana y del movimiento en el cosmos. Lucrecio escribe en el libro II de *De Rerum Natura*, "Esta verdad te obliga a que confieses / en los principios diferente causa / de pesadez y choque, de ésta nace / la libertad, porque nosotros vemos / que nada puede hacerse de la nada. / La pesadez impide ciertamente / que todo movimiento sea efecto / como de fuerza extraña: mas si el alma / en todas sus acciones no es movida / por interior necesidad, y si ella / como vencida llega a ser sustancia / meramente pasiva, esto es efecto / de declinar los átomos un poco / ni en tiempo cierto, ni en lugar preciso" (1984, 150).

Por su parte, Niedecker, ávida lectora de los clásicos, volvió una y otra vez al estudio de Aristóteles, Lucrecio, Ovidio, Spinoza en el ámbito filosófico, en el de las ciencias del espíritu versus las ciencias naturales. En su aproximación holística al conocimiento, dedica poemas memorables a la ciencia, sin desprenderse de su pasión por el lenguaje. Niedecker fue una finísima lectora y crítica, y su trabajo en este terreno le lleva a conocer a fondo y reseñar la serie poética "A" de Zukofsky, equiparando sus logros a los de próceres de la antigüedad, y al gran William Shakespeare. Lucrecio entra en sus apreciaciones como "intérprete" de la creación en *De Rerum Natura* (Niedecker 1956), inspirando los versos del poeta neoyorkino, "Así va: primero, *la forma* / la creación— / Una neblina de la tierra, / el rostro completo del suelo; / Después *el ritmo*— / Y el aliento de la vida respirado; / Después *el estilo*— / lo que del ojo toma su función" (Niedecker 1956; Zukofsky 1978, 126).[18]

---

18   "So goes: first, shape / The creation— / A mist from the earth, / The whole face of the ground; / Then rhythm— / And breathed breath of life; / Then style— / That from the eye its function takes" (Zukofsky 1978, 126).

NIEDECKER, VITALE Y LA ECOLOGÍA SENSIBLE

Para Niedecker, ese movimiento de "inclinación" (*tilt*) que, de la mano de la poeta, atribuimos con anterioridad al chorlito, al ave de las marismas, es a la par, un movimiento "forzoso" y liberador. Con la inclinación, el ave pica y recoge su alimento, la mujer, trabaja manualmente, la poeta escribe con un lápiz o una pluma. La imaginación vuela cuando esa inclinación forzosa se produce. La liberación, en la danza de las alas, o de las palabras, nos transporta a otra dimensión. Allí, el sesgo del clinamen es responsable, en la combinatoria de los átomos, del movimiento y del libre albedrío.

Volvamos a tomar la invitación de Vitale para deleite de los sentidos y el entendimiento. En "Mariposa, Poema" (2017, 193), Vitale equipara la inspiración al vuelo de la mariposa, que se va y se pierde caprichosamente, y la construcción del poema con la captura de la inspiración que sigue la pauta de un animal—en este caso, un insecto—que avanza impredecible.

MARIPOSA, POEMA

En el aire estaba
impreciso, tenue, el poema.
Imprecisa también
llegó la mariposa nocturna,
ni hermosa ni agorera,
a perderse entre biombos de papeles.
La deshilada, débil cinta de palabras
se disipó con ella.
¿Volverán ambas?
Quizás, en un momento de la noche,
cuando ya no quiera escribir
algo más agorero acaso
que esa escondida mariposa
que evita la luz,
    como las Dichas.

   2017, 193

El poema, tenue e impreciso, se pierde, y todavía "no es," salvo una "deshilada, débil cinta de palabras." La poeta se pregunta si el poema, como la mariposa, volverá, incluso en un momento en el que la poeta ya no quiera escribir. La mariposa, equiparable al poema, evita la luz, se esconde y no se percibe con facilidad. El artificio de ambos, mariposa y poema, en su evanescente estado de "semi-existencia," atrae la atención de la poeta, le da "trabajo" y le mantiene alerta. En la vigilia y hasta en el preámbulo del sueño, la poeta no descansa porque la palabra es escurridiza, y la palabra justa, casi imposible de hallar.

En "Ecuación" (2017, 210), Vitale describe ese momento del crepúsculo en el que tanto la palabra, que queda suspendida y que contiene la "vibración" de las superficies que abrasan, como Venus, el planeta que se contempla al caer el día, actúan al unísono.

ECUACIÓN

ÁRMASE una palabra en la boca del lobo
y la palabra muerde.

En el movedizo fulgor del cielo
hacia el ocaso,
callada encalla, se vuelve brillo,
es Venus:
    cordera que encandece.
      2017, 210

Todo queda resuelto en la ecuación que da título al poema, "La palabra es al lobo como Venus es a la noche." La palabra queda en ascuas, del mismo modo que Venus es una "cordera que encandece." La simbología del alma como "cordera" tiene una larga tradición en la literatura hispana que va desde el Medievo en los Autos Sacramentales, hasta la mística. En este poema, el lobo que aúlla a la luna en el imaginario popular produce aquí "palabras que muerden" y como por arte de magia, mudan su condición y quedan en un brillo, un resplandor que en el ocaso, se asemeja al fulgor y los destellos que el planeta Venus emite al anochecer.

La confluencia de la palabra justa en un universo en continuo movimiento reverbera instantes de la creación. Sin la fuerza y la abundancia de las aguas, la vida sería impensable. En la poética Vitaliana, la fluidez es una auténtica fuerza motriz, envolvente, que rodea al mundo en su devenir cósmico. En "Pez en el Agua" (2017, 213):

PEZ EN EL AGUA

Como pez en el agua,
como pez, empero, pensado por Leibniz:
pez lleno de lago,
    de lago lleno de peces,

pez infinito lleno de lagos infinitos,
a la orilla de un sí mismo infinito.
Entonces sí,
      como pez en el agua
de un lago
      de otro mundo donde
no
  nos
    laceren
      lagunas.
2017, 213

Vitale invoca al pez común de los lagos, indiferenciado, pez que vive rodeado de otros muchos, "infinitos" peces, sumidos en multitud de "infinitos" lagos. La creación de lo común es incalculable y tiene dimensiones que no podemos apreciar. El pez del que la poeta nos habla es un pez, "pensado por Leibniz: / pez lleno de lago, / de lago lleno de peces ..." El pensador racionalista alemán, desde el principio que formula de la armonía preestablecida entiende que todo lo creado está en su lugar y cualquier variación en un elemento incide en los demás. El lago, lleno de peces, del que da cuenta la voz poética, está rodeado por su orilla, rodeado de límites, que constriñen la libertad del pez, y el conocimiento del humano. De la expresión común, "Como pez en el agua," Vitale extrae la diferencia esencial: el pez nadará con extrañeza en un lago de otro mundo, y lo expresa en la parte final del poema.

Siguiendo con el cariz autorreflexivo de la poesía de Vitale, y en el contexto filosófico de Leibniz, con nuestra experiencia finita del mundo y la comprensión de la perfección del mundo natural, sólo nos queda esperar que en ese mundo en plenitud, el mejor de los mundos posibles, según el pensador alemán, ya no existan los límites que nos oprimen. De lo fluido a lo sólido, no hay tránsito fácil, pero sólido y fluido son, esencialmente, constitutivos del mundo. No obstante, la sutileza con la que la poesía de Vitale se posa en el mundo, "[P]osee ese don, tan difícil de apresar la vida sin detener su flujo" (Gómez Toré 2017, 28).

En su poemario *Sueños de la Constancia*, el poema "Parvo reino" comienza con "PALABRAS" escrito en mayúsculas,

PALABRAS

    Palacios vacíos,
Ciudad adormilada.

> ¿ Antes de qué cuchillo
> Llegará el trueno
> —la inundación después—
> Que las despierte?
>
> 2017, 211

En este poema, el tiempo previo al nacimiento de la palabra para nombrar el mundo marca un antes y un después. La fuerza de la palabra para construir, para imaginar y dar a luz, se ve complementada con la fuerza del agua, desde "el agua madre" (2017, 293), hasta la "cascada" (2017, 294), llegando a "disolverse [disuelto]" (2017, 294), hasta acabar con un símil en el que la palabra, en "prosa" y su "turbulencia" adquieren el respeto y el temor de aquellos que esperan salvarse con una pequeña embarcación, sin saber nadar "Temer su turbulencia / como el bote arriesgado / quien no nada" (2017, 295).

No sólo subraya Vitale el poder generador del agua para la vida, también entiende que la fluidez suaviza, lubrica y armoniza. Siempre necesaria la fluidez, rescata al mundo de lo árido, y facilita el movimiento de los engranajes de la realidad. Así, en "Orden de Ángeles," leemos,

> Una precaria economía de ángeles,
> dos o tres,
>   no más.
>   Pero bastan.
> Ponen dedos fluidos
> en el fárrago,
> aceite en el naufragio,
> para empezar,
>   una sonrisa sobre el caos.
>
> 2017, 163

La poeta enfatiza el papel "balsámico" de la actuación de los ángeles que, aunque escasos, se ocupan, con sus "dedos fluidos," de que el fárrago no paralice, y que el naufragio no subsuma a lo viviente. El aceite flota en las aguas del naufragio, pues nunca pudo mezclarse con la densidad del agua. Esta separación—fusión de los opuestos: el fárrago obstaculiza e impide el paso, y el aceite "flota" (= no se hunde) en las aguas del naufragio, da como resultado esa "sonrisa sobre el caos," garante de que la vida siga. En la segunda y última estrofa del poema, la dicha del corazón da cuenta del impulso protector de los ángeles con el reflote de la realidad:

NIEDECKER, VITALE Y LA ECOLOGÍA SENSIBLE

Cuando se alejan
queda un color suavísimo tendido
sobre este mapa irregular
que no querría perder
que el corazón dichoso reconoce.
2017, 163

Es singular que tanto para Vitale como para Niedecker el flujo de las aguas, el poder devastador de las inundaciones que todo arrebata, corren parejos en muchos de sus poemas. En el poema autobiográfico "My Life by Water," Niedecker, con la grandeza de quien entiende a las aguas y conoce su fluir, enmarca su vida así:

Mi vida
junto al agua
Escucha

la primera rana
de la primavera
o tabla

afuera en la fría
tierra
cediendo ...
2018, 165[19]

Para terminar con el vuelo de un ave que se alza,

al delicado
y grave
—Agua
2018, 167[20]

---

19   "My life / by water— / Hear // spring's / first frog / or board // out on the cold / ground / giving ..." ([2002] 2014, 237).
20   of the soft / and serious— / Water ([2002] 2014, 238).

228   SÁNCHEZ-PARDO

Ese oxímoron desvela la opacidad del mensaje de la "poeta del lugar." En el entorno de Blackhawk Island, el agua es consustancial a la vida. Las crecidas del río, los cambios de nivel del agua de los lagos y el deshielo pueden traer la destrucción. La fluidez de las aguas, así como la fluidez de la existencia, comportan armonía y riesgo, afluencia y desolación. Vitale y Niedecker han construido una auténtica poética de la dinámica de fluidos.

6   (Re)generaciones: poetas, comunidad femenina y autogeneración

En las poéticas de Niedecker y Vitale, se invoca una vuelta al lugar y al entorno natural que les rodea. Lo local no es un espacio edénico que nos acerca en modo alguno a la "pureza" primigenia o nos sirve como escape. La experiencia material (corporal, propioceptiva, inmersiva) crea conciencia, e incluso "arraigo"—en el sentido que le otorga Simone Weil[21]—en torno a lo que podemos entender como valor del entorno local. Así, el lugar va unido al "paisaje" y a cómo las poetas habitan esos dominios y a partir de ahí crean formas estéticas desde su "interioridad." Vitale y Niedecker saben captar el tipo de atención focalizada de la que adolece la cultura en los siglos XX y XXI y que impide de manera progresiva acceder a lo natural. Esa ventana de experiencia que permite la apertura a lo natural se construye sobre la percepción estético-cognitiva que despierta la intuición, y que conduce a la ecología sensible. El poema, instrumento de exploración de la realidad, obra-en-proceso de lo natural, afina los sentidos y agudiza las capacidades de captación y re-creación del mundo.

Leer a Niedecker y a Vitale conjuntamente nos permite acceder a lo que entendemos como uno de los rasgos distintivos que definen a las poéticas de autoras contemporáneas, el componente de (Re)generación.

La inmensa curiosidad y el carácter enciclopédico de las poéticas de ambas autoras les han vinculado con predecesoras y seguidoras, un signo indiscutible de su importancia en la historia literaria reciente. Sabemos que Niedecker fue valorada por el círculo de los objetivistas, y que también poetas tan centrales como Williams alabaron su quehacer y sus hallazgos en las dimensiones lingüística y formal de su poesía. Este último le concedió a Niedecker el honor de considerarle como "the Emily Dickinson of this century" (Peters 2011, 196).

---

21   En la filosofía de Simone Weil, la noción de "enracinement" designa a la necesidad más importante del alma. El ser humano se arraiga en su comunidad con vínculos a un pasado compartido y un futuro por venir.: "[El ser humano] Tiene necesidad de recibir la casi totalidad de su vida moral, intelectual, espiritual, por mediación de los ambientes de los que forma parte naturalmente. Los cambios de influencia entre los medios muy diferentes no son menos indispensables que el arraigo en el ambiente natural" (Weil 1949, 57).

La importancia de su legado ha quedado refrendada por el testimonio de colegas como Carl Rakosi, Theodore Enslin, Gilbert Sorrentino y Denise Levertov (Peters 2011, 196). Su influencia en el movimiento "Language Poetry" queda de manifiesto en poemas y ensayos fundamentales de poetas como Leslie Scalapino y Rae Armantrout.

En el caso de Vitale, recibe influencia de dos grandes poetas uruguayas, María Eugenia Vaz Ferreira (1875–1924) y Delmira Agustini (1886–1914), también de la chilena Gabriela Mistral (1889–1957). Vaz Ferreira, la primera mujer que accede al canon de la nación, compositora musical y dramaturga, con una poesía de tintes neorrománticos, metafísicos, y modernistas fue una de sus lecturas formativas. También la poesía de Mistral, desde la escuela, fue una presencia importante en la obra de Vitale. Y Agustini, la poeta modernista más destacada que sacó a la luz el deseo y la sensualidad femeninas cuando la sociedad de su tiempo no estaba preparada para encontrarse con estos temas, fue sin duda, un ejemplo de innovación y valentía en el manejo del "arte poético." El magisterio de Vitale se ha visto refrendado con premios y distinciones, y poetas como Clara Janés se han acercado a su obra con admiración.[22]

De todo lo anterior se desprende que, como señalábamos en la introducción a este volumen, las poetas no escriben en el vacío y sin referirse a predecesoras, coetáneas, a escritoras con similares preocupaciones, aún situándose desde otro lugar e incluso en otro momento histórico. El concepto de (Re)generación incardina a las poetas en genealogías y redes que se asoman al canon, que se incursionan, que sufren el rechazo o la invisibilidad, pero que siguen intentándolo. El prefijo re—nunca fue inocente, la repetición y la resiliencia han acompañado a las poetas durante siglos. Las poetas no sólo han tenido madres literarias, sino que la minorización social de su tarea y de sus méritos ha repercutido inversamente, fortaleciendo su determinación, oponiéndose a la obliteración y al olvido de sus planteamientos. Esa transmisión de la que hablábamos con anterioridad, puede ser intermitente, pero nunca se vio interrumpida, es un paso del testigo "intergeneracional e inter-medial ... una influencia cruzada en contextos regionales, nacionales e internacionales" (2005, 11) Niedecker y Vitale corroboran que la llama poética no decae ni se apaga. Valga su ejemplo para continuar, siempre, retomando este trabajo.

---

22   En su ensayo, "Número y Naturaleza: Celebrando a Ida Vitale" (Janés 2019, 23–45), Clara Janés reconoce el trabajo de Vitale, "ampliando [las] órbitas [del lector]" (2019, 37) con un recorrido cuasi/infinito, "del árbol al ángel, del número y el cristal al vuelo, de la iridescencia de una gota de agua o la salamandra simbólica a la lengua propia ..." (2019, 37).

7 Conclusiones

A modo de conclusión, en este capítulo hemos dibujado la cartografía de dos espacios vitales que recorren desde lo profundo del Wisconsin rural al cosmopolitismo de Montevideo, el escenario de una escritura poética errante en las Américas. Hemisféricamente tanto Niedecker como Vitale reconocen sus orígenes Norte-Sur y comparten una percepción del acto poético con sus coetáneas (Marianne Moore, Idea Vilariño) y con grupos de la vanguardia con los que colaboraron de manera intermitente, conservando su independencia personal. Es innegable, como ya se ha señalado en este capítulo, que el trayecto que conduce desde Fort Atkinson a Nueva York, y de Montevideo a ciudad de México, por motivos muy dispares, contribuye enormemente a la formación de las poéticas de ambas autoras en sus contactos con el Objetivismo y con la Generación del 45, así como con los intelectuales mexicanos del momento.

El énfasis de este capítulo, desde una óptica comparada que revisa los logros de ambas poetas, se ha situado en su captación de lo que hemos denominado una ecología de lo sensible. El pensamiento de la conciencia ecológica se asienta firmemente sobre bases filosóficas, antropológicas, biológicas y de las ciencias ambientales, y parte del reconocimiento de cada poeta como ser-en-un-mundo-en-relación que, de manera holística, valora la riqueza de todo cuanto le rodea en el universo. Al pensamiento Romántico, esencial, se suman desarrollos que acontecen ya en el siglo XX como la importancia del giro antropológico (multiperspectivismo, contacto inter-especies), el pensamiento conservacionista (A. Leopold), las tendencias que conducen a la ecología sensible (J. Tassin) o los movimientos actuales que intentan paliar los desastres del cambio climático.

A través de este periplo se ha ilustrado con una selección de poemas sobre el entorno (flora, fauna, fenómenos ambientales ...) cómo las visiones de Niedecker y Vitale coinciden en lo que podemos entender como "hablar con el mundo." Ambas poetas invocan y convocan al árbol, al ave, al insecto, o al lago, entre otros, y por ello, abogamos por que sus poemas puedan entenderse desde una óptica comparada en la que sus respectivos logros sumen y engrandezcan sus territorios poéticos. Cada una, desde su lenguaje idiosincrático, desde su pensamiento y su sentir, nos han acompañado en la lectura y apreciación de sus poéticas. Hemos partido de la propuesta inicial del comparatismo en la poesía de mujeres elaborada en este volumen: cartografía, atención focalizada, conectividad, (re)generación y po(Éticas).

Descubrir estas afinidades e indagar en los motivos que permiten, con solidez y rigor, afirmar que la red de relaciones entre mujeres poetas debe ampliarse con hallazgos fundamentados como los que presentamos aquí, abre un campo de trabajo muy fértil, rico en posibilidades de lectura y en proyectos y temas de trabajo para la historia literaria. En la práctica, al establecer estas redes relacionales, la presencia de las poetas se incrementaría, otorgándoles la atención que merecen, sumando estudios críticos, ampliando su número de lectoras y lectores, y recogiendo el reconocimiento a su trabajo desde áreas y perspectivas transversales e interdisciplinares: de la poesía a la filosofía, de la antropología a las ciencias medioambientales. El estudio de las poetas y sus poéticas, desde una óptica comparada, da carta de naturaleza a un espacio que, de no existir en la historia y crítica literarias, pasa ahora a ser un territorio potencialmente ilimitado para el trabajo, el goce estético, la apuesta por la igualdad, y la creación.

Obras citadas

Alcosser, Sandra 2014. "Avant-gardist in the forest." *Antioch Review* 62(1): 26–36.

Antúñez, Rocío 2005. "Ángel Rama y la Generación Crítica." *Revista Iberoamericana* 71(211): 373–379.

Armantrout, Rae 2007. "Darkinfested." En: *Collected Prose.* San Diego: Singing Horse.

Bruña Bragado, M. José, ed. (2017). *Vértigo y Desvelo: Dimensiones de la creación de Ida Vitale.* Salamanca: Ediciones de la Universidad de Salamanca.

Cañete Ochoa, Jesús & Aurelio Major, eds. (2019). *Ida Vitale: Palabras que me cantan. Homenaje al Premio Cervantes.* Alcalá de Henares: Universidad de Alcalá.

Edelman, Rachel. 2017. "Imagining the Anthropocene: Lorine Niedecker's Lake Superior." *Ploughshares at Emerson College.* En línea: http://blog.pshares.org/index.php/imagining-the-anthropocene-lorine-niedeckers-lake-superior/ (consultado en 07.2020).

Faranda, Lisa Pater. 1987. "Composing a Place: Two Versions of Lorine Niedecker's 'Lake Superior'." *North Dakota Quarterly* 55(4): 348–364.

Gifford, Terry. 2012. "Pastoral, Anti-Pastoral and Post-Pastoral as Reading Strategies." En: Scott Slovic (ed.), *Critical Insights: Nature and Environment.* Ipswich: Salem Press. 42–61.

Gómez Toré, José Luis. 2017. "Nombres escritos en el agua: el trazo en la escritura de Ida Vitale." En: Bruña Bragado (ed.), *Vértigo y Desvelo: Dimensiones de la creación de Ida Vitale.* Salamanca: Ediciones de la Universidad de Salamanca. 25–38.

Janés, Clara. 2019. "Número y Naturaleza: Celebrando a Ida Vitale." En: Jesús Cañete Ochoa, Jesús & Aurelio Major (eds.), *Ida Vitale: Palabras que me cantan. Homenaje al Premio Cervantes.* Alcalá de Henares: Universidad de Alcalá. 23–45.

Kohn, Eduardo. 2007. "How Dogs Dream: Amazonian natures and the politics of transspecies engagement." *American Ethnologist.* 34(1): 3–24.

Kohn, Eduardo. 2013. *How Forests Think. Toward an Anthropology beyond the Human.* Berkeley: University of California Press.

Lucrecio. 1984. En: Agustín García Calvo (ed.), *De la Naturaleza de las Cosas.* Madrid: Orbis.

Mayer, Wayne. 1983. "Lorine Niedecker: A Life by Water." *Wisconsin Academy of Sciences, Arts and Letters* 71(2): 1–12.

Niedecker, Lorine. 1956. "The Poetry of Louis Zukofsky." *Quarterly Review of Literature* 8(3): 198–210. En línea: https://writing.upenn.edu/epc/authors/niedecker/three-essays.pdf (consultado en 07.2020).

Niedecker, Lorine. 2013. *Lake Superior. Poem and Journal.* Seattle: Wave Books.

Niedecker, Lorine. (2002) 2014. En: Jenny Penberthy (ed.), *Collected Works.* Berkeley: University of California Press.

Penberthy, Jenny (ed.). 1993. *Niedecker and the Correspondence with Zukofsky: 1931–1970.* Cambridge: Cambridge University Press.

Penberthy, Jenny. 1996. *Lorine Niedecker. Woman and Poet.* Orono: National Poetry Foundation.

Peters, Margot. 2011. *Lorine Niedecker. A Poet's Life.* Madison: University of Wisconsin Press.

Rama, Ángel. 1972. *La generación crítica: 1939–1969.* Montevideo: Arca.

Rodríguez Monegal, Emir. 1966. "Una nueva generación." En: *Literatura uruguaya del medio siglo.* Montevideo: Alfa: 33–52.

Rodríguez Monegal, Emir. 1966. "Fisonomía de una generación." En: *Literatura uruguaya del medio siglo.* 69–81. Montevideo: Alfa.

Rozas, Ramón. 2019. "El jardín de Ida Vitale." En línea: https://ramonrozas.blogspot.com/2019/04/ (consultado en 07.2020).

Tassin, Jacques. 2018. *Penser comme un arbre.* Paris: Odile Jacob.

Tassin, Jacques. 2020. *Pour une Écologie du Sensible.* Paris: Odile Jacob.

Vitale, Ida. 2002. *Reducción del Infinito.* Barcelona: Tusquets.

Vitale, Ida. 2003. *De plantas y Animales. Acercamientos Literarios.* Montevideo: Estuario Editora.

Vitale, Ida. 2017. *Poesía Reunida.* Barcelona: Tusquets.

Vitale, Ida y Miguel A. Zapata. 1988. "Ida Vitale: entre lo claro y lo conciso del poema." *INTI* 26/27: 355–361.

Viveiros de Castro, Eduardo. 2009. *Cannibal Metaphysics.* Traducido por: Peter Skafish. Minneapolis: University of Minnesota Press.

Weil, Simone. 1949. *L'Enracinement ... Prélude a une declaration des devoirs envers l'être humain.* Paris: Gallimard.

Willis, Elizabeth. (ed.). 2008. *Radical Vernacular. Lorine Niedecker and the Poetics of Place.* Ames: University of Iowa Press.

Zukofsky, Louis. 1978. *A.* Berkeley: University of California Press.

CAPÍTULO 8

La interlocutora en las poéticas sáficas de Cristina Peri Rossi y Laia López Manrique

Sara Torres

Resumen

Este capítulo explora el papel central de la interlocutora en la escritura poética de Cristina Peri Rossi (Montevideo, 1941) y Laia López Manrique (Barcelona, 1982). A través de una selección de la obra de las dos autoras, se propondrá el concepto de 'interlocutora' como un elemento fundamental en la tradición sáfica que, para sostener la enunciación poética, se apoya en la existencia de una otra real-imaginada. Figura a menudo trans-nacional y trans-temporal, inscrita, en palabras de Peri Rossi, en una genealogía "dulce, desafiante y soberbia," la interlocutora sáfica aparece a menudo como condición *sine qua non* del acto poético. En sus funciones afectivo-discursivas, se presenta a un mismo tiempo como musa ficcionalizada y soporte afectivo para la supervivencia; síntesis deseante de la 'mujer' en el lenguaje y materialidad que lo excede. El estudio de esta figura nos permite comprender con mayor sutileza el ejercicio de poetización del deseo lesbiano, con las afinidades y diferencias con las que surge en la obra de López-Manrique y Peri Rossi.

Palabras clave

interlocutora – Safo – deseo – temporalidad – Eros – poéticas – lesbiana – queer

De inter—, entre, y el latín *locūtor,—ōris*, hablante, 'la interlocutora' es un término que sugiere relacionalidad. Por relacional y dependiente de la acción comunicativa—o del deseo de acción—la interlocutora tal vez solo se manifiesta, 'existe', en el espacio inter-subjetivo donde un acto de habla tiene lugar o se imagina. Mi propuesta hacia una proto-teoría de la interlocución sáfica tiene que ver con la necesidad de un estudio diferente de ciertas prácticas poéticas que tienen su origen en un sujeto lesbiano que las dirige de manera fundamental hacia otra/s "mujeres."[1] Un estudio diferente implica el rastreo de las diferencias en la interlocución; es decir, se esfuerza por comprender las particularidades de la búsqueda de interlocutora expresadas en algunos textos que capturan el deseo entre "mujeres." Tal deseo quedará principalmente definido en estas páginas como un deseo de reconocimiento o 'reconocimiento de existencia'.

Laia López Manrique (Barcelona, 1982) y Cristina Peri Rossi (Montevideo, 1941) son dos escritoras cuya obra está marcada por la exploración poética del deseo entre mujeres. Decir "está marcada" es tal vez más inexacto que decir "es movida por," ya que, como seguiré desarrollando, en ambas autoras el deseo de escritura aparece orientado hacia una otra interlocutora. El 'ella', elemento fetiche y motor de las poéticas de Peri Rossi y López Manrique, existe siempre en la transición entre lo material y lo imaginado, pertenece indisolublemente al acto poético. No consideraré en las siguientes páginas las posibles diferencias biográficas entre las dos autoras, que escriben y viven en Barcelona en la actualidad. Tampoco el hecho de que una sea reconocida internacionalmente por la academia mientras que los libros de la otra llegan solo a un número más o menos reducido de lectoras. Atendiendo al tejido poético de ambas y rastreando sus afinidades responderé a la presencia casi indiscutible de una interlocutora en gran parte de su obra.

Como escribe Teresa de Lauretis, citando a Bersani y Dutoit y refiriéndose al contacto íntimo entre el pensamiento situado o encarnado y el trabajo de producción teórica: "la única garantía que cualquier teoría puede ofrecer sobre sí es presentarse como una ficción apasionada" (*The practice of love*, XIV). Deseo aclarar que mi propio concepto de la interlocutora puede definirse como una ficción apasionada o *passionate fiction*, al mismo tiempo que busca ofrecer un marco teórico desde donde poder leer de forma productiva y diferente textos interconectados en una genealogía poética lesbiana o sáfica. Por ficción y por apasionada, la interlocutora que se activa en este capítulo es una herramienta de navegación para leer las escrituras que produce el deseo entre mujeres.[2] Rechazando cualquier pretensión de universalidad, contiene un enfoque subjetivo inseparable al hecho de ser 'la interlocutora' uno de los temas que más he explorado en mi propia escritura poética.[3] Esta figura ha sido central para

---

1　A lo largo de este capítulo, el término servirá para definir tanto a los sujetos que han sido socialmente interpelados como mujeres desde el nacimiento como a cualquier sujeto que tome esta posición de forma más o menos continua en el plano del deseo y la fantasía.

2　Rosi Braidotti entiende la teoría posthumana como una "navigational tool" (5). De ese modo, su marco teórico se mantiene abierto y creativo, consigue ser crítico evitando la dialéctica de la negatividad.

3　Especialmente en *Phantasmagoria* (2019).

producir una escritura que conecta mi propio deseo de interlocución con lecturas previas de Safo, Cristina Peri Rossi, y Laia López Manrique. Los libros estudiados en el contexto de este análisis, fueron leídos antes para escribir, y no para teorizar, buscando en ellos el placer del encuentro (en los textos de Peri Rossi) y el goce de la ausencia (en los de López Manrique) aunque ambos movimientos como constitutivos del eros aparecen en la obra de las dos autoras.[4]

Placer del encuentro: "Tomé el laúd y pronuncié a la mujer/todas las cuerdas sonaron / y ella abrió sus piernas" Escribe Peri Rossi en un breve poema del libro temprano *Evohé* (Peri 2005, 76). Aquí la música se acciona, el discurso se acciona para lograr una respuesta material en el cuerpo de la que escucha y se conmueve. Goce de la ausencia: "Enjuaga a la *otra* a la *hermana* con la boca/ la venera/la condena/le habla/sin propósito" dice López Manrique tomando la ausencia material de una otra como punto de partida (López, 2015, 56). A diferencia de la fantasía en la que la mujer abre las piernas al escuchar la música, los versos citados de López Manrique parten ya de la aceptación de que la otra es un evento del lenguaje, y que por tanto la respuesta de la interlocutora nunca termina de concretarse. El tipo de interlocución que voy a estudiar y que está presente en las dos autoras contiene en sí esa paradoja: la de referir al mismo tiempo a una supuesta hablante—agente y capaz de acción—que está "al otro lado" y a una ausente, ausente del acto locutivo y del tiempo de enunciación de la escribiente. No obstante, porque la temporalidad del poema siempre excede el momento de su escritura, podremos decir que el poema está en sincronía con la/s interlocutora/s aunque la escribiente no. La presente lectura nos deja una concepción del texto poético como plataforma vehicular de búsqueda de sincronicidad o intersubjetividad en un contexto de ausencia.

Este capítulo sugiere una aproximación teórica a las poéticas del deseo entre mujeres, afectadas por el legado de Safo—como mito autorial lesbiano y como corpus textual—, que implica el desarrollo de una noción-ficción apasionada: lo que he llamado la interlocutora sáfica. La interlocutora sáfica es, al mismo tiempo:

1) Un espacio concreto en el discurso
2) La causa material del deseo de escritura
3) La fantasía a través de la cual se codifica lo real

Como espacio concreto en el discurso, la interlocutora tendría la función discursiva de "recibir" la escritura, ser la "dirección" hacia la cual se dirige el acto poético y los afectos que se conjuran en él. Como causa material del deseo de escritura, la interlocutora sería la huella en el lenguaje de la presencia de un

---

4 Por referir al juego de términos placer/goce que moviliza Roland Barthes en *El placer del texto*.

"ella" material-imaginado que produce una afectación en la escribiente cuyos excesos serán canalizados en el texto. Además de los dos puntos ya mencionados, en su presencia en la obra de autoras como Safo, López Manrique y Peri Rossi, la interlocutora ofrece también acceso a una fantasía o versión de lo "real" a la que llamaré 'tiempo de las amantes', cuya característica principal es la de estar regida por una temporalidad diferente a la del tiempo productivo o normativo. Tal y como se refleja en la obra de estas autoras, discutiré que la manera de habitar el espacio-tiempo de las amantes representa modos no heterosexuales ni hetero-productivos de relación en y con el mundo.[5]

1   El tiempo de las amantes

Considero que, dentro de las poéticas de genealogía sáfica, la experiencia espacio-temporal de las amantes está regida por una valoración central del vínculo erótico entre mujeres que funciona como motor de creación de "mundos" simbólico-afectivos. La obra poética de Safo, actualmente preservada en unas pocas centenas de fragmentos legibles, celebra la experiencia de la realidad en el tiempo de las amantes y ofrece un corpus que se muestra, en palabras de Aurora Luque, "como una estela discontinua e inestable que—al igual que la luz del sol sobre el mar—no deja de ser poéticamente satisfactoria" (Luque 2020, 8). Es por tanto un corpus fragmentado el mismo que hace de mito de origen para una "otra" genealogía fragmentaria, resbaladiza, lesbiana.

Safo, la cantora, la que busca a la joven y a la amiga, implica, como figura autorial y discursiva, un punto de fuga del deseo heterosexual en la tradición de la lírica. Su presencia fantasmática en la enunciación de versos que se conservan fracturados, hinchados de silencio y elipsis, representa un deseo impetuoso de belleza, amor y vida entre mujeres. Ese deseo de mundo vivido a través del eros de las amantes se muestra a veces expresado en la necesidad constante de seducción y captación de la otra, como leemos en su "Himno a Afrodita:"

> De inmediato llegaron. Tú, feliz,
> con la sonrisa abierta en tu rostro inmortal,
> preguntabas qué sufro nuevamente y por qué
> nuevamente te invoco

---

5   La experiencia espacial-temporal que llamo "de las amantes" se explora en profundidad en la obra de Monique Wittig, especialmente en su libro *Borrador para un diccionario de las amantes*.

y qué anhelo ante todo alcanzar en mi pecho
enloquecido: *¿A quién seduzco ahora*
y llevo a tu pasión? ¿Quién es, oh Safo,
la que te perjudica?

Porque si hoy te rehúye, pronto habrá de buscar;
si regalos no acepta, a cambio habrá de darlos
y si no siente amor, pronto tendrá que amar
aunque no quiera ella.

En los versos anteriores, la amada que no responde a la pasión de Safo habrá de conocer el sufrimiento desde la experiencia del "otro lado;" la posición activa de búsqueda del reconocimiento. Afrodita aparece como aliada de una Safo que pronuncia su voluntad de captar a la otra en sucesivos enamoramientos y conquistas. El deseo capaz de afirmar y pronunciar su voluntad es un rasgo sáfico que enuncia el eros de las amantes en la voz de la poeta. Pero la firmeza de este reconocimiento no protege a la poeta de sufrir la vulnerabilidad de quien desea. Anne Carson (2020) nos cuenta que fue precisamente Safo la primera que definió a eros como "dulce y amargo." En esta concepción, que responde al término griego *glukupikron*, atestigua un triunfo en el deseo no heterosexual que se enuncia y se reconoce, pero también una apertura a la posibilidad del dolor.

Otra característica de la poética sáfica en lo relativo al tiempo de las amantes es la presencia de una memoria utópica de los bellos encuentros del pasado. La obra de Safo conjura, en textos quebrantados como *Remembranza*, el recuerdo de un pasado donde juntas, en su juventud, las compañeras conocieron la belleza. Al actualizarse en el presente continuo de la lectura, el pasado ideal entra a formar parte de lo imaginable, aportando registros para codificar lo que hay y lo que podría llegar a existir. En *Cruising utopia: The then and there of queer futurity* José Esteban Muñoz hace referencia a la formulación de corte utópico de escenarios de la memoria dentro de subjetividades queer.

De manera más concreta, veo aquí la creación de mundos, su funcionamiento y puesta en juego, a través de la performance del recuerdo utópico queer, es decir, una utopía que entiende su tiempo alcanzando más allá de un pasado nostálgico que quizá nunca fue, o de un futuro cuyo advenimiento quede continuamente pospuesto—una utopía en el presente (Muñoz 2007, 37).

Siguiendo a Muñoz, la memoria utópica queer tendría que ver con narrativizaciones de escenarios pasados donde el deseo aparece retratado, no desde una simple nostalgia, sino desde un impulso de creación de mundos que apunta hacia el futuro a la vez que trae un horizonte utópico al presente "normal" o normativo. En la poética de Safo, sus lectoras futuras son las invitadas a los placeres que activa el texto, unos placeres a la vez situados y utópicos. El testimonio de la belleza ligada al tiempo de las amantes llama y captura, en el presente trans-temporal de la lectura, el deseo de la interlocutora-lectora.

De modo afín, aunque muchos siglos después, Renée Vivien, seguidora de la poeta griega, interpela a sus lectoras del futuro, a las que invita a la fantasía del escenario lesbiano. Como indica Aurora Luque en el prólogo a su traducción de los poemas de la autora francesa, el diálogo literario que ésta establece con Safo "debe entenderse desde un proyecto más amplio y extra-literario de asimilación vital" (16). Un proyecto literario y de asimilación vital que incluye a una interlocutora situada en el futuro utópico del tiempo de las amantes, a la que Vivien interpela de manera directa, seduciendo su imaginación y captando su deseo, como queda ejemplificado en el poema "Vous pour qui j'écrivis" traducido por Luque:

> Oh, jóvenes a quienes dediqué mi escritura,
> mis únicas amadas, ¿releeréis mis versos
> en futuras mañanas nevadas sobre el mundo
> y en las noches futuras de rosas y de llamas?
>
> ¿Soñaréis, en medio de un desorden hermoso
> de ropas entreabiertas y de cabellos sueltos:
> "Esta mujer condujo sus miradas y labios
> amantes a través de llantos y de fiestas"?
>
> Pálidas y aspirando la carne perfumada
> en las evocaciones mágicas de la noche
> diréis "Esta mujer sintió un ardor que añoro.
> Si viviera, sin duda podría haberme amado."
>
> VIVIEN 2007, 114

El poema de Vivien muestra con decisión el espacio claro que la interlocutora tiene en su discurso poético. Fantaseada en la forma de hipotéticas jóvenes lectoras, la interlocutora en la poesía de Vivien es una figura amante y transtemporal que se erige como el motor mismo de la escritura sáfica de la autora. Seducida por Vivien, a la interlocutora se le demanda, desde su deseo imaginado, ser testigo de la existencia de la poeta y de su "ardor" como amante. Como Safo, Vivien desea dejar registro de su potencia amorosa, y es a través de la poetización de su capacidad de amar que nos deja un retrato autorial nostálgico a la par que afirmativo, deseante.

Estudiar las poéticas de Cristina Peri Rossi y Laia López Manrique precisa referir a esa Safo mítica, fundacional, y a sus "seguidoras" más fervientes. Después de Safo y Vivien, Peri Rossi construirá su obra capturando escenas del amor entre mujeres que equipara a un "regalo de las diosas," a la vida vivible dentro de "la fealdad del mundo," siendo el amor un "don" que reciben aquellas dispuestas a renunciar a cualquier otro don, a cualquier otro modo de vida (*La noche* 18). No obstante, en la obra de Peri Rossi la cumbre del eros, que desvincula a las amantes de las lógicas heterosexuales de temporalidad productiva y reproductiva, es un placer que contiene irónica la sombra dulceamarga del dolor futuro. En *Diáspora*, publicado en 1976, la interlocutora atraviesa la memoria del pasado para anticipar los dolores que vendrán:

> Desde alguna parte
> me mira
> esa mujer que fuiste
> alguna vez lejana
> y me pide cosas
> me pide memoriales
> versos
> y perdón por el futuro.
>
> PERI 2005, 248

El misterio de la seducción primera marca el relato del eros y recibe memoriales en el espacio de la escritura, pero no puede prometer un futuro sin daño. Tal convivencia entre los momentos de sincronía entre las amantes y la sombra de un dolor venidero—que ya se pronuncia—es fundamental también en la escritura de Manrique, y queda recogida con precisión en su poema *Canción de las dos amantes*:

> Ellas dicen que el caudal de sus dos cuerpos
> podría desbordar una bañera
> y que cuando se tocan los muebles del cuarto
> crepitan.
> Dicen que ensamblan sus bocas a la piel limada,
> su fiebre a la luz,
> y que la cama que hospeda sus pechos
> es fértil como un campo sembrado de encías.
> Dicen que son animales desnudos,

que en la playa nadan lejos de la costa,
que sus pies tocan el lodo deshecho de una vida
anterior
y recogen en su sexo
como un faro
el dolor venidero.

LÓPEZ 2018, 22

El poema recoge la vitalidad excepcional del tiempo de las amantes pero también reconoce su ausencia futura, la imposibilidad de mantener la intensidad y sincronicidad del enamoramiento en los modos de percepción y afectación.[6] La experiencia del tiempo de las amantes convive con otra versión de la vida donde, si bien la otra está ausente y por tanto el tiempo de las amantes suspendido, la interlocutora sigue siendo la referencia que conforma la fantasía o el relato existencial. A partir de esta vacante, del escenario romántico deshabitado, aparece también una demanda de reconocimiento en la obra de Peri Rossi y López Manrique.

Si, en términos generales, tomamos la demanda intersubjetiva de reconocimiento como común y propia a la experiencia humana, me interesa aquí explorar las posibles particularidades que presenta cuando es expresada dentro de las cartografías móviles del deseo lesbiano. En mi lectura de algunas muestras de la poesía de Cristina Peri Rossi (*Evohé, Lingüísitica general, Estrategias del deseo, La noche y su artificio*) y Laia López Manrique (*Desbordamientos, La mujer cíclica, Tranfusas, Periférica interior*) exploraré la demanda de "una otra" en el deseo lesbiano tal y como se expresa en las obras estudiadas.

2 La demanda de reconocimiento

Como se articula en las siguientes páginas, mi propuesta es que las escrituras deseantes de Cristina Peri Rossi y Laia López Marique registran o transbordan al medio textual una demanda de interlocución. En mi línea argumentativa, esto implica que a menudo la posibilidad relacional del poema se dirige de forma primaria hacia una demanda intersubjectiva, más o menos estable, a la que podemos llamar la demanda de reconocimiento, o la demanda de amor. Esta demanda busca materializarse en el texto, pero también es producida por

---

6 Nos cuenta Carson (31) que Homero y Safo coinciden "al presentar la divinidad del deseo como un ser ambivalente, al mismo tiempo amigo y enemigo, que conforma la experiencia erótica mediante una paradoja emocional."

el lenguaje; por la propia gramática que asegura el espacio de un "tú" interlocutor. Es precisamente en y mediante el lenguaje, afectado por la tradición sáfica, que la hablante busca, como analizaremos más adelante en la obra de López Manrique, "una amiga a la que hablar en la noche" (López, 2015, 68).

La aproximación a la idea de demanda que estoy manejando al analizar el lugar de la interlocutora sáfica en las poéticas de López Manrique y Peri Rossi tiene en cuenta la noción de demanda lacaniana y la sitúa en el contexto teórico que Teresa de Lauretis ofrece al analizar el deseo lesbiano en su obra *The Practice of Love* (1994). Dentro de la teoría lacaniana, la noción de demanda está relacionada una búsqueda de satisfacción que ocurre dentro del plano intersubjetivo y con la mediación del lenguaje. Siguiendo a Lacan, en lo humano la satisfacción perseguida supera el plano de la necesidad material, está atravesada por el lenguaje, y por tanto aparece íntimamente ligada a los procesos comunicativos. Así, mi propuesta es que el texto sáfico contiene una llamada a la interlocutora que codifica una necesidad de satisfacción. Articulado esto, el siguiente movimiento podría ser el preguntarnos por el tipo de satisfacción que persigue la llamada textual a la interlocutora. Para Lacan, el sujeto es constituido a través de otro sujeto hablante (Lacan 375). Dado que en el niño las necesidades básicas se satisfacen a través de otro sujeto, la respuesta de éste a sus necesidades de hambre y cuidado se convierte en una "prueba de su amor." De ese modo, la articulación de una necesidad se convertiría también en una demanda de amor que "eclipsa" la necesidad inicial (Evans 1996, 35). Siguiendo esta argumentación, es posible afirmar que en todo acto de habla existe una demanda de reconocimiento amoroso, de respuesta. Mi objetivo en este análisis es mostrar cómo, en el espacio textual, la interlocutora se construye como receptora de esta demanda dentro de los escenarios distintos del deseo lesbiano.

En su obra *The Practice of Love*, Teresa de Lauretis revisa las teorías freudianas sobre la sexualidad ofreciendo una revisión feminista no hetero-centrada y capaz de acoger las especificidades del deseo entre mujeres. De Lauretis define la sexualidad como una forma de semiosis, como una realidad material-simbólica. Acudiendo también al trabajo de Laplache y Pontalis, que reconoce la movilidad del sujeto dentro de fantasías que le preceden culturalmente, la teórica analiza los escenarios del deseo lesbiano. Siguiendo esta línea teórica, el sujeto, si bien hereda las estructuras de la fantasía heterosexual, puede posicionarse dentro de ellas de forma dinámica. Para seguir definiendo una cartografía de la interlocutora dentro de las poéticas sáficas, me interesa especialmente la aproximación de De Lauretis a lo lesbiano no sólo como práctica sexual, sino como realidad socio-simbólica. Esto permitiría entender la demanda inscrita en las poéticas estudiadas como una que implica un deseo de reconocimiento que se da, de forma específica, entre sujetos socio-simbólicamente construidos como mujeres. Además, en sincronía con el análisis que De Lauretis ofrece sobre el rol del fetiche en la homosexualidad femenina, el espacio de la interlocutora también conjuraría un fetiche: el signo del cuerpo femenino como objeto específico del deseo homosexual.

Recapitulando, y para presentarlo de forma sencilla, podemos decir que el habla, como capacidad, demanda una interlocutora que recoja el discurso y lo reflecte. En esta ocasión, sin embargo, estudiamos un habla concreto, el de las amigas-amantes cuya tradición fragmentada y resbaladiza, firme en la articulación de su búsqueda, remonta a Safo de Mitilene.[7] Los poemas recogidos bajo la supuesta autoría de Safo, vehementes e incompletos, presentan un sujeto bien marcado en el poema, que enuncia su deseo con una voz que, como anota Aurora Luque en el prólogo a su última traducción de la obra de la poeta griega, está "absolutamente segura del valor de su canto" (18). Casi nada en la cultura heterosexual concede a la poeta la autoridad de ocupar el espacio de enunciación del deseo lesbiano en el discurso. Como antes lo hiciera Safo, y la siguiesen otras como René Vivien, Maria Mercé Marçal y Monique Wittig, la poeta que interpela a su interlocutora en el texto lesbiano se otorga esa autoridad "a sí misma," apoyada en una tradición fragmentaria y a menudo inaccesible. Me interesa, por tanto, también analizar aquí de qué formas López Manrique y Peri Rossi se sitúan en el lugar de autoridad que legitima su poética.

Entre otras estrategias de su poética, Peri Rossi, irónicamente, se apropia en ocasiones del discurso heterosexual del hombre poeta que se sitúa como autoridad productora de discurso con respecto a la musa. La musa, figura que representa lo "femenino" receptor y no productor de discurso, provoca fluctuaciones en los estados del poeta pero sus respuestas siempre ocurren dentro de la lógica propuesta por el escritor representante de lo masculino-productivo. En la apropiación irónica de Peri Rossi, la forma que toma el deseo lesbiano de la escribiente es tanto un efecto de su subjetivación al ser interpelada por la cultura heterosexual obligatoria como un acto creativo de fuga. De forma distinta, López Manrique, en libros como *Transfusas* (2018) abandona el sujeto estable por una polifonía de voces. En la obra de Manrique las voces que hilan el deseo lesbiano son unas trans-fugas, su materialidad es la del movimiento que se conforma al dirigirse hacia la pérdida de la forma. En un proceso de descodificación y codificación ambas autoras ocupan y desocupan los discursos heterosexuales sobre el deseo y el amor en su llamada poética a la interlocutora.

---

7 Que recogen y fantasean Monique Wittig y Sandre Zeig en su diccionario para las amantes, publicado por Lumen en 1981 y traducido por Cristina Peri Rossi.

3   Cristina Peri Rossi: autoridad, deseo y escritura

En el prólogo a *Evohé* (1971), correspondiente a la reedición del libro en 2005 dentro de su *Poesía Reunida*, Cristina Peri Rossi refiere al deseo como una fuerza innominable, que las palabras persiguen como "el cazador al bisonte que huye" (28). Si bien en el momento de la escritura del prólogo su aproximación al deseo cuenta declaradamente con el marco del psicoanálisis, la escritura de *Evohé* surge antes y ajena al discurso psicoanalítico. El libro, su primero de poesía, explora y "sabe" del deseo por caminos no fijados por el discurso psicoanalítico. Este tipo de producción de saberes por la vía de lo poético— que Peri Rossi diferencia y privilegia frente a la filosofía y el psicoanálisis—lo relaciona la autora con dos términos que señalan los movimientos del sujeto deseante "la exaltación libidinal" (Freud) y "la sublimación de la falta" (Lacan) (28). Hay, por tanto, en lo poético un mecanismo de regulación de los sedimentos e impactos que la condición de deseante (movida por la falta y por el avance de lo libidinal) trae a los cuerpos inscritos en el lenguaje. Mary Boufis Filou (2009) ha dedicado una obra al estudio de las relaciones particulares que la prosa de Peri Rossi mantiene con la teoría psicoanalítica, desde el interés por los procesos inconscientes hasta la crítica de los sistemas simbólicos liderados por el significante fálico. No obstante, más que una conversación directa con las teorías psicoanalíticas activas durante sus años de mayor producción literaria, me interesa mirar la escritura de Peri Rossi como una incisión en el espacio simbólico que consigue una revalorización de lo femenino al extraerlo de su dependencia dual dentro de la relación heterosexual.

Evohé es el primer libro de poesía escrito por Peri Rossi y publicado en Montevideo un año antes de su exilio a España en 1972. Libro prohibido por la dictadura, abre con una cita de Safo en donde Eros, o el deseo, es fuerza que afecta a los seres en una dimensión igualadora: "otra vez Eros que desata los miembros me tortura, dulce y amargo, monstruo indecible." La cita se convertiría unos años después en el título de otra colección de poesía, *Otra vez Eros* (1994).[8] En *Evohé*, la mujer aparece como causa del deseo y de la escritura, realidad después capturada en lo simbólico por un exceso de significación, "raptada" por las palabras. De acuerdo con esto, no aparece en el libro una separación clara entre los términos que pertenecerían a una dimension lingüística y otros que quisieran apuntar hacia la existencia material de una vida-mujer. Es por ello que la mujer aparece como realidad material-simbólica

---

8   La enunciación sáfica simultánea de lo dulce y lo amargo en eros motiva también el ensayo de Carson *Eros, the Bittersweet. An essay* (1986). Según Carson la palabra griega eros denota necesidad, carencia y deseo por lo que falta. Así "El que ama desea lo que no tiene" (37).

en relación con el deseo que el otro o la otra tienen de nombrarla. Este interés por la mujer-deseada como entidad que forma parte de la realidad del lenguaje la sigue explorando Peri Rossi a lo largo de su obra poética y tiene protagonismo central en *Lingüísitica general*, escrito años después, en 1979. En este otro libro Peri Rossi sitúa la acción del poeta y su escritura en la dimensión lingüística, la de los nombres, y no la de las cosas en sí, que son escritas siempre desde su ausencia en un intento de recuperarlas. En relación con la ausencia de la "cosa en sí," y citando la obra narrativa *Solitario de amor*, Mercedes Rowinsky señala la referencia de Peri Rossi al aislamiento o incomunicación de los amantes incluso en el acto sexual (107).[9] Mediado por la imaginación que abstrae a la amante y la proyecta en lo lingüístico-simbólico, el acto sexual evocaría también esa ausencia de interlocutor que el texto, a su modo, conjura.

El sujeto de enunciación sáfico de Peri Rossi se expresa en ocasiones desde el género masculino: "Siempre hay algún tonto dispuesto a amarla/Yo soy ese tonto" (Peri 2005, 239). Ejemplo de esto es *Evohé*, donde la escribiente a veces ocupa el espacio masculino-ambiguo del "poeta:" "Los poetas aman las palabras/y las mujeres aman a los poetas" (53). Esto permite que la escritura pueda "concordar" con la tradición lírica heterosexual para el lector general, aunque posiblemente no para la lectora que va rastreando las huellas de la interlocutora sáfica. Y es que, en el libro, el yo poético aparece principalmente situado en el lugar de la fantasía que la tradición reserva para el hombre artista o escritor, pero desde una posición descentrada o irónica. Dentro de esta lógica, moviliza un 'ella' reterritorializado y accesible desde el eros sáfico. La mujer es agente que provoca deseo y ansiedad a la vez que sustento del deseo de significar del poeta. La escribiente sáfica "conquista" las posiciones negadas para ella dentro de la fantasía heterosexual y así, en relación a una idea de mujer que ya no es solo capital de los hombres, se construye como un sujeto transcendental dentro de la tradición de la escritura. En el libro 'la mujer' y 'la palabra' entran en un juego de lenguaje y equivalencias donde en ocasiones se muestra una como sustituta de la otra. De este modo, al perder una mujer el poeta "encuentra una palabra:" la palabra recibe el deseo del que 'ella' es la causa. Como enunciación poética de un solo verso Peri Rossi escribe: "La mujer pronunciada y

---

9 Rowinsky refiere a la imposibilidad de la relación directa entre los amantes en *Solitario de amor* con las siguientes palabras: "Supuestamente dos cuerpos que se entregan a la pasión tendrían que encontrarse en la más íntima de las uniones llegando a la comunicación más intensa entre dos seres. Sin embargo, la limitación queda estipulada ante esa imposibilidad de la total unión del cuerpo y del espíritu. Esa total fusión, que no es solamente corpórea sino también espiritual, queda truncada, frustrada, incompleta, dejando una sensación de insatisfacción ante la impotencia comunicativa en la relación" (Rowinsky 1997, 110).

la palabra poseída." Al pronunciar, el sujeto posee la palabra, pero no a ella, a ella solo la pronuncia.

> Cuando El Señor apareció
> gigante, moviéndose serenamente entre todos los verdes,
> Adán le pidió por favor
> palabras con qué nombrarla.
>> PERI 2005, 50

En estos versos "ella" se presenta como causa de una afectación en el cuerpo del hablante "primero," Adán. Éste pide palabras a un poder superior, pues siente la necesidad de integrar a la mujer en el lenguaje para poder controlar o vehiculizar la influencia que ejerce sobre sí. En la lectura podemos inferir que dios no la nombra primero, ni el hombre hereda de los dioses las palabras, sino que las pide para poder situarse con respecto al impacto material que es "ella." El poema, que marca un génesis, funcionaría también a modo de poética, donde "ella," con su capacidad de afectación y conmoción, sería la causa poetizada del deseo de escritura. Su impacto material, con todos sus ecos y mutaciones en lo simbólico, queda capturado en el poema "XXVIII" de *Lingüística general*, donde Peri Rossi ofrece una definición clara de "ella," a la que estoy llamando la interlocutora:

> *Ella* es ella más todas las veces que leí
> la palabra *ella* escrita en cualquier texto
> más las veces que soñé *ella*
> más sus evocaciones,
> diferentes a las mías.
>> PERI 2005, 401

En los versos citados la encontramos a "ella" en distintas dimensiones: en su dimensión material, única vez que el pronombre no se presenta en cursiva; después, como entidad inscrita en la realidad del lenguaje y de los sueños, la imaginación, las ensoñaciones de la poeta. Finalmente, aparece también como producto de la imaginación de ella misma, siendo esta vez una proyección, imagen mental de la idea de "mujer." Como fantasía de sí misma, pertenece a otra creadora que la evoca de un modo distinto a los términos en los que la poeta la imagina. Peri Rossi registra la capacidad poiética y la imaginación creativa de la otra, que es deseada en el texto pero también existe en algún lugar externo a él, desde donde de forma independiente escribe la realidad, la imagina. Años después, en 2004, Peri Rossi publicará el libro *Estrategias del deseo* y lo abrirá con el poema *Vivir para contarlo*, donde rompiendo la lógica jerárquica autor-musa Peri Rossi apela a la movilidad del eros lesbiano trasladando a la interlocutora el rol del escriba, para así observar su propia vida desde los ojos de la otra: "Quiero contemplar/quiero ser testigo/quiero mirarme vivir" (Peri 2005, 769). En el libro, la diferenciación de las distintas dimensiones en las que "ella" ejerce un impacto y a través de las cuales es imaginada y transfigurada en la escritura nos facilita el estudio de la interlocutora como un elemento clave tanto en la estructuración de la experiencia a través del habla, como en la propia estructura del poema. El poema, presentado como cuerpo-textual deseante, despliega un eros que se organiza en torno a la interlocutora: el deseo de nombrar a una otra surge firme pero la presencia de la amante en el discurso es ambigua y su "realidad" resiste la significación.

Peri Rossi se mueve dentro de una poética de la subjetividad donde el ser (*ontos*) deviene sujeto (*subject*) al estar siendo sujeto (*subjected*) a las fuerzas material-simbólicas del deseo, su poder "direccionante" hacia la norma y también desestabilizador de estructuras pre-existentes. El deseo, como desarrollaré aquí, se presenta en su obra como una realidad material-semiótica, que tiene que ver tanto con los agenciamientos materiales del cuerpo vivo como con sus preferencias, fijaciones y rechazos dentro de los sistemas de significación culturales. Por un lado, aparece en la poesía de Peri Rossi el deseo-agencia como misterio movilizador del cuerpo, fuerza material poetizada que mantiene el cuerpo perseverante en la vida y abierto a ser afectado por el mundo. Por otra parte, la naturaleza del deseo que explora la poesía de Peri Rossi tiene también que ver con la construcción del sujeto en sistemas de apreciación y valoración propios de su proceso de subjetivación en culturas concretas. Es bien conocida la definición que Judith Butler hace de la sujeción como proceso de subordinación y construcción del sujeto en un poder que organiza y nombra su subjetividad. Construyendo a partir de la teoría Foucaultiana que entiende el poder como productivo, en *Mecanismos psíquicos del poder* Butler define el poder como capaz de "otorgar existencia" al sujeto, pero también como "aquello que es adoptado y reiterado en la «propia» actuación del sujeto" (Butler 2010, 25). El discurso del amor heterosexual conforma la matriz de subjetivación, ofreciendo al sujeto los términos en los que habrá de reconocerse para existir socialmente:

> Obligado a buscar el reconocimiento de su propia existencia en categorías, términos y nombres que no ha creado, el sujeto busca los signos de su existencia fuera de sí, en un discurso que es al mismo tiempo dominante e indiferente. Las categorías sociales conllevan simultáneamente subordinación y existencia.
>
> BUTLER 2010, 31

En la poesía de Peri Rossi encontramos reflejada esa tensión entre el sujeto lesbiano subordinado a una ley simbólica heterosexual que le precede y su capacidad para producir contenidos que resisten a esa ley o se alejan de ella.

4   La interpelación sáfica

En su ensayo "Ideología y aparatos ideológicos del estado" (1970)—obra en la que se apoyaría Foucault y, posteriormente, Butler—Althusser desarrolla el concepto de interpelación en el contexto de una teoría de la producción de la subjetividad dentro del espacio social. Según lo propuesto por Althusser, la interpelación dependería de una voz autoritaria y un individuo que "se reconoce" como interpelado por esa voz. En este artículo, utilizo 'interpelación' para referir a la llamada de autoridad que construye en la norma dual de género y sexualidad hetero, pero también para referir a la construcción discursiva de una "otra" en el texto poético. Es posible decir que las poéticas lesbianas estudiadas no atienden a la interpelación que es la llamada de la autoridad de la norma heterosexual y que, por tanto, su capacidad para desatender la norma heterosexual se engancha a su disposición para orientarse hacia "un otro lado." Este otro lado no sería un reverso negativo de la norma sino una fuga en lo simbólico, un espacio abierto en la textualidad donde la escribiente se descodifica y recodifica a través de la interpelación a "una otra." Lo dicho implica que el texto aparece como un espacio de agenciamiento donde la escribiente, rechazando el poder represivo de la hetero-norma, se "autoriza" a sí misma a dar nombre y espacio discursivo a la posibilidad de otra que participe de la interlocución que ella funda. Pensar en la heterosexualidad obligatoria implica, según mi hilo argumental, entender que la prohibición de esta posibilidad de interpelación lesbiana es uno de los ejes principales de la norma heterosexual. Mi propuesta es que la prohibición de la homosexualidad de la que hablara Butler viene acompañada de una "cultura de la realidad" donde un sujeto construido como mujer no está "autorizada" a imaginar y construir a otra discursivamente como objeto de su deseo. En *Mecanismos psíquicos del poder* Butler estudia la renuncia al vínculo homosexual como condición de la socialización, entendiendo el género como internalización melancólica en respuesta a esta renuncia:

> Si la asunción de la feminidad y la asunción de la masculinidad se produ-
> cen mediante la consecución de una heterosexualidad siempre precaria,
> podríamos pensar que la fuerza de ese logro exige el abandono de los vín-
> culos homosexuales o, de manera quizás aún más tajante, una *prevención*
> de la posibilidad del vínculo homosexual, un repudio de la posibilidad,

el cual convierte a la homosexualidad en pasión no vivible y pérdida no llorable. La heterosexualidad se produce no sólo poniendo en práctica la prohibición del incesto, sino imponiendo previamente la prohibición de la homosexualidad.

BUTLER 2010, 150

Si el sistema de organización heterosexual borra en sus prácticas y saberes la posibilidad del vínculo homosexual, también dificulta, por supuesto, la posibilidad de que un sujeto "mujer" se construya a sí misma a través de su relación con una otra imaginada.

Sin embargo, Peri Rossi desatiende la hetero-norma represiva que alejaría a una mujer de la idea de construir textualmente a otra como receptora de su deseo. A partir de ahí, su respuesta a las estrategias represivas del poder es *poietica* y, por tanto, relativa a la producción y proliferación de significados, creativa. Mi propuesta es que la interpelación sáfica presente en su poética tiene que ver tanto con una respuesta textual a estados de afectación por un deseo lesbiano—y por tanto culturalmente reprimido—como con la creación textual de fantasías propias de ese deseo. Dar forma textual al deseo implica entonces jugar, ironizar y apropiarse de los discursos amorosos de la hetero-norma, construyendo a una interlocutora objeto de su deseo y a su vez aliada, partícipe activa en la subversión del relato heterosexual. En el poema "Condición de mujer" del libro *Otra vez Eros*, escribe "Hablo la lengua de los conquistadores/es verdad/ aunque digo lo opuesto de lo que ellos dicen" (Peri 2005, 598). Así la escritora lesbiana es la "advenediza" que ocupa el lenguaje para perseguir su propio placer. La poética de Peri Rossi se otorga a sí misma la autoridad de interpelar a "la mujer" de manera erótica, lanzando una llamada sensual y directa que implica a la lectora en los escenarios del deseo lesbiano. Este agenciamiento autorial, no obstante, aparece como respuesta al autoritarismo de la norma heterosexual y, por tanto, no ejerce un poder dado *a priori* sino que explora posibilidades de acción como respuesta a una norma represiva.

En su trabajo sobre la figura del autor(a) en la narrativa de Peri Rossi, Natasha Tanna explora el espacio autorial en la obra narrativa de la poeta como una resistencia ante el autoritarismo político e intelectual. Contextualizando la obra de la autora en el paisaje sociopolítico de la dictadura militar uruguaya, para Tanna, la narrativa de Peri Rossi responde a la dictadura cultural ofreciendo cierta ambigüedad de código que permite preservar la lengua y la cultura como "propiedad colectiva" (132). Siguiendo mi línea argumental, podría diferenciarse entonces el autoritarismo—regulador del discurso, preservador de la univocidad—de un agenciamiento autorial que promovería la multiplicación de sentidos y la creación de otros mundos simbólicos. En la poética sáfica de Peri Rossi la interlocutora aparece como producto de este agenciamiento autorial. Moviéndose entre fuerzas represivas y productivas en el deseo, la interlocutora aparece como una re-creación de 'la mujer' extraída de la tradición heterosexual y re-creada a través del deseo lesbiano, en el texto sáfico. Como leemos en "Dedicatoria II" del libro *Evohé*, "ella" existe en una tradición textual que es anterior a la subjetividad concreta de la autora:

> La literatura nos separó: todo lo que supe de ti
> lo aprendí en los libros
> y a lo que faltaba,
> yo le puse palabras.
>
> PERI 2005, 34

En los versos anteriores, la literatura, archivo textual de formas y sentidos, de mitologías, actúa como marco mediador que "separa" a la poeta de la posibilidad de un contacto directo con "ella." La posibilidad de un contacto directo con la otra se pierde en ese exceso de significación, que es a su vez producto del deseo. En los cuatro versos de "Dedicatoria II" Peri Rossi define la búsqueda de significado del cuerpo afectado por el deseo, que intenta sintetizar su conmoción a través del ejercicio semiótico. Los libros que preceden al acto de escritura, donde la poeta la busca a "ella"—imaginada como causa de la afectación en el deseo—son los de la tradición heterosexual, que nominalizan a "la mujer" con sus mitologías de género. Esta idea queda registrada en "Dolce stil nuovo II" de *Lingüística general*:

> Venía insinuada por una larga tradición
> oral
> que hablaba de ella.
> Venía precedida
> por las narraciones de los poetas
> en diversas lenguas.
> Venía en las holandas de las nubes
> y en mis sueños preferidos.
> De Homero a Octavio Paz
> la habían dicho toda
> —toda la habían dicho—
> No fue mi culpa si la creí
> Venía imantada por la historia.
>
> PERI 2005, 426

La interlocutora aparece necesariamente inscrita en las simbologías del lenguaje binario porque es producto de una tradición constituida por la búsqueda de significación de "la mujer" heterosexual. No obstante, es necesario reincidir en la idea de que Peri Rossi se sitúa en esa "larga tradición" de forma irónica. En el poema, el cuerpo del poeta que pronuncia su deseo de "ella" y al pronunciarlo escribe a "la mujer," se diferencia de la genealogía "de Homero a Octavio Paz" en que está socialmente marcado como femenino y por tanto no está autorizado para desearla ni definirla a través de su deseo. Este giro que estamos viendo es precisamente el que considero el giro de las poéticas sáficas: al definirla a través del deseo de un cuerpo socialmente marcado como femenino, 'la mujer' interlocutora en el poema se inscribe en el escenario de la fantasía lesbiana, independizándose, como categoría, del juego binario en el que existía en oposición complementaria a la idea de "hombre."

Podemos suponer que para Peri Rossi la literatura que precede al "ella" de "Dolce stil nuovo II" no es solo la de los autores, sino también la propia de esa otra genealogía escurridiza y fragmentada, la sáfica. Así, en "Genealogía," poema recogido en *Otra vez eros* (1994) que dedica a "Safo, V. Woolf y otras," Peri Rossi evoca la otra tradición compuesta por mujeres que "se autorizaron" a desear y escribir lo lesbiano: "dulces antepasadas mías / ahogadas en el mar / o suicidas en jardines imaginarios / encerradas en castillos de muros lilas / y arrogantes / espléndidas en su desafío / a la biología elemental ..." (*Poesía Reunida* 597). Esta otra genealogía queda caracterizada por su resistencia material-simbólica a las versiones "heterosexualizadas" de la realidad. Peri Rossi refiere a sus antepasadas como figuras "arrogantes," "espléndidas," "desafiantes," mostrando así lo refractario del deseo lesbiano y del deseo de escritura ante la norma heterosexual que dicta la "biología elemental," es decir, la asociación entre los sexos desde la lógica dual y el imperativo reproductivo. Pero la espléndida arrogancia y el desafío de la genealogía que se movilizan en el poema, no vienen solo de la capacidad de negación de las antepasadas, sino de su capacidad para—incluso desde la marginación social y la privación de sus libertades, desde el mismo rechazo a la vida si ha de vivirse bajo el signo fascista de la norma—seguir generando horizontes y puntos de fuga para la imaginación y la encarnación de "otras" realidades psico-afectivas.

Quiero referir por último a la importancia de la memoria como marco donde se sitúa el "ella/s" de Cristina Peri Rossi. Una memoria-escritura que aparece como un dispositivo de captura y preservación de momentos vitales, "instantes," que enmarcan y significan la vida dentro del escenario de las amantes. El espacio de intimidad, física o verbal, en el tiempo de las amantes, es el privilegiado en los escenarios de la memoria que llenan la obra de Peri

Rossi. Abierto, en un gesto utópico, a significar la posibilidad de una experiencia de plenitud y libertad creativa, el espacio-tiempo de las amantes sugiere un hiato excepcional a los ritmos productivos-convencionales de la vida. Aunque aparece retratado a menudo con la ironía de quien conoce las complicaciones de la rutina y lo caprichoso del deseo, el tiempo de las amantes, privilegiado en la memoria y en la escritura, se convierte en la obra de Peri Rossi en un tiempo más "real" que los otros. Reflexionando sobre temporalidad, deseo y memoria, Meri Torras hace referencia al protagonismo de la cita de Goethe "detente, instante, eres tan bello" dentro de la obra de la autora, que la pone en funcionamiento y la hace propia. En su análisis del texto autobiográfico de Peri Rossi que lleva la cita por título, Torras refiere a una "simultaneidad" de la posición autorial con los textos escritos:

> Esa es la clave que inscribe el paratexto del título: una poética de vida pero, al mismo tiempo, la poética de su escritura. Por todo ello, por la memoria intertextual que elige en el título para su artículo autobiográfico, de nuevo, como tantas veces, vida y obra devienen indiferenciables y, en consecuencia, Peri Rossi y su obra, también: es la poética de la vida y de la obra de la escritora Cristina Peri Rossi. La posición que se otorga la autora no es la de precedencia sino la de simultaneidad *con* los textos producidos. Todos son uno y el mismo, todos están (y ya no están) aquí, detenidos en el instante de la palabra cuando alguien—lectorx— lee "detente, instante, eres tan bello." Y el instante, inmediatamente, ya pasó.
>
> TORRAS 2019, 770

En la cita Torras identifica no solamente una simultaneidad autor-texto en el presente total de los bellos instantes, sino también cierta coexistencia con el alguien lector que entra en el instante capturado—y perdido—del poema. Desde esta perspectiva, abierto el instante a su posesión y ocupación desde la lectura, una lectora invitada a ocupar el tiempo de las amantes tomará ahora el papel de la interlocutora, la elegida. En una las últimas obras de Peri Rossi hasta la fecha, *La noche y su artificio*, publicada en 2014, encontramos un poema que toma por título la misma llamada a la detención del tiempo: "Detente, instante, eres tan bello." En la intimidad física de las amantes surge esta petición que lleva a una "vocación de permanencia" para "estar y no pasar," "fijar y no desvanecerse" (23). El deseo genera la sensibilidad hacia la belleza y la voluntad de eternizarla fijándola en el texto. Gracias a la posibilidad de un futuro presente de la lectora futura las escenas del amor se actualizan y recrean.

5   Laia López Manrique: ellas desbordadas, transfusas

Laia López Manrique es una de las voces contemporáneas más afectadas por la influencia de Safo y sus genealogías propias. Su obra poética se forma en los últimos años con *Deriva* (2012); *La Mujer Cíclica* (2014); *Desbordamientos* (2015); *Transfusas 2010–2018* (2018) libro poema dividido en dos partes y *Periférica Interior* (2021). El continuo literatura-vida es una de las líneas constantes en la obra de López Manrique, de modo que las "ellas" de su poética siempre transcurren entre la memoria de lo material y su poetización en el espacio literario. La naturaleza textual de las presencias femeninas que constituyen su obra es un punto de encuentro fundamental con la escritura de Peri Rossi, tal y como la he descrito antes. No obstante, el camino formal de experimentación y reflexión sobre el deseo de interlocutora toma en López Manrique vías distintas, que superan a menudo la conversación dual de las amantes mientras dan la bienvenida a un coro de voces dispares y en transformación. "Ella" y "ellas" conviven y mutan en el canto, como explora el libro *Desbordamientos*:

> *ellas* las encabalgadas las
>   desnacidas
> arañan las paredes de su casa la de *ella*
> amazonas menguantes tendidas en el suelo
>   reptan
>   fluidifican
> "somos tus bacantes tus euménides"
>   66

La casa como espacio cerrado de unidad y privacidad es atravesado por otras agencias que hacen y deshacen la identidad y la voz de la poeta. La poeta necesita la interlocución y el coro femenino la acompaña haciendo y deshaciendo cualquier posibilidad narrativa.

En mi prólogo a la obra *Transfusas* ya adelantaba un mapa de hipótesis posibles en torno a importancia de la/s interlocutora/s en la obra de López-Manrique y sus lugares o funciones dentro de las poéticas sáficas en general. El libro, compuesto de textos escritos entre 2010 y 2018, revela la presencia de la interlocutora como un continuo en el imaginario de López-Manrique, de modo que parece construirse como condición misma de su escritura. En mi lectura de *Transfusas* situaba el deseo de interlocutora como motor de la semiosis sáfica y lo diferenciaba del "deseo de yo," productor de los discursos de la identidad. Aunque el deseo de yo y el deseo de interlocutora confluyen y se expresan juntos con más claridad en la poesía de Peri Rossi, en la de López-Manrique pueden encontrarse separados: el yo poético aparece escindido en una polifonía de voces; mientras que el espacio de *ella*, la interlocutora, alucinado y requerido por todas esas voces, se respeta en la gramática del poema.

Hay una diferencia fundamental entre el contenido de mi prólogo a *Transfusas* y las hipótesis sobre la interlocutora que he bosquejado en este capítulo. En el presente texto me he limitado a explorar el funcionamiento de la interlocutora dentro de algunas textualizaciones del deseo lesbiano, mientras que en el prólogo a *Transfusas* también me esforzaba de forma germinal por identificar posibles diferencias o particularidades de la interlocutora con respecto a la existencia encarnada de la amante. Así, definí la interlocutora como "síntesis perversa de lo real que el deseo produce." La interlocutora, por tanto, pertenecía al texto y el poema asimilaba el "phantasma," no la materialidad de la amante (Torres 2019, 10). Por otro lado, la amante, en la dimensión de "lo real," lo afectivo, quedaba descrita como una agencia inasumible por el lenguaje, que colapsa el discurso:

> Cuando la interlocutora se concreta en un cuerpo, se concreta en una agencia que colapsa el lenguaje. Esa agencia fascina al lenguaje, pero no es su objeto. La hablante no podrá decir del cuerpo con el que afectivamente comparte su vida, hablará a su reflejo en las aguas de la mente. Hablará a la interlocutora, con su función de espejo y de abismo. Ella, la interlocutora, es una presencia que silba a lo lejos, a la cual demandamos tacto, reconocimiento.
>
> TORRES 2019, 7

El "ella" de *Transfusas* quedaba definido como phantasma, objeto de la mente—y por tanto del texto—camino cognitivo, huella de la impresión afectiva causada por otra ella encarnada o su ausencia (Torres 2019, 10). Entonces hablaba del poema que captura la imposibilidad de una reciprocidad "perfecta" en la interlocución, por un lado el deseo de decir y por el otro una supuesta receptora que en la poesía de López Manrique es más bien un punto de fuga para los afectos. Así, el poema en *Transfusas* aparecía como alegoría de la carta que nunca llega a su destinataria. En esa imposibilidad se erguía el poema, con función de puente o plataforma hacia el lado de la otra, entendido como un lugar en constante fuga. La poeta fantaseaba con una comunicación total, perfecta, con un tacto que llega a tiempo para encontrar el cuerpo que toca. Pero el movimiento de la mano hacia el encuentro del tacto es también una carta que no llega a su destinataria. Entonces aún no utilizaba yo el término 'demanda' para apuntar a esa llamada que surge del cuerpo de la escribiente y se dirige hacia una otra, que ausente del presente material de la hablante, tan sólo puede recoger a través del texto:

> *ella* suplica a las que se han marchado:
> "*vosotras* las Euménides
> entregadme a una *amiga* a la que hablar en la noche"

> *ella* escribe
> su boca la de *ella* la inventa
> la acaricia
> la abre en oleaje.
> LÓPEZ 2015, 68

En los versos anteriores el lugar del pronombre *ella* es al mismo tiempo el lugar de la escribiente y de la otra, la amiga transfigurada en una interlocución polifónica. Las palabras que aparecen en cursiva en el original son estancias de reconocimiento y fuga, vacantes lingüísticas que pueden ser ocupadas tan solo parcialmente. Los desbordamientos refieren a las puertas porosas entre poema y vida, deseo de vida y deseo de ficción. En un juego fantasmático de referentes fugados en enunciaciones que se ocupan y vacían, *ella* ¿la escribiente? ¿la cantora? las persigue a *ellas*, otro lado de la interlocución o eco de su propia voz transfigurada en el poema. *Desbordamientos* revela la imposibilidad de sincronía como cualidad propia de la interlocutora sáfica: es *ella* siempre una ausencia conjurada en el lenguaje, hasta poder decir que la condición para el habla es su ausencia. Como señala Antonio Rodríguez en su prólogo al libro, "Desbordamientos es el lugar de la disincronía, la confusión de los tiempos, la desorientación de los espacios. Sus palabras se detienen, contenidas, en un instante vacilante" (2015, 5). En su lectura de *Desbordamientos*, Antonio Rodríguez identifica la desaparición del sujeto enunciador que pasa a "diluirse" en "el magma textual" (2015, 16). De hecho, Rodríguez intuye que la desaparición del sujeto sería, de algún modo, "el tema" del libro.

Siguiendo esta línea, podríamos preguntarnos: si en el texto lesbiano el sujeto desaparece persiguiéndolas a *ellas*, ¿qué queda en el lugar del sujeto? La respuesta entonces podría ser "el deseo," o quizás el "deseo en orden" un deseo ordenado que ya no es deseo, sino poema (2015, 58). El habla así es el resultado de una afectación, del cuerpo hablante afectado por la existencia o la añoranza sin referente de una *ella*. Para acariciarla a *ella* el poema habla, desborda su dimensión lingüística, materializa. Por ello el poema es un accionamiento después de una afectación: movimiento inconcluso hacia ella, la intocable, fugada en su pronombre, siempre ausente en el momento de la interlocución. Cuando el sujeto desaparece "el poema es el deseo" (*Desbordamientos* 83) y sus efectos materiales recaerán en el encuentro con una o un coro de lectoras. Ocurre sin embargo un giro que recoge de algún modo al sujeto desbordado que poetiza. A las *otras*, a las musas, al poema, la escribiente demanda una sola cosa: "entregadme a una amiga a la que hablar en la noche." Esta petición irrumpe en el juego fantasmático sostenido en el libro, lo contradice al encoger todas las voces en la demanda de una voz única, sincrónica con el tiempo de la escribiente. La escribiente enuncia su univocidad al revelar su deseo de la compañía material de la amiga, una interlocutora "de verdad" que al reconocer a la hablante la devolvería a un "yo" estable, antes fugado en la polifonía del poema.

Periférica interior es el último libro escrito por Laia López Manrique, publicado por la editorial Stendhal Books (2021). En los poemas que lo construyen, el espacio de la interlocutora aparece marcado por la presencia ausente de una interlocutora que aparece bajo el signo "¿hermana?" Presencia interrogante, la hermana señala lo afín y lo extranjero en un espacio de interlocución que mezcla lo imaginado y lo vivido, la ausencia y la influencia, de forma indistinguible y conflictiva. La "¿hermana?" afecta al "yo" siendo constitutivo para éste y su naturaleza interrogante y ambivalente lo desestabiliza. Como interlocutora, la "¿hermana?" es espejo que no devuelve una imagen estable, es el punto de fuga del sujeto que poetiza. En resumen, en *Periférica Interior* la indecidibilidad del "ella" se liga de forma co-constitutiva a la inestabilidad del yo; ambas unidas por íntimos juegos de espejos, incorporaciones, transmutación. Es importante destacar la cita de *Sol negro*, de Julia Kristeva, que abre la primera sección del libro, "la parte ida:" "Al otro—a lo mejor—usted lo asimiló dentro de usted misma, quiere su apoyo, sus piernas pero, por lo demás, *ella* era quizá *usted*." La cita anuncia la parte del yo "ida" por y con la ausencia de la otra, apuntando hacia el proceso psíquico mediante el cual el yo incorpora el "ella" antes de aceptar su ausencia. Este giro complica de forma definitiva la figura de la interlocutora, presentando una voz poética yo-ella donde el sujeto poético lesbiano implica a la vez la voz deseante y el objeto fugado que ésta busca.

6   Conclusiones

En su poesía Peri Rossi y López Manrique extraen 'ella' de la relación simbólica de dependencia binaria de un opuesto para inscribirlo dentro del plano textual. Mi propuesta es que 'ella' surge como condición del texto, un espacio necesario dentro de la estructura de lo textual, algo así como una primera causa motor de la escritura que a la vez, como lectora(s) aparece en futuros utópicos generando la posibilidad de otros encuentros. Así, lo femenino aparece inscrito en el poema sáfico a la vez que fugado en la inabarcable cadena de significantes que excede la tradición binaria heterosexual y sus escrituras. Dentro de la ficción apasionada que es el concepto de interlocutora que propongo aquí, podríamos lanzar la hipótesis irónica de que, en estas poéticas, el sujeto barrado lacaniano, siendo un sujeto lesbiano, la tendría a 'ella' como carencia, como causa primera del deseo. Cartografiando sus huellas en el texto, ella:

- Es la causa del lenguaje, la necesidad de ella.
- Es el objeto preferido del habla, lo que el lenguaje intenta aprehender.
- Es también a veces la marca en el lenguaje de la existencia de un sujeto encarnado que produce una impresión o afectación que el poema intenta resolver. La realidad de este sujeto, de esta otra vida, excede las capacidades de síntesis del lenguaje y por ello sigue animando el acto de escritura.

Dentro de esta perspectiva, que coloca al 'ella' en el centro—encontrado o perdido—del discurso, las textualidades del deseo lesbiano sortearían la asociación de lo simbólico con el falo. Con esto quiero decir que la interlocución sáfica genera un espacio propio simbólico, corporal y textual, fugado de la norma dual, en el espacio de trans-fusiones que es el texto. El texto de la interlocución sáfica desestabiliza los significantes binarios para extenderse en una experiencia de la realidad a través de la necesidad de 'ella'. Dentro de la lectura que he propuesto, 'ella' se ha extraído de los relatos de la relacionalidad heterosexual de modo que ya no complemente o refuerza simbólicamente la dominancia de lo masculino en el espacio simbólico. Es, por tanto, en relación a una fantasía lesbiana que este tipo de poética codifica la realidad y nos ofrece mundos.

- "Ella" puede entenderse como la proyección del deseo de la escribiente, pero su existencia en el lenguaje precede al nacimiento de la escribiente que al mismo tiempo la hereda en el lenguaje y la re-inventa para su amor.
- En la interlocución sáfica la escribiente tiene la libertad de transgredir la norma heterosexual de género y de tomar diversas posiciones con respecto a 'ella' en el plano de la fantasía.
- "Ella" es una herencia de los lenguajes de lo heterosexual pero también existe en las diferencias de su propia genealogía: la de la interlocutora sáfica.

Olvidado el 'él', ella aparece como una heredera ambigua de los lenguajes de lo heterosexual, una heredera fugada y autónoma, que se replica a sí misma y a las otras nutriéndose de diferencias. Si la pensamos puro cuerpo simbólico, aparece como expresión total de la demanda, del deseo en el lenguaje.

"Ella," la interlocutora: *signo privilegiado* en el deseo de la escribiente, *metáfora del mundo.*

La amó como a un signo
privilegiado
metáfora del mundo (...)

PERI 2005, 635

Obras citadas

Althusser, Louis. 2008. *Ideología y aparatos ideológicos de estado: Freud y Lacan*. Buenos Aires: Nueva Visión.

Barthes, Roland y José-Miguel Marinas. 2007. *El placer del texto; y lección inaugural.* Madrid: Siglo XXI.

Boufis Filou, Mary. 2009. *Confronting Patriarchy: Psychoanalytic Theory in the Prose of Cristina Peri Rossi.* Nueva York: Peter Lang.

Braidotti. Rosi. 2013. *The Posthuman*. Cambridge: Polity Press.

Butler, Judith. 2010. *Mecanismos psíquicos del poder: Teorías sobre la sujeción.* Madrid: Cátedra.

Carson, Anne. 2020. *Eros, dulce y amargo*. Barcelona: Lumen.

De Lauretis, Teresa. 1994. *The Practice of Love: Lesbian Sexuality and Perverse Desire.* Bloomington: Indiana University Press.

Evans, Dylan. 2007. *An Introductory of Lacanian Psychoanalysis*. Londres: Routledge.

Lacan, Jacques. 2019. *Desire and its Interpretation*. Cambridge: Polity Press.

Laplanche, Jean y Jean-Bertrand Pontalis. 2006. *Fantasía originaria, fantasía de los orígenes, origen de la fantasía.* Barcelona: Gedisa.

López, Manrique Laia. 2012. *Deriva*. Zaragoza: Prensas Universitarias de Zaragoza.

López, Manrique Laia. 2014. *La mujer cíclica*. Barcelona: La Garúa.

López, Manrique Laia. 2021. *Periférica Interior*. Barcelona: Stendhal.

López, Manrique Laia y Sara Torres. 2018. *Transfusas (2010–2018)*. Logroño: Ediciones del 4 de agosto.

López, Manrique Laia y Antonio F. Rodríguez. 2015. *Desbordamientos*. Madrid: Tigres de Papel.

Luque, Aurora. (ed.). 2020. *Safo: Poemas y testimonios*. Barcelona: Acantilado.

Muñoz, Esteban. 2009. *Cruising Utopia: The Then and There of Queer Futurity*. Nueva York: University Press.

Peri, Rossi Cristina. 2014. *La noche y su artificio*. Palencia: Cálamo.

Peri, Rossi Cristina. 2005. *Poesía reunida*. Barcelona: Lumen.

Rowinsky, Mercedes. 1997. *Imagen y discurso: estudio de las imágenes en la obra de Cristina Peri Rossi*. Montevideo: Trilce.

Tanna, Natasha. 2019. "Unravelling Compulsory Happiness in Exile: Cristina Peri Rossi's The Ship of Fools." *Feminist Theory*, 20(1): 55–72.

Tanna, Natasha. "La propiedad, la impropiedad y la posteridad: la figura del autor/a en la narrativa de Cristina Peri Rossi." En: Jesús Gómez de Tejada (ed.), *Erotismo, transgresión y exilio: las voces de Cristina Peri Rossi*. Sevilla: Publicaciones Universidad de Sevilla. 113–134.

Torras, Meri. 2019. "Cristina Peri Rossi. Entretejer vida y literatura, ante el despojo del tiempo." *Revista Iberoamericana*, 85(268): 761–778.

Torres, Sara. 2019. *Phantasmagoria*. Madrid: La Bella Varsovia.

Vivien, Renée, Aurora Luque y Maria-Mercè Marçal. 2007. *Poemas*. Tarragona: Igitur Ediciones.

Wittig, Monique, Sande Zeig y Cristina Peri Rossi. 1981. *Borrador para un diccionario de las amantes*. Barcelona: Lumen.

CAPÍTULO 9

Apuntalar la historia mediante la memoria: Las poéticas de la reconstrucción de Marlene Nourbese Philip y Jean Arasanayagam

Isabel Alonso Breto

Resumen

Este capítulo parte del presupuesto de que la poesía puede contribuir como un modo de memoria alternativo a la historia, pues, si por un lado implica siempre la posibilidad de abordar el mundo desde perspectivas distintas e innovadoras, la poesía es a su vez capaz de transmitir relatos de sujetos subalternos. Así, con mucha frecuencia la poesía se encarga de transmitir formas de memoria excluidas del discurso de la historia, o que corren el riesgo de serlo. En este sentido, el ensayo lleva a cabo una comparación de la obra poética de dos autoras separadas por diversas variables, pero que tienen en común el haber crecido en sociedades coloniales que alcanzaron la independencia durante su adolescencia: Jean Arasanayagam y Marlene Nourbese Philip. De maneras diferentes, pero confluyendo en logros similares, la obra de estas dos autoras interviene en los respectivos tejidos socioculturales de su entorno, implicando en el mismo y visibilizando a esos sujetos victimizados que han permanecido olvidados o que han sido masacrados, en uno y otro caso, en los respectivos relatos históricos que les atañen. Se trata de subjetividades que han sido menoscabadas y silenciadas en los relatos totalizadores de la modernidad occidental, en el caso de Nourbese Philip, y en el de la madurez de la post-Independencia del estado de Sri Lanka, en el otro. Por medio de sus respectivas intervenciones poéticas, estas subjetividades menoscabadas se involucran activamente en esos relatos totalizadores que las habían obviado.

Palabras clave

poesía y memoria – poesía e historia – poesía y lenguaje – poesía y esclavitud – poesía y guerra

© KONINKLIJKE BRILL NV, LEIDEN, 2022 | DOI:10.1163/9789004504592_011

260   ALONSO BRETO

1   Introducción: historia, memoria y poesía

La historia sucede a partir de múltiples violencias, que pueden tomar formas
públicas o privadas, individualizadas o multitudinarias.[1] Ocurre, sin embargo,
que las violencias multitudinarias—las guerras, la esclavitud, los genocidios—
acontecen también, siempre, de manera privada. La poesía es, precisamente,
uno de los medios más efectivos a la hora de presentar con mayor delicadeza
y detalle, es decir, con la mayor crudeza, el íntimo dolor que tales violencias
masivas ocasionan en los seres humanos. Por otra parte, y en relación con
lo anterior, con mucha frecuencia la poesía se encarga de transmitir formas
de memoria que, por distintas razones, han sido excluidas del discurso de la
historia. Incluso en los casos en que esas formas no han sido explícitamente
excluidas, la poesía puede contribuir como un modo de memoria alternativo a
la historia, en la medida que proporciona relatos no ya de sujetos subalternos,
es decir, excluidos del relato habitual de la historia y cuyo acceso a la expresión está vetado (según definición clásica de Spivak 1988), sino también en la
medida en que la poesía supone siempre innovación del lenguaje (y por tanto,
del mundo), desde perspectivas hasta entonces desconocidas. Al hilo de estas
consideraciones, me propongo en este texto describir el modo en que dos poetas de procedencia y talante diverso como lo son Jean Arasanayagam y Marlene
Nourbese Philip llevan a cabo esta reconstrucción de la historia mediante una
memoria que se elabora en forma poética, y cómo lo hacen escribiendo situaciones profundamente dolorosas que transitan el trauma tanto individual
como colectivo.

Pese a que tienen algunos aspectos en común, como el de haber nacido en
sendas islas y el de estar empeñadas en revocar, como me propongo mostrar
aquí, algunos aspectos de la historia que les fueron legados o que les tocó vivir,
Jean Arasanayagam y Marlene Nourbese Philip son dos poetas esencialmente
distintas. Aunque cabe destacar, pese a sus diferencias, el hecho de que ambas
nacieron en colonias inglesas, Ceilán y Tobago respectivamente, y que ambas
colonias alcanzaron la independencia siendo ellas adolescentes, es decir, en

---

1   Nota de la autora: Desgraciadamente, la noticia del deceso de la poeta Jean Arasanayagam
     me llegó mientras escribía este artículo, en julio de 2019. A ella queda dedicado este trabajo,
     con mi agradecimiento por su generosidad y mi admiración por su valía y su inspiradora
     energía. Este artículo forma parte del proyecto de investigación "Rhizomatic Communities:
     Myths of Belonging in the Indian Ocean World" (PGC2018-095648-B-I00), financiado por el
     Ministerio Español de Ciencia, Innovación y Universidades. La autora también desea agra-
     decer el apoyo del Centro de Estudios Australianos y Transnacionales de la Universidad de
     Barcelona y del Marburg Centre for Canadian Studies de la Phillips Universität Marburg
     (Alemania).

un momento clave de su formación. Definitivamente, el trastorno colonial que sufrieron sus islas de origen marcará en ambos casos su trayectoria humana y, lo que nos interesa particularmente, también su devenir poético.

Numerosos aspectos separan su obra además del más obvio: la distancia geográfica en que una y otra han desarrollado su trabajo. Catorce mil kilómetros median entre las ciudades de Kandy, donde Arasanayagam vivió hasta su reciente fallecimiento, y Toronto, donde desde hace décadas vive Nourbese Philip. Por su parte, Jean Arasanayagam nació en 1931, y Nourbese Philip en 1947, lo que significa que las separó prácticamente una generación. En el momento de escribir estas líneas es de prever que la obra poética de Nourbese Philip, que por el momento se recoge en cuatro colecciones, seguirá creciendo. Ahora bien, es poco probable que alcance en términos cuantitativos el volumen de producción de Arasanayagam, quien en el momento de dejarnos lega a lectores y críticos una obra ingente, que alcanza casi una cincuentena de libros. Y mientras que Philip cuenta en su haber varios volúmenes de ensayo además de su obra poética y creativa,[2] Arasanayagam en cambio se centró exclusivamente en la producción literaria.[3] Fue una autora enormemente productiva, cuyo trabajo transita los géneros de la poesía, la novela, el cuento y hasta algunas obras de teatro.[4] En el momento de su fallecimiento, esta singular autora, merecedora del prestigioso Graetian Prize de Sri Lanka en 2017, ha sido objeto de sentidos obituarios, en los que se señala la exuberancia de su producción literaria.[5] En relación a esta exuberancia, cabe señalar que el estilo de una y otra poetas son marcadamente distintos. Como voy a enfatizar aquí, Nourbese Philip es más austera en su producción poética de lo que lo fue Arasanayagam (una afirmación que podría hacerse sobre prácticamente cualquier poeta del mundo, tal fue la prolijidad de esta grandiosa escritora), mientras que, por su parte, la poeta caribeña es más dada a la experimentación formal y a la exploración, lo que resulta en una poesía de talante más conceptual. Separan también a estas dos poetas, por último, los contextos políticos en que se han visto o se vieron obligadas a desenvolverse.

---

2 Además de las dos colecciones de poesía comentadas aquí, la obra de Nourbese Philip comprende las colecciones *Salmon Courage* (1983) y *Thorns* (1980). Otros libros destacables son las compilaciones de ensayos *Frontiers: Essays and Writings on Racism and Culture* (1992) y *A Genealogy of Resistance and Other Essays* (1997), y las novelas *Harriet's Daughter* (1989) y *Looking for Livinsgtone: An Odyssey of Silence* (1991). Su bibliografía completa se encuentra en https://www.nourbese.com/.

3 Enumerar aquí la obra completa de Jean Arasanayagam sería imposible por su extensión. Sus libros más importantes se citan en distintas páginas web, entre ellas https://sawnet.com.

4 Es más, a estos se añadirán algunos en un futuro próximo, pues su familia ha indicado que varios trabajos están en proceso de preparación o impresión y se publicarán póstumamente.

5 Véanse entre otros Senerath-Yapa y Rambukella (2019).

Si bien ambas manifiestan técnicas y estilos poéticos diferentes, hay por supuesto razones que justifican una aproximación común y comparativa a sus poéticas. Lo que las une, además de las coincidencias biográficas ya señaladas, son dos elementos clave: por una parte, el carácter marcadamente político de sus respectivas obras, en ambos casos ancladas en la voluntad de esgrimir la poesía como un arma de mejora del mundo. Por otro lado, ambas poetas pertenecen a sendas comunidades maltratadas por la historia, aunque las circunstancias concretas varían en cada una de sus peripecias vitales. En el caso de Nourbese Philip, el núcleo temático de su trabajo poético es el descalabro de la trata esclavista Atlántica y el proceso de diasporización forzada de los pueblos africanos, con los consiguientes desajustes que acarreó este hecho, epitomizados en el racismo sistemático al que las personas afrodescendientes se han visto sometidas hasta la actualidad en el continente americano. Por su parte, el núcleo temático de Arasanayagam lo constituye el conflicto civil que asoló Sri Lanka entre los años 1983 y 2009 (Abayasekera 2019), otro episodio intensamente traumático de la historia que afectó de manera irreversible a todas las comunidades de la que algunos denominan "isla sagrada;" no solo tamiles y cingaleses, que eran los pueblos en principio enfrentados, sino también etnias minoritarias como los musulmanes, los malayos, los afrodescendientes y, por último, el grupo al que en origen perteneció Arasanayagam, los burghers.

Este ensayo comparativo se fundamenta en la idea de que, mediante su trabajo, estas poetas elaboran sendas poéticas de la reconstrucción: de distintas maneras y en contextos diferentes—aunque no radicalmente distintos, pues como vemos hay algunos puntos en común que no deben desdeñarse y que justifican una aproximación comparativa que dé cuenta, a su vez, de los rasgos diferenciales de uno y otro universo—, la poeta esrilanquesa y la caribeña consiguen moldear de manera sustancial el relato hegemónico de la historia de sus respectivas comunidades. Lo hacen mediante una focalización concentrada en subjetividades que han sido menoscabadas, traumatizadas o incluso ignoradas en dicho relato histórico, como son los sujetos femeninos y esclavizados, en el caso de Nourbese Philip, y los sujetos femeninos e híbridos, en el de Arasanayagam. Mi tesis de partida es que, de manera general, sus entregas poéticas suponen maneras de integrar estos sujetos *olvidados* en el tejido cultural de sus respectivas comunidades, o, dicho de otro modo, de inscribirlos en la historia. Es esta una historia que los silenció y que con frecuencia, pese a intervenciones textuales o artísticas como las suyas (pues es de notar que estas poetas no son las únicas que acometen estos procesos en sus respectivos enclaves, aunque sí que son dos ejemplos destacados en ambos), y de notables esfuerzos desde el ámbito de la teoría crítica (partiendo de la propuesta decolonial de, por ejemplo, Grosfoguel, Mignolo, De Sousa Santos,

NOURBESE PHILIP, ARASANAYAGAM: HISTORIA Y MEMORIA

Lugones y otros), sigue silenciándolos (Alonso-Breto 2003, 2006a y 2006b). Como decíamos, en última instancia, estos sujetos denostados por la historia han sufrido intensos traumas que, en el caso de Nourbese Philip, se han transmitido a lo largo de varios siglos, y en el de Arasanayagam, ya afectan, también, a varias generaciones.

Los universos poéticos de Arasanayagam y Nourbese Philip, así, se erigen como una eficaz arma capaz de socavar los discursos a menudo totalizadores o incompletos de la historia. Por su propia naturaleza, esta tiene un carácter homogeneizador: la complejidad del hecho histórico se presenta como un acontecer virtualmente necesario y hasta ontológicamente completo. Frente a esto, podemos afirmar que el discurso poético individual constituye una suerte de "contramemoria de la historia" (Foucault 1991). La historia, con minúscula, acaece de manera compleja y multidimensional, pero su legado, figuradamente escrito siempre con mayúscula, nos alcanza de manera unidireccional. Pese a la innegable sofisticación de la historiografía, más si cabe en nuestro siglo, la historia siempre ofrece un producto necesariamente simplificado y en ocasiones incluso falaz. Frente a esto, el relato de la memoria, desde su naturaleza volátil, heterogénea y multifocal, restituye a nuestra percepción del pasado el carácter complejo, contingente y plural de la realidad. La memoria, de este modo, endereza la historia, la apuntala, la completa. En definitiva, esto es lo que consiguen las poéticas de Arasanayagam y Nourbese Philip: elaborar un relato alternativo a los modos de percepción dominantes en otros sistemas significativos y de expresión, y en particular de la historia.

2   Marlene Nourbese Philip: el lenguaje quebrado de la memoria

Marlene Nourbese Philip lleva a cabo este proceso en sus dos trabajos más relevantes: *She Tries her Tongue, Her Silence Softly Breaks* (1989) (*Ella prueba su lengua, su silencio rompe suavemente*) y *Zong!* (2008).[6] La primera de estas colecciones, que obtuvo el prestigioso premio Casa de las Américas en 1988, consiste en una sucesión de poemas protagonizados por la mujer afrospórica, que es el término que Nourbese Philip elige para referirse a los millones de africanos arrancados brutalmente del continente por la trata atlántica. La mujer afrospórica ha sido y es objeto de múltiples desposesiones y negaciones en el relato de la historia. Ello ocurre en virtud de su condición material—la

---

6   Las traducciones del inglés de los versos y las citas son mías en todos los casos, excepto los versos de la colección *She Tries her Tongue, Her Silence softly Breaks*, ofrecidos en la traducción de Maite Domingo Alegre (2008).

de sujeto esclavizado—, del color de su piel y de su sexo o su género, todos ellos subalternos respecto de subjetividades dominantes en distintos grados: desde el hombre blanco occidental, que ha ostentado el poder y acaparado los privilegios, hasta la mujer blanca y el hombre negro, que se sitúan por debajo de aquel pero sobre la mujer negra en las estructuras de poder y de representación. En esta (de)gradación, la mujer negra resulta ser el sujeto cuya agencialidad se ha visto más denostada, como acertadamente han explicado, entre otras, Collins (2009), Crenshaw (1989) y hooks (1981). El poema que culmina la primera de estas colecciones, titulado, como el propio libro, "She Tries her Tongue, Her Silence Softly Breaks" ("Prueba Ella Su Lengua; Su Silencio Rompe Suavemente"), plasma esta denuncia, como atestiguan los versos: "en semejante ecuación de pérdida, las lágrimas / se convierten en una cantidad bajo cero. / con el destino de una piedra lanzada / al aflojar la catapulta, ahorcado con la historia / y el tiempo sale volando disparado / hacia un estado activo, lleno, vacío y desconocido ..." (141). Es aquí donde interviene la poética de Nourbese Philip ("y yo, me anticipo a un futuro bíblico," 141), ofreciendo un poemario que, confrontando esta ausencia, confiere un protagonismo a la mujer negra capaz de reconstituir y reconfigurar de manera distinta todo el relato hegemónico occidental de la construcción del "Nuevo Mundo."[7] Tras esta intervención simultáneamente poética y política, la mujer negra se verá reposicionada como sujeto central de la misma: "... y ahora / rompe la cultura del silencio / con el calvario del testimonio; / en la historia de círculos / cada punto está puesto / a lo largo del diámetro o el radio / de la circunferencia / cada palabra crea un centro / circunscrito por la memoria ... y la historia / descansa siempre en paz / quieta en el centro" (165).

Poniendo el foco en la subjetividad femenina, la colección se abre con una reelaboración del mito de Proserpina, donde la madre, Ceres, busca desesperadamente a su hija perdida: "¿Dónde, dónde, dónde / dónde está ella, dónde se ha ido?" (33). Además de entenderse como puesta en relieve y denuncia de los infinitos episodios de separación que caracterizaron la esclavitud, el pasaje ofrece múltiples lecturas. Entre ellas, posiblemente la más viable sea la de entender a esa mujer afrospórica que busca a su hija perdida como una metáfora del sujeto que, como decíamos, ha perdido su propio lenguaje y emprende un proceso de búsqueda de un nuevo modo de expresión, viable dentro de la traumática situación que está viviendo en el medio esclavista. Este lenguaje,

---

7 Las comillas invertidas obedecen a un deseo de cuestionar esta nomenclatura, en la medida que las tierras que hoy conocemos como América y que en la historiografía clásica reciben la incorrecta denominación de "Nuevo Mundo," obviamente existían, y estaban extensamente pobladas, antes de la llegada de los invasores europeos.

en definitiva, consistirá en la utilización de la(s) lengua(s) criolla(s), en sus propios términos: "esta lengua esclava mía / inglés babu / idioma esclavo / negrita vernácula / criollo coolie / pronunciación de negra / ... / esta lengua franca / arrrrrrrgot de un alma maldita" (117).

Esta propuesta poética (como lo será después el complejo volumen titulado *Zong!*) es de gran sofisticación. Los temas de la mitología, el cuerpo, la autoridad y el lenguaje se entrecruzan en una colección compuesta por un total de nueve partes, un número que no es casual, sino que significa el nacimiento, o más bien la necesaria reapropiación, del sentido de agencialidad que le fue arrebatado a la mujer afrospórica. Cabe insistir en que este empoderamiento, pues así debemos llamarlo, tiene lugar a través del lenguaje, un proceso que puede leerse, entre otros, en los poemas "Lessons for the voice (I)" ("Lecciones para la voz (I)") y "Lessons for the voice (I) Cont'd: Facts to Remember" ("Lecciones para la voz (I) Continuación: Hechos a recordar"), ambos en la sección "The Question of Language is the Answer to Power" ("La cuestión de la lengua es la respuesta al poder"). Aquí, la famosa Reina Roja de Lewis Carroll irrumpe en el texto para proclamar: "'La palabra, la palabra' / la Reina Roja gritó / 'Desvanece la palabra / que le corten la cabeza— / la palabra ha muerto / arriba con la palabra / ¡Larga vida a la palabra!'" (121).

También en otros poemas la voz poética denuncia la desposesión de sus propios lenguajes que los sujetos afrospóricos sufrieron a través de los traumáticos procesos de rapto, transporte, venta e integración en un sistema esclavista que se alargó durante siglos, y que entrañaba en cada una de estas fases la brutal separación de estos seres humanos de sus seres queridos, y la privación, por tanto, de este sustento emocional esencial para todo individuo. Esto sucede, por ejemplo, en el famoso poema "Discourse on the Logic of Language" ("Discurso sobre la lógica de la lengua"), donde distintas entidades textuales coexisten en la misma página, conformando un collage posmoderno que revisita y, al hacerlo, reconduce la historia. En esta sección, a la presentación de edictos que prohibían la interacción lingüística de africanos esclavizados se superpone el relato de la madre que limpia a su bebé recién nacido con su lengua (una imagen de profunda simbología) y a la reflexión sobre la coexistencia de una lengua paterna—que sería el inglés, lengua impuesta—con una lengua materna que se ha de buscar, hallar, revelar: "¿Cuál es mi lengua / materna / mi mama lengua / mi mami lengua / mi madrecita lengua / mi mamarriqui lengua / mi mamita lengua?" (87).

Los temas de la subjetividad afrospórica femenina y su búsqueda o exploración de un lenguaje propio, en fin, vertebran una colección que consigue elaborar un relato complejo y contundente de distintos aspectos de una experiencia que la historia occidental ha descuidado sistemáticamente. Con esta colección, la experiencia de la mujer afrospórica queda incorporada en la historia mediante una elaboración poética que proviene de la memoria ancestral de la autora. La colección incluye en sus últimas páginas un pasaje en que se presenta la definición, según el *Klein's Comprehensive Etymological Dictionary of the English Language* (*Klein Diccionario Etimológico de Inglés*), de los conceptos de historia (history) y memoria (memory). La primera, con origen en el latín, se define como "'narrativa, cuento, narración, relato' ... 'aprender cuando se pregunta, conocimiento adquirido a través de la investigación'" (167); mientras que la segunda, con origen en el inglés medio, estrechamente relacionado con el francés, se ilustra del siguiente modo: "... deriva de ... *mer-(s)mer-, reduplicación de la base *(s)mer-, tener cuidado de, estar ansioso por, pensar, considerar, recordar ... Ver: memoria, conmemoración, recordar. Ver también: mártir, duelo, smriti" (167). Tras este contraste entre el carácter de tendencia objetivadora del primer término (historia) y la vocación afectiva del segundo (memoria), como colofón, se formula la pregunta clave que se encuentra en la raíz de esta propuesta poética: "Sin memoria, ¿puede haber historia?" (167).

Si *She Tries Her Tongue* es una colección formalmente innovadora, en *Zong!* la creatividad de Nourbese Philip alcanza niveles insospechados. En su interés por vindicar la experiencia afrospórica y por denunciar la profunda injusticia cometida con las personas que sufrieron la trata atlántica, Nourbese toma como motivo la masacre del barco esclavista Zong. Esta nave se hizo tristemente célebre porque, en una de sus travesías entre el continente africano y el Caribe, habiendo perdido el rumbo y retrasado indebidamente la duración del viaje, su capitán decidió arrojar por la borda aproximadamente 140 personas para tener opción a cobrar el dinero de la empresa aseguradora.[8] Se proponía así compensar las pérdidas que su impericia podía ocasionar a los dueños del Zong por la enfermedad y la muerte que estaban causando aún más estragos de los habituales en tales viajes. Esta masacre, ocurrida en 1781, comprensiblemente sirvió para ganar adeptos dentro del movimiento abolicionista, muy activo esos años en Gran Bretaña. Se celebró un juicio cuando la compañía aseguradora se negó a pagar, arguyendo que los africanos no habían muerto de muerte natural, como estaba estipulado en el contrato que debía suceder para poder optar a la compensación económica. En este juicio, se da la triste realidad de que en ningún momento se menciona a las personas asesinadas, se lamenta la tremenda pérdida en vidas humanas o se condena por razones humanitarias la deleznable decisión del capitán. Lo único que se puso en tela de juicio fue la necesidad de que la compañía pagase a los dueños del barco; en ningún momento se cuestionó el estatus los africanos en

---

8 El número exacto de víctimas no se conoce con certeza, y las cifras varían según las fuentes.

el entramado social: se consideraban simples objetos, mercancía con un valor de compra y venta que los hombres blancos no podían permitirse perder.

A partir de este episodio histórico cuyo principal legado para la historia consiste en el texto legal del caso, llamado *Gregson vs. Gilbert*, Nourbese Philip elabora un complejo entramado poético. Como ella misma explica en un texto que se añade a la colección en forma de postfacio a modo de explicación y guía (similar al que también se incluía en *She Tries Her Tongue*), la poeta decide bucear en el texto legal y reelaborarlo de manera que dé cuenta de lo acaecido a bordo del Zong durante esa travesía. Dicho de otro modo: utiliza los propios textos del caso como un banco de palabras que ella reordenará para sus propios propósitos. A las palabras literales del texto judicial, Nourbese Philip añade algunas otras de procedencia variada: sobre todo, de lenguas africanas como el shona, twi, yoruba y fon, pero también incorpora algunos términos en latín y árabe, en español, francés y portugués (lenguajes protagonistas de la invasión de América y la trata de esclavos), así como los nombres de los participantes en el evento, tanto de la tripulación como de los pasajeros esclavizados. Con este repositorio de palabras, Nourbese Philip escribe un texto que da cuenta del horror y la barbarie que aconteció en el Zong, que se hace eco de la brutalidad que sufrieron las personas africanas, pero que también denuncia la avaricia y la maldad de los tripulantes del barco, y la triste ambivalencia que supone que escribiesen cartas de amor a sus prometidas europeas mientras que en el día a día del barco abusaban sexualmente de las mujeres negras. De hecho, como algunos críticos han señalado, "en *Zong!*, [el caso] *Gregson vs. Gilbert* se descompone y recompone para formar historias que dan prominencia a las experiencias femeninas de ataques sexuales" (Fink 2020, 12).

Una paradoja subyace a este singular relato, que hace de este libro un objeto único. Se trata de un principio capital que la colección respeta a rajatabla: lo acaecido en el Zong no puede contarse, pues se trata de una historia que, por su propia brutalidad, excede los límites de lo narrable. Como la poeta afirma, relatar lo acontecido en el Zong sería ejercer una segunda violencia contra las personas que sufrieron tan desdichada muerte. Esta es justamente esa paradoja que yace en el centro de esta colección de poesía: que relata una historia que no se puede relatar.[9]

La propia imposibilidad del relato se refleja, como cabía esperar en una poeta contumaz como Nourbese Philip, en la forma de los poemas. La colección se divide en siete secciones, cada una de ellas con una entidad propia. Desde la primera de ellas, "Os" (hueso en latín), pasando por las siguientes,

---

9   Respetando la filosofía del texto, optaremos, a nuestra vez, por no proporcionar citas del mismo.

que toman nombres en latín relacionados con el ámbito judicial y con el mar ("Dicta," "Sal," "Ventus," "Ratio" y "Ferrum"), se produce un distanciamiento progresivo de la posibilidad de comprensión de los hechos, si es que en algún momento la hubo. Se trata de una colección abstracta, que mezcla expresiones y términos que pudieron escucharse en el barco, y que al presentar una gramática entrecortada que en secciones posteriores pasa a ser disección de las propias palabras, progresivamente se va alejando cada vez más, cabe insistir, de la posibilidad de cualquier sentido o coherencia—ausente de hecho desde el principio. Primero las frases y después las palabras se rompen, se yuxtaponen, se lamentan, se ahogan. Alternativamente, las palabras, expresiones, interjecciones y ruidos se disponen en las páginas sugiriendo distintas posibilidades simbólicas, como puede ser la superficie del mar, las velas al viento, la estela que deja el barco en su avance hacia occidente, los cuerpos de las personas que, al morir ahogadas, se dispersan en el oscuro azul del océano... La última sección de la colección, titulada "Ebora," un término yoruba que en el glosario se traduce como "espíritus que viven dentro del agua," se presenta de manera diferente: ese lenguaje deslavazado y confuso que puebla las páginas anteriores sigue aquí su proceso de descomposición y reunificación azarosa, pero ahora la impresión de las páginas se ha realizado en gris, y no en negro, sugiriendo una miríada de posibilidades. Entre ellas, que los propios cuerpos de los africanos defenestrados ya yacen en el fondo del océano, y la espuma del mar es el único recordatorio de la existencia que un día tuvieron, cubriéndolo todo con su silencio—de manera equiparable al silencio de la propia historia sobre este crimen, rescatado del olvido por Nourbese Philip—(Coppola 2014; Dowling 2011; Patterson 2017).

En el texto aparecen nombres africanos de hombre y mujer. Son nombres que se presentan al pie de las páginas bajo una raya negra, agrupados de tres en tres o cuatro en cuatro, y únicamente en la primera sección, "Os" ("Hueso"). Pareciera que después dejan de existir, como lo hicieron aquellas personas en la fatídica travesía. De alguna manera, estos nombres interrumpen o "puntean" (en el sentido contrapuntístico saidiano)[10] la propia lectura de los poemas que ocupan la página. Este es precisamente el propósito: arrastrar fuera de su zona de confort en la lectura del poema a la lectora, una lectora cuyo escaso solaz (dada la complejidad de los poemas, pues hemos de recordar que se trata de un relato que en realidad no puede relatarse) se pone una y otra vez contra las cuerdas al verse interrumpido por la repetición ominosa de estos nombres de personas asesinadas en el mar. Naturalmente, se trata de nombres ficcionales, ya que no queda registro de los nombres de los hombres y mujeres de carne

---

10   Véase Said (1983).

y hueso que fueron arrojados al agua. Los suyos son nombres que se perdieron para siempre en los pliegues ocultos de la historia, y que Nourbese Philip recupera y dignifica mediante este complejo ejercicio que es *Zong!*, que entrelaza creación y memoria. Además de recuperar su memoria perdida, este es un modo de llorar y rendir homenaje a esos antepasados que, perdidos para siempre en las aguas del Atlántico, sufrieron un destino tan ignominioso (Sharpe 2014).

La vida de las personas afrospóricas en América (y en el mundo) está marcada por esta genealogía, por estas pérdidas. Alineándose con Vijay Mishra en su percepción de la diáspora como territorio de melancolía, Lily Cho identifica la condición diaspórica con la pérdida, y afirma que la diáspora "no es una función de disciplinados fenómenos socio-históricos, sino que emerge desde procesos subjetivos de la memoria racial, del duelo por pérdidas que no siempre pueden ser claramente articuladas [...] [La diáspora] se constituye en la espectralidad del dolor y en los placeres que proporciona efectuar oscuras conexiones milagrosas [...]" (Cho 20007, 15). Esta suerte de conexión milagrosa es la que tiene lugar con la lectura de *Zong!*, cuya comprensión, si se da, escapa a la racionalidad. Para Cho, vivir en diáspora es vivir "bajo el influjo de historias desencajadas que permanecen de ese modo, y que de manera ambivalente están fuera del momento presente, avanzándose a su tiempo, y perviviendo mucho después ..." (Cho 2007, 19). Noubese Philip, empeñada en explorar su condición afrospórica hasta las últimas consecuencias, explota esta ambivalencia y esta espectralidad sin dejarse arrastrar por sentimentalismos y, más importante y meritorio, sin traicionar la esencia de lo acontecido, como ocurriría si ofreciese un relato comprensible de un hecho cuya ininteligibilidad es, precisamente, la única marca de humanidad que podría acordársele. En definitiva, frente al relato histórico que generaliza y en consecuencia diluye la percepción de estas experiencias extremas, la poesía de esta autora caribeña, canadiense, postcolonial y diaspórica consigue individualizar y poner de relieve el dolor generado por tales procesos.

3 Jean Arasanayagam: registro y denuncia de la brutalidad

En relación con la memoria y la historia, ¿qué tipo de intervención supone la poesía de Jean Aranasayagam? De manera crucial, su trabajo supone la inscripción en la historia de un sujeto srilanqués híbrido, que traspasa las distinciones entre comunidades étnicas cuya fricción se ha convertido en una plaga en el devenir de la vida de la isla. Jean Arasanayagam nació y creció en un entorno burgher. Esta comunidad minoritaria, que en la actualidad apenas alcanza un mínimo porcentaje del total de la población, tiene su origen en las relaciones que se establecieron entre los colonizadores europeos y la población nativa. Arasanayagam proviene de los Dutch Burghers, o burghers holandeses, una comunidad que se origina principalmente a partir de las relaciones de mercaderes, soldados y miembros del servicio civil de la Compañía Holandesa de las Indias Orientales con mujeres nativas. Desde las más tempranas inferencias del colonialismo europeo, los llamados burghers fueron un eje importante de la vida sociocultural de la isla, y tradicionalmente ocuparon posiciones de poder en los sistemas coloniales establecidos de manera sucesiva por el poder holandés primero y el británico después (a quienes precedió la invasión portuguesa, que fue de hecho la primera en desajustar el ecosistema social preexistente).[11] La de los burghers fue y es, por tanto, una comunidad privilegiada en términos políticos y económicos. En consecuencia, en vista de las políticas fuertemente nacionalistas que se pusieron en práctica cuando el país obtuvo la independencia en 1947 y de los consecuentes desajustes sociales y políticos (con disturbios particularmente violentos ocurridos en 1958),[12] muchos miembros de esta comunidad decidieron abandonar el país, en un movimiento que se podían permitir económicamente. De entre quienes tenían el privilegio de la posibilidad de elección, muchos optaron por quedarse y contribuir en la medida de lo posible al devenir político del nuevo país, que en 1972 pasó de llamarse Ceilán a Sri Lanka. Pues bien, en este privilegiado entorno nació la poeta, quien lo ha explorado extensamente en su obra. Prueba de ello es el título de su novela *A Nice Burgher Girl* (*Una buena chica burgher*, 2006), o los de colecciones como *A Colonial Inheritance and Other Poems* (*Una herencia colonial y otros poemas*, 1985), entre otras.

El giro principal en la vida de Jean Arasanayagam, que recibió una esmerada educación burgher en una institución metodista y más tarde se formó en la Universidad de Ceylon en Peradeniya (antes de viajar al extranjero a cursar un máster en una experiencia que también alimentaría su prolijo universo poético), tiene lugar cuando contra toda expectativa de su entorno ella decide contraer matrimonio con un hombre tamil de casta privilegiada, cuya familia, es más, es marcadamente tradicionalista. A partir de entonces la escritora se convierte en un sujeto doblemente híbrido, que además de tener la ascendencia transcultural característica de la comunidad burgher, vivirá literalmente a caballo entre grupos étnicos. Este hecho no es extraordinario en Sri Lanka,

---

11   Véanse, entre otros, De Silva (2005) y Yogasundram (2008).

12   Cabe señalar, sin embargo, que las confrontaciones entre las comunidades cingalesa y tamil se remiten a épocas anteriores a la independencia, abarcando gran parte del periodo colonial. Véase, entre otros, Wickramasinghe (2001).

donde las distintas comunidades han convivido e interactuado durante siglos, dando lugar a frecuentes situaciones de interculturalidad y sincretismo. Sin embargo, en este momento histórico, el desarrollo de ciertas políticas nacionalistas una vez alcanzada la independencia iría polarizando las divisiones étnicas hasta el extremo de ocasionar una guerra civil. En este contexto de confrontación, Arasanayagam experimentará las consecuencias de haberse afiliado a una etnia minoritaria, la tamil, que lamentablemente será una de los protagonistas de dicho conflicto. El suyo será un esfuerzo por resistirse a ser únicamente una suerte de "invitada permanente" (Salgado 2007, 15) en su lugar de nacimiento.

En última instancia, su voz narrativa y poética se enfrentará al relato parcial y monológico, con múltiples modos de exclusión, que emerge tras la independencia de Sri Lanka (Alonso-Breto 2010 y 2016). Emitida "desde una posición doble o triplemente marginalizada" (Rambukella 2019, n.p.n.), la poesía de Jean Arasanayagam es paradigmática de su momento histórico, y privilegia un sujeto híbrido cuyo dilema "captura las contradicciones y potencialidades de su identidad" (2019, n.p.n). Esta hibridación se representa ya en su temprana colección de poemas titulada *Kindura* (1973). La mitológica ave kindura, como la poeta revela en este trabajo, es una criatura mitad pájaro mitad ser humano que emularía el modo en que Jean se ve—se vio—a sí misma: "oprimida e inhibida por las fuerzas políticas de la sociedad, pero llena de las promesas y de las posibilidades de un ser híbrido" (Rambukella 2019, n.p.n.).

Por el momento, en claro paralelismo con la poeta de Tobago, nos interesa destacar el modo en que la srilanquesa inscribe la experiencia de múltiples subjetividades mediante su poesía. En efecto, de manera similar a como lo hace Nourbese Philip en su propio contexto, desde la mencionada pluralidad de emplazamientos culturales (que enfatizan el carácter contingente de las "posiciones del sujeto" de las que ya hablase Terry Eagleton),[13] la poesía de Arasanayagam se esfuerza por rebelarse contra el exclusivismo de relatos homogeneizadores de la isla, que, cabe repetir, sin complejos han buscado convertir el lugar esencialmente multicultural e híbrido que es desde tiempos inmemoriales (Silva 2002; Alonso-Breto 2011; Perry 2012) en una entidad política y culturalmente simplificada, que se ha visto dominada por la hegemonía del relato cultural cingalés. En esta versión de la historia, culturas minoritarias como la tamil, la burgher o la musulmana se han visto subestimadas hasta el punto de presentarse como de segundo orden y hasta redundantes (Sivanandan 2009). Este tipo de recortes interesados de la historia han ocurrido sistemáticamente en la isla debido a la hegemonía de narrativas historiográficas de corte

---

13   Véase Eagleton (1983).

nacionalista, que han dominado y siguen dominando la vida política desde la constitución del estado post-colonial. En este estado de cosas, la poesía de Jean Arasanayagam se propone recuperar e incluir dichas culturas en el propio tronco cultural de la isla, es decir que, de manera crucial, no las percibe como meras ramificaciones de la cultura cingalesa.

Contra las tendencias excluyentes que privilegian una cultura sobre las demás y pueden llegar a invisibilizar a aquellas, el quehacer literario de Arasanayagam se traduce en una poesía inclusiva, que se focaliza en la experiencia personal de la poeta como miembro híbrido de estas comunidades minoritarias. Ahora bien, su atención no se centra exclusivamente en las comunidades de las que forma parte por filiación (burgher) o por afiliación (tamil), en sentido saidiano,[14] sino que traspasa las barreras étnicas para pasar a ofrecer una suerte de fresco de la nación. El suyo es un recorrido exhaustivo, que explora el paisaje humano sin verse limitado por consideraciones partisanas.

La comparación de su obra con un gran fresco de Sri Lanka cobra todo su sentido si tenemos en cuenta que, junto con la escritura, la otra gran vocación de Arasanayagam es la pintura. De hecho, su vocación plástica se trasluce en el modo en que retrata los paisajes de su Sri Lanka natal. "El primer amor de Jean Arasanayagam fue la pintura, y ya desde que escribía sus primeros poemas, los impregnó de la mirada del pintor," afirma el académico srilanqués Regi Siriwardena (2003, 3). *Ut pictura poiesis*: su verso recargado y certero retrata un universo exuberante y cargado de color, forma y afecto, como un delicado pincel que recorre todas las sutilezas de la isla, tanto de la desbordante naturaleza que ejerce de telón de fondo como de la psicología humana. La de Jean Arasanayagam es por lo general una poesía intensa, densísima, que podríamos llegar a definir como barroca. El mismo Siriwardena la define como dionisíaca más que apolínea, y explica que "pareciera que en el acto de creación [la poeta] le deja a la emoción el proceso de encontrar su propia forma en lugar de forzar la forma ella misma mediante un deliberado proceso crítico" (2003, 5). Amorosamente cultivado por esta locuacidad, no es de extrañar que el jardín como metáfora de la vida y de la poesía sea una presencia constante en los versos de Arasanayagam, y que a su vez se constituya en una potente imagen capaz de describir su desbordado universo poético. No se trata de un jardín remilgado o austero, sino de un paraje sensual y generoso que hemos de identificar con la exuberante vegetación tropical. Se trata de un lugar exquisito, en palabras de Patricia Melander, de un jardín "que la autora no quiere contener o restringir; una estructura orgánica que no tiene límites." De manera similar a Siriwardena, Melander afirma que la poesía de Arasanayagam "fluye

---

14   Véase Said (1983).

NOURBESE PHILIP, ARASANAYAGAM: HISTORIA Y MEMORIA 273

épicamente, derramándose en constantes encabalgamientos; la locuacidad y el monólogo interior de la poeta prevalecen sobre la forma," y concluye: "Los fragmentos desiguales de los poemas no encuentran límite ni en la propia respiración del lector" (Melander en Senerath-Yapa 2019, n.p.n.). El frondoso jardín poético de Arasanayagam, en definitiva, ocupa la totalidad de la isla,[15] y se esfuerza por dar voz a la totalidad de sus gentes.

La poeta escocesa Kathleen Jamie ha definido su propio quehacer creativo como un acto de "auto-construcción, o auto-rescate, en el que la poesía es un resultado adicional" (Jess-Cooke 2018, 11). Aunque pueda parecer una afirmación extrema, se corresponde con el talante de las poéticas que nos ocupan. Como venimos defendiendo, en ambos casos el hecho poético se subordina al aspecto político de la creación, o, dicho de otro modo, a la necesidad del rescate. En el caso de las dos poetas el rescate no es personal, sino comunitario: si hemos visto que Nourbese Philip rescata simbólica y emocionalmente a las víctimas de la trata esclavista que devastó el continente africano a lo largo de varios siglos, de las cuales ella es heredera material y simbólica, la poesía de Arasanayagam rescata a su comunidad y a todos los sujetos victimizados por la violencia de la guerra en Sri Lanka.

De este modo, es sorprendente el hecho de que, en el marco de la exuberancia que en su extensa obra emerge de la pluma de Arasanayagam, en *Apocalypse '83*, la colección en que nos centraremos aquí, su poesía se muestre tan contenida. Se trata de una poesía sucinta y certera, que no encuentra eco en entregas previas o posteriores. Cabe suponer que este hecho obedece a la dificultad para escribir el episodio traumático que la origina. Como en el caso de *Zong!*, en esta colección el lenguaje se pliega a las circunstancias del momento creativo.

El título de la colección, *Apocalypse '83*, transporta a la lectora a lo que en la cultura esrilanquesa ha dado en llamarse "Julio Negro" ("Black July"), y que se refiere al ataque indiscriminado que a lo largo de varios días de julio de 1983 sufrieron los ciudadanos tamiles (y también los musulmanes en menor medida) por parte de masas anónimas de ciudadanos cingaleses. La razón de estos ataques es compleja, pues las diferencias en el tratamiento político hacia la comunidad cingalesa, mayoritaria en la isla, y la tamil, se habían ido ahondando en las décadas anteriores. Los tamiles se sentían ciudadanos de segunda clase en la medida en que las políticas nacionalistas de los gobiernos independientes eclipsaban muchos de sus derechos por cuanto se refería al uso de su

---

15   Puesto que esta afirmación puede rozar el estereotipo, cabe comentar brevemente que no todo el paisaje de la isla es homogéneo, y que también existen zonas de escasa vegetación, principalmente en el norte.

lengua, posibilidad de acceso a estudios terciarios y a recursos económicos, y otras cuestiones relacionadas con el territorio. Por su parte, influidos por los discursos totalizadores de los gobernantes, los cingaleses a menudo sentían la cultura tamil como foránea, o en el peor de los casos incluso como una amenaza para sus propios derechos. Hacía algunos años que en el norte de la isla habían empezado las escaramuzas en defensa de los derechos del pueblo tamil, tras la formación de algunos grupos guerrilleros (entre los que se contaban los Tigres Tamiles para la Liberación de Eelam, conocidos por sus siglas en inglés, LTTE, que pronto tomarían el liderazgo de los grupos insurgentes), y en 1983 la zona estaba siendo militarizada por momentos con el traslado de importantes contingentes militares desde el sur. Llegados a este punto, tras un oscuro episodio en el que murieron trece soldados del ejército nacional y que terminó de caldear los ánimos, comenzaron en la isla los tumultos del "Julio negro." Se ha documentado la triste realidad de que fueron las propias instituciones las que orquestaron los ataques, pues en sus matanzas selectivas los grupos violentos (obviamente se trataba de grupos minoritarios, no del grueso de la población cingalesa) utilizaron listas del censo electoral que revelaban la filiación étnica de los ocupantes de cada domicilio. Los atacantes prendieron fuego a cientos de domicilios de ciudadanos tamiles, a los que mataban a sangre fría. Esto sucedía también con cualquier hombre o mujer que caminase por la calle y no fuese capaz de identificarse como no tamil. Miles de personas fueron asesinadas de este modo, y varios cientos de miles tuvieron que huir del país o, cuando menos, escapar a las zonas del norte y el este, de mayoría tamil, para poder estar a salvo. Este cruento episodio tuvo un efecto letal: comenzó la que sería una terrible guerra civil de más de tres décadas, y consiguió radicalizar a una parte de la población tamil de la isla.

Jean Arasanayagam vivía en una zona tranquila del extrarradio de la ciudad de Kandy. Casada con un hombre tamil y con dos hijas ya crecidas, sufrió el ataque de las hordas, que le asaltaron en su domicilio. Como muchos otros tamiles, consiguió salir ilesa junto con su familia al recibir auxilio de vecinos cingaleses, que los escondieron en su casa hasta que el gobierno, pasados varios días, habilitó escuelas e institutos para que la amenazada población tamil pudiese refugiarse en ellos. La familia Arasanayagam recibió asilo en uno de estos campos, donde permanecieron hasta que lentamente las cosas volvieron a la normalidad—una normalidad relativa, pues la guerra acababa de comenzar—y pudieron abandonarlo. Afortunadamente, descubrieron que su casa no había sido incendiada como tantas otras.

Esta experiencia resultó profundamente traumática para la poeta, quien a partir de entonces tomaría el conflicto civil como motivo central de su trabajo. Los cuarenta y dos poemas de *Apocalypse '83* relatan la violencia y el dolor experimentados por tantas personas en esos días, y lo hacen, como decíamos, de manera sorprendentemente concisa dentro del contexto general de su obra poética. Los títulos de los poemas son elocuentes: "Fear" ("Miedo"), "Innocent Victim—Trincomalee" ("Víctima inocente—Trincomalee"), "Eye Witness—Nawalapitiya" ("Testigo ocular—Nawalapitiya"), "The Holocaust" ("El holocausto"), "Death of the Prisoners" ("Muerte de los prisioneros"), "At the Gate Stands a Mob ... July '83" ("En la entrada hay una muchedumbre ... Julio '83"), "Molotow Cocktail" ("Cóctel Molotov"), son algunos de los títulos de los primeros poemas. En su conjunto, relatan el estado de terror que se apropió del país en pocos días. En "Fear," por ejemplo, leemos cómo el miedo impregna cada situación mientras se espera un ataque que puede llegar en cualquier momento, y que no se hará esperar, pues tal es la "conflagración de odio" (según leemos en el poema "Ahimsa Sutra," "Sutra de la Paz," 22) que se ha creado. La voz poética no puede escapar a las hostilidades, de las que ahora es parte: "En el pasado esto no me afectaba / Yo tenía mi propia identidad / A salvo de los saqueadores / Miraba de lejos / El fuego no me había alcanzado" (25), señala, haciendo hincapié en el hecho de que al casarse con un hombre tamil abandonó la precaria zona de confort que le proporcionaba su etnicidad burgher. El poema en que leemos estos versos se titula "1958 ... '71 ... '77 ... '81 ... '83:" se trata de una profundización en la historia por medio de la memoria, al recordar mediante estas fechas que la violencia que está sufriendo el país ahora se engarza con previos episodios similares, comenzando en 1958, momento en que se produjeron los primeros disturbios étnicos tras la Independencia.[16] Dado su origen burgher, Arasanayagam no se había visto implicada, sin embargo ahora, en 1983, se encuentra en el epicentro de la violencia: "Incendios, asesinatos, violaciones, saqueos / Golpear, asestar, despedazar, prender fuego / contar una y otra vez los variados métodos / en el ábaco salpicado de sangre ... revelar las / estadísticas antes de que las olvidemos" (26). Y en este mismo poema encontramos los versos de toda su obra más citados por los críticos: "Todo ha sucedido antes y volverá a suceder / y nosotros miramos / pero ahora estoy dentro / Me ha pasado a mí, / Por fin la historia cobra significado" (26).[17] La contingencia y precariedad de las posiciones de sujeto, como señalábamos arriba, se ponen de manifiesto.

---

16   Muchos intelectuales abandonaron el país en aquel momento, entre ellos Ambivalaner Sivanandan, autor de la novela *When Memory Dies* (1997) y respetado activista político que fue director del Institute of Race Relations del Reino Unido y fundador de la prestigiosa revista académica *Race & Class*.

17   Por ejemplo Sjöbohm (1991).

Y una vez la poeta se declara inmersa en el conflicto, esa manera de estar en el mundo adquiere una dimensión colectiva de inmediato: el yo pasa a ser el nosotros, y el dolor se muestra como un dolor compartido y así, quizás, más fácilmente exorcizado. El proceso de "comunalización" del dolor que acarrea la violencia continúa en otro poema, "Personae" ("Máscaras"), una investigación llevada a cabo entre hombres y mujeres de Sri Lanka, a quienes interroga sobre su participación en los hechos violentos. Y aún va más allá indagando en esta participación: más adelante traslada la responsabilidad por hechos violentos a una dimensión universal, por obra de la dedicatoria del poema "Prisionero político," que reza: "a Steve Biko y los demás" (37), refiriéndose al mártir y héroe nacional sudafricano. Todos somos partícipes en alguna medida de la maldad humana, o pecamos de connivencia con la violencia de alguna manera. En última instancia nadie, cualquiera que sea su forma de participación—incluso el mero observador que se cree inocente—, puede salir totalmente indemne de una situación tan calamitosa.

El relato de las atrocidades tiene distintas dimensiones, entre ellas el silenciamiento total de las víctimas: "Solo podemos sobrevivir / Si mostramos que no existimos" (36), leemos por ejemplo en el poema "Prisons" ("Prisiones"). También, otra estrategia de la poeta que consigue implicar a todas las personas en el conflicto consiste en confundir las categorías de perpetrador y culpable, de amigo y enemigo: "¿Reconoces ese rostro? / ¿Gritas al reconocerlo? / Él es uno de los tuyos / ¿Es él el amigo? / ¿Y tú el enemigo?" (38). Esta estrategia de confusión de identidades se repite en "A Set of Photographs" ("Un fajo de fotografías"), donde la rutinaria normalidad de unas fotografías que banalmente recuerdan viajes turísticos del pasado, a París, Londres, y otros destinos mundanos, se ve desnaturalizada en el contexto presente, cuyas fotografías ("sin marco, un secreto susurrado," 40) serán fragmentos de vergüenza para la humanidad. Como decíamos, todos sin falta se ven implicados en el conflicto: "¿Quiénes fueron los culpables? / ¿Los asesinos o los asesinados? / Todos guardan silencio. ¿Quién? / ¿Los muertos o los guardianes de la ley? / ¿Los carceleros o los encarcelados?" (40). En cualquier caso, el país se cubre de "tumbas secretas" (41), las celdas se vacían de prisioneros y las paredes se lavan, para ocultar "la fatídica hemorragia de la muerte" (41).

Numerosos poemas vuelven repetidamente a los momentos en que la muchedumbre asaltaba las casas y el horror se extendía como una enfermedad. En "El hombre en la verja," la voz poética entabla una ficticia conversación con uno de los atacantes, líder de la multitud, apelando a su humanidad e instándole a entablar con ella una conversación en lugar de camuflar su maldad en el poder anónimo de la masa. "¿Por qué nos odias? / Ni siquiera nos conocemos" (46), pregunta desesperada. El poema continúa relatando el modo en que el trauma se instala en la vida de las personas como un recuerdo que no se podrá borrar fácilmente: "Seguirás acechándome / seguiré huyendo en noches de infierno / ... / Serás el atacante en todas mis pesadillas ..." (46–47), y denuncia la manera impune en que se cometen los asesinatos, recordándole a su antagonista, ese cabecilla anónimo, que las personas no son gusanos, aunque se les asesine como tales. "En cada hombre que es ajeno / a su lengua y pensamiento / ven enemigo y presa" (50), leemos en "Gutted" ("Eviscerados"), un poema de una gran crudeza. No hay hogar en la isla para aquellos distintos a los cingaleses, concluye. Y en "It's got to end" ("Tiene que terminar") llega el llanto por la pérdida de aquella sociedad multicultural, de la que nada queda: "¿No éramos todos uno / de maneras diversas / antes de las masacres y el fuego? / ¿Por qué ahora hemos de estar enfrentados / con llamas y barreras de acero / intentando contener ríos de sangre?" (52).

En este contexto de violencia la única solución para la población tamil parece ser la muerte o el exilio. A partir de ahora, los temas del exilio, la diáspora y la pérdida y desorientación esencial del refugiado se convierten en el eje principal de un gran número de poemas. En primer lugar, el profundo sentimiento de alienación que se experimenta en el campo de reclusión donde los tamiles se tienen que refugiar para escapar a la muerte, y de la misma manera, el sentido de cercanía con otros seres humanos, a priori desconocidos, que se ven inmersos en la misma situación. En el campo de refugiados el tiempo de terror se alarga, la ciudad está en llamas y, pese a que algunos fuegos se apagan, otros nuevos se prenden. Llegan constantes noticias de muerte y destrucción. El trauma se recrudece, el miedo reina entre los cuerpos apilados en una seguridad solo relativa: "Contemplo mi muerte aquí / está ocurriendo a cada instante" (67); "Es más fácil morir que vivir ... esperamos el fuego definitivo / esperamos la última conflagración" (67). El sentimiento de desesperanza es completo, "sentados o tumbados en las salas o los largos corredores / en las entrañas del infierno" (68).

Junto con esto, la necesidad de huir de la isla cuando sea posible, ahora que una vida normal se ha convertido en una posibilidad remota, ya que la muerte acechará en cada momento, incluso cuando se calmen los ánimos y las cosas vuelvan a una extraña, solo relativa normalidad. Al salir serán increpados constantemente por las propias autoridades: "Ahora reina un clima de peligro constante / en el que vivimos / y aprendemos a respirar" (63). En este sentido, a diferencia de otros miles de familias tamiles, los Arasanayagam decidieron quedarse pese a las dificultades, sabiendo que a partir del "Julio Negro" habrían de vivir bajo constante amenaza. Este es el lamento que concluye la colección, y que se expresa en el último poema, "Después:" "Mi nacimiento es ahora mi muerte / El país es mi tumba" (86). La sensación de exclusión es completa:

"No sabía que este país no era mío / que nunca me perteneció ni podrá ser / compartido. Nunca supe que ya no pertenezco / ... / que incluso la tumba sería en terreno extranjero" (88). Y en un extraordinario gesto de inclusión, la voz poética repasa la historia, una historia en la que ha tomado distintos papeles, perteneciendo a distintas comunidades, tanto de invasores como de invadidos. Sin embargo, su veredicto es que siente que ya no pertenece, que pese a no haberse alineado con ninguna facción se siente excluida. Y la colección se cierra con una imagen letal y certera, que anuncia el principio de la devastadora guerra que se está cerniendo sobre Sri Lanka en el momento de publicarse estos versos: "Sobre la colina el tiempo se agita / mientras los buitres se reúnen lentamente" (89).

En definitiva, como medio de defensa contra "el trauma de convertirse en una extranjera en su propia tierra" (Halpé 2003, 2), el efecto reparador del pincel poético de Arasanayagam consigue transformar el sufrimiento de Sri Lanka en una poesía que le proporciona a ella y a su tierra—hogar de tamiles y cingaleses, de budistas e hindúes, musulmanes y cristianos—"la propia dignidad que la violencia le arrebata" (Simms 2003, 13). Al cabo, la poesía de *Apocalypse '83* incorpora la otredad en el relato entristecido de la historia del país, lo que también consiguen otras colecciones de la autora publicadas en la misma época, como *Trial by Terror* (*Juicio por terror*, 1987) y *Reddened Water Flows Clear* (*Fluye clara el agua rojiza*, 1991). En palabras del poeta y catedrático Ashley Halpé, la de Arasanayagam es "una poesía valiente, que no esconde nada al lector pero que no está noqueada por el horror, ya que deja espacio para la meditación, para la compasión por las desafortunadas víctimas, y para la conciencia de algo que de manera tan flagrante está ausente en los perpetradores: la humanidad de los otros" (Kanaganayakam 1998, 59).

4 Conclusiones

Pese a la concisión que requiere un artículo comparativo del calibre que nos ocupa, hemos podido comprobar que las poéticas de dos escritoras esencialmente distintas como son la tobagoniana-canadiense Marlene Nourbese Philip y la esrilanquesa burgher-tamil Jean Arasanayagam presentan características afines, sobre todo por cuanto se refiere al alcance político de su poesía. De maneras diferentes, pero confluyendo en objetivos similares, la obra de estas dos autoras interviene en los respectivos tejidos socioculturales de su entorno, implicando en el mismo y visibilizando a esos sujetos victimizados que han permanecido olvidados o que han sido masacrados, en uno y otro caso, en los respectivos relatos históricos que les atañen. Se trata de subjetividades que han sido menoscabadas y silenciadas en los relatos totalizadores de la modernidad de Occidental, en el caso de Nourbese Philip, y en el de la madurez de la post-Independencia del estado de Sri Lanka, en el otro. Por medio de estas intervenciones poéticas, estas subjetividades se involucran activamente en esos relatos totalizadores que las habían obviado.

Marlene Nourbese Philip reflexiona mediante una elaboración poética singular, en la que el lenguaje es una herramienta que se convierte en elemento de denuncia, y con el que, contra todo pronóstico, consigue llevar adelante la paradoja de no relatar una historia que, sin embargo, saca a la luz desde las profundidades del océano, por utilizar una imagen metafórica que en este caso es tristemente literal (Siklosi 2016). Jean Arasanayagam, por su parte, en ocasión de la denuncia de la masacre de julio de 1983, atempera su discurso prolijo para relatar desde su perspectiva de víctima una agresión que hirió en lo más profundo a una comunidad sistemáticamente maltratada. Se trata de sendas reconstrucciones de la historia que, elaboradas desde la memoria, se llevan a cabo mediante efectivos y conmovedores relatos poéticos.

Obras citadas

Abayasekera, Nayomi. 2019. "Poetry as a Political Statement: A Study of Jean Arasanayagam's Poetry." En: Mitali P. Wong y Yousuf Saeed (eds.), *The Changing World of Contemporary South Asian Poetry in English*. Nueva York: Lexington Books.

Alonso-Breto, Isabel. 2003. "La lucha contra el racismo en la obra de Marlene Nourbese Philip." *Anuari de Filologia* 12: 15–26.

Alonso-Breto, Isabel. 2006a. "Posmodernidad y revulsión de la historia en *Looking for Livingstone, an Odyssey of Silence*, de Marlene Nourbese Philip." *Tonos Digital* 12. En línea: http://www.tonosdigital.es/ojs/index.php/tonos/article/view/71 (consultado el 25.09.2019).

Alonso-Breto, Isabel. 2006b. "*The Streets*, de Marlene Nourbese Philip: denuncia y redención de la Historia." *BELLS: Barcelona English Language and Literature Studies* 15.

Alonso-Breto, Isabel. 2010: "Multiple Serendips: Patterns of Hybridity in Sri Lankan Writing and Jean Arasanayagam's 'All is Burning.'" En: Mar García, Felicity Hand y Nazir Can (eds.), *Indicities/Indices/Indícios: Hybridations problématiques dans les littératures de l'Océan Indien*. Saint-Pierre: Editions K'A. 99–116.

Alonso-Breto, Isabel. 2011a. "Eating One's Way Through History: Food and Politics in Manuka Wijesinghe's *Monsoons and Potholes*." *Coolabah* 5. En línea: http://www .ub.edu/dpfilsa/2alonsocoola5.pdf (consultado el 28.09.2019).

Alonso-Breto, Isabel. 2011b. "Migración y Contextos Multiculturales: Literaturas de origen srilanqués en Canadá y Australia." En: Martin Renes (ed.), *Lives in Migration: Rupture and Continuity*. Barcelona: UB Centre for Australian Studies: 91–108. En línea: http://www.ub.edu/dpfilsa/7alonso.pdf (consultado el 28.09.2019).

Alonso-Breto, Isabel. 2016. "Plural Narratives of the Sri Lankan Nation in Manuka Wijesinghe's *Theravada Man*." *Contemporary Buddhism* 17(2): 217–235.

Arasanayagam, Jean. 1991. *Reddened Water Flows Clear*. Londres: Forest Books.

Arasanayagam, Jean. 1991. *A Nice Burgher Girl*. Homagama, SL: Social Scientists Association.

Arasanayagam, Jean. 1987. *Trial by Terror*. Hamilton, Nueva Zelanda: Rimu Books.

Arasanayagam, Jean. 2003. *Apocalypse 83*. Colombo: ICES.

Cho, Lily. 2007. "The Turn to Diaspora." *Topia* 17: 11–30.

Collins, Patricia Hill. (1990) 2009. *Black Feminist Thought. Knowledge, Consciousness, and the Politics of Empowerment*. Londres: Routledge.

Coppola, Manuela. 2013. "'This is, not was': M. NourbeSe Philip's Language of Modernity." *Textus, English Studies in Italy* 2: 67–82.

Crenshaw, Kimberlé. 1989. "Demarginalizing the Intersection of Race and Sex: A Black Feminist Critique of Antidiscrimination Doctrine." *Feminist Theory and Antiracist Politics* 140: 139–167.

De Silva, K.M. 2005. *A History of Sri Lanka*. Colombo: Vijitha Yapa.

De Sousa Santos, Boaventura. 2010. *Epistemologias del Sur*. Siglo XXI: México.

Dowling, Sarah. 2011. "Persons and Voices: Sounding Impossible Bodies in M. NourbeSe Philip's *Zong!*" *Canadian Literature* 210–211: 43–58.

Eagleton, Terry. 1983. *Literary Theory: An Introduction*. Minneapolis: University of Minnesota Press.

Fink, Lisa. 2020. "'Sing the Bones Home': Material Memory and the Project of Freedom in M. NourbeSe Philip's Zong!" *Humanities* 9: 1–22.

Foucault, Michel. 1991. *Microfísica del poder*. Madrid: Ediciones de la Piqueta.

Grosfoguel, Ramón. 2011. "Decolonizing Post-Colonial Studies and Paradigms of Political-Economy: Transmodernity, Decolonial Thinking and Global Coloniality." *Transmodernity: Journal of Peripheral Cultural Production of the Luso-Hispanic World* 1(1): 1–38.

Halpé, Ashley. (1984) 2003. "Excerpt from Some Aspects of Recent Sri Lankan Literature in English." Prefacio a Arasanyagam, Jean, *Apocalypse '83*. Colombo: International Centre for Ethnic Studies. 1–2.

hooks, bell. 1981. *Ain't I A Woman, Black Women and Feminism*. Boston: South End.

Jess-Cooke, Carolyn. 2018. "Creative Writing for Recovery from Mental Trauma." En: Esther Pujolràs-Noguer y Felicity Hand (eds.), *In/Visible Traumas: Healing, Loving, Writing*. Barcelona: Flickr. 11–19.

Kanaganayakam, Chelva. 1998. "Dancing in the Rarefied Air: Reading Contemporary Sri Lankan Literature." *Ariel* 29(1): 51–65.

Lugones, María. 2010. "Toward a Decolonial Feminism." *Hypatia: A Journal of Feminist Philosophy* 25(4): 742–759.

Mignolo, Walter. 2003. *Historias locales, diseños globales. Colonialidad, conocimientos subalternos y pensamiento fronterizo*. Madrid: Akal.

Mishra, Vijay. 2007. *The Literature of the Indian Diaspora: Theorizing the Diasporic Imaginary*. Londres y Nueva York: Routledge.

Nourbese Philip, Marlene. 1980. *Thorns*. Stratford, Ontario: Williams-Wallace.

Nourbese Philip, Marlene. 1983. *Salmon Courage*. Stratford, Ontario: Williams-Wallace.

Nourbese Philip, Marlene. 1989. *Harriet's Daughter*. Londres: Heinemann.

Nourbese Philip, Marlene. 1991. *Looking for Livinsgtone: An Odyssey of Silence*. Stratford, Ontario: The Mercury Press.

Nourbese Philip, Marlene. 1997. *A Genealogy of Resistance and Other Essays*. Stratford, Ontario: The Mercury Press.

Nourbese Philip, Marlene. 2008. *Prueba Ella su Lengua*. Traducido por: Maite Domingo Alegre. Málaga: Ediciones de la Diputación Provincial de Málaga.

Nourbese Philip, Marlene. 2008. *Zong!* Middletown: Wesleyan University Press.

Nourbese Philip, Marlene. (1989) 2014. *She Tries Her Tongue, Her Silence Softly Breaks*. Middletown: Wesleyan University Press.

Patterson, Jeremy. 2017. "The History of Trauma and the Trauma of History in M. NourbeSe Philip's *Zong!* and Natasha Tretheway's *Native Guard*." *Postscript* 33. 1.

Perry, Tasneem. 2012. "Inherently Hybrid: Contestations and Renegotiations of Prescribed Identities in Contemporary Sri Lankan English Writing." Tesis Doctoral, University of Manchester. En línea: https://www.research.manchester.ac.uk/portal/files/54522714/FULL_TEXT.PDF (consultado el 18.08.2019).

Rambukella, Harshana. 2019. "Jean Arasanayagam: A Life Lived in Exuberance." *Sri Lanka Guardian*. En línea: http://www.slguardian.org/2019/08/sri-lanka-jean-arasanayagam-life-lived.html (consultado el 31.10.2019).

Said, Edward W. 1983. *The World, The Text, The Critic*. Londres: Vintage.

Salgado, Minoli. 2007. *Writing Sri Lanka, Literature, Resistance and the Politics of Place*. Londres: Routledge.

Senerath-Yapa, Yomal. 2019. "Jean Arasanayagam: The Life of the Poet ends." *The Sunday Times*. En línea: http://www.sundaytimes.lk/190804/plus/jean-arasanayagam-the-life-of-the-poet-ends-360892.html (consultado el 31.10.2019).

Sharpe, Jenny. 2014. "The Archive and Affective Memory in M. Nourbese Philip's *Zong!*" *Interventions* 16(4): 465–482.

Siklosi, Kate Mary Beth. 2016. "The Absolute of Water: The Submarine Poetic of M. Nourbese Philip's *Zong!*" *Canadian Literature* 228–229: 111–130.

Silva, Neluka. 2002. *The Hybrid Island: Culture Crossings and the Invention of Identity in Sri Lanka*. Londres: Zed.

Simms, Norman. 2003. "Comments on Trial by Terror." Prefacio. En: Arasanayagam, Jean. *Apocalypse '83*. Colombo: International Centre for Ethnic Studies. 12–14.

Siriwardena, Regi. "Jean Arasanayagam: In Search of Identity." Prefacio. En: Arasanayagam, Jean. *Apocalypse '83*. Colombo: International Centre for Ethnic Studies. 3–8.

Sivanandan, Ambivalaner. 1997. *When Memory Dies*. New Delhi: Penguin India.

Sivanandan, Ambivalaner. 2009. "An Island Tragedy: Buddhist Ethnic Cleansing in Sri Lanka." *New Left Review* 60: 79–98.

Sjöbohm, Anders. 1992. "'Someone Smashed in the Door and Gave Me My Freedom': On the Writings of Jean Arasanayagam." *World Literature Today* 66.1: 35–38.

Spivak, Gayatri C. 1988. "Can the Subaltern Speak?" En: Cary Nelson y Lawrence Grossberg (eds.), *Marxism and the Interpretation of Culture*. Urbana: University of Illinois Press. 271–313.

Wickramasinghe, Nira. 2001. "Migration, Migrant Communities and Otherness in Twentieth Century Sinhala Nationalism in Sri-Lanka (up to Independence)." En: Crispin Bates (ed.), *Community, Empire and Migration: South Asians in Diaspora*. Nueva Delhi: Orient Longman. 153–184.

Yogasundram, Nath. 2008. *A Comprehensive History of Sri Lanka from Prehistory to Tsunami*. Colombo: Vijitha Yapa Publications.

CAPÍTULO 10

Loretta Collins Klobah y Jennifer Rahim: versos para la construcción colectiva de un nuevo mundo

Maria Grau Perejoan

Resumen

Este capítulo pone en diálogo la poesía de la puertorriqueña Loretta Collins Klobah y la trinitense Jennifer Rahim y afirma que la obra de ambas propone la construcción colectiva de un nuevo mundo desde una perspectiva pancaribeña y feminista que comprende la complejidad histórica del Caribe.

Los versos de Collins Klobah y Rahim rezuman con la crítica a un sistema capitalista y heteropatriarcal en el que abundan la violencia estructural e institucional y que busca hacer creer que la lucha popular es baladí para así mantener a la población complaciente y conformista. Además, su obra, mayormente escrita en inglés, aunque el español y el criollo trinitense—reflejo del contexto multilingüe de la región—también estén presentes, no solo celebra la hibridez característica de la región, sino que reconoce la validez y sobre todo el potencial transformador y regenerador de la cultura caribeña en el siglo XXI.

Por último, este trabajo quiere visibilizar la obra de dos poetas caribeñas contemporáneas imprescindibles y defiende que la tarea de soñar y profetizar un nuevo mundo para la región es también una labor colectiva de la que la crítica literaria, entre otras agentes culturales, es partícipe.

Palabras clave

poesía caribeña – poesía escrita por mujeres – pancaribeñismo – plurilingüismo – feminismo – violencia

© KONINKLIJKE BRILL NV, LEIDEN, 2022 | DOI:10.1163/9789004504592_012

1   Introducción

Este capítulo pondrá en diálogo la obra de dos poetas caribeñas de dos islas y dos áreas lingüísticas distintas: la poeta afincada en Puerto Rico, Loretta Collins Klobah, y la poeta de Trinidad y Tobago, Jennifer Rahim. De esta forma, se pretende fomentar que su obra poética no solo transcienda las fronteras lingüísticas de la región—herederas de los diferentes pasados coloniales—sino que llegue más allá de esta y la haga visible dentro del campo de la literatura postcolonial.

Este capítulo defenderá la acuciante necesidad de visibilizar, teorizar y promover la obra poética de Collins Klobah y Rahim en el actual momento histórico. Primeramente, porque ambas poetas son herederas de una tradición literaria que ya desde sus inicios ha sido transnacional e híbrida, y, en palabras de Derek Walcott, ha estado al servicio de la restauración de "nuestras historias hechas añicos, nuestras esquirlas de vocabulario." (Walcott 1998, 69).[1] Tal como se afirmará, sus versos exhortan a la realización de un nuevo mundo entendido como posibilidad y reivindicación de la diversidad. Pero, además, porque lo que hace su poesía aún más relevante en el momento actual es el hecho que dicha celebración de la hibridez se vertebra través de la aún relegada y, por tanto, necesaria perspectiva de mujer.

En cuanto al corpus poético, se analizarán poemas de dos colecciones de cada una de las autoras: *The Twelve-Foot Neon Woman* (2011) y *Rincantations* (2018) de Loretta Collins Klobah, y *Approaching Sabbaths* (2009) y *Ground Level* (2014) de Jennifer Rahim, todas ellas publicadas por la editorial independiente inglesa especializada en las letras caribeñas, y con especial atención en publicar autores que escriben desde la región, Peepal Tree Press. En este sentido, cabe destacar que a las dos poetas les distingue el hecho de que, a pesar de la falta de infraestructura y reconocimiento públicos, escriben desde el archipiélago, y además han sido ganadoras de prestigiosos premios. Rahim recibió en 2018 el OCM Bocas Prize, así como el Premio Casa de las Américas en 2010 y Collins Klobah recibió en 2012 el OCM Bocas Prize en la categoría de poesía.

En el campo literario del Caribe el énfasis en cuanto a promoción es mayoritariamente en los escritores (hombres) y en aquellos que son diaspóricos, es decir, no escriben desde la región. La realidad es que estos dos factores que podrían ser denominados "factores relacionales"—utilizando la terminología que el sociólogo francés Bourdieu usa para hablar de los campos literarios—, están profundamente imbricados con la promoción. Por un lado, los autores

---

1   Todas las traducciones del inglés, como la que sigue a continuación, son de la autora.

que escriben desde las metrópolis, en las que sí existe una infraestructura que apoya las artes, gozan de mayor visibilidad. Por el contrario, autoras cuyas obras son de gran calidad y comparables a la de los escritores varones, pasan casi desapercibidas en el campo literario de la literatura postcolonial escrita en inglés o acostumbran a recibir menos atención que los hombres.

En cuanto a su obra, cabe destacar que desde una óptica a veces insular, y otras veces marcadamente pancaribeña, sus versos evidencian y celebran la complejidad y diversidad de la región, problematizan y amplían el concepto de identidad en el Caribe e identifican y subrayan su perspectiva de mujer. Todo ello se ve reflejado, en primer lugar, en el empleo de tropos característicos de la cultura caribeña, a los cuales les dotan de una forma innovadora, renovándolos para que así adquieran nuevos significados acordes con la sociedad contemporánea en continuo cambio. En particular, su poesía explora, de forma innovadora e imaginativa, aspectos como la flora del Caribe, las religiones afrocaribeñas, personajes mitológicos propios y personajes pertenecientes a festivales culturales. Asimismo, esa complejidad y diversidad también se ve plasmada en su lenguaje poético. Reflejo del contexto lingüístico del Caribe, su poesía se caracteriza por el uso de más de un código lingüístico: Rahim utiliza inglés y criollo trinitario y Collins Klobah utiliza inglés y español.

Por último, los problemas sociales resultado de las circunstancias históricas de la región y la creación de forma colectiva de una sociedad que dé cobijo a la complejidad y diversidad propia figuran entre los elementos que se podrían considerar más vertebradores de sus obras. Se puede afirmar, por tanto, que su poesía tiene un objetivo o misión transformadora, o en palabras de la propia Rahim, participa de una "humanizing (r)evolution" (2013, 40).

2   *New World*

> [t]he truly tough aesthetic of the New World neither explains nor forgives history.
>
> WALCOTT 1998, 37

Los versos de Collins Klobah y Rahim ofrecen una visión del Caribe que muestra, sin ignorar su carga histórica, las enormes posibilidades y capacidades de la región. En este sentido, el concepto de "nuevo mundo," término que acarrea una clara carga simbólica que lo relaciona con el pasado colonial de la región, es usado aquí a modo de reapropiación. Es decir, siguiendo una tradición empezada por artistas, intelectuales y políticos caribeños ya a mediados del siglo pasado, este término se utiliza como sinónimo de oportunidad y posibilidad

de un nuevo comienzo. Gordon Rohlehr explica que a mediados del siglo XX—
momento histórico de enorme relevancia para la región—se utilizaron mucho
las ideas de nuevo y de novedad y en particular el concepto de *"New World"*
para definir y proponer un nuevo futuro.[2] En esta línea y centrándonos en las
artes, ambas poetas coincidirían con el escritor trinitense Earl Lovelace, quien
además de considerar el Caribe, en tanto que punto de encuentro de distintos
pueblos, como el núcleo del nuevo mundo, cree que su labor como *"New World
writer"* es la de crear un nuevo comienzo para la región que trascienda limitaciones de raza y clase—al que añado género—, y considere la heterogeneidad
de la región como su auténtico patrimonio (21).

De hecho, las posibilidades de construir un nuevo comienzo para la región
y cómo manejar la diversidad que caracteriza al Caribe han sido dos de los
aspectos cruciales e interconectados que en general más han tratado los intelectuales caribeños. Para muchos, al igual que para las poetas cuya obra estudiamos, este nuevo comienzo debe reconocer, aceptar y valorar la naturaleza
heterogénea y transnacional del Caribe. En este sentido, cabe destacar que
tanto Collins Klobah como Rahim son, además de poetas, críticas literarias, lo
cual no es de extrañar en el campo literario del Caribe, ya que muchos de los
teóricos y críticos—desde los fundacionales hasta los más contemporáneos—
han combinado el ejercicio de ambas actividades, y de esta manera se ha conseguido que las dos disciplinas no se hayan visto disociadas.

La idea de *"newness"* recorre el poema "A Simple Apocalypse" incluido en la
colección más reciente de Jennifer Rahim *Ground Level.* Desde el inicio, ya en
las dos primeras estrofas, se afirma que aquellos que caminen por delante de
sus sombras recibirán nuevas bendiciones y descubrirán caminos para comenzar de nuevo: "New will be the blessing / for those who stand ahead / of their
shadows, // like pointers reshuffle / the universe, divining paths / to fresh begin-
nings" (2014, 56). Sin embargo, este nuevo inicio no dará la espalda al pasado:
"Here, / like there, a God must descend // our fragile rainbows / to remarry
the earth, awaken / our dead, enliven our sleep // with dream. O poets / of
dream say a-new-world-coming, / today. Not without yesterdays" (*ibid.*) continúan la quinta y sexta estrofa. Para Rahim, es tarea de poetas soñar o profetizar
este nuevo comienzo que emerge después de un duro pasado marcado por la

---

2 Gordon Rohlehr da como ejemplos del este uso del término *"new"* la creación del "New World
Movement" por parte de un grupo de economistas y politólogos de la región, y la producción
a mediados de la década de los cincuenta, por parte de los escritores George Lamming y
Wilson Harris, de una serie de programas de radio llamados "New World of the Caribbean"
que consistían en lecturas de escritores caribeños emergentes, a quienes se ofrecía un espacio para que pudieran participar en el debate alrededor del nacionalismo caribeño flore-
ciente de la época (Rohlehr, 2008, 10–11).

COLLINS KLOBAH Y RAHIM: CONSTRUCCIÓN DE UN NUEVO MUNDO   287

esclavitud y el indentureship.[3] De hecho, y tal como afirma en la cita que enca-
beza esta sección de Derek Walcott, las circunstancias históricas de la región
hacen que esta *newness* o nueva cultura no pretenda ni explicar ni perdonar
dicha historia y emerja en un contexto bastante complejo. Es precisamente
fruto de esta complejidad histórica, explica Walcott, de donde nace lo nuevo:
"la complejidad caribeña da lugar a una nueva sensibilidad caribeña, que no
está marinada en el pasado. No está exhausta. Es nueva. Pero es esta complejidad, no las simplicidades históricamente explicadas, que es nueva" (Walcott
1998, 54).

En el poema, esta complejidad se vehicula a través de un simple apocalipsis—tal como se titula el poema—que de forma inesperada llega de la mano
de una mujer mayor "bent like a comma / on the road's side, standing / there,
resigned to hope." Esta desconocida, a quien el yo poético recoge con su coche
para llevarla a Cumana,[4] simboliza la posibilidad de un nuevo mundo y es ella
misma quién, al bajar del coche, le dice "without grief, like a history / healed of

---

3 Sistema casi-esclavista llamado *indentureship* que se estableció para mantener el sistema
   económico de la plantación esclavista.
4 Me parece relevante desde una perspectiva feminista subrayar en esta extensa nota el que
   podría parecer el simple hecho de recoger a una mujer que va andando por la carretera. En el
   contexto de Trinidad rural es aún práctica habitual recoger a alguien por la carretera, ya que
   el servicio público de transporte es escaso y sobre todo se concentra en el llamado *East-West
   corridor* (el corredor que va de la capital, Port of Spain, hasta a Arima) donde, a su vez, se
   concentra un alto porcentaje de población de la isla. Considero este hecho un ejemplo de
   sororidad entre mujeres que otras autoras de Trinidad también han recogido (nunca mejor
   dicho) en su obra. Por un lado, Dionne Brand en su colección de ensayos *Bread Out of Stone*
   coincide con Rahim en que este pequeño gesto lleva consigo una enorme alegría y en el caso
   de Brand es considerado hasta mágico:
      "una tarde mientras cruzábamos la selva en coche por la carretera que va de Paratauvier
   hasta Roxborough, nos encontramos justo en medio de la selva con una mujer de ojos suaves,
   vieja como el agua, ligera como el polvo y agarrada de la mano de su nietecita caminando
   hacia Roxborough. Nos detuvimos al no ver ninguna casa cerca de la que hubiera podido
   venir o a la que pudiera estar yendo. La carretera tenía árboles y arbustos a ambos lados
   y epífitas que colgaban de chaguaramos y búcares, y al detenernos oímos su 'Gracias, mis
   amores, gracias. ¡Qué dos chiquillas tan encantadoras! Iba hacia allá, a la vuelta de la esquina.
   Gracias, mis amores.' Que nos llamara amores y chiquillas, sabíamos que era mágico porque
   nadie, ninguna persona desconocida en los últimos veinticuatro años de mi vida y durante
   todo el tiempo que Faith había vivido en la ciudad que habíamos dejado, nos había llamado
   amores o chiquillas. Empezamos a sonreírle. Nos acomodamos en sus amores y chiquillas
   igual que su nieta se había acomodado en su regazo. Era mágico porque ella había aparecido
   en la carretera con su esperanza, una esperanza que hizo que la selva le enviara un coche
   con unas mujeres norteamericanas que ansiaban oír sus amores y chiquillas, o quizás no
   pensara para nada en nosotras sino que simplemente iba andando hasta Roxborough con su
   nieta a comprar azúcar y arroz y esos amores y chiquillas no eran especiales sino que eran
   habituales, lo que le diría a cualquier persona desconocida, cualquier persona, era solo que

pain, 'I outlive all my children'" (2014, 58). El encuentro casual con esta mujer mayor le permite comprender que, a pesar de un pasado personal—al igual que un pasado colectivo—duro, y haber sobrevivido a todos sus hijos, es capaz de caminar sin aflicción y desprender, cuenta la poeta, resplandor y belleza.

La colección *Approaching Sabbaths* de Rahim termina con una secuencia de poemas titulada "A Return to Quinam Bay" en la que recorremos junto a la poeta y su amigo Andy el camino desde el norte de la isla hasta la Bahía de Quinam en el sureste. Durante el viaje, la poeta reflexiona sobre cómo se entrelazan la literatura con la historia, y esta última con las historias personales y los mitos que han ido pasando de generación en generación. Punto de llegada de Colón y punto de partida del poeta Eric Roach, Rahim describe de la siguiente manera la Bahía: "Quinam is a bay west of the first lies / of Discovery. Three hills that never were, / people never seen. There a poet swam / to sea to reverse history" (2011, 220). Cuenta la leyenda que Colón bautizó la isla con el nombre de Trinidad al avistar, cuando se acercaban a la isla, tres montañas. Sin embargo, esta narrativa colonial parece tener poco de verdad, prueba de ello son las palabras de Fray Bartolomé de Las Casas, quien aseguró que Colón "[p]uso nombre a esta tierra la isla de la Trinidad, porque así lo llevaba determinado, que la primera tierra que descubriese así se llamase, y plugo, dice él, a Nuestro Señor, por su alta majestad, que la vista primero fueran juntos tres mogotes, digo, tres montañas, todas a un tiempo y en una vista" (citado en Morales Padrón 2011, 8). El poema cuestiona el omnipresente discurso colonial que continúa usando el término "descubrimiento" y el mito del que podríamos llamar "bautismo providencial" de la isla de Trinidad; y, a su vez, explica que en este enclave tan importante en la historia de la isla fue donde nadó un

---

ardíamos en deseos de que alguien nos llamara de una forma que reconocíamos lo que hizo que la amáramos de forma instantánea." (1995, 4–5).

Por otro lado, en la novela *For the Life of Laetitia* de Merle Hodge, el padre de la protagonista, Laetitia, a quien apenas conoce ya que este no se ha ocupado nunca de su crianza, no se para a recoger a una mujer que lleva a cuestas a su hijo. Este gesto no pasa desapercibido por la protagonista, quien se avergüenza enormemente de la falta de empatía de su padre:

"Todavía se estaba riendo cuando pasamos por delante de Miss Adlyn que iba andando por la carretera con el bebé. El niño iba arreglado y yo sabía que lo llevaba a la clínica de La Puerta para que le hicieran la revisión. Oyó que se acercaba el coche y extendió la mano para pedir que la lleváramos. Cuando se dio cuenta de que no íbamos a parar, se detuvo para cambiar al bebé al lado donde llevaba la bolsa y la bolsa al otro lado. No pude ni siquiera saludarla—quería hundirme en el asiento del coche—. Me imaginaba a Miss Adlyn bajando por el camino, cambiándose de lado al bebé y la bolsa abultada diversas veces antes de llegar a la carretera principal. Ahí tendría que esperar en la sombra de la tienda de Rampie a que llegara un autobús, quizás se rendiría después de un ahora y pagaría la carrera en taxi hasta el cruce, para luego en el cruce esperar otra vez el autobús hacia La Puerta. ¡Y nosotros íbamos a La Puerta!" (1993, 4–5).

COLLINS KLOBAH Y RAHIM: CONSTRUCCIÓN DE UN NUEVO MUNDO

poeta para hacer retroceder la historia. Este poeta tiene un referente real, el poeta Eric Roach, que se adentró en las aguas de la Bahía después de escribir el poema "Finis" y haber tomado insecticida.[5] Podríamos interpretar estos versos como una llamada a reescribir una historia llena de mitos que invisibiliza los discursos postcoloniales y sus historias. Es por eso que esta secuencia de poemas termina con un epílogo cuyo último verso es: "I write now to make all our stories go on" (2011, 220).

Si bien por un lado el poema se puede leer como una llamada a reescribir la historia, incluir a quienes se ha silenciado y celebrar la diversidad, es importante subrayar que también cuestiona la visión hegemónica de la región que considera que las islas no son un sitio en el que quedarse a vivir. De esta forma, Rahim escribe: "Every thing lost will come back to us— / in the end— changed by the pathways / it travels to find us again, as love / will never leave us orphans in any / geography or history. We are fully / ourselves, here, and much more / of what we have not yet dreamed" (2011, 200). Es decir, cuestiona la visión del Caribe como un lugar condenado a no prosperar dónde no se ha creado nada—un constructo que en última instancia contribuye a mantener la región bajo la tutela de occidente y pendiente de su aprobación[6]—. Estos tres últimos versos apuntan a la posibilidad de vivir una vida plena en la región, así como hacia un futuro esperanzador en el que sea posible hasta lo que aún no ha sido siquiera soñado, es decir, una verdadera realización de un nuevo mundo. Además, a pesar de una historia que empezó marcada por la pérdida y el dolor, el amor viaja y nos vuelve a encontrar irremediablemente. Este amor del que nos habla la poeta resuena con el amor del que Derek Walcott habla en su discurso de aceptación del Nobel de Literatura. Se trata de un amor más fuerte, resultado de recomponer los distintos pueblos que se encontraron en el Caribe y que han hecho de él su casa:

---

5 Reconocido como uno de las poetas del Caribe del siglo XX más prominentes, Roach se suicidó en 1974 después de escribir el poema "Finis:" "night casts its blanket / on the wood / blacker than blindness // nothing breaks midnight now / the fireflies died / life's candles flickered out // darkness has entered / at the pores of love / and joy and grief / and art and song // now sound is silence / silence / silence // a man has passed / into the heart of darkness."

6 Dicha visión hegemónica del Caribe fue aceptada y difundida por el escritor nacido en Trinidad V.S. Naipaul, quién en su colección de ensayos *The Overcrowded Barracoon* afirmaba lo siguiente: "The island blacks will continue to be dependent on the books, films and goods of others; in this important way they will continue to be the half-made societies of a dependent people, the Third World's third world. They will forever consume; they will never create. They are without material resources; they will never develop the higher skills" (Naipaul 1972, 250).

290   GRAU PEREJOAN

Rompe un jarrón, y el amor que arma los fragmentos de nuevo es más fuerte que el amor que daba por hecha su simetría cuando era un todo. El pegamento con el que se encajan las piezas es el sellado de su forma original. Así es el amor que arma nuestros fragmentos africanos y asiáticos de nuevo, los vestigios agrietados cuya restauración muestra sus heridas blancas.

WALCOTT 1998, 69

Asimismo, es importante no olvidar que el concepto de nuevo mundo es inevitablemente un concepto de cariz regional. La realidad, sin embargo, es que en general aún existe una visión compartimentalizada del Caribe debido a la herencia colonial, que a su vez se ve dificultada por la misma insularidad de la región. Por desgracia, lejos quedan los intentos de crear confederaciones de pueblos insulares, como fueron la idea de crear una federación antillana, a la cabeza de la cual se encontraba el puertorriqueño Eugenio María de Hostos en el siglo XIX, o la efímera West Indian Federation que unió diez naciones o islas de las Antillas de habla inglesa entre 1958–1962. Como resultado, y por lo menos en lo que se refiere al plano cultural, aunque exista un fértil campo literario, desde el mismo archipiélago domina un desconocimiento mutuo que dificulta que exista un intercambio entre las distintas áreas lingüísticas en las que la región está dividida (español, francés, neerlandés, inglés, papiamento, y los distintos criollos). La realidad es que apenas circulan obras literarias escritas por autores de la región en las diferentes lenguas.

Conocedoras de la división en la que se encuentra sumida la región y el subsiguiente desconocimiento mutuo, los versos de ambas poetas tienden unos más que necesarios puentes entre las distintas islas, reclaman figuras históricas y combinan elementos culturales de distintos países caribeños. Un ejemplo claro, en el caso de la poeta trinitense, es el poema "An Independence Echo," que como su título ya parece apuntar, traza la evolución de la región desde la independencia de las distintas islas:

Is a start ... have heart, but just there, is a vanish ...
vanishing ... point we know, tiefing dream ... the promise
missed ... long time we eh ... is not a fête in here ... Maurice and
Rodney, missed? ... Should we miss ... know what to miss ... prefer the
night,

2014, 36

El poema lamenta los sueños robados y las promesas perdidas y echa la vista atrás a través de dos figuras históricas de gran relevancia en el proceso de descolonización de la región y en la promoción de la cultura caribeña: el activista e intelectual de Guyana Walter Rodney y el Primer Ministro de Granada Maurice Bishop. Se pregunta si se extrañan estas dos figuras política y culturalmente comprometidas con el sueño de un nuevo comienzo, y a quienes su activismo les llevó a ser asesinados. Para la poeta, la región que se mantiene en suspense—de ahí la abundancia de puntos suspensivos—sufre de amnesia, prefiere la oscuridad de la noche.

Por su parte, en el poema que cierra su primera colección, "Novena a la reina María Lionza," Collins Klobah no solo demuestra una visión pancaribeña al referirse al Caribe insular como "our islands" (2011, 79) y "sister islands" (2011, 80), sino que además aúna elementos culturales de distintas islas, incluso hasta del también considerado Caribe continental. Dicho poema tiene como figura principal la reina o diosa María Lionza, figura central de la religión sincrética venezolana del mismo nombre de raíz indígena entrelazada con tradiciones católicas y africanas,[7] quien está acompañada de Damballa, deidad o *lwa* del Vudú haitiano y del dios taíno Huracán de Puerto Rico. De igual manera, en "The Twelve-Foot Neon Woman on top of María's Exotik Pleasure Palace Speaks of Papayas, Hurricanes, and Wakes" la poeta puertorriqueña incluye también referencias y tradiciones afrocriollas de las Antillas francesas, inglesas y de habla hispana: "Felt the Chupacabra in my rising— / Puerto Rican, blood-sucking soucriant" (2011, 57). Por si esto fuera poco, también a nivel lingüístico sus versos entremezclan la lengua inglesa, con el español y el criollo inglés, como por ejemplo en el poema "Novena a la reina María Lionza" que utiliza palabras en criollo inglés como "pum-pum" o "Badjohn cop" (2011, 65).

La falta de intercambio entre islas es uno de los temas centrales en "Reading Krik? Krak! in Puerto Rico" incluido en su primera colección *The Twelve-Foot Neon Woman*. El poema recoge la reacción de sus estudiantes de la Universidad de Puerto Rico al leer el cuento "Children of the Sea" de la escritora haitiana-estadounidense Edwidge Danticat. Durante la discusión en clase sobre este cuento en el que un joven haitiano perseguido por los Tonton Macoutes (grupos paramilitares de una violencia extrema a las órdenes del dictador Jean Claude Duvalier) se ve obligado a coger una patera o yola—como se le denomina en República Dominicana—para intentar llegar a Florida y salvar su vida. El poema refleja cuán poco los estudiantes puertorriqueños conocen la realidad de las islas vecinas, en particular de la isla llamada La Española en la que se encuentran República Dominicana y Haití, y las muchas historias de migrantes que en busca de una vida mejor intentan llegar a la costas de Puerto Rico: "Students talked about tennis shoes washed ashore, dehydrated groups /

---

7 La figura de María Lionza ganó popularidad más allá de Venezuela cuando el panameño Rubén Blades junto con el puertorriqueño Willie Colón grabaron el tema "María Lionza" escrito por el primero.

of Dominicanos and Haitians routinely hunted down / by La Guardia Costera, drowned in Mona Passage, / hailed at sea, or corralled on shore / and deported from Puerto Rico, They admitted how little / they knew, though living just next door, as islands go" (2011, 43). De hecho, el escritor barbadense George Lamming, en su labor de juez de la edición de 2012 de los premios literarios que se otorgan anualmente en el Bocas Literary Festival en Trinidad y Tobago, subrayó los dos últimos versos arriba mencionados ya que para él suponen:

> Un recordatorio contundente de que somos un pueblo que desconoce la casa en la que vive. Estamos familiarizados con la habitación en la que vivimos ... la habitación Trinidad y Tobago; la habitación Jamaica; la habitación Barbados o la habitación grande Guyana. Pero no sabemos cómo se relacionan estas habitaciones las unas con las otras ... Ni entendemos cómo esta colectividad de habitaciones define la casa que llamamos el Caribe—una región que se encuentra ahora en una aguda crisis de fragmentación.
>
> qtd. SINGH 2012

Después de leer los cuentos de Danticat, los estudiantes puertorriqueños son capaces de establecer conexiones entre la historia de Haití y la de Puerto Rico. Además, la poeta afirma: "In Puerto Rico, we remember our massacres, too / but we try, too often, to forget" (2011, 43). Reconocen vínculos como las masacres—aunque las intenten olvidar demasiado a menudo—, luchas populares y ceremonias religiosas parecidas que les permiten ver que, tal como afirma Lamming, las distintas habitaciones forman parte de una misma casa.

3   Violencias y trauma colectivo

Uno de los aspectos que entorpecen, en gran medida, la creación de un nuevo mundo en la sociedad puertorriqueña y la sociedad trinitense—o trinbagonense para utilizar el gentilicio más apropiado aunque inexistente en español—y en el archipiélago en general, es la violencia. Los distintos tipos de violencia, tanto la institucional o estructural, en forma de brutalidad policial que tantas veces queda impune, como la violencia, ya sea en forma de violación o asesinato aparecen en la obra de ambas poetas.

En primer lugar, es imprescindible reconocer como su poesía denuncia la violencia estructural que sufren las mujeres, ya que este uno de los mayores impedimentos para la construcción del nuevo mundo, tal como se ha definido en este artículo. La violencia de género, en particular los feminicidios y los abusos sobre todo sexuales a mujeres y niñas son temas tratados por ambas poetas. Sus versos denuncian la violencia, enraizada en la sociedad debido a un sistema patriarcal que las subordina y normaliza la violencia que se ejerce sobre las mujeres y niñas, a través de casos reales acaecidos en las últimas décadas en sus respectivas islas. Asimismo, en sus versos se celebran sus opciones de vida no hegemónicas que las sitúan fuera de aquello dictado por un sistema patriarcal que normaliza la violencia en contra suya, las discrimina, y las relega a ciertos espacios y funciones en la sociedad. Sin menospreciar las más que necesarias y urgentes denuncias, quiero centrarme en los versos en los que las poetas hablan de momentos vitales que podríamos definir como cercanos a epifanías, en las que ambas logran deshacerse de imposiciones sociales que las limitaban, las hacían sentirse inferiores o incompletas. Es decir, experiencias liberadoras en las que reconocen un pasado en el que habían interiorizado dicha ideología que les hacía creer, por ejemplo, que como mujer no cabían más posibilidades más allá de ser esposa y madre. De hecho, liberarse de esas imposiciones interiorizadas a causa de una socialización en torno a mandatos sociales les permite entender y valorar sus opciones vitales que las sitúan en temporalidades alternativas o cuir. Tal como las define Jack Halberstam, estas "abren nuevas narrativas vitales y relaciones alternativas con el tiempo y espacio" (2005, 2). Para Halberstam, las temporalidades alternativas o cuir proponen nuevas formas de entender comportamientos fuera de la norma, y asimismo permiten imaginar trayectorias vitales de acuerdo con lógicas que se encuentran fuera de marcadores paradigmáticos como el nacer, casarse, reproducirse y morir (2005, 2).

En el poema "On Reaching the Age Past Explaining" Rahim descubre la sensación liberadora, y en sus propias palabras agradable como la brisa que sopla en la tarde, de llegar a una edad en la que ya no siente la necesidad de tener que dar explicaciones sobre su trayectoria vital alternativa. El poema nace de ser interpelada por un interlocutor que pone en cuestión qué es lo que la poeta ha hecho con su vida, al haber llegado a cierta edad y no haberse casado, ni haber tenido hijos: "and so you ask me / what have I been doing / now that the shelf is my home" (2011, 152). Cabe destacar que el tercer verso es una reapropiación de la sexista frase hecha en inglés "to be left on the shelf"—literalmente "que te dejen en el estante"—acto pasivo que desde dicha ideología es lo que le sucede a una mujer que tiene la desdicha de no ser escogida por ningún hombre. En su lugar, Rahim hace de la estantería su hogar, el lugar alternativo que ella ha escogido, que le da cobijo y que a la vez resuena con libros, versos y poesía. La poeta descubre que bien poco le importa que le juzguen y afirma: "and so what if my skirt / swells like a ready wave / and the hips you swore / were made for children / reveal only words / resting in a dark cradle" (2011, 152). Conocedora de las expectativas y prejuicios de su interlocutor, la poeta celebra sus propias caderas que producen palabras y no hijos. Al final del poema se reafirma en la aceptación de este "what if I have nothing / but a head nutty with verse" (2011, 154) que esta vez tiene como interlocutor el mar que llama al viento cálido en la tarde y celebra su opción de tener la cabeza repleta de versos.

Collins Klobah hace un descubrimiento similar al comprobar que, contra aquello establecido por el patriarcado y en algún momento de su vida interiorizado como una verdad incuestionable, es posible ser feliz y llevar una vida plena sin un hombre a su lado. En el poema "The First Day of Hurricane Season" la poeta admite que:

> No one ever taught me to expect a phase of life
> spent without a lover could be as happy, simple, and rich
> as this. Now I am remembering just the way his pelvis
> swung hard and loaded with freight into my labia
> flame-petals. The memory feels good, like fireworks
> in the kegel muscle and quick-spreading heat.
> The tossed seas of my own body in humidity
> and golden air kindle both satisfaction and peace.
>> 2011, 17

La poeta reconoce la tranquilidad y satisfacción que le dan entender su alternativa vital y aceptarla como válida, para acto seguido recordar el roce de un amante de forma bien explícita. De esta forma, los versos afirman que para sentirse llena, feliz y en paz, una mujer no necesita una pareja, y a la vez normalizan y visibilizan algo inexistente para el patriarcado: el deseo sexual femenino.

Por otro lado, en el poema "La Monstrua Desnuda" la poeta puertorriqueña celebra su cuerpo no normativo, alejado de los cánones de belleza de mujer imperantes, por el que, tal como explica, recibe miradas y comentarios a diario. Reivindica los cuerpos tachados de anormales, "the freaky-freaky of sideshows" (2018, 21) desde dicha perspectiva, a través de la figura de Eugenia Martínez Vallejo. Apodada *la Monstrua*, con solo seis años Eugenia entró a servir en la corte de Carlos II a mediados del siglo XVII y fue retratada por Juan Carreño de Miranda en los cuadros *La monstrua desnuda* y *La monstrua vestida*. La poeta se define como "una esteticista comprometida de lo feo" (2018, 21) que reivindica cuerpos como el de Eugenia, el de Karlita, la bailarina del grupo puertorriqueño Calle 13, o el suyo. De esta forma, se identifica con ella y la celebra: "Eugenia is my fierce beauty and force, / so I'll claim la estética de lo feo— / my own baroque body misshapen, obese / sometimes an iron maiden of pain, / something I drag, heave, roll and sway ... Eugenia's postcard rides in my purse, / like a pocket manifesto, a red grenade." (2018, 21). De este modo, la imagen de Eugenia, que la acompaña a diario en su bolso, se convierte en un arma arrojadiza en contra del odio hacia los cuerpos considerados anormales.

En un plano más general, ambas coinciden plenamente en señalar vehementemente la violencia, el clima de miedo que esta genera y su impacto devastador en la población. Ambas, también, escriben poemas que tratan de casos reales de asesinatos infantiles en sendas islas. "Eulogy for Akiel" es un poema en forma de panegírico para Akiel Chambers, un niño de once años asesinado en Maraval, Trinidad, hace más de veinte años mientras estaba en una fiesta de cumpleaños. Rahim lamenta el dolor que causa este acto atroz de violencia y el silencio de una población que aún se muestra sumisa ante casos como los de Akiel, nunca resueltos. El poema termina con la esperanza de cambio, una voluntad de regeneración que llega simbólicamente de la mano de los ancestros que ahí yacen: "I hear the Atlantic opening her tombs / and dry bones planning revolution. / Akiel, no God will deny your company. / We must pray for mercy" (2011, 26).

En "El Velorio, The Wake (1893)" Collins Klobah contrapone dos muertes infantiles y sus velorios. Primero nos describe la pintura puertorriqueña más famosa llamada "El Velorio" del pintor Francisco Oller, en la que se representa la escena del velorio de un infante fallecido en una hacienda en el siglo XIX. En el velorio representado en la pintura, también llamado baquiné, se festejaba con música y baile que el niño, al no haber cumplido aún los siete años, pasaría directamente al paraíso a disfrutar de una vida eterna. En la página opuesta se describe el asesinato hace pocos años de Yashira de seis años en el pueblo de Corozal debido a una bala perdida o como la llama la poeta: "the great cosmic bullet" (2011, 19), y su velorio en el que la poeta hace bien patente la desesperación, ira e incomprensión de familiares y la comunidad en general. Se trata del retrato de dos velorios de criaturas menores de siete años en el Puerto Rico rural de distintos siglos, amortajados, como describe el poema, de similar manera para prepararlos para la travesía. Para Collins Klobah esta gran bala cósmica de la que se debe proteger a los niños y niñas ha estado presente en este nuevo mundo desde la llegada de los colonizadores:

> We have created a new world where the indiscriminate gun
> is always at our backs.
> From the first murdered Taíno to now,
> the cosmic bullet has been in the air. The carved moon
> trots across the sky. Let us rock our babies
> to sleep, kissing their hair, rearranging
> their night clothes, playing our odds against
> carnage, against the stray shot seeking our thresholds.
>
> 2011, 19–20

Estas balas perdidas que acechan a la población y producen carnicerías como lo ocurrido a Yashira en Corozal o a Karla Michelle en Santurce[8]—tal como la poeta describe en el poema "Blue Stone"—ciertamente se pueden interpretar como símbolos de la imposibilidad de construir una sociedad acorde con el concepto de nuevo mundo debido a la acuciante violencia que acecha la región. En este sentido, es importante señalar que Luis Felipe Díaz analiza la figura del infante en la literatura puertorriqueña como alegoría nacional desde el siglo XIX. El crítico explica que abunda la imagen del poeta que con su amada viaja en barca al paraíso isleño para procrear y construir la hacienda cuyo desempeño laboral eventualmente traería la soberanía nacional (124). Sin embargo, continúa Díaz, en la mayoría de los casos el infante se presenta "sumergido en una 'charca'[9] que sólo lleva a inercias y parálisis que impiden la feliz culminación del anhelado cumplimiento del gran proyecto nacional en la creación de una feliz hacienda en la arcádica patria" (125). Las muertes de estas criaturas que aparecen en los versos de Collins Klobah son, por tanto, alegóricas de la condición de la isla, es decir, la falta de soberanía nacional, y la aparente imposibilidad de desviar la "bala cósmica." Sin embargo, la poeta no pide venganza para quienes están detrás de dichas carnicerías, sino que pide "renewal," una regeneración para poder poner fin a la violencia y curar el trauma colectivo. Así, afirma en "Blue Stone:" "I want the man whose bullet entered the brain / of Karla Michelle to put a gardenia flower / in a wooden toy boat and set it out to sea, / praying for renewal, / every New Year's Eve, / for as long as he lives. / I will receive it" (2018, 41). Optimista de que la creación de un nuevo mundo es aún posible, llama a la regeneración en forma de ofrenda, una ofrenda que recuerda mucho a aquellas que se llevan a cabo en diversas religiones afrocaribeñas. Por tanto, es a través de los rituales propios de religiones sincréticas del Caribe que aúnan los diferentes pueblos que se encontraron en el archipiélago, y que son una de las creaciones culturales más valiosas de la región, como esta regeneración, es decir, una verdadera realización del nuevo mundo será posible.

Ambas poetas también denuncian la violencia policial y exploran el trauma colectivo que produce en la población un enésimo caso de violencia. En "Turn from Dark" Jennifer Rahim se pregunta quién se atreverá a escribir poemas como los de Martin Carter, quién se arriesgará a apuntar con sus versos a los

---

8 Karla Michelle Negrón de quince años también fue víctima en Santurce, San Juan, de una bala perdida disparada al aire para celebrar la llegada de Año Nuevo.

9 Término que hace referencia a la novela homónima del puertorriqueño Manuel Zeno García *La charca* (1894) que retrata el clima de incertidumbre social del Puerto Rico rural de finales de siglo XIX.

COLLINS KLOBAH Y RAHIM: CONSTRUCCIÓN DE UN NUEVO MUNDO   297

culpables: Who will dare stir Carter? / Write, now, the poetry of bread, / put aside decency's level / to stand in rank with poems / that bawl-out, shout (2014, 24). Es decir, quién osará ahora atizar el descontento con versos como los de Martin Carter, poeta guayanés políticamente muy comprometido, encarcelado en diversas ocasiones durante la lucha contra el gobierno colonial británico y considerado "el poeta que primero articuló el tono de protesta e independencia en Guyana y a lo largo del Caribe anglófono" (Robinson 15). De hecho, en el poema "For Anthony McNeil on All Saints" de la misma colección, la poeta trinitense señala la valentía como un rasgo indisociable de la poesía "I've been thinking poetry / should always be brave, / or else it cannot speak" (2014, 55).

En "Turn from Dark," la misma fuerza y valentía de los versos de Carter y de la poesía, que en palabras de la autora, tiene la capacidad de hablarnos, las encontramos ahora en las palabras de un padre cuyo hijo fue víctima de una actuación policial desproporcionada que acabó con su vida:

"Not so! Not PO-lice,
    NO-BODY

must take
a life so"
his right grief rattling
every undefended bone
while we watch the screen
    DUMB
    2014, 23–24

Las palabras de este padre en las que exige a la policía que no se arrebate la vida de nadie "de esta manera"—imaginamos que con una brutalidad desmedida— tienen el efecto de dejar "DUMB" a quiénes lo escuchan y ven en sus pantallas, es decir, enmudecidos e incapaces de articular palabra. A pesar de la inicial parálisis que dichas imágenes provocan, la poeta trinitense también es optimista y tiene la esperanza de que llegarán poemas escupiendo fuego como las palabras de este padre a quien la policía ha arrebatado un hijo. Además, la figura de este padre, a quién se describe "crowned with his dread / authority" (*ibid.*), sirve para reivindicar el poder de la gente de a pie para cambiar el mundo. Además, el padre profesa la religión afrocaribeña rastafari, de ahí su corona de rastas que le otorga autoridad y hasta rango aristocrático. Por tanto, al igual que Collins Klobah, es la cultura caribeña, en ambos casos ejemplificada por las religiones afrocaribeñas, la que ofrece una salida adelante para la región. Ambas poetas parecen apuntar que la realización del nuevo mundo para la región, por tanto, viene desde adentro, a través de aquellos elementos culturales nacidos del encuentro de culturas.

Asimismo, en el poema "Witness" la poeta puertorriqueña critica la impunidad con la que los agentes de la ley realizan actos violentos de forma desmedida y/o injustificada, y alienta al pueblo a luchar para acabar con esta lacra. Los versos se centran en tres casos de brutalidad policial que la poeta ha presenciado en primera persona o ha visto en la pantalla que van escalando de intensidad. Así, leemos como la poeta y su hija presencian el violento arresto de un hombre por parte de un policía que no está de servicio, un episodio que a la vez le recuerda los violentos arrestos de estudiantes de la Universidad de Puerto Rico durante las innombrables huelgas para luchar por la universidad pública. Por último, ese mismo día, ya en casa, recuerda el caso de violencia policial más desgarrador de los tres, unas imágenes que se convirtieron en virales e impactaron al país entero en las que un policía dispara, ante la mirada de otros dos agentes y de forma totalmente injustificada, a Miguel Cáceres Cruz "kicked and shot in the back of the head, / downed in the streets in front of El Playerito / in el barrio Punta Santiago, Humacao, / by police four years ago, sin compasión, / for the simple crime of safely directing traffic / at a quinceañera celebration" (2011, 66). El poema termina con una llamada al pueblo a dejar de aceptar pasivamente la brutalidad policial y a revelarse en contra de un sistema que la avala y justifica:

> How many times will we upload atrocities to You Tube?
> How many times, in this tierra de los poetas,
> will we trace the arc of the baton swing
> in our reggaetón songs
> before we all climb into our armoured and fiery SUV's
> a sea of la gente flooding past roadblocks
> at La Fortaleza, banging on the windows,
> chanting *We want el Señor Gobernador*
> *out of his mansion fortress*
>   *to face us*
>   *right*
>   *fucking*
>   *now.*
>
> 2011, 67

Me parece importante mantener no solo la cursiva sino también el espaciado de estos últimos versos escalonados, como reflejo de la contundencia y la inevitabilidad de los acontecimientos anhelados por la poeta, ya que ayudan a entender el nivel de indignación y rabia acumulado por el pueblo puertorriqueño. En realidad, cabe destacar que este es un poema premonitorio, porque el anhelo que la poeta expresaba ya en 2011 de que el pueblo alzara la voz y consiguiera echar a la calle al gobernador, se hizo realidad el verano del año 2019. En julio de 2019 el pueblo puertorriqueño se levantó en contra de un gobierno corrupto, machista, homófobo y que además no supo manejar la crisis después de que el huracán María azotara la isla, lo cual tuvo unas consecuencias devastadoras para sus habitantes. Después de doce intensos días de protestas, el pueblo logró echar al gobernador Ricky Rosselló de la Fortaleza, la residencia del gobernador en el Viejo San Juan, tal como presagiaban los versos Collins Klobah.

Para terminar con la violencia institucional, el poema "Cardboard Oscars" de la poeta puertorriqueña ahonda en la difícil situación política de Puerto Rico, ya que aunque oficialmente sea un estado libre asociado a EE. UU., en la práctica la isla tiene un status que la asemeja a una colonia, y además cuenta con una clase política en gran medida corrupta y sometida al poder de la metrópolis. Este poema narrativo de tono reivindicativo e irónico toma como punto de partida la liberación del líder independentista puertorriqueño Oscar López Rivera a los setenta y cuatro años, después de haber estado recluido treinta y cinco años en una prisión de Estados Unidos acusado de sedición. El poema incluye algunos detalles provenientes de las cartas que éste le mandaba desde la prisión a su nieta que fueron publicadas en el periódico puertorriqueño El Nuevo Día. La poeta se imagina a los cientos de Oscars de cartón de tamaño real, que durante décadas habían servido en protestas y actos a favor de su liberación, tomándose un descanso ahora que el Oscar de carne y hueso ya se encuentra de vuelta a Puerto Rico. Un Oscar va a la playa de Buyé, otro al bosque nacional del Yunque, otros viven en su propia piel los efectos de la precarización y privatización de los servicios públicos resultado de la ley Promesa,[10] y un último Oscar decide dirigirse al Capitolio, sede del poder legislativo, después del discurso del gobernador Ricardo Rosselló en el que anunciaba nuevas medidas de austeridad:

One cardboard Oscar walks to el Capitolio after the new governor's public address, joining the crowd chanting down the governor's plan, Promesa

---

10   En 2016 el gobierno de Barack Obama aprobó una ley llamada Promesa que, entre otras cosas, imponía una Junta de Control Fiscal nombrada por el gobierno federal de los Estados Unidos. Dicha Junta, aún vigente y prueba fehaciente de la realidad colonial de la isla, tiene como objetivo aprobar leyes y presupuestos para reducir la deuda del país, lo cual ha supuesto hasta la fecha la precarización y privatización de los servicios públicos.

the U.S., and the coming austerity whirlwind. Protestors have carved riot shields from plastic traffic barrels. Encapuchados beat the shields in rhythm on the road barriers set up by the police, who are now in formation on the steps of the Capitol. The crowd sings, burns a flag, and burns a man in effigy inside a silver garbage can.

> 2018, 53

Esta descripción está basada en la protesta que tuvo lugar en marzo de 2017, en la que se quemaron banderas estadounidenses y una efigie de Richard Carrión, Director Ejecutivo del Banco Popular de Puerto Rico. A través de esta descripción fehaciente de los hechos acaecidos, la poeta quiere dar testimonio de la resistencia y lucha popular boricua contra la violencia estructural que coarta su libertad, les dificulta enormemente vivir en la isla y los empuja a emigrar.

4 Conclusiones

Los versos de Loretta Collins Klobah y Jennifer Rahim son críticos aunque optimistas y desde la comprensión de la complejidad histórica del Caribe, proponen la construcción colectiva de un nuevo mundo. El énfasis en la implicación colectiva de la sociedad está presente a través de la denuncia de acontecimientos históricos y casos de vulneración de derechos reales. Sin duda, la poesía de ambas rezuma con la crítica a un sistema capitalista que busca hacer creer que la lucha popular es baladí y así mantener a la población complaciente y conformista. Sin embargo, delante de la injusticia ambas hacen una llamada al pueblo a revelarse porque, como afirma el poeta catalán Joan Brossa en su poema "la gent no s'adona del poder que té:" "la gent no s'adona del poder que té / amb una vaga general d'una setmana / n'hi hauria prou per a ensorrar l'economia, / paralitzar l'Estat i demostrar que / les lleis que imposen no són necessàries" (233).

Además, sus obras proponen un nuevo comienzo para la región que no solo acepte y celebre su hibridez de facto, sino que reconozca la validez y sobre todo el potencial transformador y regenerador de la cultura caribeña, aquella nacida de la diversidad de gentes que se encontraron en el archipiélago. Es decir, además de valorizar los elementos culturales criollos, estos adquieren nuevos significados acordes con la sociedad contemporánea en continuo cambio. Asimismo, la reivindicación feminista es otro aspecto primordial que comparten sus versos. Como se ha apuntado, sus perspectivas de mujer están presentes, ya que sus obras denuncian los feminicidios, abusos sexuales,

COLLINS KLOBAH Y RAHIM: CONSTRUCCIÓN DE UN NUEVO MUNDO

controles e imposiciones y celebran la liberación que supone dejar atrás estas últimas.

Continuando con la metáfora de Lamming anteriormente apuntada, según la cual cada isla representa una habitación aislada de una misma casa que es el archipiélago, se puede afirmar que los versos de ambas poetas favorecen la construcción de una casa que dé cobijo a todos y todas y que propicie el intercambio de conocimiento. Es decir, una casa que todo el mundo pueda considerar, tal como Merle Collins afirma en su poema "The Lesson," "nuestra casa:"

> Kai sa c'est sa'w
> Esta es nuestra casa
> In whatever language
> This is our home.
> 57

Con esta estrofa que cierra el poema—en criollo francés, español e inglés— Collins, al igual que las poetas aquí analizadas, abraza esta casa diversa que es el Caribe desde su plurilingüismo. Una casa hecha de historias en común que deben trascender la insularidad y las barreras lingüísticas.

Para terminar, con este artículo he querido visibilizar la obra de dos poetas caribeñas contemporáneas valientes e imprescindibles que reivindican la construcción de un nuevo mundo o casa más humanos. De esta manera, cumplo con la función de crítica que comparto con Rahim:

> Si la historia ha desalojado, en diversos grados, a todas las gentes que componen la civilización caribeña, la tarea de la teoría y crítica literaria es la de colaborar con los escritores creativos en la construcción de una casa con suficientes habitaciones pata todos nosotros. El mandato de la crítica es, por tanto, no solo elucidar el texto, sino también cuestionar y así ahondar en la humanización de los mundos.
> 2013, 40

Por tanto, además de la ya apuntada implicación popular, la construcción de un nuevo mundo o casa para la región es irremediablemente una labor colectiva. Esta necesita de un equipo en el que el crítico literario, entre otros agentes culturales, acompañe a los escritores en la tarea de soñar y hasta profetizar un nuevo mundo.

Obras citadas

Bourdieu, Pierre. 1993. *The Field of Cultural Production: Essays on Art and Literature*. Ed. Randal Johnson. Cambridge: Polity Press.

Brand, Dionne. 1995. *Bread Out of Stone: Recollections, Sex, Recognitions, Race, Dreaming, Politics*. Toronto: Coach House Books.

Brodber, Erna. 2011. "After Federation, What?" *Moving Worlds: A Journal of Transcultural Writings* 11(1): 6–13.

Brossa, Joan. 1988. *Askatasuna*. Barcelona: Alta Fulla.

Collins, Merle. 1992. *Rotten Pomerack*. Leeds: Peepal Tree Press.

Collins Klobah, Loretta. 2011. *The Twelve-Foot Neon Woman*. Leeds: Peepal Tree Press.

Collins Klobah, Loretta. 2018. *Rincantations*. Leeds: Peepal Tree Press.

Danticat, Edwidge. 2010. *Create Dangerously: The Immigrant Artist at Work*. Princeton: Princeton University Press.

Danticat, Edwidge. 1995. "Children of the Sea." En: *Krick? Crack!* Nueva York: Soho Press.

Felipe Díaz, Luis. *De charcas, espejos, infantes y velorios en la literatura puertorriqueña*. San Juan: Isla Negra Editores, 2010.

Fernández Olmos, Margarite and Lizabeth Paravisini-Gebert. *Creole Religions of the Caribbean: An Introduction from Vodou and Santeria to Obeah and Espiritismo*. Nueva York: Nueva York University Press, 2011.

Halberstam, Jack. 2005. "Queer Temporality and Postmodern Geographies." En: *A Queer Time and Place: Transgender Bodies, Subcultural Lives*. Nueva York: New York University Press.

Hodge, Merle. 1993. *For the Life of Laetitia*. Nueva York: Farrar Straus Giroux.

Lovelace, Earl. 2003. *Growing in the Dark (Selected Essays)*. San Juan: Lexicon, 2003.

Morales Padrón, Francisco. 2011. *Trinidad Española*. Sevilla: Ministerio de Asuntos Exteriores y de Cooperación.

Naipaul, V.S. 1972. *The Overcrowded Barracoon*. Londres: André Deutsch.

Rahim, Jennifer. 2009. *Approaching Sabbaths*. Leeds: Peepal Tree Press.

Rahim, Jennifer. 2011. *En vísperas de los días sabáticos*. Trad. María Josefa Gómez Álvarez y Gloria Riva Morales. La Habana: Casa de las Américas.

Rahim, Jennifer. 2013. "Issues and Developments in Caribbean Literary Theory and Criticism." En: Barbara Lalla, Nicole Roberts, Elizabeth Walcott-Hackshaw and Valerie Youssef (eds.), *Methods in Caribbean Research: Literature, Discourse, Culture*. Kingston: University of the West Indies Press. 15–40.

Rahim, Jennifer. 2014. *Ground Level*. Leeds: Peepal Tree Press.

Ramchand, Kenneth. 1995. "Introduction" En: *E.M. Roach The Flowering Rock: Collected Poems 1938–1974*. Leeds: Peepal Tree Press.

Robinson, Gemma. (ed.). 2006. "Introduction" En: *Carter, Martin. University of Hunger: Collected Poems & Collected Prose*. Tarset: Bloodaxe Books.

Rohlehr, Gordon. 2008. "Earl Lovelace's New World of the Caribbean." En: *A Place in the World: Essays and Tributes in Honour of Earl Lovelace @ 70*. San Juan: Lexicon. 9–36.

Singh, Rickey. 2012. "Political Amnesia: Lamming Warns of Its Convenient Use" *Daily Nation*. En línea: https://www.pressreader.com/barbados/daily-nation-barbados/20120509/ 281900180232321/ (consultado en 29.09.2019).

Walcott, Derek. 1998. "The Muse of History." *What the Twilight Says: Essays*. Nueva York: Farrar, Straus and Giroux. 34–64.

Walcott, Derek. 1998. "The Antilles: Fragments of Epic Memory." *What the Twilight Says: Essays*. Nueva York: Farrar, Straus and Giroux. 65–84.

CAPÍTULO 11

La poesía de la poeta jamaicana Tanya Shirley y la poeta jamaicana canadiense Pamela Mordecai: Una llamada a la acción

Stephanie Mckenzie

Resumen

¿Existe una estrategia que pueda emplearse para que las escritoras accedan con rapidez al canon literario y a ser conocidas y adquirir fama? En particular, ¿qué pasa con aquellas mujeres que han sido marginadas tanto por el patriarcado como por el colonialismo y que merecen ser reconocidas junto con sus homólogos masculinos? Algunas mujeres, que merecen ser parte de los cánones literarios y que han sido pioneras, pueden no ser plenamente reconocidas durante su vida y ni siquiera vislumbrar dicho reconocimiento. ¿Qué se puede hacer para reescribir y contrarrestar una historia de exclusión en el ahora? Este capítulo aborda la política revolucionaria de dos poetas, la poeta jamaicana Tanya Shirley y la poeta canadiense jamaicana Pamela Mordecai, para dar respuesta a estas cuestiones y proponer algunas soluciones. Las experiencias y posiciones compartidas de Mordecai y Shirley como mujeres las han llevado a la misma encrucijada de pertenencia femenina a una historia de exclusión. ¿Qué es lo que se puede hacer? Propongo que las académicas en Literatura y feminismo debemos ir más allá de la mera publicación y emprender acciones colectivas. La universidad necesita al activismo para lograr cambios, especialmente en el caso de las académicas que no llegarán a disfrutar de la igualdad en su vida.

Palabras clave

poesía femenina jamaicana – activismo y academia – exclusión canónica – poética revolucionaria – principios comerciales en marketing literario – feminismo – violencia contra las mujeres – resiliencia feminista

© KONINKLIJKE BRILL NV, LEIDEN, 2022 | DOI:10.1163/9789004504592_013

SHIRLEY Y MORDECAI: UNA LLAMADA A LA ACCIÓN

• • •

Oh, cómo rezamos como mujeres por la resiliencia, para seguir /
frente a gilipollas, caraculos y bebés cabezudos

TANYA SHIRLEY, 'Said by a DJ at a Downtown Dance'

• • •

Solo estoy en silencio / cuando los vientos giran / sobre mí

PAMELA MORDECAI, 'Mujer de la isla'

• •
•

En 2007,[1] la difunta Wendy Robbins, antigua profesora del Departamento de
Inglés de la Universidad de New Brunswick y cofundadora del Programa de
Estudios de la Mujer de la UNB, recibió el Premio del Gobernador General
en conmemoración del Caso de las Personas.[2] En 2000, Robbins había desta-
pado en los tribunales el sexismo y la misoginia subyacentes a la creación del
Programa The Canadian Research Chair (CRC), que financia generosamente a
destacados académicos reconocidos por expertos internacionales:

> Cuando se comunicaron los nombres de los primeros beneficiarios del
> Programa CRC a miembros destacados de la comunidad investigadora,
> comencé a contar las cátedras concedidas a mujeres, a hombres y las que
> podían ser para hombres o mujeres. Mi análisis de género rudimentario,
> que el secretariado de la CRC bajo el mandato de Marc Renaud confirmó
> más tarde, reveló que solo el 14% de las primeras cátedras habían ido a
> mujeres. Solo el 22% de las cátedras de nivel II y solo el 10% de las cáte-
> dras del nivel más prestigioso, el I, fueron para mujeres. Todos los altos
> gestores del programa eran hombres, al igual que el 83% del panel inter-
> nacional de revisión por pares. Publiqué estos datos preocupantes en la
> primera de una serie de auditorías anuales 'Torre de Marfil: Auditorías
> Feministas y de Equidad'. La noticia tuvo eco a nivel nacional en mayo
> de 2001.

---

1 Este capítulo ha sido traducido del original en inglés por E. Sánchez-Pardo.

2 En 1929, el Privy Council del Reino Unido revocó la decisión anterior de la Corte Suprema
de Canadá de que las mujeres no eran "personas" según la ley y, por lo tanto, no podían ser
nombradas para el Senado canadiense.

En 2003, con el asesoramiento legal de Rosemary Morgan, de la Asociación Canadiense de Docentes Universitarios, un equipo de ocho mujeres de todo Canadá, presentó una denuncia formal, alegando discriminación, ante la Comisión Canadiense de Derechos Humanos.

El caso Cohen et al. versus Industry Canada se resolvió en 2006 mediante un acuerdo negociado.

ROBBINS 2010

Quisiera extender la consideración del activismo de Robbins a una conversación sobre crítica literaria para evaluar si pudiese haber una estrategia activista que las críticas feministas pudiesen emplear para dar rápidamente impulso a las voces de las mujeres en su lucha por los derechos humanos.

¿Cómo corregimos los prejuicios que han moldeado los cánones literarios y los conceptos de grandeza literaria? En particular, y con referencia a las herencias patriarcales que están en la base de las formaciones canónicas, ¿cómo lo hacemos de la mejor manera para que la generación actual (ya sea a través del estudio universitario formal o, simplemente, de la lectura a todos los niveles) pueda comprender que la grandeza debe incluir una representación equitativa de las mujeres? ¿Hay un remedio rápido que pueda atribuir niveles de excelencia a las voces femeninas importantes? ¿Nos permitirá este remedio descubrir con prontitud la recepción clamorosamente necesaria de mujeres antes ignoradas en artículos, reseñas y lecturas públicas o asistir a la incorporación de nuevos cursos en programas académicos, que de lo contrario podrían tardar años en surgir de los protocolos universitarios? En resumen, ¿hay algún remedio que nos permita mostrar claramente que las voces de las mujeres están a la par con los escritores varones? ¿Y por qué son importantes estas preguntas?

Este capítulo abordará la política revolucionaria del trabajo de dos mujeres poetas: la jamaicana Tanya Shirley[3] y la jamaicana canadiense Pamela Mordecai[4]—para acometer estas preguntas y, con fortuna, proponer algunas

---

3 Tanya Shirley nació y vive en Jamaica. Recibió un MFA en escritura creativa por la Universidad de Maryland, EE. UU., es Fellow de Cave Canem y participó en los talleres de escritura creativa de Callaloo. Su trabajo ha aparecido en *Small Axe*, *The Caribbean Writer* y en *New Caribbean Poetry: An Anthology* (ed. Kei Miller, Carcanet, 2007). Su primera colección, *She Who Sleeps With Bones* fue considerada un éxito de ventas en Jamaica en 2009 en el artículo en *Jamaica Gleaner* de Howard Campbell (2009 'Local books did it big in '09'). La última colección de Shirley, *The Merchant of Feathers*, fue publicada por Peepal Tree Press en 2014.

4 Autora de más de treinta libros, Pamela Mordecai ha escrito seis libros de poesía, una colección de relatos, cinco libros para niños, una obra de teatro para jóvenes muy bien recibida, una novela e importantes artículos académicos sobre la obra de otros escritores. Ha sido coautora de numerosos libros de texto y es editora y antologista prolífica. Mordecai tiene un doctorado en literatura inglesa por la Universidad de las Indias Occidentales y ha recibido

SHIRLEY Y MORDECAI: UNA LLAMADA A LA ACCIÓN   307

sugerencias. Aunque no tengo respuestas concretas, deseo abrir una discusión a través de una serie de preguntas y consideraciones.

Si bien Shirley y Mordecai pertenecen a diferentes generaciones (Mordecai es una poeta establecida cuyas publicaciones cubren el período comprendido entre 1989 y 2015, y Shirley se encuentra en las etapas intermedias de su carrera con dos libros de poesía publicados en 2009 y 2014), su trabajo está presidido por la resistencia feminista a lo que les ha precedido: la exclusión, la infrarrepresentación y el acallamiento de las voces de las mujeres. La política de estas dos poetas gira en torno a la necesidad de hacer avanzar los derechos de las mujeres; de hecho, la dependencia de Mordecai y Shirley de las tradiciones orales para "hablar" por las mujeres, para darles voz en medio de la hegemonía patriarcal, subraya la importancia de escuchar y actuar en sus respectivas obras. No obstante, ¿qué acciones se pueden tomar? ¿Es suficiente escribir sobre ellas y sobre otras mujeres que comparten sus posiciones? ¿Basta con una licencia Creative Commons, por ejemplo, que ofrece conocimiento académico de forma gratuita y distribuye material a nivel internacional, para garantizar que se puede reescribir la historia literaria y además con celeridad, para que aquellas que no han recibido la atención que merecen puedan asistir, en vida, a una reparación de su exclusión, y gozar de la tranquilidad de que se les garantiza la reputación que merecen en los cánones venideros?

El 31 de mayo de 2015, Shirley se encargó de hacer la presentación de la exposición *Exploraciones 3: Siete mujeres artistas*, el día de su inauguración en la Galería Nacional de Jamaica. Comenzó su charla, titulada "The Female Artist—Living Bad a Man Yard," problematizando los términos *arte de mujeres* o *arte femenino*. Sin embargo, continuó explicando su posible utilidad en conversaciones sobre la producción artística femenina, incluyendo poesía escrita por mujeres. La cito *in extenso*:

> Concluiré diciendo que aunque soy reacia a aceptar el término en relación con lo que se espera que produzcan las mujeres artistas, creo que la palabra puede ser útil para desafiar al 'club de los muchachotes' que tristemente todavía existe y que a menudo esgrime poder financiero ¿Cuántos coleccionistas de arte invierten en arte femenino? ¿Son más los que regatean precios con una artista mujer? ¿Cuántos expertos en arte, cuando se les pide que recomienden a un artista, recomendarían a una

---

numerosos premios, incluyendo la Medalla del Centenario de Jamaica y el Premio Vic Reid de literatura infantil. Con posteriodad a la redacción de este capítulo, su volumen *A Fierce Green Place: New and Selected Poems*, editado por Carol Bailey y Stephanie McKenzie, ha sido aceptado para su publicación por la editorial New Directions en 2022.

artista femenina? Hay un gran poder en los números, y cuando agrupamos a las artistas femeninas bajo un mismo paraguas, esa es una forma de decirles a los poderes fácticos que somos tantas que les va a ser difícil continuar dando oportunidades solo a artistas masculinos. Hace unos años, en un prestigioso congreso de escritores norteamericanos hubo un panel de escritores, todos ellos publicados por Peepal Tree Press titulado 'El fruto del Peepal: una conversación con poetas africanos y caribeños de las diásporas británica y norteamericana.' Bueno, pueden imaginarse los comentarios que recibieron los editores cuando se descubrió que el "fruto del panel" estaba formado por seis escritores varones. Con demasiada frecuencia, veo fotos de escritores en congresos y festivales en la región y solo hay un puñado de escritoras presentes cuando lo cierto es que ahora hay muchas escritoras que publican. Su ausencia también plantea la cuestión de hasta qué punto las mujeres artistas pueden aprovechar cualesquiera oportunidades internacionales, a la vista de sus responsabilidades como madres y amas de casa. ¿Se movilizan recursos suficientes para facilitar el avance de las mujeres en el ámbito artístico? Del mismo modo, con demasiada frecuencia cuando le pedimos a la gente que enumere a sus artistas favoritos o que hablen de arte en Jamaica, el impulso suele ser citar primero a artistas masculinos, para después, casi como una ocurrencia tardía, aderezar la mezcla con algunas artistas femeninas.

Es revelador que Shirley mencione factores económicos, aunque el valor otorgado a los enfoques temáticos de las mujeres en los cánones dominados por el patriarcado sea, con frecuencia, pobre. Es precisamente reconocer la naturaleza compleja de la exclusión, lo que me permitirá, más adelante, abordar y proponer estrategias de activismo para corregir la historia.

Los dos poemarios de Shirley, *La que duerme con huesos* y *El mercader de plumas*, alteran y se rebelan contra el decoro femenino, el cual—como señaló Donna Aza Weir-Soley (2010, 16) en su introducción a *Erótica caribeña: poesía, prosa y ensayos*—dominó la "generación pionera" de "escritoras anglófonas del Caribe" y provocó que las siguientes generaciones de poetas femeninas "negaran o reprimieran [...] la sexualidad para ganar 'respetabilidad.'" Weir-Soley también señala, sin embargo, que una generación más joven ya no considera la sexualidad femenina como un tema "tabú" (17).[5] En este contexto, la primera

---

5 En mi artículo "Pamela Mordecai's Poetry: Some Questions for Further Consideration," (McKenzie 2015, 70n5) también llamo la atención sobre este trabajo innovador: "En su introducción, creando un espacio más seguro, Donna Aza Weir -Soley afirma que 'en general, las escritoras anglófonas caribeñas de [la] generación pionera [finales de los años cincuenta

colección de Shirley rompió el velo de la sexualidad reprimida en el verso de las mujeres con una voz definida por el deseo sexual, el deleite de las mujeres en ese deseo y placer sexual, y con la "niña" ya crecida que necesariamente no debe quedar exenta de pasión y del despertar del sexo. En el poema de 2009 de Shirley "Viaje" (*La que duerme con huesos*), la narradora se regocija en el placer sexual y en un amor casi obsesivo—un tema que impregna la mayoría de los poemas de las dos colecciones de Shirley: "Abro las piernas para ti / jugo amarillo mancha las sábanas blancas" (35). Más adelante en el poema, bajo el título "Lengua," hay un movimiento que finalmente ofrece al amante de la narradora el placer de satisfacer el cuerpo femenino:

> These palms oiled for you—holy
> is each finger in your mouth.
>
> Let me dry your dripping words,
> feed you flesh until you're hoarse.
>
> Your tongue is a hummingbird
> pulling pollen out of me.
>   35

El poema de Shirley "Negociación" también revela el poder de la narradora sobre un hombre a quien define sarcásticamente como alguien que posiblemente arrastra la misoginia de su mundo familiar: "¿Alguna vez has levantado la mano / y has hecho que aterrice en la cara de una mujer / para recordarle su lugar en este mundo? pregunta la narradora" (41). Luego sugiere una serie de preguntas, lo que invierte la reificación de la mujer y pone en el fondo, a través de la parodia, el desempoderamiento de una figura representativa del patriarcado:

> Yes, it does excite me,
> that you propose to perform cunnilingus.

---

y sesenta] ... tradicionalmente evitaban las representaciones abiertas de lo erótico en sus escritos'" (15). Weir-Soley sostiene además que 'históricamente, los discursos occidentales han tergiversado e impugnado groseramente la sexualidad de la mujer caribeña, tanto que ha sentido la necesidad de negar o reprimir su sexualidad para ganar "respetabilidad'" (16). Sin embargo, Weir-Soley ahora señala que "con el surgimiento de una nueva generación de escritoras transnacionales, muchas de las cuales tienen raíces de clase trabajadora, el panorama de la escritura caribeña está comenzando a cambiar, y el erotismo es un área que ha dejado de ser tabú" (17).

I hear I am sweet as a mango.

....

Can you go to a grocery store
at midnight to buy super-sized tampons
or will you bring me back a bag of cotton
and a string?

....

And don't think I forgot,
do you have a big dick?

41

La mención del cunnilingus, que ridiculiza abiertamente la ley jamaicana contra el sexo oral y la noción de la aversión masculina al acto, así como la mención de la menstruación, que inevitablemente lleva a considerar que *blood claat*—compresa—es el peor insulto que se puede proferir en Jamaica, crean la particular taxonomía de blasfemias de la narradora. Shirley reescribe las concepciones de lo que debe ser vilipendiado, como el hombre que podría pegar a una mujer y / o el hombre que abandona a sus hijos:

Do you have a baby
you are yet to claim
because you are waiting
to see if he looks like you.

40

El deseo de la narradora de una "gran polla" evoca el deseo de grandes senos que se ve a través de la reificación de las mujeres, que no deben tener otro propósito que satisfacer las necesidades sexuales masculinas. Al principio de este poema, en la segunda estrofa, Shirley enmarca su verso refiriéndose a las mujeres hipersexualizadas del Caribe, de las cuales ha hablado ampliamente Weir-Soley. Este estereotipo ha anulado durante mucho tiempo a las mujeres caribeñas, lo que lleva al narrador de Shirley a burlarse: "Sí, lo sé, / la forma en que muevo la cintura es mágica. / Soy del Caribe" (40).

Literalmente, los libros de Shirley se follan al patriarcado. Sin embargo, algunas veces el ataque de Shirley permanece fuera de la arena del sexo. En "Algunas lecciones que nunca aprendes," Shirley representa a una narradora y a su amante que "[...] dividían [su] tiempo / entre Kingston y la casa de Ocho Ríos," trasladando su relación entre la capital de Jamaica y la "lengua espumosa de la boca del océano" (48). Al final, resulta que la necesidad de moverse, la importancia de no quedarse quietas no era una receta para impulsar la fuerza

SHIRLEY Y MORDECAI: UNA LLAMADA A LA ACCIÓN

de la pasión, sino para que su amante no fuese atrapado: "He vivido en lugares rotos," admite la narradora, "porque bastaba estar allí contigo." Sin embargo, el último verso, las últimas palabras de la narradora, revelan la traición: "¿cuándo ibas a hablarme de ella?" (48) Shirley también aborda la manera en que un esposo prioriza la ayuda doméstica de su esposa en lugar de sus deseos específicos y reales:

> This time when she left you
> she didn't take the children
>
> nor the revealing dresses,
> not even the deep purple one with roses
> you had given her last Christmas,
> instead of the usual household appliance
> or your disappearance
>
> 53

Y en *Merchant of Feathers*, Shirley enmarca su verso más maduro al exponer, con fuerte ira, el odio a sí misma que la narradora debería haber heredado de la crueldad de su padre:

> In September, you told my mother I
> was too fat to be a ballerina.
> ....
>
> You, who wanted a kukumkum orchestra,
> a herd of bones gliding under
> the baton of your arms.
>
> You, who illustrated to my mother
> my incompetence by drawing a circle
> in the air. I was the round nightmare
> landing heavy in the melody of grand jetés.

The Merchant of Feathers, aunque es aún más contundente que *She Who Sleeps with Bones* al exponer el patriarcado y sus efectos, termina reclamando el cuerpo que ha sido despreciado. El cuerpo o cuerpos de las narradoras de Shirley no deben ser propiedad de otros. Incluso el abuelo, a quien la narradora adora en "Grandpa in the Departure Lounge," una vez desaparecido, embellecerá el ser sensual del narrador:

Black old man
you are so beautiful
when you die I will peel the skin off
your cold bones and wear you
over my breasts.

2014, 21

Aunque se supone que las mujeres no deben responder a los hombres, Shirley no solo responde sino que también le grita al patriarcado. Sin embargo, lo hace con el mismo tipo de astucia que usaría Anancy, la hechicera jamaicana. Siguiendo las tradiciones populares de dancehall—immortalizadas por Carolyn Cooper en su trabajo seminal *Ruidos en la sangre: Oralidad, género, y el cuerpo 'vulgar' de la cultura popular jamaicana* como uno de los más importantes repositorios, si no el que más, de tradiciones orales jamaicanas—Shirley da testimonio de la manera en que la violencia del patriarcado de Jamaica es empleada por las mujeres contra si mismas al participar en las nuevas tradiciones de la danza contemporánea jamaicana. Durante una lectura poética en Corner Brook, Newfoundland, Shirley (2013) explicó el contexto de su poema "Dicho por un DJ en un baile de Uptown:"

> Me gusta pensar que el dancehall es una rama de la música reggae para generaciones más jóvenes ... Cuando vas a un baile, el DJ, ya sabes, irrita a la audiencia y le hace bailar, así que, ya sabeis, dice cosas para excitar a la audiencia. Y así escuché, y este dice "Dicho por un DJ en un baile de Uptown" y escuché a un DJ decir que animaba a las mujeres a bailar el "dutty wine." ¿Conocéis el dutty wine? No voy a bailarlo [*risas*], pero es un movimiento de baile jamaicano donde, ya sabes, la mujer gira la cabeza todo el rato ... por supuesto, mientras abre las piernas y hace todo tipo de cosas acrobáticas, pero ella sigue girando la cabeza. Fue algo grande en Jamaica hace unos años porque, uhm, una mujer realmente murió, en serio, y hubo mujeres con lesiones de columna y todo. Se lo tomaban muy en serio, así que, uhm, este es un DJ que anima a las mujeres a bailar, y dice, "*bruk off yuh head, mi buy it back a mawnin*" [este es el epígrafe del poema de Shirley] que, básicamente es, "vamos, rómpete la cabeza, que yo ya te compraré una nueva."

El prólogo de Shirley a su lectura del poema provocó risas, aunque las risas se volvieron nerviosas al oír la provocadora pregunta con la que acaba el poema, al equiparar la automutilación con el sexo por el que la mujer debería ser conocida:

SHIRLEY Y MORDECAI: UNA LLAMADA A LA ACCIÓN

Matter of fact, which woman really needs a head
unless she is proficient in giving head,
and keeping her mouth shut when she's not?
2014, 43

Sin embargo, son los dos últimos versos los que revelan un golpe aún más significativo:

Mr. DJ, two headless women were found in Spanish Town;
kindly give their families some money and directions to the store.
43

La mención de Spanish Town aquí, para cualquiera familiarizado con Jamaica, evoca una consideración de cómo les iría a las mujeres en esta área tan conocida por su excesiva violencia. Shirley (2013) abordó este problema después de terminar de leer el poema:

Por supuesto, sabéis que no es ningún secreto que tenemos un problema de delincuencia en Jamaica. Y así el año pasado hubo una serie de decapitaciones de mujeres, ya sabéis, y por eso quise combinar el factor social y el crimen en esa idea de que, ya sabéis, tenemos bailes en que la música anima a las mujeres a básicamente romperse la cabeza, ya sabéis, así que quería simplemente explorar el valor de la mujer en la sociedad jamaicana.

Los factores sociales que originan y alimentan la misoginia, como indican los versos de Shirley, son diversos y muy arraigados. Pero ¿qué se puede hacer?

Para Shirley, parte de la respuesta a esta pregunta podría estar en un intento de imaginar las voces silenciadas por la misoginia y, al hacerlo, crear y dar voz a aquellas que tan a menudo se quedan sin voz. En su poema "En una nueva esquina de Kingston," por ejemplo, Shirley (2014) escribe sobre una prostituta y considera que podría haber sufrido una "vida de ser arrastrada entre padres bebé, / abuelas, amigas que cambiaron a trabajos de día, / todos aquellos que en un momento u otro la expulsaron" (46). "[...] Eran esas sus bolsas de trucos," reflexiona la narradora de Shirley, mirando las bolsas de plástico de la mujer, "una al lado de cada pie, como pesas tirando de ella / hacia el suelo[...]" (46):

I pictured purple boas, whips, vibrators, flavored condoms.
But her scowl and the scar spread from right ear to chin,
her beaten-down loafers, plain black thong, no lace,

no frills, no neon lights like the crotchless ones
I saw once that said "Open 24 hours,"
suggested with her you got basic service: a little head,
some missionary, definitely no taking it up the ass.
   46

He aquí una persona a quien Shirley ve como rota, que podría llevar en sus bolsas "fruta golpeada, perfume barato, una carta de su hijo mayor" (46).

Hacer frente a una tragedia individual es una cosa. Abordar una tragedia colectiva es otra. Cuando vivía y viajaba por Kingston, Jamaica, en diferentes períodos de tiempo durante más de una década, era siempre el final de las noticias de la noche lo que más me molestaba. Este era el momento en que se mostraban fotos de niños desaparecidos. La mayoría eran niñas que eran objetivos naturales para los depredadores que se aprovechaban, entre otras cosas, de una situación socioeconómica deficiente y de una atmósfera perenne que hacía a las mujeres excepcionalmente vulnerables en una sociedad plagada de violencia. Esta toma de conciencia empezó a perseguirme en 2014 cuando casi trescientas escolares fueron secuestradas por Boko Haram en Nigeria. Las cadenas internacionales de noticias se agitaron con la historia, pero pronto la cobertura de otros asuntos mundiales le arrebató prioridad. Las historias de esas chicas parecían desaparecer tan rápido como ellas mismas. La tragedia de estas víctimas, evidentemente, no tiene contrapartida alguna en un mundo dedicado a las teorías literarias. Son historias horribles que exigen una acción humanitaria inmediata. ¿Pero qué llevó al mundo a olvidar esa historia tan rápido? ¿Por qué cientos de niñas secuestradas en Nigeria no reciben la misma atención que recibirían si desaparecieran en otros lugares? ¿Por qué fue una "serie de decapitaciones de mujeres" lo que estuvo de moda en un momento violento en Jamaica?

Quizás los mejores maestros para los críticos sean los propios autores, que hablan y tratan de dar voz a lo que parece imposible cambiar. En particular, quizás sean aquellos autores que dedican activamente su tiempo a exponer las tragedias los que debieran ser nuestros mejores maestros. Al escucharlos, al presenciar su activismo mientras discuten problemas, al asistir a sus lecturas, al promocionarlos en nuestras aulas, al luchar por su reconocimiento, tal vez los críticos podríamos, en realidad, luchar junto a ellos. Sé de muchas buenas críticas y críticos que intentan hacer precisamente eso. Deciden con cuidado a qué autores van a dedicar su tiempo. Escriben artículos sobre voces que creen que pueden cambiar el mundo. Organizan congresos dedicados a los soldados que luchan por la justicia social y publican libros. ¿Pero es esto suficiente? ¿Qué opciones tenemos? ¿Y cuánto tiempo tendremos que esperar para ver el

SHIRLEY Y MORDECAI: UNA LLAMADA A LA ACCIÓN

fruto de nuestras ideas, radicales o de otro tipo, remodelar las universidades? Como feministas, ¿cómo podemos convertirnos en activistas, por ejemplo, en la lucha contra la misoginia sobre el terreno? ¿Cómo podemos usar las historias que cuentan Shirley y Mordecai como munición? Los factores sociales que se esconden detrás de la producción literaria y su recepción también alimentan la misoginia, y valdría la pena considerar de qué manera aquellos que están implicados en la producción literaria—críticos, escritores, agencias de financiación, universidades y editoriales—podrían abordar qué es posible hacer en unos ámbitos académicos que se asientan siempre sobre bases patriarcales.[6]

Es importante señalar que la poesía de Mordecai, como la de Shirley, es también un examen de los factores sociales que dan lugar a "desventajas sistemáticas" y a "discriminación." Y tal vez este examen de lugar a un cierto tipo de poesía: una poesía arraigada en las tradiciones orales y guiada por un entendimiento de que es necesario "hablar" lo más directamente posible a un público al que uno, a su vez, fuerza a escuchar. Si bien la génesis de la poesía de Mordecai existe antes del dancehall y continúa divorciada de los clubes nocturnos y fiestas de la generación más joven en Jamaica (Mordecai vive en Toronto, Canadá), donde la interacción entre el DJ y la multitud representa lo que Cooper ve como la más vital de entre las tradiciones orales en el Caribe actual, Mordecai sigue de manera transparente las tradiciones de narración poética de la pionera jamaicana Louise Bennett. La adorada "Miss Lou" fue la primera en emplear con orgullo el inglés jamaicano (a veces todavía llamado *patois*, un apelativo que muchos, como Mordecai, consideran peyorativo) en su poesía.[7] En "La poesía de Pamela Mordecai: algunas cuestiones a considerar," observo lo siguiente: "La utilización por Mordecai de proverbios o expresiones idiomáticas, parte del *habitus* jamaicano…, y recuerda el interés y el conocimiento que Mordecai tiene del folklore y las costumbres, y del legado de Louise Bennett, a quien Mordecai reconoce como una influencia significativa y a quien [Elaine] Savory señala como parte de la 'tradición' (99) a la

---

6 Estas fundaciones han dado como resultado, por ejemplo, salarios más bajos para las mujeres que para los hombres, un número desproporcionado de cursos dedicados más a escritores que a escritoras, mayor financiación concedida a académicos masculinos que femeninos, y un número desproporcionado de profesores masculinos a tiempo completo en relación con una escasez significativa de profesoras.

7 Cuando el crítico y poeta jamaicano Mervyn Morris escribió lo que ahora se reconoce como un artículo seminal sobre la poesía de Louise Bennett en 1964, "Sobre la lectura de la señorita Lou en serio" (1964), Morris indicó que se debería estudiar seriamente a Bennett (ignorada y rechazada por mucho tiempo debido a su uso común del 'patois' jamaicano) ya que no solo era una voz del pueblo sino también una poeta competente que estaba haciendo algo nuevo y atrevido con el lenguaje. Hoy en día, a la Honorable Louise Bennett Coverley se le reconoce como una pionera literaria.

que pertenece Mordecai" (McKenzie 2015, 55). Es importante reconocer que Mordecai y Shirley están influidas por, y dependen de, fuertes tradiciones orales, pero también hay otros muchos rasgos relevantes en la poesía de cada una.

Curiosamente, Mordecai comienza su carrera poética subrayando, al igual que Shirley al comienzo de la suya, el papel de la mujer, particularmente el papel de la madre; tanto Mordecai como Shirley de inmediato colocan al lector en el espacio doméstico y en el ámbito de la herencia femenina. Para Mordecai, la influencia dominante de su madre es ineludible; la primera colección de Mordecai (1989, 9), *Poema de viaje*, está dedicada a su madre, Rita Rose Hitchins, y comienza con una descripción de ella:

> My mother
> was a walker
> clothes in a brown
> paper bag headed
> for where under
> some car some
> bus some
> precipice her
> whimsy
> claimed
> a place.

En el primer poema del mismo título de *She Who Sleeps with Bones* (2009, 11), Shirley resuena misteriosamente a Mordecai:

> My mother could see from the back
> of her head, the enemy approaching.
> She deciphered the codes of dreams
> and scared children with her prophecies
> of children drowning.

Aunque la narradora afirma desde el principio que "decidió hace mucho tiempo [que] nunca / crecería en ella" (11), hace la siguiente afirmación contundente al final del poema, después de haber sido abandonada por un amante: "Pertenezco a la tierra de mi madre y miro hacia atrás" (11).

Pese a que existen tales paralelismos entre los poemas de Mordecai y Shirley, sería imposible considerar que Shirley podría haber tenido a la "Walker" de Mordecai en mente cuando dio sus primeros pasos poéticos. En su introducción a un volumen de poemas seleccionados de Mordecai de próxima aparición,

SHIRLEY Y MORDECAI: UNA LLAMADA A LA ACCIÓN 317

Shirley (en prensa, n.p.) señala que en su formación Mordecai no estuvo presente: "Debo admitir que no me crucé con Mordecai hasta que comencé estudios de posgrado en literatura e, incluso entonces, fue en su papel de antóloga. Solo recientemente los estudiosos han comenzado a dar a su poesía la atención crítica que merece." Aún así, el legado de la línea de trabajo poético entre Mordecai y Shirley son obvias, y dan lugar al reconocimiento de que sus experiencias y posiciones compartidas como mujeres les han llevado a la misma encrucijada de pertenencia femenina a una historia de exclusión femenina.

La poesía de Mordecai se caracteriza en gran parte por su "calidad musical y atrevidas observaciones" (McKenzie 2015, 48); "un firme enfoque espiritual o religioso" que finalmente revela una "creencia en la creencia" (51); una humanización de "lo sagrado" (52), ya que a menudo presenta a mujeres bíblicas, sobre todo María, como mujeres completas, reales, con preocupaciones terrenales; un "[reunir a] mujeres, típicamente marginadas y oprimidas, poniendo en primer plano la fuerza femenina" (53); una "reunión de idiomas y temas:" "altos" y "bajos" (58); atención a la "locura" (60); tendencia a "contar historias extendidas en sus versos" (61); un "desprecio y frustración con ... la idea de que Jamaica es simplemente un lugar hermoso y sin restricciones" (64); y, lo más significativo y dominante, el empleo de una voz que habla en toda su poesía. Quizás no sea tan sorprendente, si consideramos cómo compartir experiencias como mujeres podría llevar a puntos de vista comunes, que la poesía de Shirley encarne muchas de estas mismas características. Esto podría, y de hecho, debería, ser objeto de otro estudio independiente de este, pero aquí me gustaría poner énfasis en una coincidencia significativa entre la poesía de Mordecai y la de Shirley, así como en una diferencia, también muy reveladora.

Tanto Mordecai como Shirley son implacables en su representación de la forma en que la violencia hacia las mujeres tiene consecuencias devastadoras para el cuerpo femenino. Y estas representaciones son igualmente inquietantes. Uno de los poemas más poderosos de Mordecai (2005) es "La historia de Nellie," en *El verdadero azul de las islas,* su tercera colección de poemas, al que me referí con anterioridad en un intento de entender cómo había evolucionado la poesía de Mordecai a lo largo de los años: "Quizá sean los temas que trata Mordecai o la maduración de una persona y poeta que ha visto y experimentado mucho lo que hace que esta colección destaque por su voz valiente y por crear un espacio para hablar de lo indecible" (McKenzie 2015, 61). En él, Mordecai escribe sobre una niña víctima de abusos sexuales perpetrados por su tío y por un sacerdote:

Lee turned Nellie
on her belly,

stuck his penis
in her bum.

Swore to God
that he would kill her
if she ever
told her Mum.
....
Nellie's going
to confession.
Thinks her soul
is full of sin.
....
But this time
Father is gentle
tells her kindly
of God's love
....
and he hugs her
and massages
just one
breast.

MORDECAI 2015, 29–32

Este no es el decoro que cualquiera esperaría de las mujeres de la generación de Mordecai y de las que ha escrito Weir-Soley. Estamos frente a una poesía muy insegura y que evoca el suceso "Al encontrarse con una mujer llamada Melba" de Shirley:

Melba, to me, is the name of a tie-head, Clarendon woman
too busy rearing wayward goats and fowl,
cultivating stubborn crops: yam, callaloo, pumpkin;
always cooking for no less than ten children,
....
The last time she saw a penis—you can feel a thing
without seeing it ...
the thing was big like the cucumber she had sliced
that morning to use as a garnish in Home Economics class
and she wouldn't hold it, in case it felt like ground lizard
which she never like because they would chase you
and if you don't run fast enough, they shimmy over your foot

and your foot feel like lizard all day.
And she didn't really want to look
but Pastor spent so long looking at it
and grinning, and rubbing and panting,
she had to see the thing for herself.
After, she shook the red dirt off her panty
and pleated skirt and in an off-key pitch, sang
graveside hymns all the way home.

SHIRLEY 2009, 38

Si bien en los poemas de Mordecai y Shirley hay una negación a mostrar algo que no sea la cruda realidad de la horrible violencia, también hay una diferencia significativa entre estas poetas con respecto a cómo presentan la religión, la espiritualidad o la creencia cristiana que impregna cada resquicio de Jamaica. Mientras que la poesía de Mordecai es espiritual y religiosamente devota y aumenta la unión del lector con figuras históricas cristianas conocidas por su bondad y gracia, la poesía de Shirley se sitúa justo en la línea del sacrilegio, puesto que constantemente emplea imágenes cristianas que, en última instancia, indican que el deseo, el placer, y la sexualidad constituyen la forma más elevada de comunión y que incluso las deidades deben inclinarse ante esta santa unión humana. Incluso va más allá, las deidades en la poesía de Shirley deben, en última instancia, someterse a la narradora pues, ella misma, parece ser la deidad más poderosa de todas: una mujer fuerte, respetándose y amándose a si misma, en definitiva, el epítome de una mujer que abraza su propio deseo y adora el placer sexual.

En "El poder de la oración," la narradora de Shirley describe un momento apasionado en "la luz dorada del atardecer:"

You bite into me
with the fervor
of one who holds God
in his mouth.

SHIRLEY 2009, 45

En "Romance Victoriano," donde la narradora considera el amor mientras "hojea [el] programa funerario" de la madre de un antiguo amante, describe la que más admira:

My favourite: the one with you feeding her.
On your face is the passion of a saint
at the feet of his master.

And I imagine I am there in that chair.
You bring the wafer to my lips.

It is my back against the nursing home's white wall.
It is me that you worship.

SHIRLEY 2009, 49

En "Desde el otro lado de la habitación," la narradora llega a la apoteosis del deseo cuando éste le genera su mayor "ansia repentina," que le eleva a la altura de un dios, aunque no es Dios, aquel quien, inevitablemente, debe ser alabado. Ese es el dominio en el que se encuentra la narradora:

lips
dark, fermented, risen
sure to hold a whole breast
nipple to clavicle
in the swamp
of your mouth

you can pluck the stem
from a cherry
no hands
drip juice
I can be the cup

Those hands that turn me
into the Bible
rip me out
like psalms
stuffed into back pockets

Hallelujah!
God didn't do you
Wrong.

SHIRLEY 2009, 51

Es muy placentero leer esas palabras escritas por una poeta que ha comenzado su carrera amando inequívocamente y agarrándose al derecho de amarse a sí misma, a su cuerpo y su poder sexual. Es importante reconocer, también, que Mordecai no se ha desviado en tres décadas de su negativa a hacer otra cosa que no sea retratar sin arrepentimiento las realidades a las que se enfrentan las mujeres. Tanto Mordecai como Shirley son poetas importantes y merecen un lugar bien ganado en el canon literario. Sin embargo y este es un gran sin embargo, ¿y qué? ¿Qué vamos a hacer al respecto?

Así como Robbins se enfrentó a los académicos de una forma activista, ¿cómo podemos, como críticas feministas de la poesía femenina, hacer algo? ¿Llevando a cabo acciones pragmáticas? ¿Acciones más allá de la palabra y la teoría? ¿Existen formas de activismo posible con las que una podría comprometerse a corregir los cánones literarios que con demasiada frecuencia continúan aumentando el poder de lo que Shirley ha señalado como el "club de los muchachotes"? ¿Cómo pueden los mercados académicos presionar para asegurar que la gente pueda escuchar a quienes comparten las sensibilidades de Shirley y Mordecai? Y lo más importante, ¿por qué es tan urgente que comencemos a ejercer el poder colectivo?

En dos ocasiones (2014 y 2016) yo misma he presentado, sin éxito, una solicitud de subvención a la agencia federal de financiación de la investigación de Canadá para investigar y estudiar estas ideas y para diseñar un plan o una fórmula. Mi propuesta tal vez fuese muy ambiciosa, pero estaba guiada por una convicción real y por ideas maduradas y surgidas de mis décadas de experiencia como productora de arte popular y editora / fundadora de una pequeña editorial. Menciono estas solicitudes sin éxito no a modo de queja, sino para resaltar una idea importante en esta discusión.

El objetivo era el siguiente: determinar si, y de qué manera, una campaña agresiva de producción, dedicada a la publicación de la obra de una autora infrarrepresentada, así como la comercialización de su trabajo, podría conducir a un plan para corregir de manera sustancial una historia de exclusión literaria.

Mi propuesta señalaba que la aplicación de principios de producción y de negocios al intento de recolocar a un autor importante en una posición prestigiosa podría ser un paso clave para revisar la historia literaria. Y lo que es más aún, que la mejor manera de abordarlo sería tomar a una autora viva insuficientemente representada como caso-tipo para probar mi hipótesis y revelar un esquema estratégico sobre la mejor forma de comercializar su obra y colocarle en una posición de merecido reconocimiento. La autora canadiense insuficientemente representada en mi modelo era Pamela Mordecai. Yo, por mi parte, procedía a compilar un volumen con sus poemas seleccionados, conseguía su publicación por una editorial de prestigio, y montaba un intenso plan de marketing y difusión para su lanzamiento. El análisis de la actividad productiva que rodearía a la publicación y lanzamiento de este trabajo se podría medir frente a lo que yo anticipaba sería un aumento del interés en torno a la poesía de Mordecai, y que llevaría a sugerencias cuantificables en diferentes organismos (el mundo académico, las editoriales, agencias de financiación) que podrían aumentar el reconocimiento de autores y autoras infrarrepresentados.

Dentro del área de los negocios, estudios recientes que se centran en la potenciación de marcas sugieren estrategias que se pueden combinar con los estudios literarios (véanse, por ejemplo, Santana-Acuña 2014; Squires 2007) para revertir rápidamente el hecho de que la historia literaria pueda estar encaminada a excluir o subrepresentar a muchos autores. Júlia Anna Makkai (2016), por ejemplo, habla de la necesidad de que los autores creen su propia marca, la del propio autor, y sugiere que "[generar] una presencia constante en tantas superficies como sea posible, y [...] dotarla de todo tipo de contenidos" es clave para promover obras literarias. Yendo un paso más allá, sugerí que la creación de una marca personal rápida y eficaz en el ámbito popular podría, a través de la fuerza de la publicidad, afectar a los estudios literarios hasta el punto de que un autor podría obtener, retroactivamente, un lugar preeminente en el canon literario.

Quizá mi idea resultó ser excesivamente ambiciosa, y ciertamente el mercado editorial se mostró reticente.

Tal idea, llevada a la práctica, tendría un precio elevado. Con seguridad costaría una suma importante promover a un autor de esta forma y, si tuviese éxito, aplicar la fórmula, a un gran número de autoras y autores. En último extremo, no creo que un estudio de este tipo pudiera cambiar el mundo. Pero creo que fue la energía y la convicción de la que parte esta idea, no su aplicación o la idea en sí, lo que me llevó a sacar a la luz el problema de las escritoras que, si no son aceptadas por la maquinaria académica a su debido tiempo, y llegan a salir del silencio, una parte muy significativa de ellas, nunca llegará a tener lectores. Además, cuando las voces de estas autoras que contribuyen a que las mujeres no desaparezcan en la historia patriarcal, no se hacen oír, su pérdida verdaderamente empobrece al mundo tanto en el dominio literario como en la aspiración compartida de luchar por los derechos humanos.

Conclusiones: una llamada a la acción

Como académicas literarias feministas, pienso que debemos ir más allá de la mera publicación y tomar medidas colectivas. Me pregunto si hubo quienes pensaron que las ideas de Robbins y sus colegas eran ridículas cuando presentaron su queja ante la Comisión de Derechos Humanos de Canadá. Así mismo, me pregunto si alguien la consideró "encantadora" cuando recibió el premio del Gobernador General por sus esfuerzos ... y cuántos estarán siguiendo sus pasos ahora.

SHIRLEY Y MORDECAI: UNA LLAMADA A LA ACCIÓN

Incluso sin obtener la financiación solicitada, desde mi propuesta original en 2014, he creado un archivo de grabaciones de video, ahora alojado en Memorial University y en la Biblioteca Digital del Caribe, que, en su conjunto, muestran a Mordecai leyendo los poemas de cada una de sus colecciones publicadas entre 1989 y 2012. A lo largo del mes en el que escribo este capítulo, una selección de poemas de Mordecai será sometida a una importante editorial para su consideración. También he conseguido financiación para que CITI, Memorial University, grabe la lectura / performance a cargo de la autora de las dos colecciones de Tanya Shirley en un futuro próximo, dependiendo de que pueda encontrar los fondos necesarios para sufragar los gastos de su viaje y estancia de Jamaica a Terranova. El tiempo que me ha llevado recaudar pequeños fondos de varias fuentes para fomentar esta investigación a lo largo de los años ha sido muy significativo. Con ese tiempo y con el esfuerzo para obtener dichos fondos, podría haber escrito un segundo libro de crítica literaria que, por el mero hecho de existir, podría servir para llamar la atención sobre la escasez de atención crítica en torno a la obra de Mordecai. Pero ¿cuánto duraría esa llamada de atención y qué influencia podría tener? ¿Se crearían nuevos cursos de inmediato para dar cuenta de esta importante voz literaria? ¿Desafiarían los profesores de distintas instituciones el canon literario y revisarían inmediatamente los programas de sus cursos? ¿Acelerarían las universidades el proceso de desarrollo de nuevos cursos de la noche a la mañana para corregir esta exclusión? Lo dudo mucho.

En lo que he comenzado a invertir mi tiempo es en la creación de archivos que, con suerte, podrán ser utilizados por los estudiosos en años futuros. La existencia de, al menos, una fuente primaria—donde, por ejemplo, poetas emergentes y académicos puedan escuchar y ver a Mordecai actuando y recitando—espero que fomente el interés a largo plazo.

Está claro que esta empresa no va dirigida sólo al rescate de la obra de una poeta. Mi propuesta, "Una llamada a la acción," propone que el mundo académico necesita del activismo para lograr cambios, especialmente en el caso de las mujeres académicas, que no verán la igualdad a lo largo su vida y práctica profesional. Eso es un hecho.

Shirley capta la realidad brutal de Jamaica de manera tan inquietante como Mordecai lo hace en el poema del mismo título en *El verdadero azul de las islas*, el libro que Mordecai dedicó a su hermano, "Richard Alister John Anthony Hitchins, asesinado en Botany Bay, Jamaica el 30 de mayo de 2004." En su poema "Sweet Sweet Jamaica," Shirley escribe:

Our little girls are stuffed in small places
coming up on shore in plastic bags

burning in safe houses
hanging from burglar bars

Our little girls are lying in blood, their legs pried open

Our little boys lie in blood, butchered like cattle
Our little boys hang from street corners
Our little boys are on fire at our feet

When we find them, it is always too late
We hurl stones into the wind
We blow steam up media asses
We stand outside government houses

and then we grow quiet
like dust on the tombstones
of little bones.

2014, 19

Qué voz tan esencial. El poema de Shirley, al describir el silencio, señala que el silencio es un acto de complicidad. También podría entenderse como una resignación cansada, cuando, por su magnitud, parece imposible cambiar las cosas, esa sensación que nos asalta una vez que termina nuestra protesta en público.

Obras citadas

Campbell, Howard. 2009. "Local books did it big in 09." *Jamaica Gleaner*. En línea: http://old.jamaica-gleaner.com/gleaner/20091220/arts/arts1.html.

Cooper, Carolyn. 1993. *Noises in the Blood: Orality, Gender, and The "Vulgar" Body of Jamaican Popular Culture*. Londres: Macmillan Caribbean.

Makkai, Júlia Anna. 2016. "Personal Branding of Contemporary Novelists in the Digital Age." *Journal of Media Research*, 9(2): 100–105.

McKenzie, Stephanie. 2015. "Pamela Mordecai's Poetry: Some Questions for Further Consideration." *Journal of West Indian Literature* 23 (1–2): 47–72.

Mordecai, Pamela. 1989. *Journey Poem*. Kingston, Jamaica: Sandberry.

Mordecai, Pamela. 1995. *de Man: a performance poem*. Toronto: Sister Vision.

Mordecai, Pamela. 2001. *Certifiable: poems*. Fredericton: Goose Lane.

Mordecai, Pamela. 2005. *The True Blue of Islands: poems*. Toronto: Sandberry.

Mordecai, Pamela. 2012. *Subversive Sonnets: poems*. Toronto: TSAR.

Mordecai, Pamela. 2015a. *de book of Mary*. Toronto: Mawenzi House.

Mordecai, Pamela. 2015b. *Red Jacket*. Toronto: Dundurn.

Morris, Mervyn. 1982. "On Reading Miss Lou Seriously." *The Gleaner*, 1964 (four instalments) y reimpreso en: *Caribbean Quarterly* 28(1–2): 44–56.

Robbins, Wendy. 2010. "Gender Gap Distribution of Canada Research Chairs and Canada Excellence Research Chairs." *Federation for the Humanities and Social Sciences Blog*. En línea: https://www.ideas-idees.ca/blog/gender-gap-distributio n-canada-research-chairs-and-canada-excellence-research-chairs.

Santana-Acuña, Alvaro. 2014. "How a Literary Work Becomes a Classic: The Case of *One Hundred Years of Solitude*." *American Journal of Cultural Sociology*, 2(1): 97–149.

Shirley, Tanya. 2009. *She Who Sleeps with Bones*. Leeds: Peepal Tree Press.

Shirley, Tanya. 2013. "Poetry Reading by Tanya Shirley." En línea: https://research .library.mun.ca/2042/.

Shirley, Tanya. 2014. *The Merchant of Feathers*. Leeds: Peepal Tree Press.

Shirley, Tanya. forthcoming. "Introduction." En: Carol Bailey and Stephanie McKenzie (eds.), *A Fierce Green Place: New, Selected and Uncollected Poems of Pamela Mordecai*.

Squires, Claire. 2007. *Marketing Literature: The Making of Contemporary Writing in Britain*. Londres: Palgrave Macmillan.

Weir-Soley, Donna Aza. 2010. "Creating a Safe Place." En: Opal Palmer Adisa, y Donna Weir-Soley (eds.), *Caribbean Erotic: Poetry, Prose and Essays*. Leeds: Peepal Tree Press. 13–21.r.

Índice

activismo   304, 306, 308, 321, 323
   activista   321
   activistas   315
Adams, Alice   118
afecto   3
Afrospórica   260, 264, 265, 266, 269
Agustini, Delmira   36–37, 229
aldea global   4
alquimia   87
alteridad   11–12, 21, 23
ambientalistas   209 n. 3
amor   152, 153, 155, 158, 160, 162, 166n., 168, 171, 172, 173, 176, 177
análisis
   diacrónico   2, 6
   sincrónico   2, 6
angustia de la autoría   39
angustia de la influencia   2, 39
antecesoras   2–3, 15
antropología cultural   209
Anzaldúa, Gloria   25
Arasanayagam, Jean   42, 46
Arcadia   55, 56
Armantrout, Rae   18
Ashbery, John   27
Atencia, María Victoria   10
atención   157, 164, 169, 172, 174, 175
atención focalizada   15, 17–18, 210–211, 228, 230
Atwood, Margaret   40–42, 45, 178, 179, 180, 181, 182, 183, 185, 186, 187, 189, 190, 191, 192, 193, 194, 195, 196, 197, 198, 199, 200, 201, 202
   Circe/Mud Poems   41
   You Are Happy   41
Auerbach, Nina   111
Austen, Jane   56
Austin, John   33 n. 25

Barco de esclavos   266, 267, 268
   Barco Zong   266, 267, 268
Barney, Natalie   40
Basarab, Nicolescu   156, 158
Bassnett, Susan   12 n. 13
Bate, Jonathan   56, 57, 75

Baudelaire   80, 103
Beauvoir, Simone de   110
beguinas   82
Benegas, Noni   36, 38–39, 179, 184, 187, 188, 202
   Ellas tienen la Palabra   38
Benjamin, Walter   55–56
Bennett, Louise   315
binarismos   21, 26
Blake, William   82
Blau du Plessis, Rachel   35
   The Pink Guitar. Writing as Feminist Practice   35
Bloom, Harold   2, 27, 39
Bogan, Louise   40
Boland, Eavan   40–41
Bosco, El   83 n. 5, 100
Bourdieu, Pierre   38
   campo literario   38–39
   capital simbólico   39
   capital social   39
Bourriaud, Nicolas   32 n. 22
Bradbury, Ray   59
Bradstreet, Anne   14
   The Tenth Muse Lately Sprung Up in America   14 n. 14
Braidotti, Rosi   37
   nómade   37
Brandt, Di   20
Brathwaite, Kamau   13–14
   Ancestors   13
   Lenguaje nación   13
   "Letter Sycorax"   13
   Middle Passages   13
   Sycorax video-style   14
Breton   83, 101
Breton, André   81
Bringhurst, Robert   163, 164
Brossard, Nicole   6, 30–31
   The Blue Books   30 n. 20
Buell, Lawrence   53–54, 55n
Butler, Judith   3 n. 2, 23

Cadou, René Guy   58
Caliban   13

328 ÍNDICE

cambio climático   209 n. 3, 230
Campbell, Joseph   40
canon   1, 3, 14, 20–23, 29, 36, 38, 229, 304,
   306–307, 321–323
   cánones literarios   321
canónicos, poetas   2 n. 1, 27
canon poético femenino   1
capacidad de acción (agency)   18
Cárdenas, Federico de   124
Carranza, María Mercedes   42–43, 60,
   64–66
Carrington, Leonora   83 n. 5, 100
Carson, Anne   40
cartografía   16, 207, 230
   mapa   12, 15–16
   poética   16–17, 42
casa   289, 292, 298, 301
Castañeda, Hernán   117
Castro, Juana   42, 45, 178, 179, 180, 181, 182,
   183, 184, 185, 187, 189, 191, 192, 193, 194,
   195, 196, 197, 198, 199, 200, 201, 202,
   203, 204
Castro-Klarén, Sara   37
Castro, Rosalía de   43, 147–148, 150
Cernuda, Luis   111
Chacel, Rosa   38
Cheah, Pheng   11
chorlito solitario   216–217, 223
cibertextuales, tecnologías   29
ciencia   152, 153, 156, 157, 158, 159, 163, 175, 176
Cirlot, Victoria   78
Cixous, Hélène   44, 110, 126, 128–129, 132, 143,
   150–151
Clarke, Cheryl   31
clinamen   22, 222–223
Clinamen   222
Collins-Klobah, Loretta   42, 47, 283–286,
   291, 294–297, 299, 300
colonizador   13
Combahee River Collective   31
comparación   2–3, 10–13, 15, 24–25, 36,
   41–43
   comparatistas   10, 12, 31
complejidad   285, 287, 300
comunicación transcultural   19
comunidad   4, 19, 30, 47
conectividad   15, 19, 45, 206, 211, 219, 230

conocimiento   152, 153, 155, 156, 157, 157n.,
   158, 158n., 160, 163, 165, 174, 175, 176.
   Véase también sabiduría
Corman, Cid   207 n. 1, 214–215
cosmos   157, 159, 161, 175. Véase también
   universo
Creeley, Robert   27
Crenshaw, Kimberle W.   23
crítica feminista   1, 6, 14, 16, 27, 34–35
crítica literaria   3
cuerpo   23, 25, 28, 32, 43–44, 108–110, 114,
   117–120, 210, 311, 317, 320
cuerpo femenino   25
cuerpo político   109
Culler, Jonathan   33 n. 25
Curieses, Óscar   119

Daisy   92
Dante   80, 91
de Beauvoir, Simone   35
de Champourcin, Ernestina   38
De Chirico, Giorgio   83
de-colonialidad   3
deconstrucción   3
demanda   9, 10, 24, 240–241, 254
Deméter   41
Derrida, Jacques   33 n. 25
deseo   2, 5, 11, 12, 14, 15, 19, 25, 27, 234, 236,
   242–244, 246, 249, 254, 256
   deseo de escritura   4, 235
desmitificación   118
Desnos, Robert   78
desnudez   153, 159, 160, 175
desterritorialización   37
desterritorializados, enclaves   22
Dickinson, Emily   2, 6, 43, 77, 213–214,
   228
Di Giorgio, Marosa   42–43, 77–81, 87, 89–91,
   98–99, 101–103
Diótima   23
diversidad   4, 14, 20, 25, 30–31, 47, 285–286,
   289, 300
Doolittle, Hilda (H.D.)   25, 35, 40–41
   Helen in Egypt   41
Doce, Jordi   109
DuBois, Page   40
Duffy, Carol Anne   6

ÍNDICE

Ecocrítica   53–56
ecología   31, 206, 209 n. 4
    sensible   45, 206, 210, 214–215, 228, 230
ecológica, escritura   210
Edad de oro   58, 61
Eliot, T.S.   27, 40
ella   2, 26–28, 256
El tiempo de las amantes   236
Ellman, Mary   110
Elmore, Peter   124
Emerson, R.W.   80, 97, 102
enigma   156, 157, 157n., 158, 161, 175. Véase también misterio
epifanía   210
epistemología   5, 10, 32 n. 23
epistemológico   210
erotismo   309 n. 5
Escritura femenina   126–129, 145, 151
esencialismo   3, 26
Esenin, Serguei   58
Espacio ginocéntrico   128, 143
espacio relacional   16
Estado imaginario o semiológico   128
estética relacional   17, 32, 34
Estudios Culturales   32
estudios postcoloniales   3
ética   12, 18, 23, 30, 35
etnocentrismo   11
eurocentrismo   11, 12 n. 13
exilio   206–207
experiencia   3, 4 n. 4, 8, 19, 25, 28, 32–34, 37, 42–44, 47
    femenina   25, 34

falocéntrico   28
felicidad   156, 175
Felski, Rita   34
Feminismo   4–5, 28, 31, 37, 40–41, 45–46, 178, 180, 182, 187
    ciber-feminismo   3
Feminismo de la diferencia   127–128, 132, 134, 139, 142–143, 149
Feminismo francés   126–128
filósofas   7, 23, 28
Filosofía   152, 153, 154, 163, 164, 165, 166n., 175
    filosofía lírica   152, 153, 165
    epistemología   152, 165

metafísica   160, 164
ontología   152, 164, 165
Finch, Annie   27–28
    The Body of Poetry   27
Física   153, 156, 158
forma   7, 13–14, 29, 33–34, 44, 47
Frazer, Sir James   40
Friedman, Susan Stanford   110–111
Frühromantik   77, 79–80

Gajeri, Elena   31
García Posada, Miguel   60
Geertz, Clifford   13
    conocimiento local   13
generación   11–12, 20, 39, 42, 45
Generación crítica   221
Generación del 45   220, 230
género   1, 3, 12, 15, 20, 23, 31–34, 39, 44
Género, estudios de   3, 31
género, violencia de   41
Genovese, Alicia   110
Giorgio, Marosa di   60, 66–71
Giotto   77, 78 n. 1, 2, 96 n. 14, 100
globalización   11, 15, 30, 37
gnosticismo   84–86, 89
Godard, Barbara   20
Guerra Civil en Sri Lanka   271, 273, 274, 278

Habegger, Alfred   92, 102
Hardy, Thomas   56
Heidegger, Martin   157, 174
Heimowitz, Rachel   109
Heisenberg, Werner   156, 158
Hejinian, Lyn   2, 6
Hempel, Amy   107
Hernández, Miguel   114
heterotopías   46
híbridación   13, 47
hibridez   300
hijo   111–112, 114, 118
Historia   260, 262, 263, 265, 266, 267, 269, 271, 275, 278, 279
historia literaria   3, 6, 14, 20–22, 28–29, 38, 41, 307, 321–322
Hoagland, Tony   106, 107
Holan, Vladimír   155, 157
House, Veronica   40–41
    Medea's Chorus   40

Howe, Susan   97
Hulme, T.E.   40
humanidades ambientales   31

Ibarborou, Juana de   36–37
Idealismo   80
identidad   3–4, 19, 23, 28, 30, 31 n. 21, 37,
    41–42, 44, 47
Ilíada, La   41
imaginación   7, 12, 30, 35
imaginismo   215–216
interconexión   16
intergeneracional   21
interlocutora   1, 2, 4, 10, 14, 18, 20, 23, 24, 26,
    46, 233–235, 241, 245, 248, 250, 253,
    255
    interlocución   3, 235
    sáfica   46
Internet   19
inter-poéticos, vínculos   24
interrelacional   21
interseccionalidad   3, 23, 31 n. 21
intertextualidad   37
invisibilización   21
Iriarte, Ana   40
Irigaray, Luce   8–9, 23, 28, 128–129, 132, 151
    diferencia sexual   8, 23
    Éthique de la différence sexuelle   8 n. 8
    ética de la diferencia sexual   23
    Passions élémentaires   8
    pensamiento poético   1, 8, 44
    Prières quotidiennes   9
isla Blackhawk   212, 213 n. 6, 214, 217, 219, 228

Jakobson, Roman   32
Jamaica   313–314, 317, 319, 323
Jammes, Francis   58
Janés, Clara   6 n. 6, 42, 44, 229, 152, 153, 154,
    155, 156, 157, 158, 159, 160, 161, 162, 164,
    165, 167, 168, 169, 170, 171, 172, 173, 174,
    175, 176, 177
    Fractales   44, 152, 153, 156, 157, 159–162,
    176
jardín   83, 89, 91–92, 94, 97–99
Jean Arasanayagam   260, 261, 262, 263, 269,
    270, 271, 272, 273, 274, 278, 279
juicio   11, 32
"Julio Negro"   273, 274, 277

justicia social   3, 6, 23

Kandinsky, Vasily   78
Kinnahan, Linda   16
Klee, Paul   55–56
Klein, Yves   77, 100
Kohn, Eduardo   45, 206, 209
    contacto inter-especies   230
    contacto intersubjetivo trans-
    especies   45, 206, 209 n. 4
Korn, Rachel   21
Kristeva, Julia   44, 119, 126, 128, 132, 136, 140,
    151

labor colectiva   301
Langer, Susanne   7
    lectura integradora   8
    Philosophy in a new Key   7
Language Poets   6
lares   42
Larkin, Philip   56
Latour, Bruno   211
    aterrizar (aterrir)   211
Lautréamont   78, 80, 82
lectora   1, 3, 6, 8, 15–16, 18–20, 23, 33, 36
Le Doeuff, Michèle   40
Lee, Dennis   163
lenguaje   153, 154, 157, 158, 159, 160, 164, 167,
    260, 264, 265, 267, 268, 273, 279
lenguaje femenino   28
Leopold, Aldo   218–219, 230
    "On a Monument to a Pigeon"   218
    paloma   215, 218–219
Levertov, Denise   25
Levinas, Emmanuel   23
Levine, Caroline   33 n. 24
Librería de Mujeres de Milán   28 n. 18
Lihn, Enrique   57–58
Lilburn, Tim   163
lírica   154, 159, 163, 165, 166, 169, 174
Lisboa, Henriqueta   36
Literatura Comparada   1–2, 10, 12 n. 13, 31,
    50
Literatura Global   3
local, entorno   214, 228
localismos   209
López Manrique, Laia   42, 46
Loraux, Nicole   40

ÍNDICE

Lorde, Audre   2, 4 n. 4, 25, 31, 42
   Zami. A new Spelling of my Name   4 n. 4
Lucrecio   214, 222
   De Rerum Natura   214, 222

Machado, Antonio   58
Mallarmé, Stéphane   212
Marlatt, Daphne   31
Marlene Nourbese Philip   260, 261, 262, 263,
   266, 267, 268, 269, 271, 273, 278, 279
Martí, José   114
Maternidad   41–44, 110–111, 126–137, 139, 142,
   147–149
maternidad y escritura   110–111, 120
McKay, Don   163
McLuhan, Marshall   4 n. 3
Memoria   208, 212, 260, 263, 264, 266, 269,
   275, 279
Méndez, Concha   38, 42, 44, 126–129,
   136–139, 143–151
metáfora   25, 165, 166, 166n., 169, 174
metodología   6–7, 10, 14–15, 17, 20, 22, 25, 36
Midwest   213
Mignolo, Walter   14
   diversalidad   14
migrante   12
Millett, Kate   5
   política sexual   5
Miłosz, Czesław   58
Milosz, Oskar   58
Minh-ha, Trinh T.   3
mirada   112–114, 123
misterio   159, 163, 167, 174, 175. Véase
   también enigma
Mistral, Gabriela   57, 60–63, 64, 72–75,
   126–136, 139–143, 148–151
mística   82–83
Mistral, Gabriela   42, 44, 229
mito   7, 29, 40–42, 45
   revisión mítica   41
mitológicos, personajes   47
mitos clásicos   40
mitos, reescritura de los   45
mitos, revisión feminista de los   40
modernismo   21, 25, 27, 35, 40
Mohanty, Chandra T.   3
Moodie, Susanna   181, 186, 201, 204
Montefiore, Jan   16, 26, 28–29

Feminism and Poetry   26
Moraga, Cherríe   25
Mordecai   306 n. 4
Mordecai, Pamela   42, 47–48, 304, 306,
   308 n. 5, 315–321, 323–324
   A Fierce Green Place
      New and Selected Poems   307 n. 4
   El verdadero azul de las islas   317, 323
   "La historia de Nellie   317
   Poema de viaje   316
   Selected Poems   48
Mouré, Erin   31
muerte   122–123
Muir, john   209 n. 3
multiperspectivismo   215
Muñoz Carrasco, Olga   122
Muraro, Luisa   28, 44, 126, 128, 132, 136,
   140–141, 150
   El orden simbólico de la madre   28 n. 18
Murena, Héctor A.   55
música   153, 154, 159, 162, 163, 165, 166, 170,
   171, 175

naturaleza   77–80, 82, 90–91, 96, 98–99, 152,
   155, 158, 160, 161, 166, 175, 208, 210 n. 5,
   211, 231
   árbol   161, 169, 170, 174
   hierba   158, 162, 170, 173
   mar   162, 170, 171
neobarroco   77, 93, 99
neomaterialismo   3
neoplatonismo   77, 84
Neruda, Pablo   57, 64, 121
New Woman   14 n. 15
Niedecker, Lorine   42, 45, 206–220, 222–223,
   227–230
   Collected Works   207 n. 1, 217
   fluidez   228
   Fort Atkinson   207, 209, 212–213, 230
   "Himno al Lugar"   217
   isla Blackhawk   213
   lugar   207, 209 n. 4, 210–213, 216–217,
   228–229
   "My Life by Water"   213, 227
   pájaros   216–217
   poética experimental   215
Nietzsche, Friedrich   40
No lugares   54

nómada   45–46
nómadas, formas   22
Norwich, Juliana de   78, 82, 101
Nourbese Philip, Marlene   42, 46
Novalis   83, 103
nuevo comienzo   286, 291, 300

Objetivismo   206, 211–213, 215, 216 n. 10, 230
Objetivistas   214
occidente   4, 13
Odisea, La   41
Olds, Sharon   42–43
    The Gold Cell   43
Olson, Charles   27
Onetti, Juan Carlos   220
Orden imaginario   134, 139, 150
Orden simbólico   13, 126, 128, 140
ornitología   217
Orozco, Olga   2, 43, 77–79, 81, 83–84, 102–104
Ostriker, Alicia   25–26, 40
    Stealing the Language   25
Otro, El   3–4, 9, 11–13, 15, 17, 23, 31, 39, 46
Ovidio   91
oxímoron   228

panteísmo   77, 79, 84–85, 91, 97
paradigma relacional   15
Paraíso perdido   55, 56, 58, 59
pastoral   210
Pato, Chus   31
percepción   208, 210, 213, 228, 230
performatividad   33
Peri Rossi, Cristina   42, 46
Perloff, Marjorie   29
Perséfone   41
perspectivismo   209
Peters, Margot   216, 219
Plath, Sylvia   6, 25, 40–41, 95 n. 10
Platón   6 n. 6, 10, 23, 44, 152, 153, 164
    Banquete   23
    platónico   159
poesía
    comparada   1–2
    de mujeres   1, 10, 14, 21, 24–26, 28–29, 31,
        36–37
    en la red   1
Poesía de los lares   57–59
Poesía del lenguaje   229

Poesía del Lenguaje   213
Poesía del Lenguaje (Language Poetry)   29
po(ética)   22
poética
    comparada   15
    femenina   27
    feminista   33
    relacional   37
    utópica   13, 21
poética ecológica sensible   210
po(éticas)   15, 22, 222, 230
poéticas
    comparadas   1–2, 6, 15–18, 24, 30–31, 34,
        36, 42
    de mujeres   6, 24, 26, 28, 30–31
poetisa   37
Poiesis   7
postcolonialismo   31
Pound, Ezra   40
prosopopeya   219
Próspero   13

queer   3
quietud   152, 156, 166, 171, 172, 174, 175, 176

racializado, discurso   46
racializado, sujeto   12
radicalidad   107
Rahim, Jennifer   42, 47, 283–289, 293,
        295–296, 300–301
Rama, Ángel   220–222
recepción   106
redes de relación   2
redes sociales   19
Re-escritura del mito   178, 179, 187, 189, 192,
        193, 197, 200, 201
re-generación   15, 20–21
regeneración   295–296
Re-generación   228–230
reificación de la mujer   309–310
relacional   9, 33–34
relacional, entorno   24
relacionalidad   33
religión afrocaribeña
    religiones sincréticas   285, 296
religiones afrocaribeñas   285
    religión afrocaribeña   297
    religión sincrética   291

ÍNDICE 333

Renacimiento 13
resiliencia 305
resonancia 153, 156, 157, 158, 159, 183, 165,
171, 172
Retallack, Joan 22
The Po(ethical) Wager 22
Re-vision 4
Revisión del mito 179, 185, 191, 192, 193, 195,
198, 200
Révolution Tranquille 30 n. 20, 31
Rich, Adrienne 4–6, 24–25, 31, 40–41, 90,
92, 114, 128, 132, 151
Misterios de Eleusis 41
Riley, Denise 6
Rilke, Rainer Maria 8, 42, 58–59
Rimbaud 78, 80, 82–83, 96, 103
Rimbaud, Arthur 80
Rivera Garza, Cristina 31
Rodríguez Monegal, Emir 220–221,
232
Romanticismo 77, 79–81, 88–89, 96
Romiti, Elena 36–38
Rousseau, Jean-Jacques 11 n. 12
Ensayo sobre los Orígenes del
Lenguaje 11
Rubin, Gayle 3 n. 2
Rukeyser, Muriel 25

sabiduría 152, 153, 166, 166n., 177. Véase
también conocimiento
Saeger, Joni 16
The Women's Atlas 16
Safo 2, 6, 40
sagrado 77, 79, 81, 85–86, 95, 99
Saint Vincent Millay, Edna 95 n. 10
salvaje 77, 91, 96–98, 100, 103
Sánchez-Pardo, Esther 40
Schcolnik 119, 123
Schlegel, Friedrich 79
Scott, Joan W. 32 n. 23
"The Evidence of Experience" 32 n. 23
sensible 206, 210–212
sensorium 18
separación 118–119
serenidad 152, 153, 159
seudónimo 39
Sexton, Anne 25
sexualidad femenina 308

Shakespeare, William 13, 222
La Tempestad 13
Shirley, Tanya 42, 47, 304, 306–319, 321,
323–324
"Desde el otro lado de la habitación 320
"Dicho por un DJ en un baile de
Uptown" 312
"El poder de la oración 319
Merchant of Feathers 311
"Romance Victoriano 319
She Who Sleeps with Bones 306 n. 3,
311, 316
The Merchant of Feathers 306 n. 3
Viaje 309
Showalter, Elaine 111
silencio 123, 161, 166, 167, 171, 172, 173, 173
simbolismo 88
símbolos 7, 21
Sócrates 9 n. 9
Spahr, Juliana 19–20
Spivak, Gayatri 3, 10 n. 11, 11–12
Stein, Gertrude 2, 35
Stevens, Wallace 27
Stimpson, Catharine 25
Storni, Alfonsina 6 n. 6, 36–37, 43, 114
St Vincent Millay, Edna 25, 40
sufragistas 19
sujeto poético 107–108
surrealismo 77, 79, 81, 88–89, 101, 103
Surrealismo 215
Sycorax 13

Tassin, Jacques 210–211, 215, 230
Teillier, Jorge 42, 57–59, 60, 64
Telurismo 57
temporalidades alternativas 293
Thomas, Dylan 42, 55, 58, 69–70
Thoreau, H.D. 80, 96–97, 103–104
Thoreau, H. David 209 n. 3
tiempo de las amantes 4, 6, 8, 21, 236, 238,
240, 251
tradiciones orales 307, 312, 315–316
tradición literaria 26, 45, 47
de mujeres 3
femenina 22, 26–27
traducción cultural 30
Trakl, Georg 58
transcultural, perspectiva 7

334 ÍNDICE

transnacional 1, 11, 15, 19, 22, 24, 31, 47
trascendencia 112
trascendentalismo 77, 80, 96
trasvase cultural 17
Trata Atlántica 47
Trauma 260, 262, 263, 277, 278
trauma colectivo 296
Treisman, Anne 17–18
    teoría de la atenuación 18
tropológico 33
tropos 47

Ugalde, Sharon Keefe 182, 184, 204
Unamuno, Miguel de 64
unidad 156, 157, 157n., 159, 163, 165, 169, 171, 174, 175, 177
universalismo 12
universo 156, 157n., 159, 161, 162, 163, 167, 174. Véase también cosmos
Urriola, Malú 42, 60, 71–75
Uruguay 206–208, 220–221

vanguardia 24, 29, 207, 215, 220, 230
vanguardia Objetivista 207
vanguardias 206, 215
Varela, Blanca 42–43
    Ejercicios materiales 43
Vaz Ferreira, María Eugenia 229
Verso Proyectivo 213
viajes 207–208, 213
Vich, Cynthia 123
violencia de género 292
violencia del patriarcado 312
violencia estructural 292, 300
    brutalidad policial 292, 298
violencia simbólica 2
Virgilio 55
Vitale, Ida 22, 45, 206–211, 220, 222–230
    "Ecuación" 224
    fluidez 206, 224, 226, 228

"Mariposa, Poema 223
Montevideo 207, 209, 230, 232
"Orden de Ángeles" 226
"Parvo reino" 225
Viveiros de Castro, Eduardo 45, 206, 215 n. 8
    multinaturalismo perspectivista 215 n. 8
    multiperspectivismo 206, 230
    multiperspectivismo naturalista 45
Vivien, Renée 2, 6 n. 6, 40
von Bingen, Hildegard 82
vórtice 220
Vorticismo 220 n. 15

Weil, Simone 17–18, 111, 228
    arraigo 228
    atención consentida 17–18
    plegaria 18
Weir-Soley, Donna Aza 308, 309 n. 5, 310, 318
Wheatley, Phyllis 14
    Poems on Various Subjects, Religious and Moral 14 n. 14
Wittgenstein, Ludwig 44, 152, 153, 164, 172
Wollstonecraft, Mary 35
Wolosky, Shira 15, 33
Women's Studies 3, 5
Woolf, Virginia 35

yo lírico 29, 37

Zambrano, María 9–10, 171, 177
    razón poética 10
Zukofsky, Louis 212, 214, 216 n. 10, 222
Zwicky, Jan 42, 44, 152, 153, 163, 164, 165, 166, 166n., 167, 168, 169, 170, 171, 172, 173, 174, 175, 176, 177
    Thirty-seven Small Songs & Thirteen Silences 44, 152, 153, 164, 166, 167, 176, 177

Printed in the United States
by Baker & Taylor Publisher Services